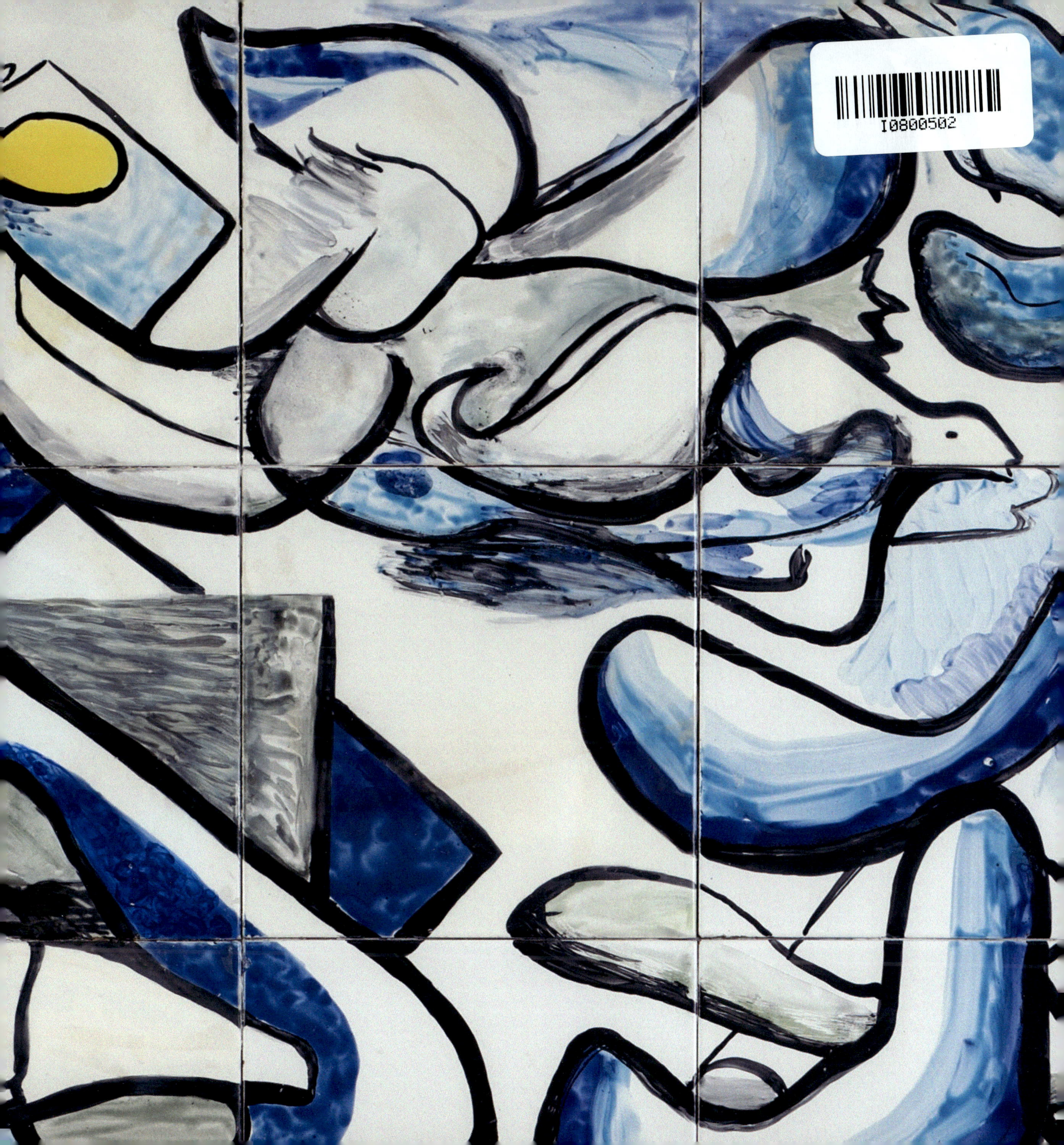

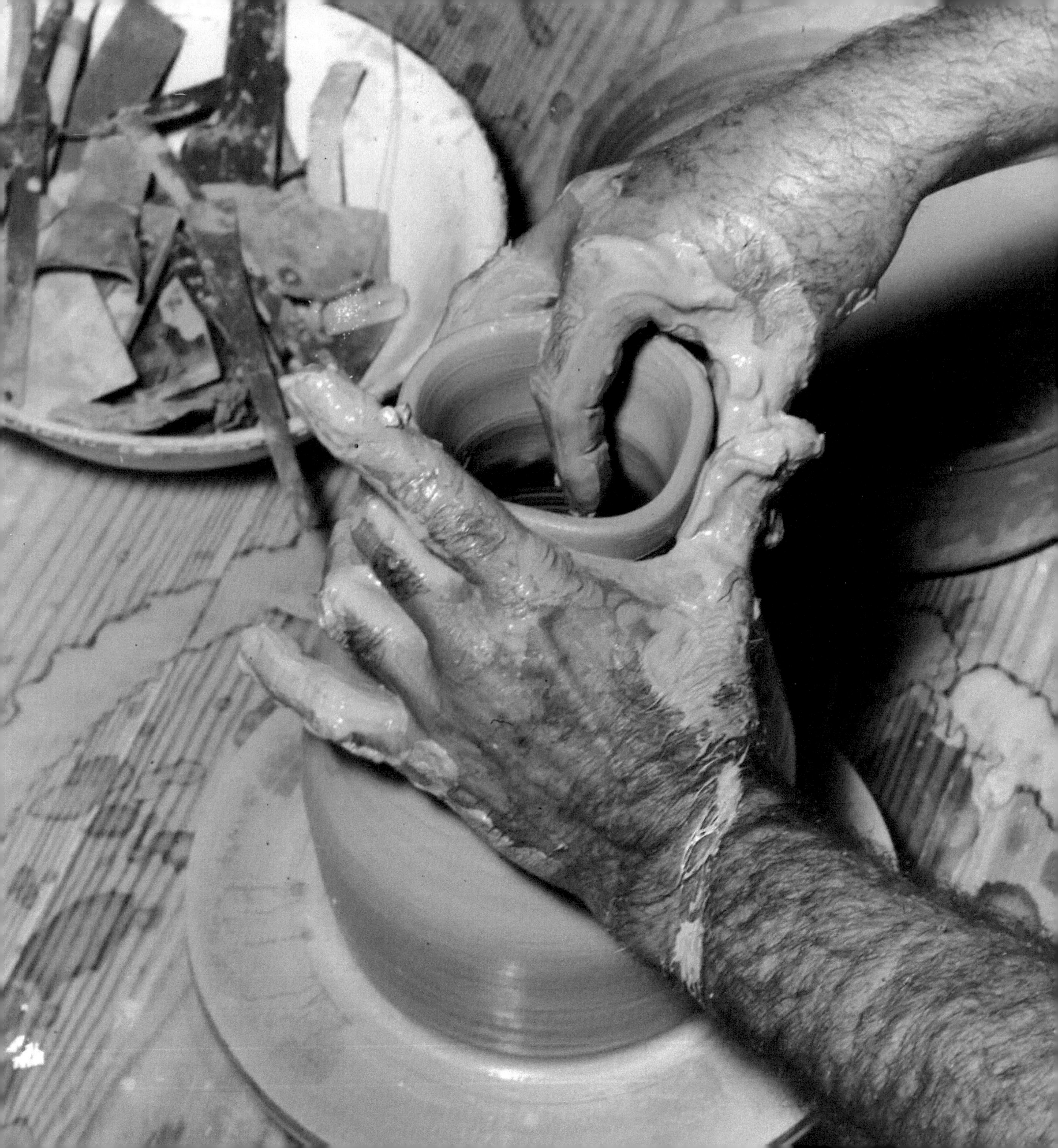

THE LOST GENERATION
WOMEN CERAMICISTS AND THE CUBAN AVANT-GARDE

LA GENERACIÓN PERDIDA
MUJERES CERAMISTAS Y LA VANGUARDIA CUBANA

Elizabeth Thompson Goizueta, ed.
McMullen Museum of Art, Boston College

This catalogue is published by the McMullen Museum of Art, Boston College, in conjunction with the exhibition *The Lost Generation: Women Ceramicists and the Cuban Avant-Garde* in its Daley Family and Monan Galleries (January 29–June 2, 2024). Organized by the McMullen Museum, *The Lost Generation* has been curated by Elizabeth Thompson Goizueta and underwritten by Boston College with major support from the Patrons and the Hispanic Art Initiative of the McMullen Museum.

Library of Congress Control Number: 2023908732

ISBN: 978-1-892850-44-7

Distributed by the University of Chicago Press

Printed in the United States of America

Editor in chief: Kate Shugert
Designer: John McCoy
Translators: Erin Goodman & César Pérez

Front: Rebeca Robés Massés (1923–2003) & Juan Miguel Rodríguez de la Cruz (1902–90), *Vase with Irregular Mouth with Women and Bird*, 1951, private collection (**1**)

Back: Amelia Peláez (1896–1968), *Woman with Fish*, 1948, Col. Cernuda Arte (**66**)

Endpapers: Amelia Peláez & Marta Arjona (1923–2006), *Ceramic Tiles for Salesian Rosa Pérez Velasco House Mural* (details), 1956/1999, Pan American Art Projects (**186**)

Frontispiece: Juan Miguel Rodríguez de la Cruz working at the Taller de Santiago de las Vegas, ca. 1950. © Raúl Corrales

Note to reader: All works are copyright their respective artists or rights holders. Bold numbers within parentheses refer to plate numbers that illustrate works in the exhibition. Photographs appear courtesy of lenders and those listed in captions.

McMULLEN MUSEUM OF ART
BOSTON COLLEGE

PEGGY SIMONS MEMORIAL PUBLICATIONS FUND

El McMullen Museum of Art de Boston College publica este catálogo con motivo de la exposición *La generación perdida: mujeres ceramistas y la vanguardia cubana*, en sus Galerías Monan y Familia Daley (29 de enero–2 de junio, 2024). El McMullen Museum ha organizado *La generación perdida* con la comisaría de Elizabeth Thompson Goizueta. La exposición ha sido subvencionada por Boston College con el apoyo de los Patrocinadores y la Iniciativa de Arte Hispano del McMullen Museum.

Número de Control de la Biblioteca del Congreso: 2023908732

ISBN: 978-1-892850-44-7

Distribuido por University of Chicago Press

Impreso en Estados Unidos

Editora en jefe: Kate Shugert
Diseñador: John McCoy
Traductores: Erin Goodman & César Pérez

En portada: Rebeca Robés Massés (1923–2003) & Juan Miguel Rodríguez de la Cruz (1902–90), *Vaso de boca irregular con mujeres y pájaro*, 1951, colección privada (**1**)

En contraportada: Amelia Peláez (1896–1968), *Mujer con pez*, 1948, Col. Cernuda Arte (**66**)

Páginas interiores: Amelia Peláez & Marta Arjona (1923–2006), *Azulejos de cerámica para el mural de la casa Salesiana Rose Pérez Velasco* (detalles), 1956/1999, Pan American Art Projects (**186**)

Frontispicio: Juan Miguel Rodríguez de la Cruz trabajando en el Taller de Santiago de las Vegas, ca. 1950. © Raúl Corrales

Nota al lector: Los derechos de cada obra pertenecen a los artistas o a los propietarios de los derechos de autor. Los números en negrita se refieren a los números de las láminas que ilustran las obras en la exposición. Las fotografías aparecen como cortesía de sus dueños y de quienes aparecen en los pies de foto.

CONTENTS

CONTENIDO

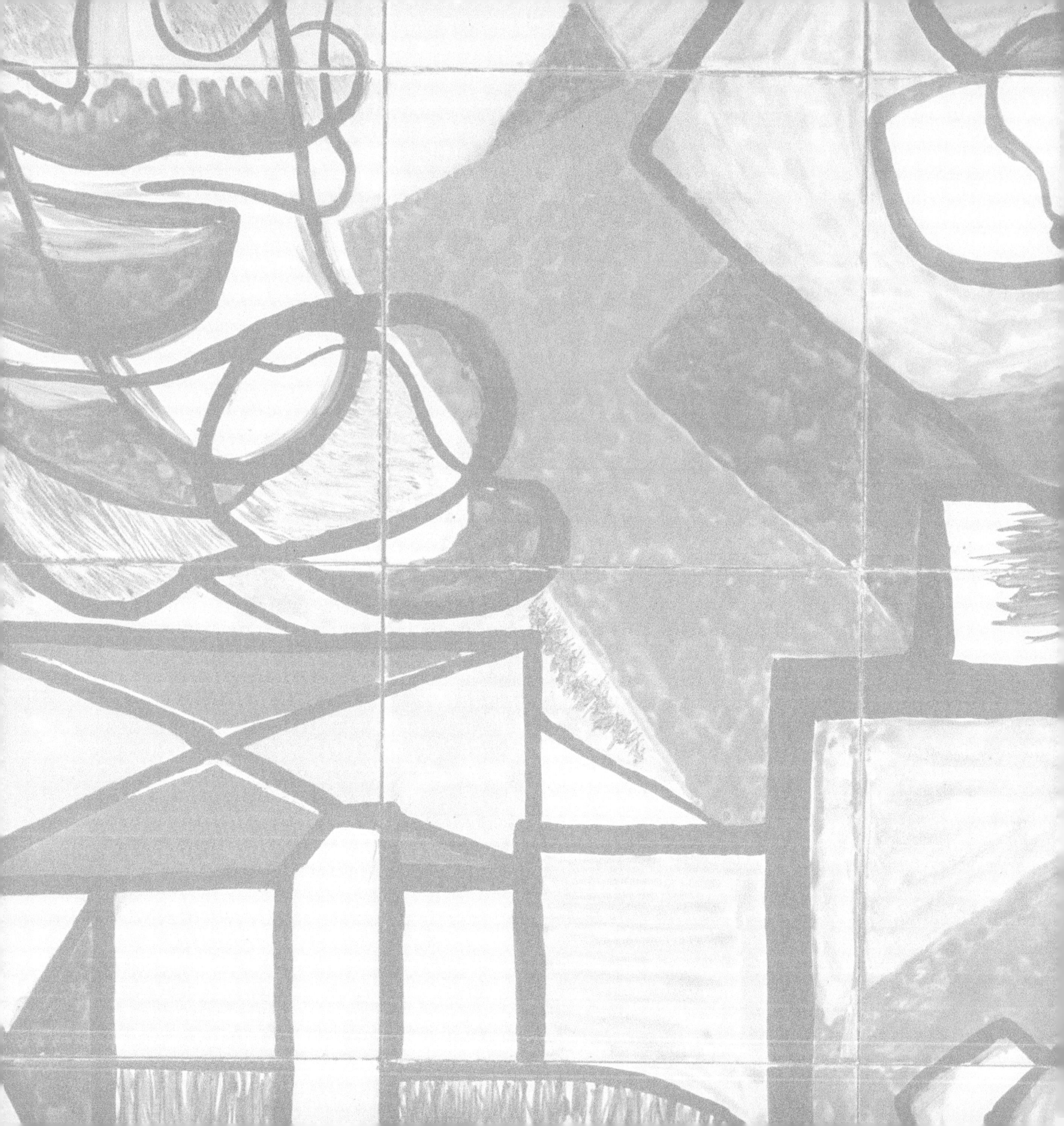

PREFACE

PREFACIO

***THE LOST GENERATION:** Women Ceramicists and the Cuban Avant-Garde*, the seventh exhibition organized by the McMullen Museum as part of its Hispanic Art Initiative, once again breaks new ground, this time by venturing into the little-explored, women-dominated medium of mid-twentieth-century Cuban artistic ceramics. Elizabeth Thompson Goizueta, who taught Hispanic studies and Latin American and Peninsular art, culture, and literature at Boston College, has assembled from an array of galleries and private collections an outstanding selection of ceramics produced in the Taller de Santiago de las Vegas (fig. 1), owned and directed by the visionary Dr. Juan Miguel Rodríguez de la Cruz. Thompson Goizueta has paired them for the first time with paintings and sculptures by Cuba's second- (1938–50) and third-generation (1950s) modernists on whose artistic styles the avant-garde (*vanguardia*) ceramicists exerted powerful influence.

Thompson Goizueta and her fellow contributors to this volume, Alejandro Anreus, Roberto Cobas Amate, and Carol Damian, have dug deep into the archives and the extant cache of ceramics and paintings to probe the complex relationship between the two distinct areas of production. They uncovered unanticipated connections among the artists' practices, which are on display in the exhibition.

Elizabeth Thompson Goizueta engineered this project, selecting the works, obtaining the loans, devising the installation's narrative, and editing this book. Her keen eye, mastery of

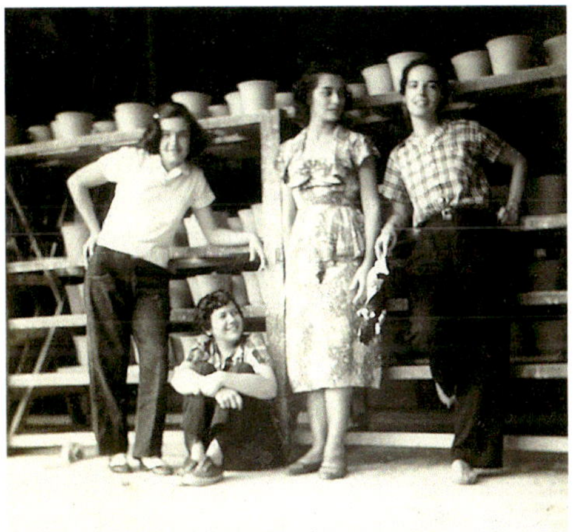

1. Ceramicists at the Taller de Santiago de las Vegas, April 1953 | Ceramistas en el Taller de Santiago de las Vegas, abril de 1953: María Elena Jubrías, Marta Arjona, Aleida González, Elia Rosa Fernández de Mendía.

***LA GENERACIÓN PERDIDA:** mujeres ceramistas y la vanguardia cubana* es la séptima exposición organizada por el McMullen Museum como parte de su Iniciativa de Arte Hispánico. Una vez más, esta exposición abre nuevos caminos al aventurarse en el terreno poco explorado de la cerámica artística de mediados del siglo veinte en Cuba, en una época de dominante presencia femenina en ese medio. Elizabeth Thompson Goizueta, que enseñó estudios hispánicos así como arte, cultura y literatura latinoamericana y peninsular en Boston College, ha conseguido reunir aquí, procedentes de galerías y colecciones particulares, una impresionante selección de las cerámicas producidas en el Taller de Santiago de las Vegas (fig. 1), dirigido por su dueño, el visionario Dr. Juan Miguel Rodríguez de la Cruz. Thompson Goizueta ha conseguido reunir por primera vez estas piezas con pinturas y esculturas de la segunda (1938–50) y tercera (década del cincuenta) generaciones de artistas modernistas en quienes las ceramistas de vanguardia ejercieron una poderosa influencia.

Thompson Goizueta y Alejandro Anreus, Roberto Cobas Amate y Carol Damian, sus colaboradores en este volumen, han explorado en profundidad los archivos y las reservas existentes de cerámicas y pinturas de la época para indagar en las complejas relaciones de estas dos áreas de producción. Al hacerlo, descubrieron inesperadas conexiones entre las prácticas de los artistas involucrados, conexiones ilustradas por las obras que componen la exposición.

Elizabeth Thompson Goizueta diseñó el proyecto, seleccionando las obras, consiguiendo los préstamos, creando la narrativa de

Cuban art, and devotion to the project have inspired all working with her. To her we owe our greatest debt of gratitude.

We extend special thanks to the essayists mentioned above, to Erin Goodman and César Pérez, who translated their texts, and to Rafael García Sánchez, Rogelio López Marín, and Christopher Soldt, who photographed objects in this volume. The project was greatly aided by Enrique Rodríguez Pérez and Esleidy Sánchez Moreno; Amanda Morales, Gladys Gómez-Rossié, and Juan A. Villanueva of the Cuban Heritage Collection at the University of Miami Libraries; and Alejandro and Lourdes Rodríguez, Dolores Rodríguez, Beatriz Gago, and Cristina Figueroa Vives of the Fundación Mariano Rodríguez.

It goes without saying that this exhibition would not have been possible without its generous lenders: anonymous collectors who provided many essential loans, research, and access to archives; Ramón and Nercys Cernuda and Cernuda Arte (assisted by Diana Benitez, Nico Hough, and Thalia Monier); Israel Moleiro Sarracino and Daniela Alpizar (Latin Art Core); Robert Borlenghi and Sophia Ballesteros (Pan American Art Projects); Camejo-Rojas and Pérez-Rodríguez family; Orlando Justo and family; Olga Mari and Vince Lago; Vicente and Teresa Lago; Silvia and Emilio M. Ortiz; Lourdes and Alejandro Rodríguez; Isaac and Betty Rudman; Jason and Sonia Silverman; and several private collections.

As always, a devoted and talented team at Boston College contributed to the project from beginning to end. Diana Larsen, an assistant director at the McMullen, worked closely with Thompson Goizueta to design an installation that would clarify the complicated strands of the exhibition's narrative, a tall order. Another assistant director, John McCoy, has designed this book and signage for the exhibition to evoke Cuban publications in the mid-century modernist style, and to accommodate a bilingual format. The Museum's manager of publications and exhibitions, Kate Shugert, worked diligently as editor in chief of this volume; she also organized all of the loans and photography of the objects. Rachel Chamberlain, manager of education, outreach, and digital resources, aided by the McMullen's student ambassadors and docents, has devised and organized a variety of both in-person and virtual public programs to engage a wide audience. Mary Magré arranged insurance and Jack Dunn, Rosanne Pellegrini, and Peter Marino, aided with publicity and funding.

The McMullen remains grateful for the endowed funds that support all its projects: Linda '64 and Adam Crescenzi Fund, Janet M. and C. Michael Daley '58 Fund, Gerard and

su instalación y editando este libro. Su aguda visión, su conocimiento del arte cubano y su devoción por este proyecto han inspirado a todos los que colaboraron con ella. Para ella va nuestra mayor deuda de gratitud.

También queremos agradecer especialmente a los ensayistas ya mencionados, a Erin Goodman y César Pérez, que tradujeron sus textos, y a Rafael García Sánchez, Rogelio López Marín y Christopher Soldt, quienes fotografiaron los objetos que aparecen en este libro. El proyecto fue también generosamente apoyado por Enrique Rodríguez Pérez y Esleidy Sánchez Moreno; Amanda Morales, Gladys Gómez-Rossié y Juan A. Villanueva de la Cuban Heritage Collection en las University of Miami Libraries; y Alejandro y Lourdes Rodríguez, Dolores Rodríguez, Beatriz Gago y Cristina Figueroa Vives de la Fundación Mariano Rodríguez.

Obviamente, esta exposición no habría sido posible sin aquellos que generosamente prestaron sus obras: coleccionistas anónimos que cedieron muchas piezas esenciales, así como investigación y acceso a sus archivos; Ramón y Nercys Cernuda y Cernuda Arte (con la asistencia de Diana Benitez, Nico Hough y Thalia Monier); Israel Moleiro Sarracino y Daniela Alpizar (Latin Art Core); Robert Borlenghi y Sophia Ballesteros (Pan American Art Projects); familia Camejo-Rojas y Pérez-Rodríguez; Orlando Justo y familia; Olga Mari y Vince Lago; Vicente y Teresa Lago; Silvia y Emilio M. Ortiz; Lourdes y Alejandro Rodríguez; Isaac y Betty Rudman; Jason y Sonia Silverman y varias colecciones privadas.

Como siempre, un equipo devoto y talentoso de Boston College contribuyó al proyecto de principio a fin. Diana Larsen, directora asistente de McMullen, trabajó estrechamente con Thompson Goizueta para diseñar una instalación que conectara las complicadas hebras del tejido narrativo de la exposición, una difícil tarea. John McCoy, director asistente, ha diseñado este libro y la señalización de la exposición para evocar las publicaciones cubanas de estilo modernista de mediados del siglo veinte y acomodar el formato bilingüe. Kate Shugert, directora de publicaciones y exposiciones del museo, trabajó diligentemente como editora principal de este volumen, y organizó todos los préstamos y las fotografías de los objetos. Rachel Chamberlain, directora de educación, divulgación comunitaria y recursos digitales, con el apoyo de los estudiantes y docentes del McMullen, ha concebido y organizado una gran variedad de programas, virtuales o en persona, para atraer a una audiencia más amplia. Mary Magré estuvo a cargo de los seguros de las obras y Jack Dunn, Rosanne Pellegrini y Peter Marino colaboraron con la publicidad y la obtención de fondos.

El McMullen continúa agradeciendo a los siguientes fondos que

Jane Gaughan Fund for Exhibitions, Hecksher Family Fund, Hightower Family Fund, John F. McCarthy and Gail M. Bayer Fund, Christopher J. Toomey '78 Fund, and Alison S. and William M. Vareika '74, P'09, '15, LP'16 Fund. This volume has been underwritten in part by the publications fund in memory of former McMullen Museum docent Peggy Simons.

Finally, this ambitious project could not have been realized without the backing of the administration of Boston College and the McMullen Family Foundation. We thank especially Jacqueline McMullen, Boston College President William P. Leahy, SJ, Provost and Dean of Faculties David Quigley, Vice Provost of Finance and Administration Joseph Carroll, Vice Provost of Faculties Billy Soo, and Dean of the Morrissey College of Arts and Sciences Gregory Kalscheur, SJ. Major support was provided by Boston College, the Patrons of the McMullen Museum, chaired by C. Michael Daley, and the McMullen Museum's Hispanic Art Initiative.

Nancy Netzer
Inaugural Robert L. and Judith T. Winston Director and Professor of Art History

apoyan todos nuestros proyectos: Linda '64 and Adam Crescenzi Fund, Janet M. and C. Michael Daley '58 Fund, Gerard and Jane Gaughan Fund for Exhibitions, Heckshe Family Fund, Hightower Family Fund, John F. McCarthy and Gail M. Bayer Fund, Christopher J. Toomey '78 Fund, y Alison S. and William M. Vareika '74, P'09, '15, LP'16 Fund. Este volumen ha sido financiado en parte por el fondo de publicaciones creado en memoria de Peggy Simons, antigua docente del McMullen Museum.

Finalmente, este ambicioso proyecto no podría realizarse sin el apoyo de la administración de Boston College y la McMullen Family Foundation. Agradecemos especialmente a Jacqueline McMullen; al presidente de Boston College, William P. Leahy, SJ; al vicerrector y director académico, David Quigley; al rector de finanzas y administración, Joseph Carroll; al rector de facultades, Billy Soo; y al decano del Morrissey College of Arts and Sciences, Gregory Kalscheur, SJ. Boston College y los Patrocinadores del McMullen Museum, presididos por C. Michael Daley, y la Iniciativa de Arte Hispano del McMullen Museum también proporcionaron un invaluable apoyo.

Nancy Netzer
Directora Inaugural Robert L. and Judith T. Winston y Profesora de Historia del Arte

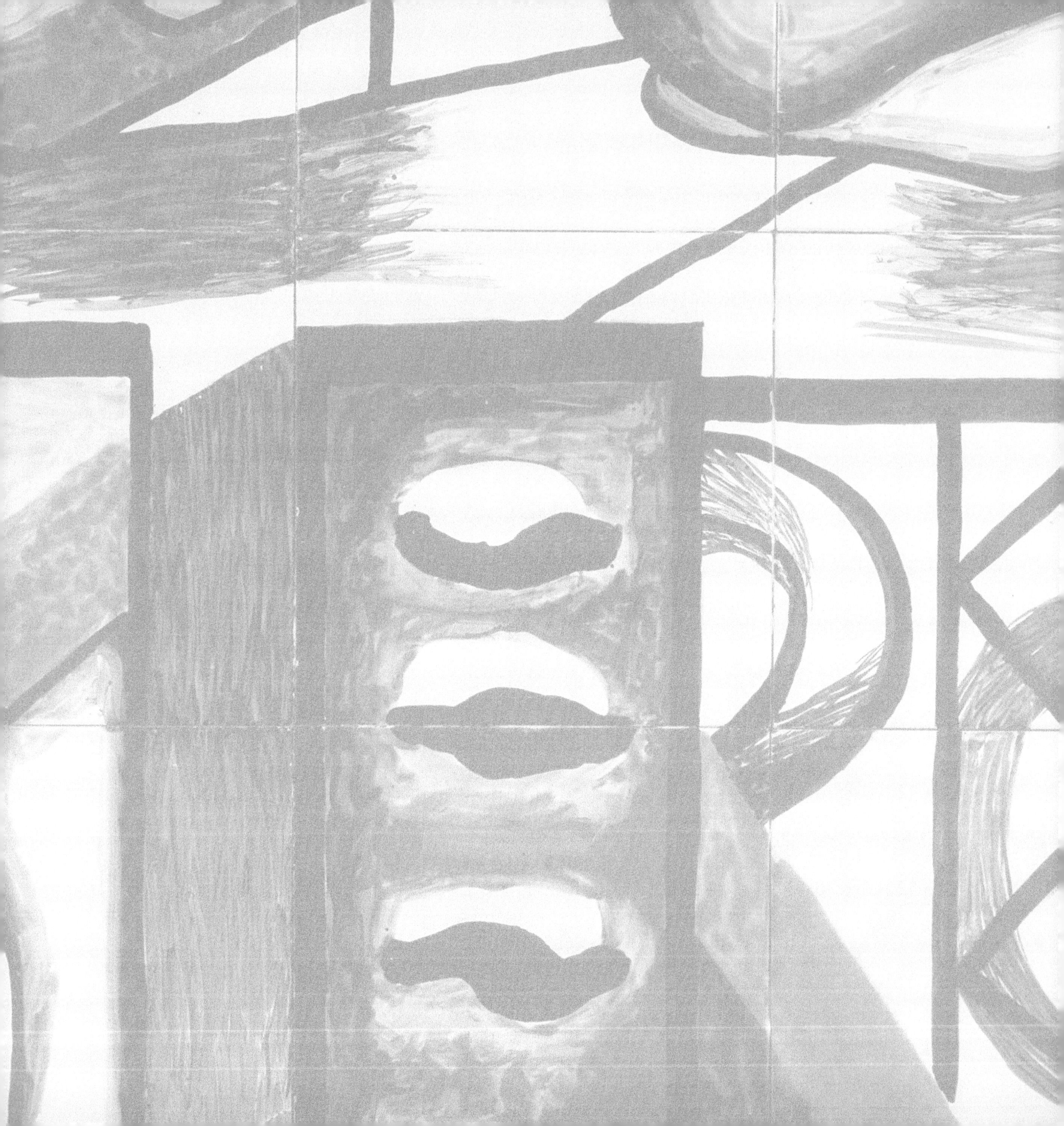

TRADITION AND MODERNITY: TOWARD A DEFINITION OF CUBAN CULTURAL IDENTITY

TRADICIÓN Y MODERNIDAD: HACIA UNA DEFINICIÓN DE LA IDENTIDAD CULTURAL CUBANA

Roberto Cobas Amate

In memory of Professor Juan A. Martínez

THE TERMS *TRADITION* AND *MODERNITY* have long been considered mutually exclusive antipodes in Cuban visual arts. On one side of the spectrum were the traditionalists who followed the academic teaching guidelines of the Academia San Alejandro, which from the nineteenth century until the Republican era[1] was the only school in Cuba for the study of fine arts. On the other side were the rebellious young avant-garde artists, who mostly studied at San Alejandro without graduating. Dissatisfied with an education system that they considered outdated and mediocre, they traveled to Europe, primarily to Paris, where they embraced with decided enthusiasm an unprecedented way of conceiving art. This led them, upon their return to the island, to interpret Cuban reality from an updated and more profound perspective.

Anything related to Cuban traditionalist painting and sculpture was then pushed aside while, as Dr. Luz Merino Acosta points out, "there is an intense and extensive critical reception of the so-called avant-garde that sometimes clouds possible reinterpretations."[2]

According to criteria that had been considered at the time to be the absolute truth, one of the preeminent curators on the island, Ramón Vázquez Díaz, argued in the twenty-first century that avant-garde painting "starts from scratch" until it becomes "one of the most brilliant and organic ensembles, in its diversity of individual personalities, from across the continent."[3] In another essay he affirms that "the innovative youth had to invent Cuban artistic modernity from scratch."[4] In the eyes of critics, the influence of academic painters and their school, dominant in the first three decades of the twentieth century, reached a point of complete negation.

Thanks to recent studies,[5] traditional or "academic" Cuban art is being rescued from the shadows to which it had been

A la memoria del profesor Juan A. Martínez

DURANTE UN TIEMPO PROLONGADO, los términos *tradición* y *modernidad* han sido antípodas en procesos considerados en las artes plásticas cubanas como excluyentes. Por un lado, los tradicionalistas que seguían las pautas trazadas por la enseñanza académica de San Alejandro—única escuela para el estudio de las bellas artes en Cuba desde el siglo XIX hasta la República[1]—y por otro lado, los artistas de la vanguardia, jóvenes rebeldes que en su mayoría cursaron estudios en San Alejandro sin llegar a completarlos. Inconformes con un sistema de enseñanza que consideraron caduco y mediocre, viajaron a Europa, principalmente a París, donde apreciaron con deslumbrado entusiasmo una manera inédita de concebir el arte, lo cual les permitió, a su regreso, interpretar la realidad cubana bajo una perspectiva actualizada y profunda.

Todo lo relacionado con la pintura y la escultura tradicionalistas cubanas quedó desplazado a una zona de opacidad mientras que, como señala la Dra. Luz Merino Acosta, "hay una intensa y extensa fortuna crítica sobre la denominada *vanguardia* que a veces nubla posibles relecturas"[2].

Según criterios considerados como la verdad absoluta, uno de los más prestigiosos curadores de la Isla, Ramón Vázquez Díaz, aseveró, ya en el siglo XXI, que la pintura de vanguardia "parte de cero" hasta convertirse en "uno de los conjuntos más brillantes y orgánicos, en su diversidad de personalidades individuales, de todo el continente"[3]. En otro ensayo afirma que "los jóvenes renovadores debían inventar la modernidad artística cubana a partir de cero"[4]. Hasta ese punto llega la negación de la pintura tradicionalista o "académica" practicada en las primeras tres décadas del siglo XX.

Gracias a estudios realizados en fecha reciente[5], el arte tradicional o "académico" cubano está siendo rescatado de la zona gris en la cual se encontraba. En tal sentido, es relevante destacar que en el

relegated. In this sense, it is worth noting that in the so-called academicism of the Academia San Alejandro, additional artistic trends coexisted alongside the more traditional European painting taught at the academies in Madrid, Paris, and Rome, such as art nouveau, Spanish impressionism, and the *Macchiaioli* of Italy,[6] among others.[7]

Caricature and illustration were already entering a new modern era, fully contemporary and on par with the best work being done around the world, although at the time they were considered "minor arts" and not taken as seriously by traditionalist painters, who paradoxically belonged to the same generation as the brilliant cartoonists Rafael Blanco and Jaime Valls, the talented caricaturist Conrado Massaguer,[8] and other outstanding cartoonists and illustrators who were already dabbling in avant-garde art in the first two decades of the twentieth century. Of Rafael Blanco it was said that "thus far we have not known such a sincere nationalism among our ranks"[9]; his work is "an inquiry into [national] conscience that, despite its medium of watercolors, is no less direct, clear, and courageous than our [Cuban] visual arts has offered up."[10] Rafael Blanco[11] is, without a doubt, a Trojan horse in the continuum of Cuban traditionalist painting, breaking with the schemes of the academy and predating the following generation of young avant-garde artists from the late 1920s. According to Dr. Llilian Llanes, "Blanco was the most innovative of the Cuban cartoonists. He developed such a personal language in his work that he was deemed the first modern creator in the history of Cuban visual arts"[12] (fig. 1[13]). With Blanco's exhibition, preceded by that of Conrado Massaguer, the Havana Ateneo "learned how to usher in and exhibit the first signs of artistic modernity on the island."[14]

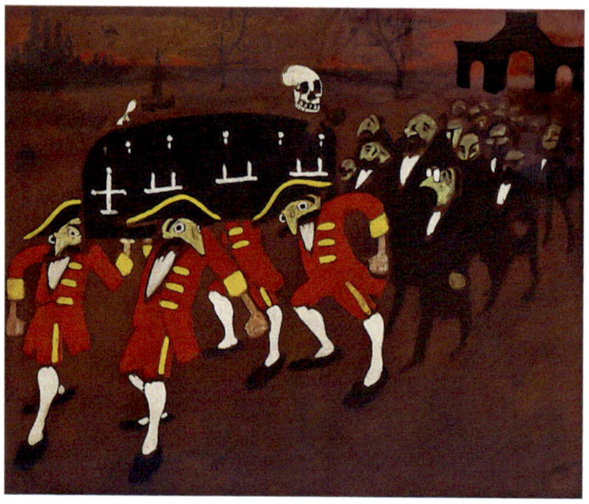

1. Rafael Blanco (1885–1955), *Los zacatecas*, ca. 1916. Oil on board | oléo sobre cartón, 21.5 × 27.6," Museo Nacional de Bellas Artes (MNBA), La Habana, 07.22.

In our quest for an unbiased approach to such a complex phenomenon, we should highlight the substantial contribution of Dr. Juan Martínez, professor of art history at Florida International University, who curated a transcendent exhibition, *Cuban Art & Identity: 1900–1950*,[15] in which the contributions obtained on each side (traditionalists and vanguardistas) in paintings during the Republican era are compared and contextualized. Jorge Mañach, one of Cuba's most distinguished intellectuals, opined that it is at minimum necessary to point out as a continuity "painting of a thematic Cubanism."[16] Sim-

llamado "academicismo" de San Alejandro se movían corrientes artísticas que coexistían con a la más tradicional pintura europea y eran impartidas por las academias de Madrid, París y Roma, como el *art nouveau*, los *Macchiaioli*[6] italianos, y las versiones españolas del impresionismo, entre otras que circulaban en el recinto académico[7].

La caricatura y la ilustración ya incursionaban en una modernidad renovada, plenamente contemporánea con lo mejor que se hacía en el mundo, aunque fueran consideradas en esa época como "artes menores" y no tomadas en cuenta por los pintores tradicionalistas, que paradójicamente pertenecían a la misma generación del genial dibujante Rafael Blanco, el talentoso caricaturista Conrado Massaguer[8], el notable y fino dibujante Jaime Valls y otros destacados caricaturistas e ilustradores de las dos primeras décadas del siglo XX, que ya estaban incursionando en un arte de vanguardia. Sobre Rafael Blanco se ha dicho que "nuestras flaquezas no conocían hasta ahora un nacionalismo tan sincero"[9] y que su obra "es un examen de conciencia que no por estar hecho en medias tintas acuosas es de lo menos directo, claro y valiente que ha dado nuestra dignidad"[10]. Rafael Blanco[11] es, sin dudas, un "caballo de Troya" en el *continuum* de la pintura tradicionalista cubana ya que rompe todos los esquemas de la academia en un momento en el que todavía no asomaba la presencia de la generación de jóvenes vanguardistas de finales de los años veinte. Según la doctora Llilian Llanes, "Blanco era el más completo de los dibujantes cubanos. En su obra había desarrollado un lenguaje tan personal que lo convierten en el primer creador moderno dentro de la historia de la plástica cubana"[12] (fig. 1[13]). Con la exposición de Blanco, precedida por la de Conrado Massaguer, el Ateneo de La Habana "supo acoger y mostrar los primeros signos de modernidad artística en la isla"[14].

En la búsqueda de un acercamiento desprejuiciado a un fenómeno tan complejo, debemos destacar el aporte sustancial realizado por el doctor Juan Martínez, profesor de historia del arte de la Florida International University, con la curaduría de una exposición trascendente, *Cuban Art & Identity: 1900–1950*[15], en la cual se matizan y comparan los aportes obtenidos de uno y otro lado (tradicionalistas y vanguardistas) por la pintura realizada en el período de la república en la primera mitad del siglo XX. Vale mencionar la opinión de uno de los intelectuales más preclaros que ha tenido Cuba, Jorge Mañach, cuando menciona

ilarly, in the aforementioned exhibition, Professor Martínez explores and develops four themes that are consistent for both traditionalist painters and modern artists: the countryside, Havana interiors, religious traditions, and music. In so doing, the exhibition he curated integrated and honored the decisive role that both academics and modernists contributed to defining Cuban cultural identity.[17]

Dr. Llilian Llanes's assessment is affirmed when she indicates in her encyclopedic study of the first thirty years of the Republic that in "the academic painters the acknowledgement of the nation's foundations as an objective in their minds never became concretized."[18] This was not the case with the traditional or *costumbrismo*[19] themes they worked on that were later taken on with a greater conceptual depth by the artistic vanguard. As Eduardo Abela, one of the protagonists of the renewal movement who studied at San Alejandro, points out: "It had not occurred to anyone to think that the national character of a painting may not be in the themes themselves, but rather in the way they are portrayed."[20] To my mind, therein lies the major difference between one generation and another.

Mañach affirms that "the difference between traditional art and modern art is a matter of style."[21] Certainly, the group of Cuban artists who went to Paris and appropriated the modern movements that were taking root there returned with a new perspective about the island's cultural affairs, and broke with a tradition, integrating these perspectives in greater depth into their new aesthetics.

The moment of definition and greatest tension between traditionalists and modern artists began in 1927, the year that the *Exposición de arte nuevo* (*New Art Exhibition*) was held and the *revista de avance* periodical arose, serving as a mouthpiece for the island's avant-garde (fig. 2). Emerging intellectuals joined the progressive vanguard, among them Jorge Mañach himself, Juan Marinello, Martín Casanovas, Francisco Ichaso, and Alejo Carpentier, who undertook a crusade against traditionalist painting. Carpentier in particular passionately attacked academic painters and staunchly defended avant-garde painters such as Eduardo Abela, Carlos Enríquez, Marcelo Pogolotti, and Wifredo Lam. This school of thought would find continuation in the following generation, in

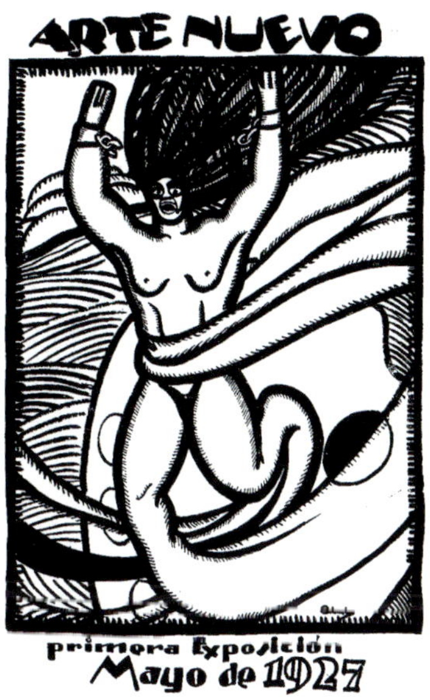

2. Eduardo Abela, poster announcing the *New Art Exhibition*, *revista de avance* 1, no. 2 (Apr. 15, 1927) | Eduardo Abela, cartel anunciando la *Exposición de arte nuevo*, *revista de avance* 1, no. 2 (15 de abr. de 1927).

que al menos hay que señalar como una continuidad "una pintura de un cubanismo temático"[16]. En esta dirección, el profesor Martínez explora y desarrolla en la exposición cuatro temas que resultan afines tanto para los pintores tradicionalistas como para los artistas modernos: el campo, los interiores habaneros, las tradiciones religiosas y la música. A través de estos asuntos es que el curador realiza una labor de integración y apreciación de la decisiva contribución que los académicos y los modernos aportaron a una definición de la identidad cultural cubana[17].

TRADITION AND MODERNITY: TOWARD A DEFINITION OF CUBAN CULTURAL IDENTITY

TRADICIÓN Y MODERNIDAD: HACIA UNA DEFINICIÓN DE LA IDENTIDAD CULTURAL CUBANA

Aunque no deja de ser cierta la apreciación de la Dra. Llilian Llanes cuando señala en su enciclopédico estudio sobre los primeros 30 años de la República que en los pintores académicos "el reconocimiento de los fundamentos de la nación no llegó a concretarse en sus mentes como un objetivo"[18], sin embargo los temas tradicionales o costumbristas[19] trabajados por ellos fueron asumidos después con una mayor profundidad conceptual por la vanguardia artística. Tal como señala Eduardo Abela, uno de los protagonistas del movimiento renovador que cursó estudios en San Alejandro: "a nadie se le había ocurrido pensar que el carácter nacional de una pintura puede no estar en los temas, sino más bien en la manera de tratarlos"[20]. Creo que ahí radica la gran diferencia entre una generación y otra.

Volvemos a Mañach cuando señala que "la diferencia entre arte tradicional y arte moderno es una cuestión de estilo"[21]. Ciertamente, el grupo de artistas cubanos que marchan hacia París y se apropian de los movimientos modernos que están teniendo lugar en esta ciudad regresan con otra mirada sobre los asuntos culturales de la Isla, y parten de una tradición que integran a sus nuevas estéticas con un mayor calado.

El momento de definición y de una mayor tensión entre tradicionalistas y modernos tiene lugar a partir de 1927, fecha en la que se realiza la *Exposición de arte nuevo* y surge la *revista de avance*, vocera del vanguardismo en la Isla (fig. 2). Los intelectuales emergentes se sumaron a la avanzada progresista, entre ellos el propio Jorge Mañach, Juan Marinello, Martín Casanovas, Francisco Ichaso y Alejo Carpentier, quienes emprendieron una cruzada contra la pintura tradicionalista. En particular, Carpentier arremetió con pasión contra los pintores académicos e hizo una defensa a ultranza de los pintores de la vanguardia, como Eduardo Abela, Carlos Enríquez, Marcelo Pogolotti y Wifredo Lam. Esta corriente de pensamiento tendría

such outstanding figures from the Cuban intelligentsia as José Lezama Lima, Guy Pérez-Cisneros—recognized as the most important art critic of the time—and José Gómez Sicre. Traditionalist painters did not share the same luck of having such outstanding thinkers and scholars supporting their aesthetic assumptions.

Traditionalist painters became entrenched in positions that were falling behind in the wake of the new avant-garde movement. Nonetheless, Mañach warned of what he considered a disproportionate and excessive favoring of the recently arrived style of painting from Europe. Here he calls for moderation:

> True culture does not deny any portion; does not tolerate amputations; does not allow it to be said that anything that is from the past, and therefore is traditional, is a lie, and that only what has airs of the present or the future is genuine. Following such criteria, museums would have to be closed, the classics burned, and preparations made for a new barbarism.[22]

In a more tempered study undertaken by the Museo Nacional de Bellas Artes in Havana, this network of artistic tendencies that circulated on the island between the late nineteenth and the early twentieth centuries (1880–1930) came to be called "turn of the century." This not only situates "academic" artists in temporal terms—and in a pejorative tone—it also "reviews and attends to artistic processes, productions, producers, institutions, and agents that are drivers of a certain register of modernity."[23]

In this sense, it is essential to refer to the role played by the Asociación de Pintores y Escultores (Association of Painters and Sculptors) between 1916 and 1927. Its talented founding director was Federico Edelmann, an intellectual who tried to ensure that Cuban painting by both traditionalist and modern painters occurred on the same plane:

> He showed signs of having a much more tolerant and liberal mentality than his academic colleagues and a more open attitude than many of his contemporaries toward those manifestations that had long been excluded or marginalized for not being part of the so-called fine arts. He also did considerable work to promote the emerging generations, contributing to their visibility and incorporation into the professional circuit by exhibiting their work in fine arts salóns and organizing solo shows.[24]

Thanks to Edelmann, some of the figures who would eventually make up the Cuban artistic vanguard were welcomed into the Círculo de Bellas Artes (Fine Arts Circle). Eduardo

su continuación en la generación siguiente, en personalidades tan destacadas de la intelectualidad cubana como José Lezama Lima, Guy Pérez-Cisneros—reconocido como el crítico de arte más importante del momento—y José Gómez Sicre. Los pintores tradicionalistas no tuvieron la misma suerte de tener pensadores y estudiosos tan destacados que apoyasen sus presupuestos estéticos.

Los pintores tradicionalistas se atrincheraron en posiciones que fueron quedando rezagadas ante la pujanza del nuevo movimiento de vanguardia. Sin embargo, Mañach advierte sobre lo que considera una desmesura y posición excesiva en favor de los nuevos aires de la pintura recién llegada de Europa. El crítico de arte llama a la moderación cuando señala:

> La verdadera cultura no reniega de ninguna porción misma; no tolera amputaciones; no consiente que se diga que todo lo que es de ayer, y por tanto tradición, sea mentira, y que solo lo que lleva acento de actualidad o de futuro sea genuino. Con semejante criterio habría que cerrar los museos, quemar los clásicos y preparar frenos para una nueva barbarie[22].

En un estudio más sosegado emprendido por el Museo Nacional de Bellas Artes de La Habana, pasa a denominarse "cambio de siglo" a este entramado de corrientes artísticas que circulan en la Isla entre finales del siglo XIX y primeras décadas del siglo XX (1880–1930). Esta definición no sólo sitúa en términos temporales a los artistas "académicos"—denominados de esta manera en un tono peyorativo—también "revisa y atiende procesos artísticos, producciones, productores, instituciones y agentes que son conductores de determinado registro de la modernidad"[23].

En tal sentido, es imprescindible referirnos al papel que tuvo la Asociación de Pintores y Escultores entre 1916 y 1927. Su primer y talentoso director fue Federico Edelmann, un intelectual que intentó que la pintura cubana transcurriera en un mismo horizonte tanto para los pintores tradicionalistas como para los modernos:

> Dio muestras de poseer una mentalidad mucho más tolerante y liberal que sus colegas académicos y una actitud más abierta que muchos de sus contemporáneos, ante aquellas manifestaciones por mucho tiempo excluidas o marginadas por no formar parte de las llamadas bellas artes. Considerable fue también su labor de promoción de las generaciones emergentes, a cuya visibilidad e incorporación al circuito profesional contribuyó mediante la exhibición de sus trabajos en los salones de bellas artes y la organización de muestras personales[24].

Abela's work was exhibited in 1919; Antonio Gattorno and Víctor Manuel exhibited at the 1920 salón; Wifredo Lam participated in the 1922 salón, at which the sculptors Teodoro Ramos Blanco and Ernesto Navarro would also show pieces. Amelia Peláez appeared in the 1923 salón and the sculptor Juan José Sicre in the 1924 salón.

The exhibition that was a harbinger of things to come was the 1925 Salón de Bellas Artes, where the shift toward modernity could already be seen and in which various artists participated from what would later be known as the Cuban avant-garde, including two of the renewal movement's most prominent figures, Carlos Enríquez and Marcelo Pogolotti. This was possible thanks to Edelmann's open spirit; after his retirement in 1927:

> There was a break between the Association and those who were trying to definitively shake up Cuban art; [this] phenomenon occurred simultaneously with the transfer of the institution into the hands of its most conservative members and especially to the main leaders of neo-academicism.[25]

Llilian Llanes Godoy points out that:

> It was not until the desires for modernity of the most rebellious became incompatible with the prevailing stagnation in painting and sculpture, and they began to search for new forms of expression in art, that the paths forked. Since then...the Association lost the character of representativeness of the Cuban artistic panorama that it had had until then and the more retrospective spirit represented by the majority of its members gained strength.[26]

This friction reached the point of a total rupture when neither side would concede any merit to the other. The traditionalists tried to undermine the incipient renewal movement, such that Jorge Mañach was compelled to intervene and participate in the debate, stating that "new art translates experiences of the times, because it reflects what I would call the anguished arrogance of our time" and "the young—meaning the new—are there insolently. There is no choice but to kill them off or to understand them. I prefer to understand them."[27]

Two outstanding Cuban figures of the turn of the century transcend this aesthetic debate: Armando Menocal and Leopoldo Romañach. Armando Menocal was considered "the paradigm of those times"—referring to the first two decades of the twentieth century. And the most charismatic and prominent artistic personality in that context and also the most

En el Círculo de Bellas Artes, gracias a Edelmann, tuvieron acogida algunas de las figuras que con el tiempo conformarían la vanguardia artística cubana. Eduardo Abela exhibió sus obras en 1919; Antonio Gattorno y Víctor Manuel expondrían en el salón de 1920; Wifredo Lam participaría en la edición de 1922, en la que también mostrarían sus piezas los escultores Teodoro Ramos Blanco y Ernesto Navarro. Amelia Peláez se presentaría en el salón de 1923 y el escultor Juan José Sicre en el de 1924.

La exposición que prefigura lo que habría de venir después fue el X Salón de Bellas Artes, realizado en 1925, donde ya se avizoran los tiempos de cambio hacia la modernidad y en la que participan varios artistas de lo que será posteriormente la vanguardia cubana. En esta edición participan dos de las figuras principales del movimiento de renovación, Carlos Enríquez y Marcelo Pogolotti. Esto fue posible gracias al espíritu de apertura de Edelmann. Con su retiro en 1927:

> Sobrevino el rompimiento entre la asociación y quienes intentaban darle un vuelco definitivo al arte cubano; un fenómeno que transcurrió simultáneamente con el traspaso de la institución a manos de los miembros más conservadores y sobre todo a la de los principales líderes del neo-academicismo[25].

Llilian Llanes Godoy señala que:

> No fue hasta que los anhelos de modernidad de los más rebeldes se hicieron incompatibles con el anquilosamiento predominante en la pintura y la escultura y se lanzaron a la búsqueda de nuevas formas de expresión en el arte, que los caminos se bifurcaron. Desde entonces... la asociación perdió el carácter de representatividad del panorama artístico cubano que hasta entonces había tenido y ganó fuerza dentro de ella el espíritu más retardatario representado por la mayoría de sus miembros[26].

Esta fricción llegó al punto de una ruptura total, en la cual nadie concedía méritos a la contraparte. Los tradicionalistas intentaron menoscabar el joven movimiento renovador, de tal manera que Jorge Mañach se vio en la necesidad de intervenir y participar en el debate afirmando que "el arte nuevo traduce vivencias de época, porque refleja lo que llamaría la angustiada soberbia de nuestro tiempo". Y también señala desafiante que "los jóvenes—es decir los nuevos—están insolentemente ahí. No hay más remedio que matarlos o entenderlos. Yo prefiero entenderlos"[27].

Hay dos figuras descollantes del cambio de siglo cubano que están más allá de ese debate estético: Armando Menocal y Leopoldo Romañach. Mientras el primero era considerado como "el paradigma de aquellos tiempos", referido a las dos primeras

TRADITION AND MODERNITY: TOWARD A DEFINITION OF CUBAN CULTURAL IDENTITY

TRADICIÓN Y MODERNIDAD: HACIA UNA DEFINICIÓN DE LA IDENTIDAD CULTURAL CUBANA

renowned professor at San Alejandro was undoubtedly Leopoldo Romañach (53–54). Based on his merits, he was offered the directorship of the Academia, and he turned it down because what he really enjoyed was the relationship he established with his students and he wanted, above all, to continue developing his pictorial work. He led the definitive breakup with the most conservative academic molds and established certain airs of freedom that were enjoyed by his privileged disciples. Romañach's study of Velázquez that he carried out in Spain and his knowledge of contemporary Peninsular painting confirm his luminist tendencies, which he was able to transfer to his paintings. "Cuban" light obsessed him and he captured it well in the series of landscapes of beaches and marinas on the island's north coast (fig. 3).

> Through flexible instruction, Romañach showed the students his ways of doing things, but left them the greatest creative freedom to choose their own paths. [...] As almost all those [artists] who established modern painting in Cuba were his disciples, Romañach is considered by many as having paved the way through his teaching—more than through his own work—for the eruption of "new art."[28]

Some of the future masters of modernity on the island were among his students, such as Víctor Manuel, Antonio Gattorno, Domingo Ravenet, and Eduardo Abela; Amelia Peláez was one of his favorite students.

Amelia Peláez's Transition from Academic to Modern Art

Amelia[29] practiced academic painting between 1924 and 1926 influenced by Romañach, for whom she felt great admiration. Some of the aesthetics in her paintings from this period are close to the master's (56). Then in 1927, she traveled to Paris and remained there until 1934, in a process of assimilating modern art.[30] Upon her return to Cuba, she exhibited the paintings she had done in Europe, to great acclaim. Mañach asserted that "Amelia Peláez is surely the clearest case in Cuba of a break with pictorial tradition,"[31] adding, "Amelia Peláez...was a dissident. She did not inherit the revolution, but she had to start by making it herself."[32]

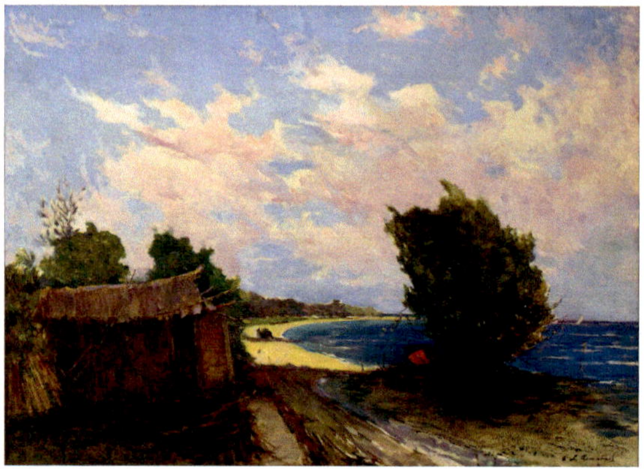

3. Leopoldo Romañach (1862–1951), *Marina*, ca. 1915–20. Oil on canvas | oléo sobre lienzo, 30.5 × 43.1″, MNBA, La Habana, 07.58.

décadas del siglo XX, sin dudas la personalidad artística más carismática y prominente de ese contexto era Romañach, quien fue al mismo tiempo el más renombrado profesor de San Alejandro (53–54). Por sus méritos se le ofreció la dirección de la Academia, y la rechazó porque lo que disfrutaba realmente era la relación que establecía con su alumnado y, sobre todo, quería continuar desarrollando su obra pictórica. Será él quien se encargará de romper definitivamente con los más conservadores moldes académicos e instaurar ciertos aires de libertad que serán aprovechados por sus privilegiados discípulos. El estudio que llevó a cabo en España de la obra de Velázquez y el conocimiento contemporáneo de la pintura que se hacía en la Península confirman sus preocupaciones luministas, que supo trasladar a su pintura. La luz "cubana" lo obsesionaba y supo captarla en la serie de paisajes de playas y marinas de la costa norte de la Isla (fig. 3).

> A través de una preceptiva flexible Romañach mostraba a los alumnos sus modos de hacer, pero los dejaba en la mayor libertad creativa para escoger sus propios caminos. [...] Como casi todos los que instauraron la pintura moderna en Cuba fueron sus discípulos, no pocos han estimado a Romañach como una especie de tránsito que preparó con el magisterio—más que con su propia obra—la irrupción del "arte nuevo"[28].

Entre sus alumnos estaban algunos de los futuros maestros de la modernidad en la Isla, como Víctor Manuel, Antonio Gattorno, Domingo Ravenet, Eduardo Abela y Amelia Peláez, ésta última una de sus alumnas predilectas.

La transición de Amelia Peláez del arte académico al moderno

Amelia[29] practicó la pintura académica entre 1924 y 1926 bajo la influencia de Romañach, por el cual sentía una gran admiración. Algunos de los cuadros de esta época están cercanos a la estética del maestro (56). Sin embargo, en 1927 Amelia Peláez viaja a París y allí permanece hasta 1934, en un proceso de asimilación del arte moderno[30]. A su retorno a Cuba, expone la pintura realizada en Europa y merece los más elogiosos calificativos. Mañach asevera que "Amelia Peláez es seguramente el caso más claro en Cuba de ruptura con la tradición pictórica"[31]. Y añade: "Amelia Peláez... fue una disidente. No heredó la revolución, sino que

TRADITION AND MODERNITY: TOWARD A DEFINITION OF CUBAN CULTURAL IDENTITY

TRADICIÓN Y MODERNIDAD: HACIA UNA DEFINICIÓN DE LA IDENTIDAD CULTURAL CUBANA

To culminate, he stated that "Amelia Peláez, understood on her own terms, that is, by her own intentions, is one of the masterful artists of this time in the Americas."[33]

Amelia joins a group of younger painters, including Mariano Rodríguez and René Portocarrero, who decide to undertake the rescue of the historical memory of Cuban culture's Hispanic roots, and her painting achieves its most outstanding resonances, close to the intellectual thought of José Lezama Lima and the generation of artists and writers convened around the magazine *Orígenes* (1944–56).

The defining elements of Amelia's painting are most evident in her still lifes (**59–61, 64, 177–78, 182**). She basks in a closed, intimate interior domestic space, where the center of attention is Cuban fruit and the innumerable expressive possibilities of the theme of still lifes in an environment that is recreated in the ornament of colonial architecture. This is how her appropriation of stained glass and arched windows arises, which will contribute decisively to the way she structures her compositions. She filters with exquisite finesse the colors that give an essential mystery to her works.

Significant changes occur in her painting in the 1950s, which, without losing her defining personality, oscillates toward a style close to geometric abstraction. In this sense, her ceramics work in the workshop led by Dr. Juan Miguel Rodríguez de la Cruz in an old tile factory in Santiago de las Vegas influenced her painting (**67–98, 100–108**). Some of the most prominent figures of the Cuban artistic avant-garde gathered there: Wifredo Lam (**112–18**), Mariano Rodríguez (**150–57**), René Portocarrero (**119–38**), Domingo Ravenet, Mario Carreño, Luis Martínez Pedro (**141–49**), Raúl Milián (**158–64**), and Felipe Orlando, as well as the sculptors Alfredo Lozano, Tomás Oliva, Marta Arjona (**4–7**), and Rebeca Robés Massés (**1–2**).

From the beginning, Amelia's pottery stands out above the rest. Although initially she made utilitarian pieces of a commercial nature—in a style already consecrated in her oils and temperas based on the use of isolated motifs such as fish, flowers, plants, women, and fruits—after a few years, three-dimensionality and geometry would influence her painting from the second half of the fifties, as can be seen in *Peces* (*Fish*, 1958), *Mujeres* (*Women*, 1958, fig. 4), and *Pez* (*Fish*, 1960, fig. 5), pieces that belong to collection of the Museo Nacional de Bellas Artes. The exhibition text at the Museo de Artes Decorativas in Havana offers this tribute to Peláez's ceramics:

For Amelia, pottery was an absorbing passion, she

tuvo que empezar por hacerla por sí misma"[32]. Para culminar, afirma que "Amelia Peláez, entendida en sus propios términos, es decir, en sus propias intenciones, es una de los artistas magistrales de esta hora de América"[33].

Amelia se une a un grupo de pintores más jóvenes, como Mariano Rodríguez y René Portocarrero, quienes deciden emprender el rescate de la memoria histórica de las raíces hispánicas de la cultura cubana. Su pintura logra sus más sobresalientes resonancias, próximas al pensamiento intelectual de José Lezama Lima y la generación de artistas y escritores reunidos alrededor de la revista *Orígenes* (1944–56).

Y es precisamente a partir del tema de la naturaleza muerta que Amelia Peláez alcanza el centro de gravedad que mejor define su obra plástica (**59–61, 64, 177–78, 182**). Amelia se regodea en un espacio doméstico interior cerrado, íntimo, donde el centro de atención son las frutas cubanas y las innumerables posibilidades expresivas del tema de las naturalezas muertas en un ambiente que se recrea en el ornamento de la arquitectura colonial. Así surge su apropiación de los vitrales o medio puntos, que aportará decisivamente a su manera de estructurar la composición. Filtra con finura exquisita los colores que otorgarán un misterio esencial a sus obras.

En los años cincuenta ocurren cambios significativos en su pintura, la cual, sin perder su personalidad definitoria, oscila hacia un estilo próximo a la abstracción geométrica. En tal sentido, su trabajo con la cerámica en el taller animado por el Dr. Juan Miguel Rodríguez de la Cruz en un antiguo tejar de Santiago de las Vegas va a incidir en su pintura (**67–98, 100–108**). Allí se dieron cita algunas de las figuras más prominentes de la vanguardia artística cubana: Wifredo Lam (**112–18**), Mariano Rodríguez (**150–57**), René Portocarrero (**119–38**), Domingo Ravenet, Mario Carreño, Luis Martínez Pedro (**141–49**), Raúl Milián (**158–64**) y Felipe Orlando, así como los escultores Alfredo Lozano, Tomás Oliva, Marta Arjona (**4–7**) y Rebeca Robés Massés (**1–2**).

Desde los primeros momentos, la cerámica de Amelia se destaca por encima de las demás. Aunque inicialmente decora piezas utilitarias de carácter comercial con un estilo ya consagrado en sus óleos y témperas a partir de la utilización de motivos aislados como peces, flores, plantas, mujeres y frutas, al cabo de algunos años la tridimensionalidad y la geometría van a incidir en su pintura del segundo lustro de los cincuenta, como se puede apreciar en *Peces* (1958), *Mujeres* (1958, fig. 4) y *Pez* (1960, fig. 5), obras pertenecientes a la colección del Museo Nacional de Bellas Artes. Como se afirma en el texto de la exposición homenaje realizada a la cerámica de Amelia en el Museo de Artes Decorativas de La Habana:

began by adapting some of the motifs from her painting to the shape of the object. Her first *porrones* [water jugs] remain very close both in color and in composition to the paintings she made in the first period, with time she matured and delved deeper into the technical-decorative problems of color and texture; the pieces' finishing acquired another meaning.[34]

Amelia became fascinated with ceramics and raised its ranks to a major art form through her seemingly endless inventiveness. Thus all kinds of vessels emerged with her decorative motifs: vases, bottles, pots, jars, fruit bowls, plates, beer mugs, tiles, trays, ashtrays, all with her unmistakable personal stamp (**80–98, 100–107, 170–76, 179**). Many of them acquired unique characteristics and were awarded descriptive titles that made it possible to identify and enhance the artist's aesthetics. And so a group of fascinating vessels appeared whose names are part of the poetics of her ceramic work: *Large Vessel with Women, Fountain with Dancers, Blue Water Jug with Fish, Water Jug with Adam and Eve, Yellow Water Jug, Blue Pitcher with Fish, Little Hen Water Jug* (**98**), *Platter with Mermaids, Blue Bottle with Little Women, Plate with Women*, among others.[35] The most extraordinary thing about Amelia is that she carried out this exciting ceramic work while continuing to paint, which was always her fundamental source of inspiration. Furthermore, as Dr. María Elena Jubrías[36] rightly points out, "Amelia is and deserves to continue to be honored as the great figure of the ceramic avant-garde in Cuba."[37]

Peláez's painting also benefited from her intense training in ceramics: "Her pictorial work after 1950 would have been different without the rich experience that formed her foray into ceramics."[38] Further on, Dr. Jubrías highlights an illustrative piece of the evolution of Amelian aesthetics in relation to ceramics in her highest-quality painting:

> The painting that won a prize at the 1951 Salón, *Interior con columnas* [*Interior with Columns*], from the same year as the series of the large ceramic water jugs, began this turnaround of linguistic transformations. Her palette became more luminous and the way she used structuring, without precisely constituting

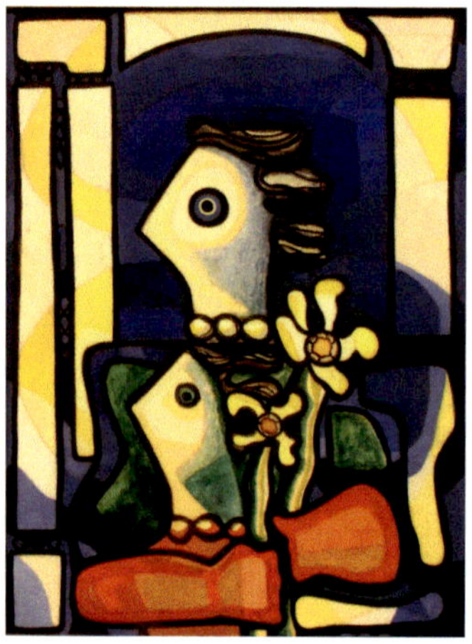

4. Amelia Peláez, *Women* | *Mujeres*, 1958. Oil on canvas | óleo sobre lienzo, 51.4 × 39.4″, MNBA, La Habana, 07.278.

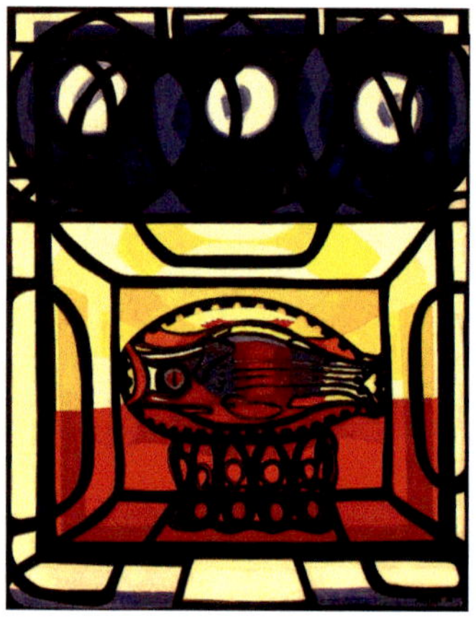

5. Amelia Peláez, *Fish* | *Pez*, 1960. Oil on canvas | óleo sobre lienzo, 43.1 × 34.2″, MNBA, La Habana, 94.891.

Para Amelia la cerámica fue una pasión absorbente, comenzó adaptando a la forma del objeto algunos de los motivos de su pintura. Los primeros porrones se mantienen muy cercanos tanto en el color como en la composición a los cuadros realizados por ella en la primera época, con el tiempo fue madurando y adentrándose más en los problemas técnico-decorativos del color y la textura; el acabado de las piezas adquiere otro sentido[34].

Amelia se fascinó con la cerámica y la elevó al rango de obra de arte mayor a través de una inventiva que parecía no agotarse. Así surgieron todo tipo de vasijas con sus motivos decorativos: jarrones, botellas, macetas, tinajas, fruteros, platos, jarras de cerveza, losas, bandejas, ceniceros, todas con su sello personal inconfundible (**80–98, 100–107, 170–76, 179**). Esto hizo que muchas de ellas adquirieran características propias y se les adjudicaran títulos descriptivos que permitían identificar y realzar la estética de la artista. Y así aparecieron un conjunto de fascinantes vasijas cuyos nombres forman parte de la poética de la obra cerámica ameliana: *Tinaja de las mujeres, Fuente de las danzantes, Porrón azul de peces, Porrón de Adán y Eva, Porrón amarillo, Jarra azul de peces, Porrón de gallinita* (**98**), *Plato fuente de las sirenas, Botella azul de mujercitas, Plato de las mujeres*, entre otras[35]. Lo más extraordinario de Amelia es que llevó este apasionante trabajo sin abandonar la pintura, que siempre fue su caudal fundamental de inspiración. Como señala acertadamente la doctora María Elena Jubrías[36], "Amelia es y merece seguir siendo honrada como la gran figura de la vanguardia cerámica en Cuba"[37].

Su obra pictórica se benefició del intenso entrenamiento de Amelia con la cerámica. "Su obra pictórica posterior a 1950 hubiera sido distinta sin la rica experiencia que constituyó su incursionar en la cerámica"[38]. Y más adelante precisa la doctora Jubrías en relación a una obra clave en la evolución de la estética ameliana, sobre la incidencia de la cerámica en su pintura de más alto nivel:

> El cuadro que fue premio en el Salón de 1951, *Interior con columnas*, del mismo año que la serie de los grandes porrones, inició ese vuelco de transformaciones lingüísticas. La paleta se hizo más luminosa y su forma de estructurar, sin constituir precisamente una ruptura, se concretó en solu-

a break, materialized in solutions that gave a nod to her experience with volumetric forms.[39]

The climatic point of Peláez's ceramics work is her shift toward murals—the first, in 1951, was for the North American company Esso Standard Oil building, located at calles O and 21 in Havana (**99**). All of her muralistic endeavors were successful; later she ventured into wall ceramics (**108**). But her masterpiece was the mural for the Hotel Habana Hilton[40] (currently Habana Libre, fig. 6), 1957–58. As Dr. Graziella Pogolotti rightly points out when referring to this masterpiece: "The intimate has turned toward monumentality. The mural by Amelia Peláez installed on the facade of the Hotel Habana Libre characterizes the city's environs and becomes the key link in a chain that led to redefining the functions of ceramics."[41]

Peláez continued to be attracted by ceramics until 1965. During this time, luminous colors prevailed in a vigorous structured grouping that generally presents a dominant motif in the center of the composition. Her particularly attractive poetics begins with *Naturaleza muerta con mameyes* (*Still Life with Mameyes*) (1959, MNBA, Havana).

Her range of yellows is particularly intense in pieces such as *Girasol* (*Sunflower*) (1964, MNBA, Havana), achieving a remarkable richness of textures through the use of a thick oil paste with which she creates an exquisite embroidery. At that time, her use of stained glass and arched windows reached its maximum splendor, admirably honoring the balance between drawing and color in one of her masterpieces, *Naturaleza muerta en azul* (*Still Life in Blue*). Some of these pieces from 1964 are among the best she made throughout her fruitful career (**182**).

A year before her death, Amelia was making paintings of astonishing quality, such as *Naturaleza muerta con piña* (*Still Life with Pineapple*), 1967. As an artist she achieved what few creators do—departing this life while at the top of her career. Considering her entire body of work, the balance that she consolidated between tradition and modern art is admirable; in her integration, a perfect synthesis, an academicism coexists that serves as a foundation on which the artist builds her own version of modernity. The still lifes that she created as studies

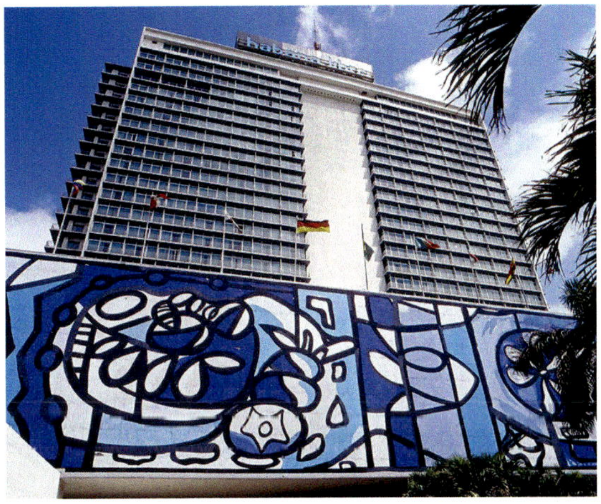

6. Peláez's ceramic mosaic mural | Mural de mosaico de cerámica de Peláez, Hotel Habana Libre, 2002.

ciones que algo le debían a la experiencia con las formas volumétricas[39].

El punto climático de este trabajo con la cerámica es su paso hacia el mural. Todas sus incursiones en tal sentido fueron exitosas. La primera fue para el edificio de la compañía norteamericana Esso Standard Oil, ubicado en las calles O y 21, La Habana, 1951 (**99**). Posteriormente realizó otras incursiones en la cerámica mural (**108**). Pero su obra cumbre fue el mural realizado para el Hotel Habana Hilton[40] (actualmente Habana Libre, fig. 6), 1957–58. Tal como señala certeramente la doctora Graziella Pogolotti refiriéndose a esta obra maestra: "Lo íntimo se ha vuelto hacia la monumentalidad. El mural de Amelia Peláez instalado en la fachada del Hotel Habana Libre caracteriza el entorno de la ciudad y se convierte en el eslabón de una cadena que condujo a redefinir las funciones de la cerámica"[41].

Hasta 1965 se mantiene la atracción de Amelia por la cerámica. Por otra parte, durante esta época el color luminoso predomina en grupos de vigorosa estructura que generalmente presentan un motivo dominante al centro del cuadro. Esta poética particularmente atractiva de Amelia se inicia con *Naturaleza muerta con mameyes* (1959, MNBA, La Habana).

En una obra como *Girasol* (1964, MNBA, La Habana) la gama de amarillos es particularmente intensa, logrando una riqueza notable de texturas a través del uso de una pasta espesa de óleo con la cual crea un exquisito bordado. También en esa época llega a su máximo esplendor la utilización de los vitrales o medio puntos, apreciándose el equilibrio entre dibujo y color de una manera admirable en *Naturaleza muerta en azul*, una de sus obras maestras. Algunas de estas piezas realizadas en 1964 se encuentran entre lo más selecto creado por Amelia a lo largo de su fructífera carrera (**182**).

Un año antes de su muerte, Amelia estaba realizando pinturas de asombrosa calidad, como *Naturaleza muerta con piña*, 1967. Fue una artista que logró lo que pocos creadores consiguen, despedirse de la vida estando en la cima de su carrera. Al valorar su obra íntegra, es necesario admirar el equilibrio que consolidó entre tradición y arte moderno, la síntesis perfecta en su integración. En ella coexiste un academicismo que sirve como basamento sobre el cual la artista construye su propia versión de

at the Academia San Alejandro, without a defined identity, later underwent an amazing evolution as she became an active member of the Cuban avant-garde, to which she incorporated the best attributes of the traditional. Jorge Mañach points out the spirit of "austerity" as a quality of her painting. This long journey through painting allowed her to develop a unique and inimitable style, where all her experiences and learning overlap. Mañach, in one of his visionary commentaries on Amelia, writes: "The historical rhythm will be fulfilled and we will attain, after the indispensable revolution, a new and deeper classicism."[42]

The work of Amelia Peláez constitutes a monument to the defense of the identity values of Cuban culture. Steeling herself in those roots, she knew how to project a cosmopolitan language of singular cohesion. Her continuous and constant evolution is affirmed in the will to be consistent with herself without deviations or repetitions. Amelia "enjoyed discovering what was different without losing the unity of her work."[43] Thus she occupies a place of honor in the history of Cuban art and well-deserved recognition in Latin America and beyond.

modernidad. Las naturalezas muertas que realizó en la Academia San Alejandro, sin una identidad definida, dieron origen posteriormente, ya como miembro activo de la vanguardia cubana, a una asombrosa evolución, en la cual incorpora los mejores valores de la tradición. Jorge Mañach señala en ella como una cualidad de su pintura el espíritu de "austeridad". Este largo viaje por la pintura le permitió desarrollar un estilo único e irrepetible donde se superponen todas sus experiencias y aprendizajes. Mañach, en uno de sus visionarios escritos sobre Amelia señala: "Se cumplirá el ritmo histórico y tendremos, tras la revolución indispensable, un nuevo y más hondo clasicismo"[42].

La obra de Amelia Peláez constituye un monumento a la defensa de los valores identitarios de la cultura cubana. Afianzándose en esas raíces, supo proyectarlas en un lenguaje cosmopolita de singular unidad. Su evolución transcurre sin saltos, en una continuidad que se afirma en la voluntad de ser consecuente con ella misma sin desvíos ni repeticiones. Amelia "gustó de encontrar lo diferente sin perder la unidad de lo propio"[43]. Es por ello que ocupa un espacio de honor dentro de la plástica cubana de todos los tiempos, para desde ahí conquistar un merecido reconocimiento en el ámbito latinoamericano y universal.

1 The Republican era commenced in Cuba in 1902 at the end of the US military occupation, which followed Cuba's declaration of independence from Spain in 1898. The ensuing decades included numerous changes of government and US military occupations; the era ended with the beginning of the Cuban Revolution in 1959.

2 Luz Merino Acosta, "La crítica no se hace de oídas," in *Jorge Mañach ¿crítico de arte?: selección y estudio introductorio de Luz Merino Acosta* (Havana: Editorial Letras Cubanas, 2019), 22.

3 Ramón Vázquez Díaz, "La Escuela de La Habana: entre tradición y modernidad," in *Cuba: Arte e historia de 1868 a nuestros días*, ed. Nathalie Bondil (Montréal: Musée des beaux-arts de Montréal, 2008), 114–18.

4 Ramón Vázquez Díaz, "'San Alejandro' en los tiempos de Manuel García," in *Víctor Manuel* (Madrid: Ediciones Vanguardia Cubana, 2010), 29.

5 It is worth mentioning: Alejandro Anreus, Pilar Fernández, Llilian Llanes Godoy, Juan Martínez, and Luz Merino Acosta.

6 According to Niurka Fanego, curator of the Italian art collection of the Museo Nacional de Bellas Artes in Havana: "The Macchiaioli fundamentally developed plein air painting; they were opposed to academic art and that is the origin of the pejorative form of the name with which they were identified, as in Italian *macchia* refers to the sketching phase, to the preparation of a painting, or suggests that something is not well done or finished. Hence, according to the expectations of the Romantic academy, the *Macchiaioli*, that is, the impressionists, were people who did not know how to paint. Tied to the Risorgimento, they advocated a new art, far from idealizations and in keeping with modern times."

7 Subsequently, the academic school of North American portrait painters from the late nineteenth century and first quarter of the twentieth century—such as Whistler and Sargent—was incorporated in technique and style.

8 The exhibition of caricatures by Conrado Massaguer held at the Ateneo de La Habana in 1911: "He contributed to confirming the prestige that these manifestations had been acquiring within the process of demystification of the so-called fine arts that was taking place within the local artistic milieu. Beginning then, its cultivators, until then reduced to illustrated magazines and newspapers, began to take over spaces traditionally destined for painting and sculpture." Llilian Llanes Godoy, *Del arte en Cuba: enseñanza y divulgación de las artes visuales entre 1900 y 1930* (Madrid: Selvi Artes Gráficas, 2022), 69.

9 Jorge Mañach, "El salón de humoristas (I)," *Diario de la Marina*, Glosas Trashumantes, Havana, Dec. 9, 1922, 111.

10 Mañach, 111–12.

11 In 1912, Rafael Blanco had his first solo exhibition at the Ateneo de La Habana. One of the most important art critics of the time, Bernardo G. Barros, called him "the revolutionary of

1 La época republicana comenzó en Cuba en 1902, al final de la ocupación militar estadounidense, tras la declaración de independencia de Cuba del imperio español, en 1898. En las décadas siguientes hubo varios cambios de gobierno y ocupaciones militares estadounidenses. Se cerró la era republicana al inicio de la Revolución cubana en 1959.

2 Luz Merino Acosta, "La crítica no se hace de oídas", en *Jorge Mañach ¿crítico de arte?: selección y estudio introductorio de Luz Merino Acosta* (La Habana: Editorial Letras Cubanas, 2019), 22.

3 Ramón Vázquez Díaz, "La Escuela de La Habana: entre tradición y modernidad", en *Cuba: Arte e historia de 1868 a nuestros días*, ed. Nathalie Bondil (Montréal: Musée des beaux-arts de Montréal, 2008), 114–18.

4 Ramón Vázquez Díaz, "'San Alejandro' en los tiempos de Manuel García", en *Víctor Manuel* (Madrid: Ediciones Vanguardia Cubana, 2010), 29.

5 Debemos mencionar a los doctores Alejandro Anreus, Pilar Fernández, Llilian Llanes Godoy, Juan Martínez y Luz Merino Acosta.

6 Según Niurka Fanego, la curadora de la colección de arte italiano del Museo Nacional de Bellas Artes de La Habana: "Los *Macchiaioli* desarrollaron fundamentalmente la pintura al aire libre, se oponían al arte académico y justo de ahí proviene la forma peyorativa del nombre con que fueron identificados, puesto que, en italiano, *macchia* remite a la fase de esbozo, a la preparación de un cuadro o sugiere que algo no está bien hecho o terminado. De ahí que, para las expectativas de la Academia romántica, los *Macchiaioli*, léase los manchistas, serían aquellos que no sabían pintar. Vinculados al Risorgimento, propugnaban un arte nuevo, alejado de las idealizaciones y acorde con los tiempos modernos".

7 Posteriormente se incorpora en técnica y estilo la escuela académica de los retratistas norteamericanos de finales del siglo XIX y primer cuarto del XX como Whistler y Sargent.

8 La exposición de caricaturas de Conrado Massaguer realizada en el Ateneo de La Habana en 1911: "Contribuyó a confirmar el prestigio que venían adquiriendo estas manifestaciones dentro del proceso de desmitificación de las llamadas bellas artes que estaba teniendo lugar dentro del medio artístico local. Sus cultivadores, hasta entonces reducidos al espacio de las revistas y periódicos ilustrados comenzaron a invadir desde ese momento los lugares tradicionalmente destinados a la pintura y la escultura". Llilian Llanes Godoy, *Del arte en Cuba: enseñanza y divulgación de las artes visuales entre 1900 y 1930* (Madrid: Selvi Artes Gráficas, 2022), 69.

9 Jorge Mañach, "El salón de humoristas (I)", *Diario de la Marina*, Glosas Trashumantes, La Habana, 9 de dic. de 1922, 111.

10 Mañach, 111–12.

11 En 1912, Rafael Blanco realiza su primera exposición personal en el Ateneo de La Habana, siendo considerado por uno de los

our humor."

12 Llanes Godoy, *Del arte en Cuba*, 70.

13 In early twentieth-century Cuba, the term "zacateca" was synonymous with "undertaker."

14 Llanes Godoy, *Del arte en Cuba*, 70.

15 Juan A. Martínez, "Representing Lo Cubano: Cuban Painting, 1900–1950," in *Cuban Art & Identity: 1900–1950* (Vero Beach: Vero Beach Museum of Art, 2013).

16 Merino Acosta, *Jorge Mañach*, 197.

17 Dr. Juan Martínez curated this magnificent exhibition for the beautiful but secluded Vero Beach Museum of Art. As the venue was quite far from the bustling center of Miami and other relevant museum spaces, the exhibition did not receive the resonance and journalistic coverage that it merited given the novelty and quality of the exhibited works.

18 Llanes Godoy, *Del arte en Cuba*, 31.

19 *Costumbrismo* refers to an emphasis in Spanish literature and art in depicting and elevating manners and customs of a social class or provincial milieu.

20 José Seoane Gallo, *Eduardo Abela: cerca del cerco* (Havana: Editorial Letras Cubanas, 1986), 175.

21 Jorge Mañach, "O matarlos o entenderlos," *Diario de la Marina*, Glosas, June 9, 1946. Cited in Merino Acosta, *Jorge Mañach*, 307.

22 Jorge Mañach, "III Exposición Nacional I: El ala izquierda," *Bohemia*, Havana, Mar. 17, 1946. Cited in Merino Acosta, *Jorge Mañach*, 290–91.

23 Merino Acosta, "La crítica no se hace de oídas," 22.

24 Llanes Godoy, *Del arte en Cuba*, 95.

25 Llanes Godoy, 98.

26 Llanes Godoy, 98.

27 Mañach, "O matarlos, o entenderlos," 309.

28 Ramón Vázquez Díaz, "El Maestro: Leopoldo Romañach," in *Víctor Manuel*, 34–35.

29 In Cuban art historical contexts, it is customary to cite Amelia Peláez by her first name only, both personally and professionally. Except for rare cases, i.e., Mariano instead of Mariano Rodríguez, most other Cuban vanguardia artists were referred to by at least one of their two surnames. The editor has opted to mention Amelia Peláez by her surname in the other essays in this catalogue, to avoid the pejorative implication of using just her first name because she was a woman artist.

30 See Elizabeth Thompson Goizueta's essay in this volume (66n74) for a deeper accounting of this time of Peláez's life.

31 Jorge Mañach, "Amelia Peláez o el absolutismo plástico," *Revista de La Habana* III, Sept. 1943. Cited in Merino Acosta, *Jorge*

críticos de arte más importantes de ese momento, Bernardo G. Barros, como "el revolucionario de nuestro humorismo".

12 Llanes Godoy, *Del arte en Cuba*, 70.

13 "Zacateca" era sinónimo, en las primeras décadas del siglo XX cubano, de sepulturero, agente de pompas fúnebres.

14 Llanes Godoy, *Del arte en Cuba*, 70.

15 Juan A. Martínez, "Representing Lo Cubano: Cuban Painting, 1900–1950", en *Cuban Art & Identity: 1900–1950* (Vero Beach: Vero Beach Museum of Art, 2013).

16 Merino Acosta, *Jorge Mañach*, 197.

17 El doctor Juan Martínez realizó la curaduría de esta magnífica exposición para el bello pero apartado Vero Beach Museum of Art, bastante alejado del bullicioso centro de Miami y de otros espacios museísticos relevantes, transcurriendo la muestra sin la resonancia y cobertura periodística que debió tener por su propuesta novedosa y la calidad de las obras exhibidas.

18 Llanes Godoy, *Del arte en Cuba*, 31.

19 El costumbrismo se refiere a un énfasis en la literatura y el arte españoles en representar y elevar los modales y costumbres habituales de una clase social o entorno provincial.

20 José Seoane Gallo, *Eduardo Abela: cerca del cerco* (La Habana: Editorial Letras Cubanas, 1986), 175.

21 Jorge Mañach, "O matarlos o entenderlos", *Diario de la Marina*, Glosas, 9 de jun. de 1946. Citado en Merino Acosta, *Jorge Mañach*, 307.

22 Jorge Mañach, "III Exposición Nacional I: El ala izquierda", *Bohemia*, La Habana, 17 de mar. de 1946. Citado en Merino Acosta, *Jorge Mañach*, 290–91.

23 Merino Acosta, "La crítica no se hace de oídas", 22.

24 Llanes Godoy, *Del arte en Cuba*, 95.

25 Llanes Godoy, 98.

26 Llanes Godoy, 98.

27 Mañach, "O matarlos, o entenderlos", 309.

28 Ramón Vázquez Díaz, "El Maestro: Leopoldo Romañach", en *Víctor Manuel*, 34–35.

29 En los contextos históricos del arte cubano se cita a Amelia Peláez únicamente por su nombre, Amelia, tanto a nivel personal como profesional. Excepto en ciertos casos—por ejemplo, referirse a Mariano en lugar de usar el nombre completo de Mariano Rodríguez—la mayoría de los demás artistas de la vanguardia cubana se llamaba por al menos uno de sus dos apellidos. La editora ha optado por referirse a Amelia Peláez por su apellido en los demás ensayos de este catálogo para evitar la implicación peyorativa de utilizar únicamente su nombre por ser mujer.

30 Para más información sobre esta etapa de la vida de Peláez,

Mañach, 270.

32 Mañach, 270.

33 Mañach, 273.

34 Noemí Lomba, *Cerámica de Amelia Peláez* (Havana: Museo de Artes Decorativas, 1981).

35 A similar situation occurs with Wifredo Lam's work from his first Cuban period (1941–45). The titles of some of his best-known compositions were suggested by his friend André Breton and Lam's then-wife Helena Holzer. In time others have acquired their own personality to the point of being titled by the curators who have worked on his art, as is the case of some paintings belonging to the collection of the Museo Nacional de Bellas Artes in Havana.

36 María Elena Jubrías (**32–51**) belonged to the select group of women ceramicists who joined the Taller de Santiago de las Vegas in the 1950s, where she met Amelia Peláez and many other avant-garde artists who turned ceramics into artistic objects, under the enthusiastic direction of Dr. Juan Miguel Rodríguez de la Cruz.

37 María Elena Jubrías, *Amelia Peláez: cerámica* (Madrid: Fundación Arte Cubano, Ediciones Vanguardia Cubana, 2008), 14.

38 Jubrías, 105.

39 Jubrías, 122.

40 Editor's note: Constructed of mosaic tesserae, the mural, installed in January 1959, was removed in 1960 due to structural deficiencies. A similar mural, based on a Peláez sketch, was commissioned by the hotel's owning company upon its purchase of the building (Jubrías, 131n14). The new mural was fabricated in Mexico with improved materials and installed in 1997. In recent years, it has been the subject of extensive renovation; a banner featuring a reproduction of the mural currently hangs in its place.

41 Graziella Pogolotti, "Un libro escrito de primera mano," in Jubrías, 11.

42 Mañach, "Amelia Peláez o el absolutismo plastico," 275.

43 Jubrías, *Amelia Peláez*, 52. This statement by Dr. María Elena Jubrías regarding Amelia Peláez's ceramics is also applicable to her painting.

véase el ensayo de Elizabeth Thompson Goizueta en este volumen (66n74).

31 Jorge Mañach, "Amelia Peláez o el absolutismo plástico", *Revista de La Habana* III, set. de 1943. Citado en Merino Acosta, *Jorge Mañach*, 270.

32 Mañach, 270.

33 Mañach, 273.

34 Noemí Lomba, *Cerámica de Amelia Peláez* (La Habana: Museo de Artes Decorativas, 1981).

35 Un caso parecido ocurre con la obra de Wifredo Lam de su primer período cubano (1941–45). Los títulos de algunas de sus composiciones más conocidas fueron sugeridos por su amigo André Breton y la entonces esposa de Lam, Helena Holzer. En el transcurso del tiempo han adquirido personalidad propia al punto de ser tituladas por los curadores que han trabajado su obra, como es el caso de algunas pinturas pertenecientes a la colección del Museo Nacional de Bellas Artes de La Habana.

36 María Elena Jubrías (**32–51**) perteneció al selecto grupo de mujeres ceramistas que se incorporaron al Taller de Santiago de las Vegas en los años cincuenta donde conoció a Amelia Peláez y a otros muchos artistas vanguardistas que hicieron de la cerámica un objeto artístico, bajo la dirección entusiasta del Dr. Juan Miguel Rodríguez de la Cruz.

37 María Elena Jubrías, *Amelia Peláez: cerámica* (Madrid: Fundación Arte Cubano, Ediciones Vanguardia Cubana, 2008), 14.

38 Jubrías, 105.

39 Jubrías, 122.

40 Nota de la redacción: Construido con teselas de pasta vítrea, el mural, instalado en enero 1959, fue sacado debido a deficiencias estructurales. Otro mural, muy parecido y basado en un boceto de Peláez, fue encargado por la compañía hotelera al comprar el edificio (Jubrías, 131n14). El mural nuevo se fabricó en México, con mejores materiales y se instaló en 1997. En años recientes, el mural ha sido sometido a una restauración extensiva; una lona representando una reproducción del mural actualmente cuelga en su lugar.

41 Graziella Pogolotti, "Un libro escrito de primera mano", en Jubrías, 11.

42 Mañach, "Amelia Peláez o el absolutismo plástico", 275.

43 Jubrías, *Amelia Peláez*, 52. Esta afirmación realizada por la Dra. María Elena Jubrías en relación a la cerámica de Amelia Peláez es válida también para su pintura.

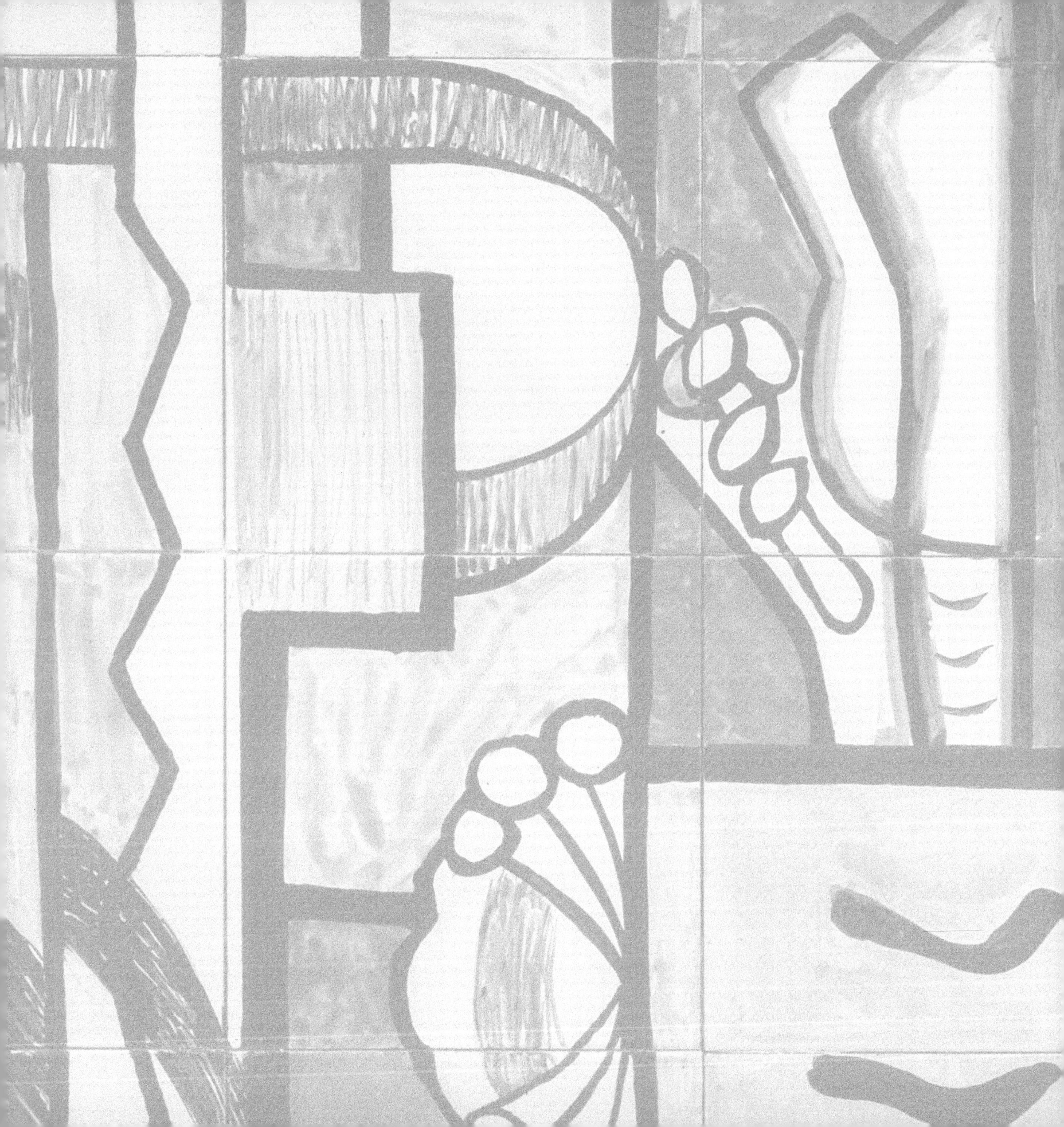

TWO GENERATIONS OF VANGUARDIAS: LEADING FIGURES, VISIONS, AND CONTEXTS

DOS GENERACIONES DE VANGUARDIA: FIGURAS PRINCIPALES, VISIONES Y CONTEXTOS

Alejandro Anreus

To Roberto Cobas Amate and our thirty-four-year conversation on Cuban art

BETWEEN 1924 AND THE 1944 Museum of Modern Art exhibition *Modern Cuban Painters*, the first two *vanguardias* of visual art emerged in Cuba (fig. 1). They simultaneously defined the modern as national and cosmopolitan, while constructing *lo cubano* or *cubanidad* in distinct ways. I define these two interchangeable terms with the concepts of Cuban anthropologist Fernando Ortiz as the manifestation of "the plenitude of personality," "the quality of that which is Cuban, or, in other words, its way of being, its character, its quality, its distinctive condition, its individuation inside of the universal."[1] *Cubanidad* or *lo cubano* for Ortiz is best represented by the *ajiaco* stew, a dish consisting of various vegetables and meats; each maintains its unique flavor while contributing to the whole. *Lo cubano* is a complex, ever-shifting entity constructed by the fusion of the island's native inhabitants, the Spanish colonizers, and the enslaved Africans. Each generation redefines it.[2]

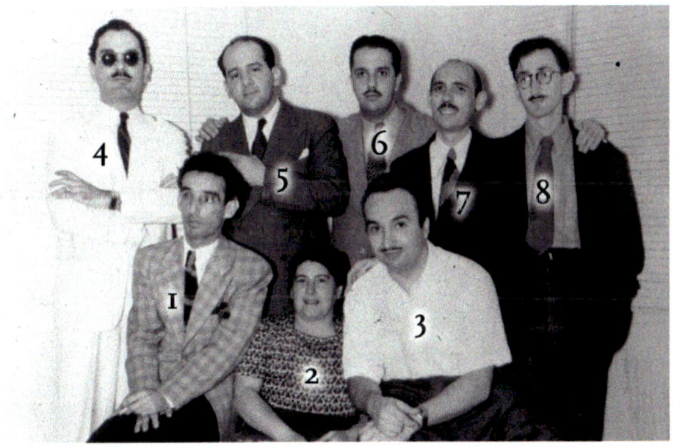

1. Party in Havana for Mario Carreño and José Gómez Sicre, leaving to participate in *Modern Cuban Painters* | Fiesta en La Habana, por Mario Carreño y José Gómez Sicre, partiendo para participar en *Modern Cuban Painters*. 1: Víctor Manuel García, 2: Amelia Peláez, 3: Mario Carreño, 4: Luis Martínez Pedro, 5: Enrique Labrador Ruiz, 6: José Gómez Sicre, 7: Felipe Orlando, 8: Cundo Bermúdez.

The 1940s brought together two generations of vanguardias onto the national stage of Havana, and to an international stage that shifted throughout the decade from New York to Buenos Aires, Mexico City to Europe. Several artists constructed a visuality that defined cubanidad in a diverse manner, where the Spanish, Afro-Cuban, and peasant subjects of the first vanguardia commingled and were weaved with the *criollo* and

A Roberto Cobas Amate y nuestros treinta y cuatro años de conversaciones sobre arte cubano

LAS DOS PRIMERAS VANGUARDIAS de las artes visuales en Cuba emergieron entre 1924 y la exposición de 1944 en el Museum of Modern Art de Nueva York, *Modern Cuban Painters* (fig. 1). Estas vanguardias definieron lo moderno como simultáneamente nacional y cosmopolita, a la vez que construían *lo cubano* o *la cubanidad* de formas marcadamente diferentes. Defino estos dos términos intercambiables usando los conceptos del antropólogo cubano Fernando Ortiz como la manifestación de "la plenitud de la personalidad", "esa cualidad que es la cubanía, o en otras palabras, su manera de ser, su carácter, su cualidad, esa condición distintiva, esa individualidad dentro de lo universal"[1]. La mejor representación de *la cubanidad* o *lo cubano* para Ortiz es el *ajiaco*, un guiso de varios tipos de vegetales y carnes que mantienen su sabor distintivo mientras contribuyen al conjunto. *Lo cubano* es una entidad compleja y cambiante construida por la fusión de los habitantes nativos de la Isla, los colonizadores españoles y los africanos esclavizados. Cada generación la redefine[2].

La década de 1940 otorgó a las dos generaciones de vanguardia prominencia en la escena nacional en La Habana, y presencia en un escenario internacional que cambió de Nueva York a Buenos Aires, Ciudad de México o Europa. Varios artistas construyeron una visualidad que definía la cubanidad de una manera diferente, donde los temas españoles, afrocubanos y campesinos de

more urban sensibility of the second vanguardia.

I would argue—and here I disagree with my late friend, the art historian Juan A. Martínez—that the *blanco-criollo* tradition reflective in the tropical baroque compositions of the second vanguardia is not simply "white" and "elitist," but that it carries in a different language the *mestizaje* that was manifested in the first vanguardia. A very Catholic *mestizaje*, if we frame it within the aesthetics of Cuban poet José Lezama Lima and the group *Orígenes*. From the first vanguardia, the essential influence on the second was the extraordinary body of work of Amelia Peláez; she understood and depicted cubanidad in subjects other than a landscape filled with palm trees, peasants, or the Afro-Cuban. Peláez constructed an expressive language that represented the domestic elements of a Cuban past (still a present during the first sixty years of the twentieth century) in a modern vocabulary. Chronologically, it is easy to see that she was painting this "new world" or "tropical" baroque before Cuban writers Alejo Carpentier or Lezama Lima began to define it in words.

The works of the second vanguardia artists are charged with a life-affirming sensibility, a sensuous and earthy materiality that can be the fertile ground for something non-material and metaphysical: a visual and symbolic construction of nationhood—whether based on reality, sublimation, or the ideal. It was during these years[3] that Havana boasted an extraordinary group of artists; both the first generation that had come of age in the late 1920s and early 1930s, and the second generation that emerged in the 1940s. They defined modernity and national identity in distinct, new ways.

This essay will lay out the main ideas and figures of these vanguardias in bold strokes, while focusing with greater detail on a handful of artists that expanded their languages into the medium of ceramics.

The First Vanguardia

As Juan Martínez defined it, the leading figures of the first vanguardia consists of painters Víctor Manuel García, Eduardo Abela, Antonio Gattorno, Carlos Enríquez (fig. 2), Fidelio Ponce de León, Jorge Arche, and Amelia Peláez and the sculptor Juan José Sicre, the majority of whom had studied at the Academia Nacional de Bellas Artes San Alejandro. Many of them had traveled to Madrid and Paris, and found in the Parisian "-isms" the beginning of their experimentation, the grounding for breaking away from what they had been taught at the Academia.[4] Their work was supported by the avant-garde magazine *revista de avance*, and they explored

la primera vanguardia se mezclaban y eran incorporados con *lo criollo* y la sensibilidad más urbana de la segunda vanguardia.

Yo sostengo—y en esto difiero de mi difunto amigo, el historiador de arte Juan A. Martínez—que la tradición blanca-criolla presente en las composiciones tropicales y barrocas de la segunda vanguardia no es simplemente "blanca" y "elitista", sino que presenta con diferente lenguaje el mestizaje manifiesto en la primera vanguardia. Un mestizaje muy católico, si lo encuadramos dentro de la estética del poeta cubano José Lezama Lima y su grupo *Orígenes*. De la primera vanguardia, la influencia esencial en la segunda fue el extraordinario *corpus* de Amelia Peláez, que entendió y representó la cubanidad en sujetos muy lejanos de los paisajes llenos de palmas, campesinos, o lo afrocubano. Peláez construyó un lenguaje expresivo que representaba con un vocabulario moderno los elementos domésticos del pasado cubano (que aún era presente durante los primeros sesenta años del siglo veinte). Cronológicamente, está claro que ella estaba pintando este "nuevo mundo" o "barroco tropical" antes de que escritores como Alejo Carpentier o Lezama Lima comenzaran a definirlo con palabras.

Los trabajos de los artistas de la segunda vanguardia están cargados de una sensibilidad vitalista, una materialidad sensual y corpórea que puede ser terreno fértil para algo inmaterial o metafísico: una construcción visual y simbólica de la nacionalidad, sea ésta basada en la realidad, la sublimación, o el ideal. Fue durante estos años[3] en que La Habana podía presumir de un extraordinario grupo de artistas: la generación que se consolidó durante las décadas del veinte y el treinta y la segunda generación que emergió en los cuarentas. Estas generaciones definieron la modernidad y la identidad nacional de maneras nuevas y distintivas. En este ensayo expondré a grandes rasgos las principales ideas y figuras de estas dos vanguardias, y me enfocaré con más detalle en un puñado de artistas que expandieron sus lenguajes plásticos a través del medio de la cerámica.

La primera vanguardia

Según lo definió Juan Martínez, las principales figuras de la primera vanguardia fueron los pintores Víctor Manuel García, Eduardo Abela, Antonio Gattorno, Carlos Enríquez (fig. 2), Fidelio Ponce de León, Jorge Arche y Amelia Peláez, así como el escultor Juan José Sicre. La mayoría de ellos habían estudiado en la Academia Nacional de Bellas Artes San Alejandro. Muchos de ellos habían viajado a Madrid y a París, y habían encontrado en los "-ismos" parisinos el comienzo de su experimentación, el fundamento para romper con lo que les habían enseñado en la Academia[4]. Su trabajo fue apoyado por la vanguardista *revista de*

in their paintings and drawings the themes of the *guajiro* (peasant), Afro-Cuban culture, and social content, although never as politically as their contemporaries in Mexico. These artists also shared the cultural and political aspirations of leftwing, nationalist groups, such as the *Grupo minorista*, which had published its manifesto in the May 7, 1927, issue of the magazine *Social* in Havana. It is worth noting that the document had the signatures of Antonio Gattorno, Juan José Sicre, Conrado Massaguer, Eduardo Abela, and Juan Maribona, all visual artists. These "minoristas" forcefully declared what they stood for in their manifesto, which was a simultaneous embrace of all that was modern and a leftwing nationalism which was hemispheric and anti-imperialist.[5]

The year 1927 was a banner one for the first vanguardia due to important exhibitions in Havana; in January the sculptor Juan José Sicre (1898–1974), newly returned from France, exhibited plaster and bronze works, followed in February and March by Víctor Manuel García (1897–1969), then Antonio Gattorno (1904–80) who exhibited their Parisian paintings and drawings, all three in solo shows at the Asociación de Pintores y Escultores (Association of Painters and Sculptors). In May the landmark *Exposición de arte nuevo* took place at the same institution.[6] This exhibition presented what would become the core of the first vanguardia: Víctor Manuel and Gattorno, Eduardo Abela (1889–1965), Carlos Enríquez (1900–57) (a secondary figure like Marcelo Pogolotti [1902–88]), as well as Enríquez's then-wife, the American painter Alice Neel (1900–84).[7] Sponsored by the *revista de avance*, the periodical defended these works as "new," "militant," and "avant-garde," identifying them as reflecting revolutionary and nationalist ideas, very much in tune with the words that would appear, almost simultaneously in the manifesto *minorista*. The works were milder in their visual language, more reminiscent of Paul Gauguin and Paul Cézanne than of Henri Matisse, Pablo Picasso, or the surrealists who were active in the Paris of the 1920s. Yet within the next decade, Amelia Peláez (1896–1968), Fidelio Ponce de León (1895–1949, fig. 3), and Jorge Arche (1905–56) would exhibit (1936, 1934, 1935) in Havana, joining the rest of the core of the first vanguardia

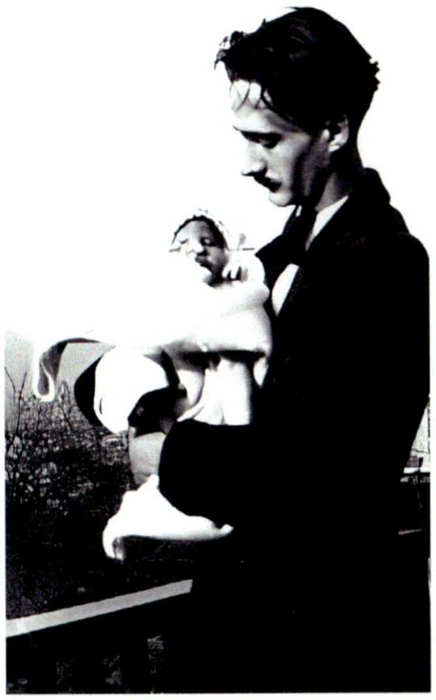

2. Carlos Enríquez with his daughter, Isabetta | Carlos Enríquez con su hija, Isabetta, 1928.

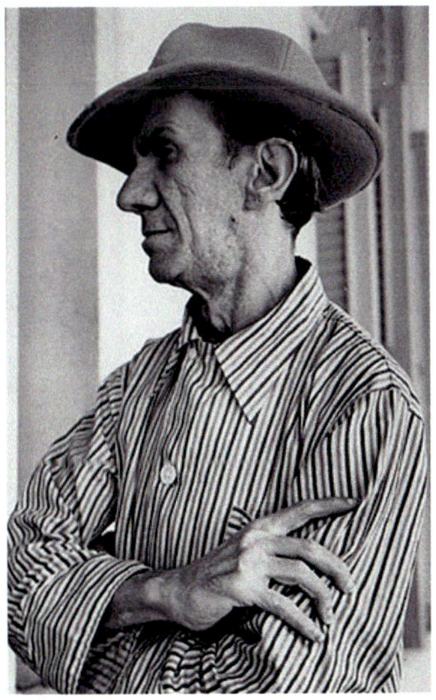

3. José Gómez Sicre's photograph of Fidelio Ponce de León | Fidelio Ponce de León, fotografía de José Gómez Sicre, 1947.

avance, y exploraron en sus pinturas los temas guajiros, la cultura afrocubana, y contenidos sociales, aunque nunca de manera tan política como sus contemporáneos en México. Estos artistas también compartían las aspiraciones culturales y políticas de colectivos nacionalistas de izquierda como el *Grupo minorista*, que había publicado su manifiesto en el número del 7 de mayo de 1927 de la revista habanera *Social*. Es importante anotar que el documento contenía las firmas de Antonio Gattorno, Juan José Sicre, Conrado Massaguer, Eduardo Abela y Juan Maribona, todos artistas visuales. Estos "minoristas" expusieron enérgicamente sus ideales en este manifiesto, donde acogían todo lo moderno y lo mezclaban con un nacionalismo de izquierda, hemisférico y antiimperialista[5].

El año 1927 fue significativo para la primera vanguardia, con dos exposiciones importantes en La Habana. En enero, el escultor Juan José Sicre (1898–1974), recién llegado de Francia, exhibió trabajos en yeso y bronce, seguido en febrero y marzo por Víctor Manuel García (1897–1969), y Antonio Gattorno (1904–80) quienes exhibieron sus pinturas y dibujos parisinos, los tres en exposiciones personales en la Asociación de Pintores y Escultores. En mayo, la seminal *Exposición de arte nuevo* fue acogida por la misma institución[6]. Esta exposición presentó lo que sería el núcleo de la primera vanguardia: Víctor Manuel y Gattorno, Eduardo Abela (1889–1965), Carlos Enríquez (1900–57) y una figura secundaria como Marcelo Pogolotti (1902–88), así como la entonces esposa de Enríquez, la pintora norteamericana Alice Neel (1900–84)[7]. La exposición fue patrocinada por la *revista de avance*, en donde se defendieron estas obras como "nuevas", "militantes" y "vanguardistas", identificando en ellas ideas revolucionarias y nacionalistas, muy en sintonía con las palabras que aparecen, casi simultáneamente, en el manifiesto minorista. Las obras no tenían un lenguaje visual especialmente radical, más reminiscentes de Paul Gauguin y Paul Cézanne que de Henri Matisse, Pablo Picasso o los surrealistas que exponían en el París de la década del veinte. Sin embargo, en la próxima década Amelia Peláez (1896–1968), Fidelio Ponce de León (1895–1949, fig. 3) y Jorge Arche (1905–56) expusieron también en La Habana (1936, 1934, 1935) uniéndose al núcleo de la primera vanguardia. El segundo escultor que pertence generacionalmente a la primera vanguar-

generation. The second sculptor that generationally belongs within the first vanguardia is the Afro-Cuban Teodoro Ramos Blanco (1902–72); after living and working in Madrid then Rome (1929–30), he returned to Havana and exhibited in the Círculo de Bellas Artes of the city in 1930.

In understanding both the achievements and frustrations of this first generation, we must acknowledge the failed Revolution of 1933. These artists and their peers in other cultural arenas were engaged with the anti-Machado and revolutionary aspirations crystalized in the 1933 Revolution. They found themselves in the 1940s with the political hangover of the lost ideals of revolution and the rise and consolidation of power by Fulgencio Batista. Batista depended on the protection of US interests, co-optation of Cuban communists in the election of 1940, and usage of certain "New Deal-like" strategies (such as the building of new infrastructure, particularly in the countryside, and educational reform, such as the rural school teachers program). By 1942 Eduardo Abela stopped painting and joined the Cuban foreign service, serving in Mexico as cultural attaché, and eventually in Guatemala as ambassador. Although his works from earlier years continued to be exhibited during the decade, he did not actively paint again until 1952.[8] Antonio Gattorno left Cuba permanently in 1939, settling in New York City, where he had painted a mural the previous year for the new international headquarters of the Bacardí company, on the thirty-fifth floor of the Empire State Building.[9] By 1941 he shifted his style to a conservative fusion of classicism and surrealism. At the time of his death in 1980, Gattorno had not painted steadily since 1961, with a handful of oils executed in the 1970s.[10]

Pogolotti completed his last painting in April 1938; by the time World War II began in Europe he was completely blind. His creative efforts would shift to literature; he would dictate novels and stories, art criticism, and a memoir.[11] This leaves the painters Víctor Manuel, Enríquez, Peláez, Ponce, and Arche as the most active first-generation

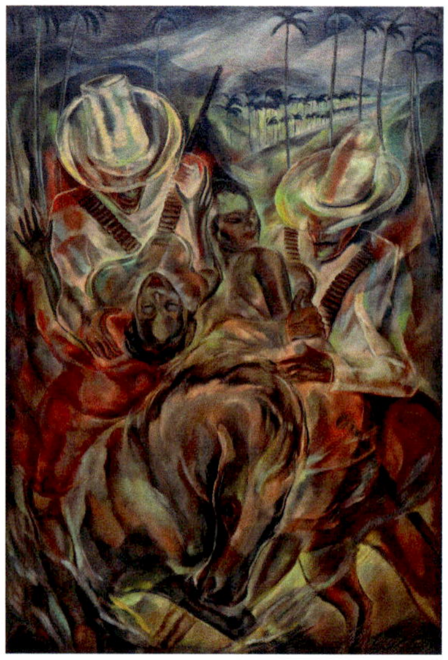

4. Carlos Enríquez, *The Rape of the Mulattas* | *El rapto de las mulatas*, 1938. Oil on canvas | óleo sobre lienzo, 65 × 45″, Museo Nacional de Bellas Artes, La Habana, 07.269.

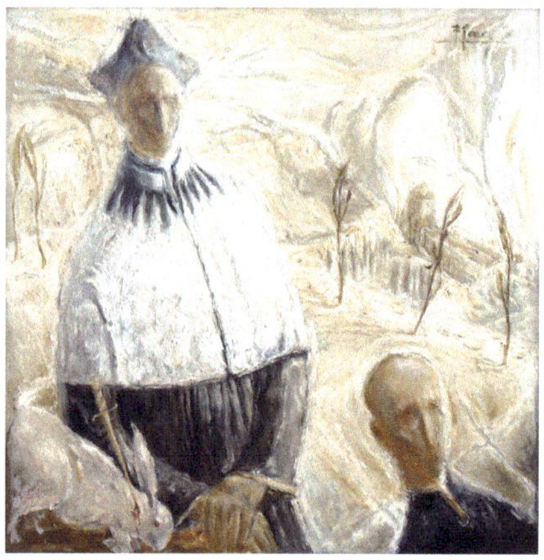

5. Fidelio Ponce de León, *Saint Ignatius of Loyola* | *San Ignacio de Loyola*, 1940. Oil on canvas | óleo sobre lienzo, 35 × 35″, Col. Ramón & Nercys Cernuda.

dia es el afro-cubano Teodoro Ramos Blanco (1902–72), que después de vivir y trabajar primero en Madrid y luego en Roma (1929–30), regresó a La Habana y expuso en el Círculo de Bellas Artes de la capital en 1930.

Para entender los logros y las frustraciones de esta primera generación es necesario considerar la fallida Revolución de 1933. Tanto estos artistas como sus pares en otras áreas de la vida cultural estaban comprometidos con las aspiraciones antimachadistas y revolucionarias que cristalizaron en la Revolución del 33. Sin embargo, tuvieron que lidiar en la década siguiente con la resaca de los ideales revolucionarios perdidos y el ascenso y consolidación en el poder de Fulgencio Batista. Batista dependió de la protección de los intereses norteamericanos, la co-optación de los comunistas en la elección de 1940, y en el uso de ciertas estrategias al estilo del New Deal, como la construcción de nueva infraestructura, particularmente en áreas rurales, y la reforma educativa, con iniciativas como el programa de maestros de escuelas rurales. Para 1942, Eduardo Abela dejó de pintar y se incorporó al servicio diplomático, sirviendo en México como agregado cultural, y eventualmente como embajador en Guatemala. Aunque sus trabajos de los años previos continuaron exponiéndose durante la década, Abela no volvió a pintar activamente hasta 1952[8]. Antonio Gattorno se fue de Cuba permanentemente en 1939, y se estableció en Nueva York, donde ya había pintado un mural el año anterior para la nueva oficina internacional de la Bacardí, en el piso treinta y cinco del Empire State Building[9]. Para 1941, transformó su estilo en una conservadora fusión de clasicismo y surrealismo. Al momento de su muerte en 1980, Gattorno no había pintado consistentemente desde 1961, con sólo un puñado de lienzos ejecutados durante la década del setenta[10].

Pogolotti completó su última pintura en abril de 1938, y para cuando la Segunda Guerra Mundial comenzó en Europa ya estaba completamente ciego. Sus esfuerzos creativos se volcaron entonces en la literatura, y comenzó a dictar novelas, cuentos, crítica de arte y una autobiografía[11]. Esto deja a los pintores Víctor Manuel, Enríquez, Peláez, Ponce y Arche como los miembros más activos de la primera generación

vanguardistas painting beyond the 1920s and 1930s, and the sculptors Sicre and Ramos Blanco, who continued to make individual sculptures while juggling teaching at the Academia San Alejandro and pursuing the commission of public monuments where their modernist styles had to be subdued. Amelia Peláez, Carlos Enríquez (fig. 4), and Fidelio Ponce de León (fig. 5) developed pictorial languages that were original and personal, expressive rather than descriptive, and reflective of both an individual vision and a larger cultural ethos. Through portraiture Arche captured with a New Objectivity-like aesthetic the leading figures of intellectual Cuba. There is no doubt that the 1940s saw the first and second vanguardistas contributing to the effervescence of the Havana art scene. In this essay I will discuss Amelia Peláez and Wifredo Lam from the first generation in depth; and René Portocarrero and Luis Martínez Pedro from the second generation due to their work in ceramics.[12]

Amelia Peláez

Amelia Peláez del Casal (fig. 6) is the lone female artist of the first vanguardia. Like Enríquez, she was the product of a distinguished family, although the Peláezes had less wealth. Her father was a successful physician, and her mother had studied to be a schoolteacher, was fluent in French and English, and a talented pianist. Carmen del Casal, Amelia's mother, came from a once prosperous family that had owned two sugar mills in the province of Las Villas. Carmen's older brother was the symbolist poet Julián del Casal (1863–93). Amelia was the fifth of eleven children.[13] Something of a prodigy, she studied at the Academia San Alejandro for eight years, graduating with top honors in 1924. At the school she became a protégée of Leopoldo Romañach (**53–54**), who painted her portrait twice, and encouraged her interest in landscape painting (**56**). The summer after her graduation, she attended the Art Students League of New York, where she continued her study of life drawing, taking classes with George Bridgman. Unlike the rest of her contemporaries, when she arrived in Paris in 1927, she stayed longer. She returned to Cuba in 1934.[14] In 1930 she studied with the Russian constructivist painter and stage designer Alexandra Exter, while absorbing the contemporary works of Georges Braque, Juan Gris, Henri Matisse, and Picasso.[15] According to Gómez Sicre, she was also simultaneously drawn to the melancholic figures of Amedeo Modigli-

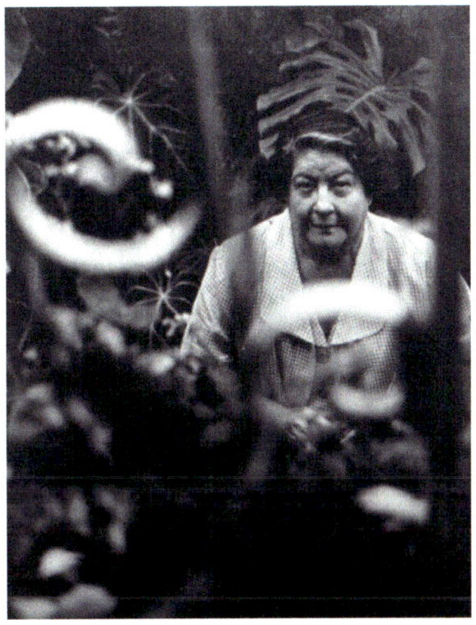

6. Amelia Peláez at her home | Amelia Peláez en su casa, ca. 1950s.

vanguardista, los que siguieron pintando más allá de las décadas del veinte y el treinta, y a los escultores Sicre and Ramos Blanco, que continuaron produciendo esculturas personales a la vez que enseñaban en la Academia San Alejandro y competían por los contratos de monumentos públicos donde tenían que atenuar sus estilos modernistas. Amelia Peláez, Carlos Enríquez (fig. 4) y Fidelio Ponce de León (fig. 5) desarrollaron lenguajes pictóricos originales y personales, expresivos más que descriptivos, reflejando su visión individual pero también un ethos cultural más amplio. Arche utilizó el retrato con un estilo similar a la Nueva Objetividad para retratar a los intelectuales de su época. No hay dudas que la década del cuarenta fue testigo de cómo la primera y la segunda generación de vanguardia contribuyeron a la efervescencia de la escena artística habanera. En este ensayo discutiré en profundidad a Amelia Peláez y a Wifredo Lam, de la primera generación, y a René Portocarrero y Luis Martínez Pedro de la segunda generación, explorando sus trabajos en cerámica[12].

Amelia Peláez

Amelia Peláez del Casal (fig. 6) es la única artista mujer de la primera vanguardia. Como Enríquez, provenía de una familia distinguida, aunque los Peláez tenían menos dinero. Su padre era un médico exitoso, y su madre había estudiado para ser maestra, hablaba inglés y francés, y era una pianista talentosa. Carmen del Casal, la madre de Amelia, venía de una familia de la provincia de Las Villas que había sido acaudalada en el pasado, llegando a poseer dos ingenios azucareros. Hermano mayor de Carmen era el poeta simbolista Julián del Casal (1863–93). Amelia fue la quinta entre once hermanos[13]. Siendo una especie de niña prodigio, estudió en la Academia San Alejandro por ocho años, y se graduó con los máximos honores en 1924. En la academia, se convirtió en la *protégée* de Leopoldo Romañach (**53–54**), que la retrató en dos ocasiones, y la animó a pintar paisajes (**56**). El verano que siguió a su graduación asistió a la Art Students League de Nueva York, donde continuó estudiando dibujo del natural, y tomó clases con George Bridgman. A diferencia del resto de sus contemporáneos, cuando llegó a París en 1927 se quedó por más tiempo, y no regresó a Cuba hasta 1934[14]. En 1930 estudió con la pintora constructivista y diseñadora de teatro rusa Alexandra Exter, a la vez que absorbía las obras contemporáneas de Georges Braque, Juan Gris, Henri Matisse y Picasso[15]. Según Gómez Sicre, Amelia se sentía también atraída por las melancólicas figuras de Amedeo Modigliani

ani (58), and the agitated textures of Chaim Soutine.[16]

After her return to the island, she went back to living with her widowed mother and two unmarried sisters at their neocolonial home in the Víbora district of Havana. At this point, the "legend" of Peláez begins; she will spend most of her time in the house, "cultivating flowers, breeding birds."[17] "Modest and reserved, she lives in retirement and has even refused official honors because she felt they came too late."[18] These narratives perpetuate a portrait of the artist as a kind of nun of modern painting. The reality is more complex. Peláez did live the rest of her life in that environment, but she was an artist engaged with the world, not a hermit. She had solo exhibitions in Havana (1935, 1943), including her first retrospective, organized by Gómez Sicre at the Institución Hispanocubana de Cultura; another in New York in 1941 at the Norte gallery; as well as group exhibitions in Guatemala, Mexico, the Dominican Republic, and Canada, all before the 1944 show at MoMA.[19] Starting in the late 1930s, as her art became more known within the cultural community of Havana, she began to receive regular visits from fellow artists, writers, and composers such as Cundo Bermúdez, Mario Carreño, Roberto Diago, Bella and Fina García Marruz, José Gómez Sicre, Fr. Ángel Gaztelu, Guy Pérez Cisneros, Luis Martínez Pedro, René Portocarrero, Raúl Milián, and Julián Orbón.[20] Peláez was a regular attendant at lectures and concerts at the Vedado Lyceum, a thoughtful reader of Spanish language literature, and a teacher of drawing at a local night school for adults.[21]

After returning to Cuba from living abroad, the painter became grounded in the domesticity of daily family life. The world of neocolonial interiors, gardens, still lifes of tropical flowers and fruits, and single or paired women became the subjects that enriched her oils, gouaches, and drawings (**59–66, 169, 177–78, 180–82**). Gómez Sicre described the maturity of her visual language: "Her exhibition at the Lyceum showed that she had made a tremendous advance in chromatic technique, her new canvases being painted in a very high key. She was continually inspired by the theme of Cuban tropical fruits: the canvas *Guanábanas* is a classic example of her mastery in achieving complete plastic harmony and rhythm by repeating the form and structure of the central figure throughout the entire canvas."[22] Peláez acknowledged the maturity of her work being evident between the late 1930s and 1940, and the decorative as an essential element of this: "It has been repeated plenty that my painting is decorative. I think I must take this as a compliment, because this is not a minor thing. I wish that it is completely true that my painting is decorative. I have never intended to paint in a disagreeable manner, as

(58) y las agitadas texturas de Chaim Soutine[16].

Después de su regreso a la Isla, continuó viviendo con su madre viuda y dos hermanas que no se casaron en su casa neocolonial en el distrito residencial de La Víbora, en La Habana. Es en este momento en que la "leyenda" de Peláez comienza: se pasa casi todo el tiempo en la casa, "cultivando flores y criando pájaros"[17]. "Modesta y reservada, vive en soledad y ha incluso rechazado honores oficiales porque siente que le llegaron demasiado tarde"[18]. Estas narrativas perpetúan una imagen de la artista como una especie de monja de la pintura moderna. Pero la realidad es más compleja. Peláez vivió el resto de su vida en ese ambiente, pero fue una artista comprometida con el mundo, no una ermitaña. Tuvo exposiciones unipersonales en La Habana (1935, 1943), incluyendo su primera retrospectiva, organizada por Gómez Sicre en la Institución Hispanocubana de Cultura; otra en Nueva York in 1941, en la galería Norte; además de participar en muestras colectivas en Guatemala, México, República Dominicana y Canadá, todas estas antes de su exposición de 1944 en el MoMA[19]. Desde fines de la década del 30, a medida que se volvía más conocida en el ambiente cultural habanero, comenzó a recibir constantemente visitas de otros artistas, así como de escritores y compositores. Entre sus visitantes estaban Cundo Bermúdez, Mario Carreño, Roberto Diago, Bella y Fina García Marruz, José Gómez Sicre, P. Ángel Gaztelu, Guy Pérez Cisneros, Luis Martínez Pedro, René Portocarrero, Raúl Milián, y Julián Orbón[20]. Peláez asistía regularmente a las conferencias y conciertos en el Lyceum del Vedado, además de ser una concienzuda lectora de literatura en español y maestra de dibujo en una escuela nocturna local para adultos[21].

Después de su regreso a Cuba tras su estancia en el extranjero la pintora se asentó en la domesticidad de su vida diaria en familia. El mundo de los interiores neocoloniales, los jardines, las naturalezas muertas pobladas de flores y frutas tropicales, y mujeres solas o en pareja se convirtieron en elementos enriquecedores de sus óleos, aguadas y dibujos (**59–66, 169, 177–78, 180–82**). Así describió Gómez Sicre la madurez de su lenguaje visual: "Muestra esos mismos cuadros en el Lyceum. Comienza a pintar con sus nuevas ideas el ambiente de Cuba y a desatar todos sus conocimientos sobre el color. Ahora, las peras y manzanas y las liebres europeas son jugosas y perfumadas frutas tropicales que le tientan de continuo con sus sorprendentes formas. Los anones, las guanábanas, quedan entonces exaltados a una austera unidad plástica que dictará su estructura por todo el cuadro y quedará, a su vez, integra y poderosa en su privado centro espacial"[22]. Peláez reconoció que la madurez de su obra se hizo evidente desde finales de la década del treinta y en los cuarenta, y lo decorativo como elemento esencial de esta madurez: "Se ha repetido bastante que mi pintura es decorativa. Me parece que debo tomarlo como elo-

I am not interested in keeping disagreeable objects in my house. Is there anyone that likes to collect ugly things? Let me repeat, it is no small thing to achieve a painting that is decorative."[23]

It is in the still life where Peláez achieved her most extraordinary pictorial statements: canvases like *Marpacífico* (*Hibiscus*), 1943 (fig. 7), *Frutero* (*Fruit Bowl*), 1947 (**64**), and *Vitral y frutero* (*Stained Glass and Fruit Bowl*), 1964 (**182**), are examples of a sensuous monumentality, where color defines the forms as luminous. Paintings such as these both depict and reflect the arched stained glass windows and decorative iron grillwork of the interiors of colonial Havana homes. By shifting from the merely descriptive to the expressive, Peláez invents a pictorial language that, through paint, uses color and texture (much like Cézanne, Braque, and even Gris) to construct shapes and define space. Memory, and the poetic process of recollection are the means through which the work is constructed:

> I paint totally from memory. Considering that my intention is not to reproduce the features of a person, that is to say, that I do not pretend to do a portrait. [...] If what I am going to paint is a still life, I do not have to go to the fruit stand to buy a basket of fruit. I know exactly what form an orange has and what is its color, and I am only interested in the viewer of my picture to recognize the orange that I have painted, which is not a specific orange, but the orange, any orange, and that it is nothing more than one object among many that intervene in my composition. I have never intended to make the public's mouth water when they look at my still lifes. In other words, I do not desire to provoke hunger. [...] I don't want the spectator to think of the succulence of a slice of papaya or the exquisite aroma of a baked fish done properly. [...] As far as the orange goes, I said that I know its form and its color... well, if for pictorial reasons, that is, reasons inherent to the nature of the picture that I am painting, the orange does not work well with its proper color, nothing will stop me to give it the color of the star apple.[24]

Hibiscus is a favorite subject of the painter; as a flower it represents the feminine, and a kind of sublimated nation-

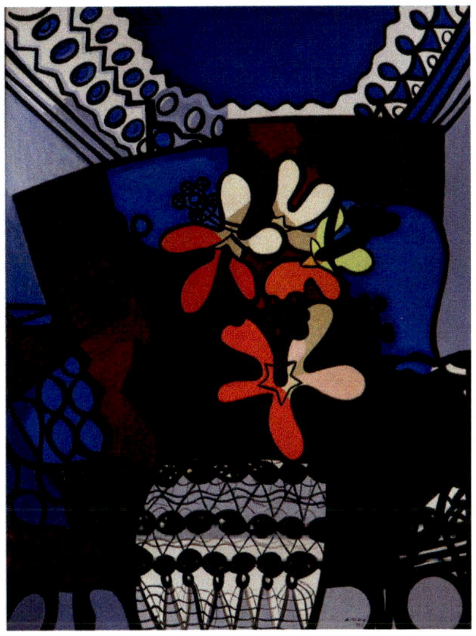

7. Amelia Peláez, *Hibiscus* | *Marpacífico*, 1943. Oil on canvas | óleo sobre lienzo, 45.5 × 35", Art Museum of the Americas, Washington, DC.

gio, porque no es poca cosa. Ojalá sea totalmente cierto que mi pintura es decorativa. Nunca me he propuesto pintar de manera desagradable, pues no me gusta guardar en mi casa objetos desagradables. ¿Existe alguien a quien le guste coleccionar cosas feas? No es poca cosa, repito, lograr una pintura decorativa"[23].

Fueron las naturalezas muertas los más extraordinarios logros pictóricos de Peláez: cuadros como *Marpacífico*, de 1943 (fig. 7), *Frutero*, de 1947 (**64**) y *Vitral y frutero*, de 1964 (**182**) son ejemplos de una sensual monumentalidad, donde el color define a las formas y las hace luminosas. Pinturas como estas reflejan y recrean los vitrales de medio punto y los intrincados diseños de las rejas y otros hierros forjados de los interiores de las casas coloniales habaneras. Al transicionar de lo meramente descriptivo a lo expresivo Peláez inventa un lenguaje pictórico que, a partir de los pigmentos, usa el color y la textura (a la manera de Cézanne, Braque, e incluso Gris) para construir formas y definir el espacio. La memoria, y el proceso poético de recordar son los medios a través de los cuales se construye la obra:

> Yo pinto completamente de memoria. Considerando que mi intención no es reproducir las facciones de una persona, es decir, que no pretendo hacer un retrato. [...] Si voy a pintar una naturaleza muerta, no tengo que ir al vendedor de frutas para comprar una cesta de frutas. En cuanto a la naranja, dije que conozco su forma y su color, una naranja cualquiera, y que no es nada más que un objeto más entre otros que intervienen en mi composición. Nunca he tenido la intención de que al público se le haga la boca agua al mirar mis naturalezas muertas. En otras palabras, no deseo provocarle hambre. [...] No quiero que el espectador piense en lo suculenta que es una lasca de fruta bomba o en el exquisito aroma del pescado asado con todas las de la ley. [...] En cuanto a la naranja, dije que conozco su forma y su color... pues bien, si por razones pictóricas, es decir, razones inherentes a la naturaleza del cuadro que pinto, a la naranja no le viene bien su propio color, nada puede impedirme que le ponga el color del caimito[24].

El marpacífico es una de las imágenes favoritas de la pintora: como flor representa la feminidad, y cierto nacionalismo sublimado a través de la flora. Una versión de 1936 fue incluída en la seminal exposición en el MoMA en 1944. La pintura de 1943

alism through flora; a version from 1936 was included in the seminal 1944 MoMA exhibition. The 1943 painting is filled with intense, lush color that is held by a structure of arabesque geometry consisting of both thin and thick lines. The decorative profusion of the lines is balanced by empty areas of blue and brown-red in the background and ceiling, while the red, orange, and yellow petals of the flower push against the blue and olive green passages. The composition is unified through the interplay of curves versus triangles, circles versus rhombuses, and while conventional three-dimensionality disappears, the multi-dimensional is embodied, like in Matisse, through the intensity of color. The painting *Frutero* (64) achieves greater monumentality. An elaborate weaving of lines defines the dish, the table, the room, and its windows: "Cuban motifs are plastically and imaginatively assimilated rather than realistically represented."[25] The light sienna-colored dish anchors the composition at the center, while large passages of yellow, red, green and blue crisscross each other and open like a fan. One year later, in the winter 1945 issue of *Orígenes,* a European exile, the artist and critic Robert Altmann[26] had written, "the last link in this ornamental tradition passed from architecture and decoration to painting. In the compositions of Amelia Peláez, 'true abstract gardens where form delights in itself,' ornamentation reigns and imposes its symbolism on every figure."[27]

In the 1940s Peláez achieved the full powers of her pictorial language; through her complete absorption of the vernacular ornamental traditions, intense color palette, and fragmentation of forms and dense textural surfaces into a personal and original visuality. The fact that her preferred subjects represent aspects of domesticity is very significant. She endows a feminine world with monumentality, in effect dismantling the cliché "soft and sentimental" and replacing it with the decorative as empowering and dynamic. For the next two decades and until her death at the end of the 1960s, Peláez achieved what no other member of the first vanguardia generation would be capable of: a long and sustained career, where quality and innovation balanced her artistic production.[28] Her work in ceramics is very significant in the later development of her art.

In 1950 Peláez was invited by Marta Arjona to try her hand at ceramics at the Taller Santiago de las Vegas opened by Dr. Juan Miguel Rodríguez de la Cruz.[29] In the post-war period ceramics made by fine artists had a resurgence; in 1947 Picasso began working in ceramics at Vallauris at the Madoura pottery works of Georges Ramié.[30] Fernand Léger, Chagall, and other, more minor figures of the School of Paris also took up ceramics at this time. Peláez and Wifredo

está llena de un color intenso y exuberante que se sostiene sobre una estructura de arabescos geométricos compuesta de líneas finas y gruesas. La decorativa profusión de líneas es equilibrada con áreas planas de color azul y marrón-rojo en el fondo y el techo, mientras que los pétalos rojos, naranjas y amarillos de la flor están enmarcados por espacios en azul y verde olivo. La composición se unifica gracias a la contraposición de curvas con triángulos y círculos con rombos, y aunque las tres dimensiones tradicionales desaparecen, lo multidimensional se corporiza, como en Matisse, a través de la intensidad del color. La pintura *Frutero* (64) consigue una mayor monumentalidad. Un elaborado tejido de líneas define la bandeja, la mesa, la habitación y sus ventanas: "En lugar de ser representados de manera realista, los motivos cubanos están asimilados plástica e imaginativamente"[25]. La bandeja color siena pálido ocupa el centro de la composición, mientras que extensos trazos de amarillo, rojo, verde y azul se entrecruzan y se abren como un abanico. Un año más tarde, en el número de invierno de la revista *Orígenes,* un exiliado europeo, el artista y crítico Robert Altmann[26] había escrito: "El último eslabón de esta tradición ornamental ha pasado del campo de la arquitectura y la decoración a la pintura. En las composiciones de Amelia Peláez, verdaderos 'jardines abstractos donde la forma se deleita en sí misma', la ornamentación reina e impone su simbolismo a toda figura"[27].

En la década del cuarenta Peláez alcanzó los plenos poderes de su lenguaje pictórico a través de su completa asimilación de las tradiciones ornamentales vernáculas, la paleta de colores intensos y la fragmentación de formas y densas superficies texturizadas en una visualidad personal y originalísima. El hecho de que sus temas favoritos representen aspectos de la domesticidad es muy significativo. Peláez le confiere monumentalidad a ese mundo femenino, desmontando de paso el cliché de lo femenino como "suave y sentimental", reemplazándolo con lo decorativo, que en ella es empoderador y dinámico. En las próximas dos décadas y hasta su muerte a fines de los sesenta, Peláez alcanzó algo que no estuvo al alcance de ningún otro miembro de la primera vanguardia: una carrera larga y sostenida, una producción artística siempre balanceada por la calidad y la innovación[28]. Su trabajo en la cerámica es muy representativo de los desarrollos de su arte en esta última época.

En 1950 Peláez fue invitada por Marta Arjona a experimentar con la cerámica en el Taller Santiago de las Vegas, abierto por el Dr. Juan Miguel Rodríguez de la Cruz[29]. En el período de postguerra ocurrió un resurgimiento de la cerámica hecha por artistas serios: en 1947 Picasso comenzó a trabajar la cerámica en Vallauris, en el taller Madoura de Georges Ramié[30]. Fernand Léger, Chagall, además de algunas figuras menores de la Escuela de París, también comenzaron a producir cerámica en

Lam were among the first fine artists to accept an invitation to explore ceramics.[31] Although Peláez's first attempts were discouraging, she persevered.[32] Peláez's soup tureens, plates, coffee cups, and vases possess a simplicity of form and elegance of design that make them uniquely hers, and more than a transitory experiment of the 1950s.

By 1953 she had not only designed and painted a variety of earthenware, she had also completed the monumental ceramic tile mural for the new Tribunal de Cuentas in the Havana Nueva section of the city.[33] Her involvement with ceramics dominated most of the 1950s (**67–98, 100–108, 170–76**). The ceramic medium is not suited for the evocation of three-dimensionality or a complex multi-color palette.[34] These very limitations served Peláez well, as she pursued her innate decorative tendencies through simplifying her colors to the primaries, basic geometric shapes, and an overall clarity that bordered on the minimal. In turn, ceramics influenced her paintings, gouaches, and drawings for the rest of her practice; she achieved simple and boldly monumental works throughout the 1960s (**178, 180–82**). Her involvement with ceramics became a deep commitment, to the point that together with Luis Martínez Pedro and Wifredo Arcay she opened their modest workshop, Cerámica Cubana, at no. 109 calle Juan Bruno Zayas, within walking distance from her home in La Víbora.[35] At this workshop she had a technical assistant and would occasionally accept interns. The production of ceramics expanded the painters' market and provided an additional, if modest, source of income. She ceased working in the calle Zayas workshop by 1959–60.[36] The years 1957–59 saw the culmination of Peláez's work in ceramics with the creation and installation of a mosaic mural on the facade of the Hotel Habana Hilton in Vedado. Destroyed in 1960 due to structural problems, at the time it was the largest mural in ceramics in the Americas.[37] Peláez's influence was particularly significant for the second vanguardia in her Havana-centric subjects and tropical baroque formal vocabulary. According to Cundo Bermúdez, "more than Enríquez and Ponce, Víctor Manuel or later Lam, Amelia's use of color and form, her preference for Havana interiors, her invention of a new baroque, was very influential on my work, Portocarrero and Mariano's, even a little bit on Mario's [Carreño's] pictures when he first returned to Havana. She was the mother of us all."[38]

Wifredo Lam

Wifredo Óscar de la Concepción Lam y Castilla (1902–82, fig. 8) is generationally part of the first vanguardia, although he

esta época. Peláez y Wifredo Lam fueron de los primeros artistas que aceptaron la invitación a probar con la cerámica[31]. Aunque los primeros intentos de Peláez no fueron muy promisorios, ella perseveró[32]. Las fuentes soperas, platos, tazas de café y jarrones de Peláez poseen una simplicidad de forma y una elegancia de diseño que los hace únicamente suyos, y más que un simple experimento transitorio de la década del cincuenta.

Para 1953 había no sólo diseñado y pintado una gran variedad de objetos de arcilla, sino que además había completado el monumental mural de mosaicos de cerámica para el nuevo Tribunal de Cuentas en la zona de Habana Nueva[33]. Estos trabajos dominaron la mayor parte de la década del cincuenta (**67–98, 100–108, 170–76**). La cerámica como medio no se presta para evocar la tridimensionalidad o para una paleta de colores complejos[34], pero estas mismas limitaciones le fueron útiles a Peláez, que se entregó a sus innatas tendencias decorativas simplificando sus colores hasta quedarse con los primarios, usando formas geométricas básicas, y en general una claridad que lindaba con el minimalismo. A su vez, la cerámica influyó en sus pinturas, aguadas y dibujos, con los que consiguió obras de simple pero audaz monumentalidad durante la década del sesenta (**178, 180–82**). La cerámica se convirtió para ella en un profundo compromiso, hasta el punto de que junto a Luis Martínez Pedro y Wifredo Arcay abrió un modesto taller, Cerámica Cubana, en el número 109 de la calle Juan Bruno Zayas, donde podía llegar caminando desde su hogar en La Víbora[35]. En este taller tenía un asistente técnico y aceptaba aprendices ocasionalmente. La producción de cerámica expandió el mercado de los pintores del taller y les proporcionó una modesta fuente adicional de ingresos. Peláez dejó de trabajar en el taller de la calle Zayas alrededor de 1959–60[36]. Los años 1957–59 vieron la culminación de la obra de Peláez en cerámica con la creación e instalación de un mural de teselas de pasta vítrea en la fachada del hotel Habana Hilton, en el Vedado. Destruido después en 1960 debido a problemas estructurales, en su tiempo fue el mayor mural de cerámica en las Américas[37]. La influencia de Peláez fue particularmente significativa para la segunda vanguardia a través de sus temas centrados en La Habana y de su vocabulario barroco tropical. Según Cundo Bermúdez, "más que Enríquez y Ponce, Víctor Manuel o Lam después, el uso del color y la forma de Amelia, su preferencia por interiores de La Habana, su invención de un barroco nuevo, fue una gran influencia en mi obra, la de Portocarrero y Mariano, hasta un poquito en los cuadros de Mario cuando él volvió a la Habana. Ella fue la madre de todos nosotros"[38].

Wifredo Lam

Wifredo Óscar de la Concepción Lam y Castilla (1902–82, fig. 8)

did not return to Cuba from Europe until World War II had begun. At that time already the second vanguardia of artists was on the cultural stage during the early 1940s. Lam is also, as a member of the second wave surrealist movement, the most internationally recognized, exhibited, and written about Cuban artist of the twentieth century. His work has been interpreted and misinterpreted more than most, decontextualized and reframed, in some instances even by the artist himself, particularly after the 1959 Revolution.

The basic facts of Lam's life are well known; born in Sagua la Grande, Las Villas, in 1902 to an octogenarian Chinese father and a much younger mother of Afro-Cuban and Spanish descent, he was the youngest of nine children and the only son.[39] In 1918 he was a registered student at the Academia San Alejandro, graduating in 1923 with extraordinary technical abilities, comparable only to Amelia Peláez. That year he traveled to Madrid to continue his studies at the Academia San Fernando under the academic painter and then director of the Museo del Prado, Fernando Álvarez de Sotomayor.[40] Within the year Lam was dissatisfied with further academic training, and instead began to informally attend the Academia Libre in the Paseo de Alhambra. Between 1929 and 1936, much happened in his life; he married Eva Piriz and had a son, Wilfredo Víctor, losing both spouse and child to tuberculosis in 1931; he encountered the work of Matisse, Joaquin Torres García, and Picasso. This tragedy and these new visual languages are absorbed and transformed into his work. By the time the Spanish Civil War started, Lam had been involved with Balbina Barrera, married with several children, and a leftist activist.[41] Lam participated in the defense of Madrid against the fascists in July and August 1937 and was eventually placed in a supervisory position in one of the munition factories in the capital. After being poisoned by his exposure to toxins at the factory, Lam was given sick leave and sent to a hospital in Barcelona to recover. In April 1938 Lam departed from Barcelona to Paris, carrying a letter of introduction to Picasso from the sculptor Manolo Hugué. Through Picasso (via Picasso's companion, Dora Maar) he would meet André Breton, Benjamín Peret and the other surrealists, among them his fellow Cuban, the poet and Trotskyist Juan Ramón Brea (1905–41) and his wife, London-born Australian Mary Low (1912–2007).

By the time Lam and his new companion, scientist Helena

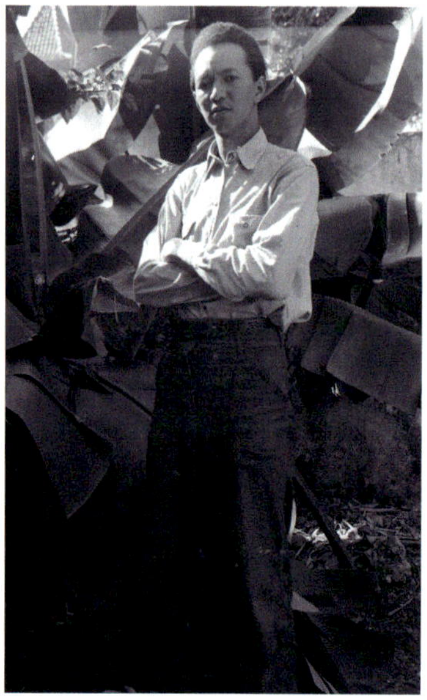

8. Wifredo Lam in his Havana garden | Wifredo Lam en su jardín en La Habana, ca. 1944.

es generacionalmente hablando parte de la primera vanguardia, aunque no regresó a Cuba desde Europa hasta que no comenzó la Segunda Guerra Mundial. En esos tiempos, a principios de la década del cuarenta, ya la segunda vanguardia estaba ocupando el escenario cultural. Lam es también, como miembro de la segunda ola del movimiento surrealista, el artista cubano más reconocido, exhibido, y sobre el que más se ha escrito entre los del siglo veinte. Su obra ha sido más interpretada y malinterpretada que ninguna otra, descontextualizada y recontextualizada, en algunos casos incluso por el propio artista, particularmente después de la Revolución de 1959.

Los hechos principales de su vida son bien conocidos. Nacido en Sagua la Grande, Las Villas, en 1902, de un padre octogenario de origen chino y una mujer mucho más joven, afrodescendiente y con antepasados españoles también, fue el más joven de ocho hijos y el único varón[39]. En 1918 aparece como estudiante inscrito en la Academia San Alejandro, de donde se graduó en 1923 con destrezas técnicas extraordinarias, sólo comparables a las de Amelia Peláez. Ese año viajó a Madrid a continuar sus estudios en la Academia San Fernando bajo la égida del pintor académico y a la sazón director del Museo del Prado, Fernando Álvarez de Sotomayor[40]. Antes de concluir su primer año Lam estaba insatisfecho con la idea de recibir más entrenamiento académico, y comenzó a asistir informalmente a la Academia Libre en el Paseo de Alhambra. Entre 1929 y 1936, muchas cosas ocurrieron en su vida. Se casó con Eva Piriz y tuvieron un hijo, Wilfredo Víctor, pero perdió a su hijo y a su esposa durante la epidemia de tuberculosis de 1931. Además, durante ese período ocurrió su encuentro con la obra de Matisse, Joaquin Torres García y Picasso. La tragedia y los nuevos lenguajes visuales son absorbidas y transformadas en su obra. Al inicio de la Guerra Civil Española, Lam tenía una relación con Balbina Barrera, una activista de izquierda casada y madre de varios hijos[41]. Lam participó en la defensa de Madrid contra los fascistas en julio y agosto de 1937 y eventualmente ocupó una posición de supervisor en una de las fábricas de municiones de la capital. Después de intoxicarse por su exposición a productos químicos en la fábrica, Lam recibió una licencia de enfermedad y fue enviado a un hospital en Barcelona para recuperarse. En abril de 1938 Lam salió de Barcelona con destino a París, llevando una carta de presentación a Picasso del escultor Manolo Hugué. A través de Picasso (y de la compañera de Picasso, Dora Maar) conoció a André Breton, Benjamín Peret y los demás surrealistas, y entre ellos a su compatriota, el

Holzer, arrived in Cuba in 1941 (in early August), he had lived in Paris since May 1938; befriended Picasso; joined the surrealist movement and exhibited at Pierre Loeb's gallery; fled Paris after German troops entered on June 14, 1941; engaged even more closely with the surrealists in Marseilles (awaiting passage to the Americas), and traveled to Martinique on the boat *Capitaine Paul-Lemerle* with fellow refugees and exiles André Breton, Victor Serge, and others. Therefore, Lam's sense of distinctiveness, separateness from his fellow Cuban artists, was grounded in a very different experience than theirs. Not only was he a member of an international avant-garde, but he also had very different politics and cultural perspectives.

On his return to Cuba from France, Lam encountered three cultural groups: José Lezama Lima and *Orígenes* magazine; María Luisa Gómez Mena and her husband painter Mario Carreño and an entourage that included José Gómez Sicre; and anthropologists Fernando Ortiz and his sister-in-law Lydia Cabrera. Apart from the Black artist Roberto Diago, who fluctuated between the groups of *Orígenes* and Gómez Mena, these groups were all *blancos*. This is significant. Whether these players were racist or not is not the point and most of them were clearly not, but the majority, if not most of these groups were *blancos*. In the cultural milieu of 1940s Havana, Lam had to feel his outsider status as a man of color; yet, he was part of the cultural elite of Havana since returning from Europe. There is no doubt that racism existed in Cuba, but within Havana cultural circles racism was not extreme and rarely tolerated, whether in the circle around Lezama Lima's group, Gómez Mena and Carreño, or Ortiz and Cabrera.[42]

Beyond the painter's connections in the political realm, in the cultural sphere it was through the patronage and support of Lydia Cabrera, Alejo Carpentier, and Fernando Ortiz—through their writings,[43] support of exhibitions, and modest sales of work that Lam began to get a footing in the city. In April 1946 Lam had his first solo exhibition in Havana at the Vedado Lyceum. The modest catalogue reproduced Lydia Cabrera's 1942 text, "this natural son of Cuba, who is not a painter of Cuba due to the universal meaning of his art, nor his formation—there are no palm trees, no cotton silkwood trees, no pineapples, no congas, nothing typical, descriptive, psychological or anecdotal in his work; we can only claim him by the luck of his birth—makes us think of another artist, also Cuban, and in our estimation we are obliged to associate her with Lam: Amelia Peláez, who goes beyond the limits of localisms and its babblings, and places herself discreetly in the space of the new painting."[44]

poeta y trotskista Juan Ramón Brea (1905–41) y su esposa, la australiana nacida en Londres Mary Low (1912–2007).

Cuando Lam y su nueva compañera, la científica Helena Holzer, llegaron a Cuba a principios de agosto de 1941, él había vivido en París desde mayo del 38, hecho amistad con Picasso, se había unido al movimiento surrealista y había expuesto en la galería de Pierre Loeb. Había huido de París después de la entrada de las tropas alemanas el 4 de junio de 1941, y se había relacionado más estrechamente aún con los surrealistas en Marsella, mientras esperaba para pasar a las Américas. Había viajado a Martinica en el barco *Capitaine Paul-Lemerle* con refugiados y exiliados como André Breton y Victor Serge, entre otros. Por estas razones, Lam sentía agudamente su diferencia y su separación del resto de los artistas cubanos, afincadas en unas experiencias muy diferentes de las de sus contemporáneos de la Isla. No sólo era Lam un miembro de la vanguardia internacional, sino que tenía perspectivas políticas y culturales muy diferentes.

A su retorno de Francia, Lam encontró tres grupos que dominaban el ambiente cultural: José Lezama Lima y la revista *Orígenes*; María Luisa Gómez Mena y su esposo el pintor Mario Carreño del que formaba parte José Gómez Sicre; y los antropólogos Fernando Ortiz y su cuñada Lydia Cabrera. Aparte del artista negro Roberto Diago, que fluctuaba entre los dos grupos de *Orígenes* y Gómez Mena, estos eran colectivos de blancos, lo cual es muy significativo. Que fueran o no racistas estos actores culturales (y la mayoría de ellos claramente no lo eran) es menos importante que el hecho de que estos grupos eran obvia y mayoritariamente blancos. En el ambiente cultural de La Habana de los años cuarenta Lam tuvo que sentir cierto grado de exclusión como hombre de color, y sin embargo se convirtió en parte de la élite cultural de la ciudad desde que regresó de Europa. No hay duda de que había racismo en Cuba, pero dentro de los círculos culturales de la capital el racismo no era demasiado extremo y raramente tolerado, lo mismo en el ámbito de alrededor de Lezama Lima, Gómez Mena y Carreño, o Ortiz y Cabrera[42].

Más allá de sus conexiones políticas, en la esfera cultural recibió el apoyo y patrocinio de Lydia Cabrera, Alejo Carpentier y Fernando Ortiz—fuera a través de sus escritos[43], apoyando sus exposiciones, y modestas ventas de su obra que ayudaron a Lam a establecerse en la ciudad. En abril de 1946 Lam tuvo su primera exposición en La Habana, en el Lyceum del Vedado. El modesto catálogo reproducía un texto de 1942 de Lydia Cabrera: "Este hijo natural de Cuba, que no es un pintor de Cuba por el sentido universal de su arte ni por su formación—no hay palmeras, ni ceibas, ni piñas, ni [congas], ni nada típico, descriptivo, psicológico o anecdótico en su obra; solo pudiéramos reclamarlo por el azar de su nacimiento—nos hace pensar en otra artista, cubana

Lam integrated and synthesized the cultures and visualities of Europe, Africa, and to a lesser extent of the Amerindian Caribbean, into an iconography of entities which are human, animal, and plant hybrids, and where landscape is represented, never depicted, as a dense and poetic *monte* (hill or hillside) or *manigua* (swamp) that cannot be manicured or controlled.

It could be argued that Lam produced his most potent body of work from the early 1940s to the 1960s. Several transitions took place from the late 1940s into the 1950s, by which time his style achieved an unparalleled purity of line, a dark and minimal palette, and an overall dry and flat application of pigments. This is the language in which Lam will work—with some variations, successes, and repetitions—until his death. In *La jungla*, 1943 (fig. 9) we can discern his pictorial concerns after returning to his homeland.

La jungla is the quintessential Lam work, and the one most written about. Its translated title has always been problematic; Pierre Mabille in his 1944 essay titled "La manigua," gives that as its title.[45] A more accurate translation than *The Jungle*, would be *The Tropical Forest*. As Lowery S. Sims wrote, the entire picture is executed in a manner like what New York School art critics of the 1950s later defined as "all-over painting": the centralized focus disappears, replaced by an overall whole filled with equal forms and colors.[46] The watery application of the pigments evokes a humid and sensual environment, where the tropical forest is expressively represented as messy and impenetrable. Lam's Cuban contemporaries when tackling the native landscape would inevitably descriptively depict; here lies a major difference in their visual languages.[47]

In the 1950s Lam would be the one older artist acknowledged by the younger generation as a model and source of inspiration. It was more than the expressive quality of his visual language that achieved this, it was also his independence, his refusal to capitulate to anything less than a new and radical modernity, and his solitary politics. Like Amelia Peláez, Lam would be the other major vanguardista of the first generation that would have a substantial engagement with ceramics. Like Peláez, Lam was invited to experiment with ceramics at the Santiago de las Vegas workshop.[48] Lam's ceramics of

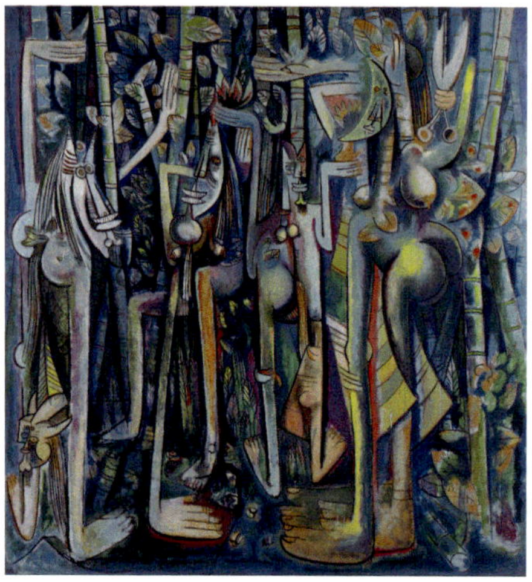

9. Wifredo Lam, *The Jungle* | *La jungla*, 1943. Gouache on paper on canvas | gouache sobre papel sobre lienzo, 94.3 × 90.5″, Museum of Modern Art, New York, 140.1945.

también y obliga a asociarla a Lam en nuestra estimación: Amelia Peláez, que traspasa los límites del localismo y sus balbuceos, y se sitúa discretamente en un plano de la nueva pintura"[44].

Lam integró y sintetizó las culturas y visualidades de Europa, África, y en menor medida las del Caribe amerindio, en una iconografía de entidades que son híbridas de humanos, animales y plantas, y donde el paisaje es representado, nunca copiado, como un denso y poético *monte* o *manigua* que no pueden ser podados o controlados.

Se puede argumentar que Lam produjo su obra más significativa entre las décadas del cuarenta y del sesenta. Varias transiciones ocurrieron entre finales de los cuarenta y los cincuenta, momento en que su estilo alcanzó una línea de pureza sin par, una paleta oscura y mínima, y en general una aplicación seca y plana de los pigmentos. Este es el lenguaje en el que Lam va a trabajar, con algunas variaciones, hallazgos, y repeticiones, hasta su muerte. En *La jungla*, de 1943 (fig. 9) podemos discernir muchas de sus preocupaciones pictóricas después de su regreso a la patria.

La jungla es la obra por excelencia de Lam, y una de las que más atención crítica ha recibido. La traducción de su título siempre ha sido problemática. Pierre Mabille, en su ensayo de 1944 titulado "La manigua", le da ese título a la pintura[45]. Una traducción más exacta de *La jungla* sería *La selva tropical*. Como escribió Lowery S. Sims, todo la obra está ejecutada de la manera que los críticos de la Escuela de Nueva York en los años cincuenta definían como "pintura de todo el cuadro": el foco central desaparece, reemplazado por un todo ocupado por las mismas formas y colores[46]. La aplicación húmeda de los pigmentos evoca un ambiente húmedo y sensual, donde la selva tropical es representada expresivamente como caótica e impenetrable. Los contemporáneos cubanos de Lam, al enfrentar el paisaje, inevitablemente recurrían a una reproducción descriptiva, de ahí la profunda diferencia entre sus lenguajes visuales[47].

En la década del cincuenta Lam fue el otro artista mayor reconocido como modelo e inspiración por la generación más joven. Además de la calidad expresiva de su lenguaje visual, los jóvenes admiraban su independencia, su negativa a capitular y aceptar nada que no fuera modernidad radical, y su independencia polí-

the 1950s are simple line drawings on utilitarian vessels like vases and plate covers (**112–13**). These eventually evolved into more complex ceramics and paintings produced in the 1960s and 1970s (**114–18**).

The Second Vanguardia

The city of Havana was central in the 1940s modernist discourse, with its emphasis on its "alternative" baroque, which was best defined by novelist Alejo Carpentier as a mixing and superimposition of styles,[49] which in effect created a new world baroque that discarded the dramatic and tragic elements of European baroque. To this definition we can add poet José Lezama Lima's, which became his seminal 1957 book-length essay, *La expresión americana:* "It is not a degenerating style, but plenary...it represents language acquisitions, perhaps unique in the world, furniture for the home, ways of life and inquiry, mysticism that adjusts to new modes of prayer, ways of savoring and preparing exquisite food, that exhale a complete, refined mysterious, theocratic, and introspective living, errant in form and rooted in its essences."[50] As Martínez noted in his 2000 essay, both Carpentier and Lezama Lima defined this Latin American, and specifically Cuban, baroque as generating, not degenerate; I would add that it has a life-affirming visuality that is ultimately joyous—at least in its Cuban and Caribbean manifestations.

The artists that are the core of the second vanguardia reflect this sensibility. The essential figures are painters Mariano Rodríguez (1912–90, **150–57**), René Portocarrero (1912–85, **119–38**), Mario Carreño (1913–99), Cundo Bermúdez (1914–2008), Luis Martínez Pedro (1910–89, **141–49**), and sculptor Alfredo Lozano (1913–97). A more marginal figure who does not appear as a practicing artist until 1949–50 is Portocarrero's companion and lover Raúl Milián (1914–84, **158–64**), whose language reflects a fusion of informalism and neo-figuration. In this section I will provide brief generational context, then focus on the artists that took up ceramics: Portocarrero and Martínez Pedro.

Also known as the "1938 Generation," these artists constructed what Juan A. Martínez has argued was a *blanco-criollo* identity, which remembered and depicted a version of cubanidad that was upper and middle class, white (Spanish), Catholic, and urban.[51] When examining the pictorial production of these artists, we find that Portocarrero, Carreño, Bermúdez, and Martínez Pedro depicted Afro-Cuban life and culture, and to a lesser extent, so did Mariano. The figures in their drawings and paintings reflect in their features and skin tones the *mes-*

tica. Como Amelia Peláez, Lam sería el otro vanguardista importante de la primera generación que trabajaría sustancialmente la cerámica. Como Peláez, Lam fue invitado a experimentar con cerámicas en el Taller de Santiago de las Vegas[48]. Sus cerámicas de los años cincuenta son simples dibujos a línea en vasijas utilitarias como vasos y tapas-platos (**112–13**). Estos eventualmente evolucionaron hacia las cerámicas y pinturas más complejas producidas en los sesenta y los setenta (**114–18**).

La segunda vanguardia

La ciudad de La Habana tuvo un rol central en el discurso modernista de los años cuarenta, con el énfasis en el barroco "alternativo", que fue definido por el novelista Alejo Carpentier como una mezcla y superposición de estilos[49] que en efecto creaban un nuevo barroco, descartando los elementos dramáticos y trágicos del barroco europeo. A esta definición podemos añadir la del poeta José Lezama Lima, que apareció en su seminal libro de ensayos de 1957, *La expresión americana:* "No es un estilo degenerescente, sino plenario... representa adquisiciones de lenguaje, tal vez únicas en el mundo, muebles para la vivienda, formas de vida y de curiosidad, misticismo que se ciñe a nuevos módulos para la plegaria, maneras del saboreo y del tratamiento de los manjares, que exhalan un vivir completo, refinado y misterioso, teocrático y ensimismado, errante en la forma y arraigadísimo en sus esencias"[50]. Como Martínez notó en su ensayo del 2000, Carpentier y Lezama Lima definieron el barroco latinoamericano, y específicamente el cubano, como generativos y no degenerados; yo añadiría que tienen una visualidad vitalista que es, en última instancia, gozosa, al menos en sus manifestaciones caribeñas y cubanas.

Las artistas que representan el núcleo de la segunda vanguardia reflejan esta sensibilidad. Las figuras esenciales son los pintores Mariano Rodríguez (1912–90, **150–57**), René Portocarrero (1912–85, **119–38**), Mario Carreño (1913–99), Cundo Bermúdez (1914–2008), Luis Martínez Pedro (1910–89, **141–49**) y el escultor Alfredo Lozano (1913–97). Una figura menos central, que no aparece como artista en activo hasta 1949–50 es Raúl Milián (1914–84, **158–64**), compañero y amante de Portocarrero, cuyo lenguaje refleja una fusión de informalismo y neofiguración. Esta sección proporcionará un breve contexto generacional para después enfocarse en los artistas que practicaron la cerámica: Portocarrero y Martínez Pedro.

También conocida como "la Generación de 1938", estos artistas construyeron lo que según Juan A. Martínez era una identidad *blanco-criolla,* que memorializaba y representaba una versión de la cubanidad de clase media y alta, blanca (española) católica y urbana[51]. Al examinar la producción pictórica de esos artistas

tizaje of the Caribbean island, therefore a *mestizo-criollo* identity is the more accurate definition, which acknowledges and respects the rich component of Cuban culture that is Afro-Antillean. If Víctor Manuel had been regarded as the unofficial leader of the first vanguardia, Mariano, due to his work, personality, and influence, at least through the 1940s, was the unofficial leader of the second. In 1940 he met the American painter George McNeil (1908–95), who was visiting Havana. A former student of Hans Hoffmann, McNeil introduced both Mariano and Portocarrero to the push and pull approach of the painterly surface, as well as a use of color that emphasized sensateness.[52]

If the first vanguardia had looked to Europe and its "-isms," the second preferred to look to Mexico, but not so much the muralists as the easel painters who rejected muralism: Rufino Tamayo and María Izquierdo, Manuel Rodríguez Lozano, Julio Castellanos, and Jesús Guerrero Galván. They were also influenced by Picasso's neoclassical pictures from 1917–25; Cundo Bermúdez would recall, "in 1940s Havana we all admired the classical Picasso, with the solid yet sensuous figures that appeared right after synthetic cubism. And so did the Mexicans. Rodríguez Lozano, Castellanos, Galván and Agustín Lazo, all admired and learned from the classical Picasso."[53] This cocktail of influences, from McNeil to the Mexican easel painters and Picasso's neoclassicism, constructed the language of the second vanguardia. The painters and sculptor of the second vanguardia barely attended the Academia San Alejandro. Alfredo Lozano remembered "our generation passed briefly through the academy. I think Carreño was the one that lasted the longest. The rest of us, Mariano, myself, Cundo and Porto were there very briefly."[54]

Throughout the 1940s, painters Mariano, Carreño, Portocarrero, Bermúdez, Martínez Pedro and sculptor Lozano, would develop their mature styles, discarding the initial influence of the Mexicans for a more expressive figuration where intense, bright colors and painterly textures were primary.[55] Their subject matter was rarely political, emphasizing instead visions of the world where figures and animals in a living room, garden, kitchen corner, or barbershop were places of pleasure and serenity, joy, and tradition, where light and colors constructed a universe that was *El sitio en que tan bien se está* of Eliseo Diego's *En la calzada de Jesús del Monte.*[56] Mariano would paint *El gallo*, Carreño *La costurera*, Portocarrero *Interior del Cerro*, Bermúdez *La barbería*, etc. These pictures would define the second vanguardia distinctly different from the first. Alfred H. Barr Jr. considered them "a little too drunk with color."[57] Even though the world was at war during the first four years of the decade that this generation emerges,

hallamos que Portocarrero, Carreño, Bermúdez y Martínez Pedro representaron la vida y la cultura afrocubana, y en menor medida lo hizo Mariano. Las figuras en sus dibujos y pinturas reflejan en sus rasgos y tonos de piel el mestizaje de la Isla caribeña, y por tanto es más exacto decir que representan una identidad criollo-mestiza, que reconoce y respeta el rico componente afroantillano en la cultura cubana. Si Víctor Manuel había sido considerado como el líder no oficial de la primera vanguardia, Mariano, debido a su obra, personalidad e influencia fue reconocido como el abanderado no oficial de la segunda, al menos durante los años cuarenta. En 1940 Mariano conoció al pintor americano George McNeil (1908–95) que estaba de visita en La Habana. McNeil, antiguo discípulo de Hans Hoffmann, introdujo a Mariano y Portocarrero a la técnica del "empujar y halar" la superficie pictórica desarrollada por su maestro, y al uso del color para enfatizar la palpabilidad[52].

Si la primera vanguardia había mirado a Europa y sus "-ismos", la segunda prefirió mirar a México, pero no tanto a los muralistas como a los pintores de caballete que rechazaban el muralismo: Rufino Tamayo y María Izquierdo, Manuel Rodríguez Lozano, Julio Castellanos y Jesús Guerrero Galván. También fueron influidos por las figuras neoclásicas producidas por Picasso entre 1917 y 1925. Cundo Bermúdez recordaría luego: "En La Habana de los cuarenta todos admirábamos al Picasso clásico, con las figuras sólidas y sensuales que aparecieron después del cubismo sintético. Los mexicanos igual. Rodríguez Lozano, Castellanos, Galván y Agustín Lazo, todos admiraban y aprendieron del Picasso clásico"[53]. Este coctel de influencias, desde McNeil a los pintores mexicanos de caballete y el neoclasicismo de Picasso construyeron el lenguaje de la segunda vanguardia. Los pintores y escultores de este grupo apenas asistieron a la Academia San Alejandro. Alfredo Lozano rememoraba que "Nuestra generación pasó brevemente por la academia. Yo pienso que Carreño fue el que más duró. El resto de nosotros, Mariano, yo, Cundo y Porto, estuvimos ahí brevemente"[54].

Durante los años cuarenta los pintores Mariano, Carreño, Portocarrero, Bermúdez, Martínez Pedro y el escultor Lozano desarrollaron sus estilos de madurez, descartando la influencia mexicana inicial por una figuración más expresiva donde dominaban los colores intensos y brillantes y las texturas[55]. Rara vez incursionaron en temas políticos, prefiriendo visiones de un mundo donde figuras y animales en una sala, jardín, un rincón de la cocina o una barbería se convertían en espacios de placer y serenidad, alegría y tradición, donde luz y colores construyen un universo que es el de *El sitio en que tan bien se está*, poema de Eliseo Diego en su libro *En la calzada de Jesús del Monte*[56]. Mariano pintaría *El gallo*, Carreño *La costurera*, Portocarrero *Interior del Cerro*, Bermúdez *La barbería*, etc. Estas pinturas definen

it can be argued that the intensity and fragility of the period fed a life-affirming art. These years (1940–52) were also the island's only democratic and constitutional experience—which is also indirectly reflected in the joie de vivre of these works.[58]

René Portocarrero

The two artists of the second vanguardia that pursued the practice of ceramics with intensity starting in the 1950s are René Portocarrero and Luis Martínez Pedro. The one member of the second vanguardia most identified with a tropical or Caribbean baroque, is René Portocarrero Villiers (fig. 10). Born in El Cerro into a prosperous middle-class environment, he was the youngest of five siblings. His father was a lawyer and businessman that owned El 2do Pavo Real, a factory that made candies. René's mother was known for her sweet disposition, great penmanship, and religiosity, which was very Franciscan in its simplicity.[59] In the years 1924–33 Portocarrero irregularly attended both the private Academia Villate and the Academia San Alejandro. San Alejandro's archives record Portocarrero's registration in the following classes: Basic Drawing; Basic Drawing and Modelling; Drawing from Ancient Greek Casts; Basic Sculpture; Anatomy and Perspective.[60] By the end of 1933 the Portocarrero family fell on financial hard times, and young René ceased attending art school and took up a job as a typist at the Compañía Europea de Viajes y Turismo (European Travel and Tourism Company).[61] He continued learning and painting on his own, and in a few short years he shifted from early massive figures solidly drawn with a neutral palette, to a raucous expressionism exploding with color. With Mariano and Lozano he would form the troika of visual artists most identified with the aesthetic of the magazine *Orígenes*.

By the early 1940s Portocarrero's visual vocabulary had congealed into his first mature phase; in pictures such as the Cerro interiors, banquets, still lifes, angels (**119**), and crucifixions he applied most successfully the lessons he and Mariano acquired from

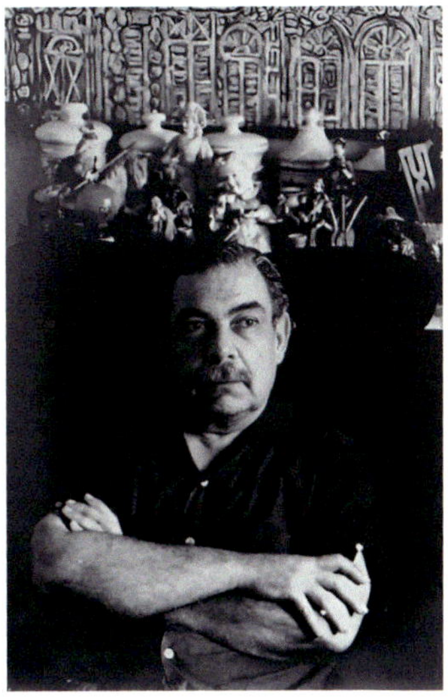

10. Mario García Joya's photo of René Portocarrero posing at home | La foto de Mario García Joya de René Portocarrero en su casa, ca. 1963.

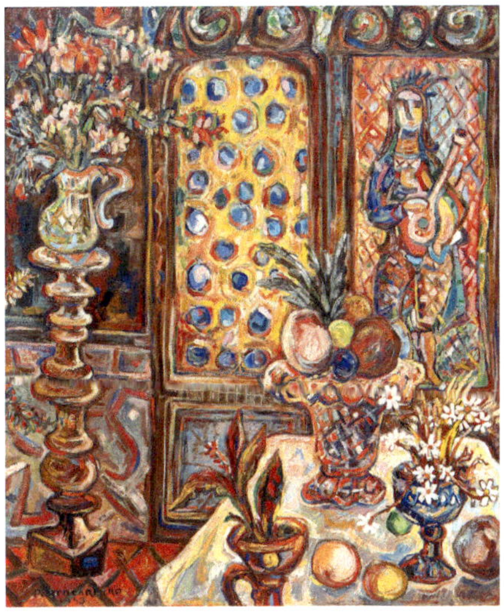

11. René Portocarrero, *Cerro Interior*, 1943. Oil on canvas | óleo sobre lienzo, 31.1 × 26.3″, Col. Ramón & Nercys Cernuda.

una segunda vanguardia muy diferente de la primera. Alfred H. Barr Jr. los consideró "un poco demasiado borrachos de color"[57]. Aunque el mundo estaba en guerra durante los primeros cuatro años de la década en que esta generación emerge, se puede afirmar que la intensidad y fragilidad del período alimentó un arte vitalista. Estos años (1940–52) fueron también la única experiencia constitucional y democrática de la Isla, lo cual también se refleja indirectamente en la joie de vivre de estas obras[58].

René Portocarrero

Los dos artistas de la segunda vanguardia que se dedicaron con intensidad a la práctica de la cerámica a partir de los cincuenta son René Portocarrero y Luis Martínez Pedro. El miembro de la segunda vanguardia más identificado con el barroco tropical o caribeño es René Portocarrero Villiers (fig. 10). Nacido en El Cerro en el seno de una próspera familia de clase media, fue el menor de cinco hermanos. Su padre fue un abogado y hombre de negocios dueño de El 2do Pavo Real, una fábrica de dulces. Su madre era conocida por la dulzura de su carácter, su hermosa caligrafía, y sus sentimientos religiosos de simplicidad franciscana[59]. Entre 1924 y 1933 Portocarrero asistió irregularmente a la Academia Villate privada y a la Academia San Alejandro. Los archivos de San Alejandro registran la asistencia de Portocarrero a las siguientes clases: Dibujo básico, Dibujo básico con modelos, Dibujo de yesos griegos antiguos, Escultura básica, Anatomía y Perspectiva[60]. A fines de 1933 la familia Portocarrero cayó en una situación financiera difícil y el joven René dejó de asistir a la escuela de arte y comenzó a trabajar como mecanógrafo en la Compañía Europea de Viajes y Turismo[61]. Continuó aprendiendo y pintando de forma autodidacta, y en unos pocos años evolucionó desde sus tempranas figuras monumentales sólidamente pintadas con una paleta neutral a un exuberante expresionismo y una explosión de color. Con Mariano y Lozano iba a formar la troika de los artistas visuales más identificados con la estética de la revista *Orígenes*.

A principios de los cuarenta el lenguaje visual de Portocarrero

George McNeil in 1940 (fig. 11). These are paintings about painting, marvelous excuses for the exploration of color and texture, but also a redefinition of the baroque as joyous and Caribbean. They are life-affirming representations of a world where to borrow Lezama's phrase, "cubanness achieves most naturally its universality...the walls, the doors, the ornamental richness of the furniture, are made in their reality to catch the innumerable details of the art of living."[62] For the rest of his career Portocarrero would prove to be simultaneously the most experimental of the second vanguardia artists, and the one with a most consistent aesthetic vision, where the joyous baroque reinvented itself in series of abstractions, cathedrals, cities, carnivals, and Floras (**122, 137–38**).

In 1950 Portocarrero visited the ceramic workshop in Santiago de las Vegas and executed some preliminary designs (**120–21**). Returning in 1953 at Dr. Rodríguez de la Cruz's invitation,[63] by the following year he had mastered the technical skills required to produce a substantial body of work in the medium (**123–36**). He created and decorated utilitarian objects, as well as multi-panel works that served as decorative murals[64] and standalone pieces. In September 1954 Portocarrero exhibited his ceramic production at the Vedado Lyceum, acknowledging the works in the invitation as collaborations with Dr. Rodríguez de la Cruz.[65] Unlike some artists for whom the excursion into ceramics was a one-time experience, Portocarrero would continue to work in ceramics throughout the 1950s and 1960s, creating large scale murals for the Habana Hilton in 1957, and the Palacio de la Revolución in 1967.[66] His energetic exploration of the decorative lent itself to the possibilities of the ceramic medium in a thoughtful, engaged manner. No future retrospective of his art can leave out his ceramic production.

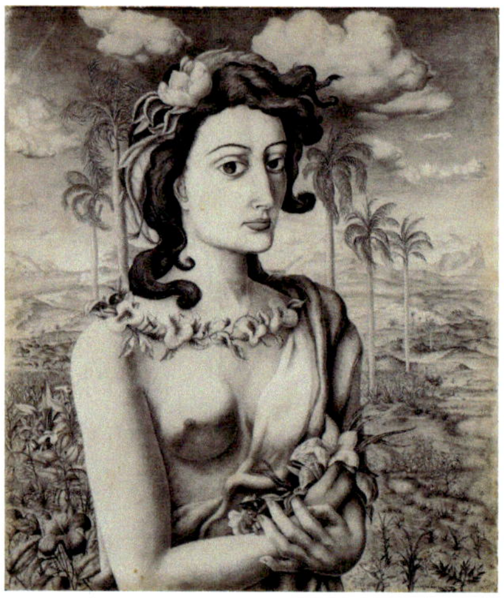

12. Luis Martínez Pedro, *Portrait of a Woman in the Cuban Countryside* | *Retrato de mujer con paisaje cubano*, 1941. Pencil on paper | lápiz sobre papel, 22 × 20″, Col. Blas Reyes.

Luis Martínez Pedro

Of the second-generation vanguardistas, Luis Martínez Pedro was born into a family where both branches were well-to-do.[67] Young Luis graduated from the Colegio de La Salle in 1929, later attending the Facultad de Arquitectura de la Universidad de La Habana, where he developed a passion for drawing and graphic materials, during the years 1930–31. Due to the political violence of the Machadato, his family sent him to

había alcanzado la primera fase de su madurez. En pinturas como sus interiores del Cerro, banquetes, naturalezas muertas, ángeles (**119**) y crucifixiones aplicó con éxito las lecciones que él y Mariano aprendieron con George McNeil en 1940 (fig. 11). Estas son pinturas cuyo tema es la propia pintura, maravillosas excusas para la exploración de texturas y colores, pero también son una redefinición del barroco como un estilo gozoso y caribeño. Son representaciones vitalistas de un mundo donde, para tomar prestada la frase de Lezama, "lo cubano logra su universalidad más natural... las mamparas, las puertas, la riqueza ornamental de los muebles, están hechas en su realidad para captar los innumerables detalles del arte de vivir"[62]. Por el resto de su carrera Portocarrero continuó siendo simultáneamente, el más experimental de la segunda vanguardia y el que poseía la visión estética más consistente, donde el barroco gozoso se reinventaba a sí mismo en una serie de abstracciones, catedrales, ciudades, carnavales y Floras (**122, 137–38**).

En 1950, Portocarrero visitó el taller de cerámica en Santiago de las Vegas y realizó algunos diseños preliminares (**120–21**). Volviendo en 1953 por invitación del Dr. Rodríguez de la Cruz[63], al año siguiente, ya había dominado las destrezas técnicas requeridas para producir una sustancial producción en este medio (**123–36**). Creó y decoró objetos utilitarios, pero también obras con múltiples paneles que servían como murales decorativos y piezas independientes[64]. En septiembre de 1954 Portocarrero expuso su producción de cerámica en el Lyceum del Vedado, reconociendo en las invitaciones que los trabajos eran una colaboración con el Dr. Rodríguez de la Cruz[65]. A diferencia de otros artistas para quienes la excursión a la cerámica fue una experiencia puntual, Portocarrero continuaría trabajando en el medio durante las décadas del cincuenta y el sesenta, creando murales en gran escala para el Habana Hilton en 1957, y el Palacio de la Revolución en 1967[66]. Su vigorosa exploración de lo decorativo se prestaba a las posibilidades del medio de la cerámica de forma profunda y meditada. Ninguna futura retrospectiva de su arte puede dejar de lado su producción de cerámica.

Luis Martínez Pedro

Dentro de la segunda generación de vanguardistas, Luis Martínez Pedro nació en una familia acomodada en la rama paterna y materna[67]. El joven Luis se graduó del Colegio de La Salle en

continue his studies in the United States, where he attended Southern College in Lakeland, Florida, and Tulane University in New Orleans.[68] The young student would become trilingual.[69] The registration records of the Arts and Crafts Club of New Orleans have him attending design and drawing classes in 1932.[70] In 1933 after the fall of Machado, he returned to Cuba and in 1935 started working for the Havana PR firm Mestre y Cía. He would work his way up from office messenger to head of the graphic design division until 1948, when he would create his own graphic design firm, Organización Técnica Publicitaria Latinoamericana, which he would run until 1961.[71]

After leaving behind the influences of George "Pop" Hart and Marcelo Pogolotti on his early work, Martínez Pedro focused exclusively on drawing as his means of expression. By 1942 he found his language in a rigorous drawing technique, grounded in neoclassical concepts (he worked briefly under Mario Carreño's guidance in 1941), which integrated Caribbean mythologies, a highly sexualized representation of the female body, and surrealist fantasy (fig. 12). By the end of the decade he shifted into painting, constructing a visuality composed of organic and geometric elements, remaining figurative and referencing Afro-Cuban themes. In the 1950s he would be a seminal figure in the *concreto* movement in Cuba (**149**), culminating in his *Aguas territoriales* series of the 1960s. By the 1970s he returned to an organic figuration where flora pulsated with sexuality, and in his final body of work in the 1980s he returned to drawing the female form.

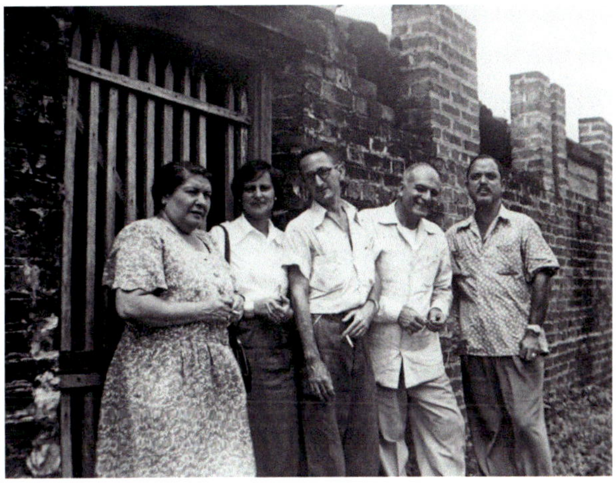

13. Taller de Santiago de las Vegas, ca. 1950: Amelia Peláez, Julia Rodríguez Tomeu, Cundo Bermúdez, Juan Miguel Rodríguez de la Cruz, Luis Martínez Pedro. © Fundación Mariano Rodríguez

In 1950 he was among the first artists of the second vanguardia to accept an invitation by Dr. Rodríguez de la Cruz to visit the ceramic workshop in Santiago de las Vegas (**142–46**). According to Cundo Bermúdez, it was Amelia Peláez, who was very friendly with both he and Martínez Pedro, who suggested that they be invited (fig. 13). Although Bermúdez did not find the ceramic medium attuned to his sensibility, Martínez Pedro did.[72] Together with Portocarrero he would be the other second-generation artist to produce a substantial body of work in the medium. He began to produce utilitarian ceramics that very year. In 1954 together with Peláez and

1929, y estudió en la Facultad de Arquitectura de la Universidad de La Habana, donde desarrolló su pasión por el dibujo y los materiales gráficos, durante los años 1930–31. Debido a la violencia política del machadato, su familia lo envió a continuar sus estudios en los Estados Unidos, donde se matriculó en Southern College en Lakeland, Florida, y en Tulane University en Nueva Orleans[68]. Allí el joven estudiante se volvió trilingüe[69]. Los registros del Arts and Crafts Club de Nueva Orleans muestran que asistió a clases de diseño y dibujo en 1932[70]. En 1933, luego de la caída de Machado, regresó a Cuba y en 1935 comenzó a trabajar para la firma de relaciones públicas Mestre y Cía. Allí fue ascendiendo desde mensajero hasta director de la división de diseño gráfico hasta 1948, en que creó su propia agencia de diseño, la Organización Técnica Publicitaria Latinoamericana, que dirigiría hasta 1961[71].

Luego de dejar atrás las influencias de George "Pop" Hart y Marcelo Pogolotti en su obra temprana, Martínez Pedro se enfocó exclusivamente en el dibujo como su forma de expresión. Hacia 1942 encontró su lenguaje propio en una técnica rigurosa de dibujo anclada en conceptos neoclásicos (trabajó brevemente bajo el tutelaje de Mario Carreño en 1941) donde integraba mitologías caribeñas, una representación altamente sexualizada del cuerpo femenino y la fantasía surrealista (fig. 12). A fines de la década se movió hacia la pintura, construyendo una visualidad compuesta de elementos geométricos y orgánicos, pero que se mantenía figurativa y hacía referencia a temas afrocubanos. En los años cincuenta se convertiría en una figura seminal del movimiento concreto en Cuba (**149**), culminando en su serie *Aguas territoriales* de los años sesenta. En la década del setenta regresó a una figuración orgánica donde la sexualidad latía en la flora, y en sus trabajos finales de los años ochenta volvió a dibujar la figura femenina.

En 1950, Martínez Pedro estuvo entre los primeros artistas de la segunda vanguardia en aceptar la invitación del Dr. Rodríguez de la Cruz a visitar el taller de cerámica de Santiago de las Vegas (**142–46**). Según Cundo Bermúdez, fue Amelia Peláez, quien tenía un gran amistad con él y con Martínez Pedro, quien sugirió que los invitaran (fig. 13). Aunque Bermúdez no encontró que la cerámica fuera el medio apropiado a su sensibilidad, Martínez Pedro sí lo apreció[72]. Junto a Portocarrero él sería el otro

Wifredo Arcay they began plans to open their own ceramic studio in Havana. Cerámica Cubana opened in 1954 in La Víbora under Peláez's direction (**147–48**). Martínez Pedro's work in ceramics assisted in his transition to the *concreto* work of the late 1950s—the medium's requirements for minimal design and limited palette helped forge the luminous *Aguas territoriales* and *Signos de mar* series.

The Third Vanguardia

The 1950s witnessed the emergence of the third-generation vanguardia (fig. 14). We can argue that the third generation was the last vanguardia; with the 1959 Revolution the utopian aspirations of vanguard thought were immediately shifted into a transitional revolutionary period, which continued into the post-modernist dystopia of the 1970s.[73]

Many of the artists born in the 1920s were the last to be formally trained in San Alejandro. A diverse group of painters and sculptors, as a whole they rejected the two previous vanguardias with the exceptions of the work of Peláez and Lam, who were the most abstract and cosmopolitan.[74] Two major groups of abstractionists would be prevalent in the 1950s; *Los Once* under the leadership of Guido Llinás and Hugo Consuegra embraced gestural abstraction and looked to New York-based abstract expressionism for inspiration; while the *concretos*, which included second vanguardistas like Carreño and Martínez Pedro, and younger artists like Sandu Darie and Rafael Soriano, clearly reflected geometric trends in Buenos Aires and Paris.[75] Individual artists like sculptor Roberto Estopiñán and painter Agustín Fernández pursued a formalist humanism in the case of the first, and a gestural figuration in the second. Although Consuegra and Soriano would briefly explore ceramics after their exile, this third vanguardia did not pursue ceramics as an extension of their languages as the earlier generations did. However, the young women associated with the workshop at Santiago de las Vegas, like Marta Arjona and María Elena Jubrías (**4–7, 32–51**), were generationally part of the third vanguardia. They dedicated themselves exclusively to ceramics as their medium of expression.

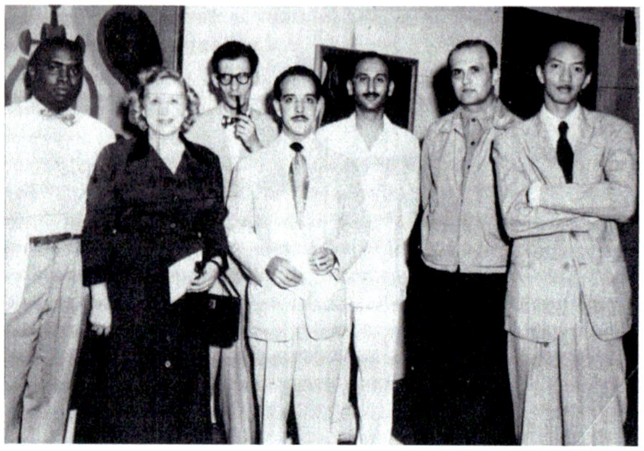

14. Artists at an exhibition opening for Rafael Soriano in Havana | Artistas en inauguración de exposición de Rafael Soriano en La Habana, 1950: Roberto Diago, Loló Soldevilla, José Nuñez Booth, Rafael Soriano, Eberto Escobedo, Sandu Darie, Wifredo Lam.

miembro de su generación que produjo un corpus sustancial en este medio. Comenzó a producir cerámicas utilitarias ese mismo año. En 1954, junto a Peláez y Wifredo Arcay comenzaron los planes para abrir su propio estudio de cerámica en La Habana. Así, Cerámica Cubana abrió en 1954 en La Víbora, bajo la dirección de Peláez (**147–48**). El trabajo de Martínez Pedro en cerámica lo ayudó en la transición a su obra concreta de fines de los años cincuenta. La cerámica requiere mínimo diseño y una paleta limitada, lo que contribuyó a forjar sus luminosas series *Aguas territoriales* y *Signos de mar*.

La tercera vanguardia

La década del cincuenta trajo la emergencia de la tercera generación de vanguardia (fig. 14). Podemos afirmar que esta tercera generación fue la última vanguardia: con la Revolución de 1959 las aspiraciones utópicas del pensamiento de vanguardia inmediatamente se movieron hacia el período de transición revolucionaria, que se extendió hasta la distopía postmodernista de los años setenta[73].

Muchos de los artistas nacidos en los años veinte fueron los últimos en recibir una instrucción formal en San Alejandro. La tercera vanguardia, grupo diverso de pintores y escultores, en general rechazaron a las dos vanguardias anteriores con la excepción de Peláez y Lam, los dos más abstractos y cosmopolitas[74]. Dos grupos principales de abstraccionistas prevalecieron en los años cincuenta: Los Once, capitaneados por Guido Llinás y Hugo Consuegra, adoptaron la abstracción gestual y se inspiraron en el expresionismo abstracto newyorkino, mientras que los *concretos*, que incluían a miembros de la segunda generación como Carreño y Martínez Pedro junto a jóvenes como Sandu Darie and Rafael Soriano, claramente reflejaban tendencias geométricas al estilo de Buenos Aires y París[75]. Otros artistas como Roberto Estopiñán y el pintor Agustín Fernández adoptaron un formalismo humanista, en el caso del primero, y una figuración gestual en el segundo. Aunque Consuegra y Soriano llegaron a explorar brevemente la cerámica después de exiliarse, esta tercera generación no exploró la cerámica como una extensión de sus lenguajes como lo habían hecho sus predecesores. Sin embargo, las mujeres jóvenes asociadas al Taller de Santiago de las Vegas, como Marta Arjona y María Elena Jubrías (**4–7,**

The appeal of ceramics to the artists of the first two vanguardias reflects the long-standing tradition of modernism in Cuba of connecting to global, cosmopolitan trends. As Picasso, Chagall, Léger, and other members of the Paris School explored ceramics in the post-World War II period as an expansion of their mediums, so did the Cuban artists in the 1950s. It was a different mode of representing cubanidad.

32–51), eran generacionalmente parte de la tercera vanguardia, y se dedicaron exclusivamente a la cerámica como medio de expresión.

El atractivo de la cerámica para los artistas de las dos primeras vanguardias refleja la tendencia del modernismo cubano de conectarse con tendencias globales, cosmopolitas. Picasso, Chagall, Léger y otros miembros de la Escuela de París exploraron la cerámica durante el período después de la Segunda Guerra Mundial para expandir sus medios de expresión, y de manera similar lo hicieron los artistas cubanos de los años cincuenta. Era una manera diferente de expresar la cubanidad.

1 Fernando Ortiz, "The Human Factors of Cubanidad," *HAU: Journal of Ethnographic Theory* 4, no. 3 (2014): 456–57. The text was first published in Spanish as "Los factores humanos de la cubanidad," *Revista bimestre cubana* 45 (1940): 161–86.

2 Ortiz, 460–61.

3 The young nation's only constitutionally democratic years—1940 through March 10, 1952.

4 See Juan A. Martínez, *Cuban Art and National Identity: The Vanguardia Painters, 1927–1950* (Gainesville: University Press of Florida, 1994), 6–22.

5 "Declaración del grupo minorista," *Social*, Havana, May 7, 1927.

6 Martínez, *Cuban Art*, 6–10.

7 Martínez, 6–10. A second-tier painter like Lorenzo Romero Arciaga, the caricaturist and draftsman Rafael Blanco, and another visiting American, Adja M. Yunkers, also participated in the exhibition.

8 Yolanda Woods Pujol and Roberto Cobas Amate, *Abela: de lo real a lo imaginario* (Madrid: Fundación Arte Cubano, Ediciones Vanguardia Cubana, 2010), 176–78.

9 Alejandro Anreus, "Left Panel of *Waiting for Coffee* Mural for Bacardí International/New York Headquarters," in *Important Cuban Artworks*, vol. 16 (Coral Gables: Cernuda Arte, 2019), 32–35.

10 Anreus, 32–35.

11 Graziella Pogolotti Jakobson, *Marcelo Pogolotti: un aventurero de la modernidad* (Regione Piemonte: LiberLab Societá Cooperativa, 2008), 159. As an author, Pogolotti would write four novels and one collection of short stories between 1941 and 1961, as well as his excellent memoir *Del barro y las voces*.

12 For participants in the second generation, see Elizabeth Thompson Goizueta, "Retrieving the Baroque and the Grotesque: The Black Paintings of Mariano from 1965," in *Mariano: Variations on a Theme | Variaciones sobre un tema* (Boston: McMullen Museum of Art, Boston College, 2020), 156n22.

13 Giulio V. Blanc, *Amelia Peláez, 1896–1968: A Retrospective | Una retrospectiva* (Miami: Cuban Museum of Arts and Culture, 1988), 17.

14 See Elizabeth Thompson Goizueta's essay in this volume for more on Peláez's time in Paris (66n74).

15 José Gómez Sicre, *Pintura cubana de hoy* (Havana: María Luisa Gómez Mena, 1944), 55.

16 Gómez Sicre, interview with author, Mar. 1989.

17 Martínez, *Cuban Art*, 126.

18 Alfred H. Barr Jr., "Modern Cuban Painters," *Museum of Modern Art Bulletin* 10, no. 5 (Apr. 1944): 3.

19 Gómez Sicre, interview.

1 Fernando Ortiz, "The Human Factors of Cubanidad", *HAU: Journal of Ethnographic Theory* 4, no. 3 (2014): 456–57. Este texto se publicó primero como "Los factores humanos de la cubanidad", *Revista bimestre cubana* 45 (1940): 161–86.

2 Ortiz, 460–61.

3 Los únicos años de democracia constitucional de la joven nación, entre 1940 y el 10 de marzo de 1952.

4 Ver Juan A. Martínez, *Cuban Art and National Identity: The Vanguardia Painters, 1927–1950* (Gainesville: University Press of Florida, 1994), 6–22.

5 "Declaración del grupo minorista", *Social*, La Habana, 7 de may. de 1927.

6 Martínez, *Cuban Art*, 6–10.

7 Martínez, 6–10. Un pintor de segunda línea como Lorenzo Romero Arciaga, el caricaturista y dibujante Rafael Blanco, y otra norteamericana de paso, Adja M. Yunkers, también participaron en la exposición.

8 Yolanda Woods Pujol y Roberto Cobas Amate, *Abela: de lo real a lo imaginario* (Madrid: Fundación Arte Cubano, Ediciones Vanguardia Cubana, 2010), 176–78.

9 Alejandro Anreus, "Left Panel of *Waiting for Coffee* Mural for Bacardí International/New York Headquarters", en *Important Cuban Artworks*, vol. 16 (Coral Gables: Cernuda Arte, 2019), 32–35.

10 Anreus, 32–35.

11 Graziella Pogolotti Jakobson, *Marcelo Pogolotti: un aventurero de la modernidad* (Regione Piemonte: LiberLab Societá Cooperativa, 2008), 159. Como autor, Pogolotti escribió cuatro novelas y una colección de cuentos entre 1941 y 1961, así como sus excelentes memorias, *Del barro y las voces*.

12 Para los participantes de la segunda generación, ver Elizabeth Thompson Goizueta, "Recuperando lo barroco y lo grotesco: las pinturas negras de Mariano de 1965", en *Mariano: Variations on a Theme | Variaciones sobre un tema* (Boston: McMullen Museum of Art, Boston College, 2020), 156n22.

13 Giulio V. Blanc, *Amelia Peláez, 1896–1968: A Retrospective | Una retrospectiva* (Miami: Cuban Museum of Arts and Culture, 1988), 17.

14 Ver el ensayo de Elizabeth Thompson Goizueta en este volumen para más perspectivas sobre el tiempo que Peláez pasó en París (66n74).

15 José Gómez Sicre, *Pintura cubana de hoy* (La Habana: María Luisa Gómez Mena, 1944), 55.

16 Gómez Sicre, entrevista con el autor, mar. de 1989.

17 Martínez, *Cuban Art*, 126.

18 Alfred H. Barr Jr., "Modern Cuban Painters", *Museum of Modern Art Bulletin* 10, no. 5 (abr. de 1944): 3.

20 José Seoane Gallo, *Palmas reales en el Sena* (Havana: Editorial Letras Cubanas, 1987), 42. This book consists of interviews with Amelia's sisters Julia and Irene Peláez from 1984–85, as well as with Amelia, from 1963 and 1967.

21 Gómez Sicre, interview and Labrador Ruiz, interview with author, Oct. 15, 1983. Both men confirmed that Peláez was an older woman engaged with the life and culture of her time. The subject that neither was interested in commenting on was the painter's sexuality. Gómez Sicre would only admit his knowledge of Peláez's romantic relationship with the writer Lydia Cabrera when the two first arrived in Paris.

22 Gómez Sicre, *Pintura cubana*, 55. The exhibit he refers to is the 1934 solo at the Lyceum. Guanábana is the soursop fruit. The volume is bilingual and the translations from the Spanish are by Harold T. Riddle; these are never literal from Gómez Sicre's Spanish.

23 Amelia Peláez interview in Seoane Gallo, *Palmas reales*, 167.

24 Peláez, interview, 176.

25 Barr, "Modern Cuban Painters," 4.

26 Robert Altmann, *The Cuban Sojourn (1941–1949)*, English translation from French manuscript, 12 pages, undated. A French Jewish refugee in wartime Cuba, Altmann did woodblock prints and paintings, as well as write art criticism.

27 Robert Altmann, "Ornamento y naturaleza muerta en la pintura de Amelia Peláez," *Orígenes* (Winter 1945): n.p.

28 Throughout the rest of her career, she would experiment with ceramics, mosaics, and fresco murals.

29 María Elena Jubrías, "El surgimiento de la cerámica artistica cubana," in *Cuba: iniciativas, proyectos y políticas de cultura (1899–1958)*, ed. Ana Suárez Díaz (Havana: Editorial Caminos & Instituto Cubano de Investigación Cultural Juan Marinello, 2016), 229–30. See Thompson Goizueta's essay regarding how Peláez came to work at the Taller (49–50).

30 William Rubin, ed., *Pablo Picasso: A Retrospective* (New York: Museum of Modern Art, 1980), 381–84.

31 Jubrías, "El surgimiento de la cerámica," 231.

32 Marisol Trujillo, *Amelia Peláez* (Paris: UNESCO, 1973), 16–17.

33 The building was designed by Aquíles Capablanca, as part of urban renewal projects that began under the Prío Socarrás government.

34 The ceramic medium is not suited for the evocation of three dimensionality outside of the sculptural forms themselves. Although some vibrancy can be achieved with color, in comparison to an oil on canvas, the palette in ceramics is less vibrant.

35 Gómez Sicre, interview. Gómez Sicre never approved of Peláez's work in ceramics. He felt that as a major painter, she needed to paint, "not decorate plates and ashtrays." At Cerámica Cubana, Peláez, Martínez Pedro, and Arcay made their ce-

19 Gómez Sicre, entrevista.

20 José Seoane Gallo, *Palmas reales en el Sena* (La Habana: Editorial Letras Cubanas, 1987), 42. Este libro consiste en una serie de entrevistas con Julia e Irene, hermanas de Amelia Peláez, realizadas entre 1984 y 1985, así como entrevistas con Amelia realizadas entre 1963 y 1967.

21 Gómez Sicre, entrevista y Labrador Ruiz, entrevista con el autor, 15 de oct. de 1983. Ambos confirmaron que Peláez, incluso en su vejez, continuó en sintonía con la vida y la cultura de su tiempo. Ninguno de los dos mostró interés en comentar sobre la sexualidad de la pintora. Sobre este tema, Gómez Sicre sólo admitió conocer sobre la relación romántica de Peláez con la escritora Lydia Cabrera cuando las dos llegaron a París.

22 Gómez Sicre, *Pintura cubana*, 52. La exposición a la que se refiere es la unipersonal de 1934 en el Lyceum.

23 Amelia Peláez, entrevista en Seoane Gallo, *Palmas reales*, 167.

24 Peláez, entrevista, 176.

25 Barr, "Modern Cuban Painters", 4.

26 Robert Altmann, *The Cuban Sojourn (1941–1949)*, traducción inglesa de un manuscrito francés, 12 páginas, sin fecha. Altmann, judío francés refugiado en Cuba durante la guerra, pintó, hizo grabados en madera y crítica de arte durante su tiempo en la Isla.

27 Robert Altmann, "Ornamento y naturaleza muerta en la pintura de Amelia Peláez", *Orígenes* (invierno 1945): n.p.

28 Por el resto de su carrera, ella experimentó con cerámica, mosaicos, y murales al fresco.

29 María Elena Jubrías, "El surgimiento de la cerámica artística cubana", en *Cuba: iniciativas, proyectos y políticas de cultura (1899–1958)*, ed. Ana Suárez Díaz (La Habana: Editorial Caminos & Instituto Cubano de Investigación Cultural Juan Marinello, 2016), 229–30. Ver el ensayo de Thompson Goizueta sobre cómo Peláez llegó a trabajar en el Taller (49–50).

30 William Rubin, ed., *Pablo Picasso: A Retrospective* (Nueva York: Museum of Modern Art, 1980), 381–84.

31 Jubrías, "El surgimiento de la cerámica", 231.

32 Marisol Trujillo, *Amelia Peláez* (París: UNESCO, 1973), 16–17.

33 El edificio fue diseñado por Aquíles Capablanca, como parte de los proyectos de urbanización que comenzaron durante el gobierno de Prío Socarrás.

34 La cerámica no se presta para la evocación de la tridimensionalidad a menos que se trate de una escultura. Aunque se puede conseguir cierta brillantez con el color, en comparación con un óleo la paleta de la cerámica es mucho más neutra.

35 Entrevista a Gómez Sicre. Gómez Sicre nunca aprobó que Peláez trabajara en cerámica. El sentía que una pintora de su estatura tenía que pintar, "no estar decorando platos y cenic-

ramics in modest editions.

36 Gómez Sicre, interview.

37 See Roberto Cobas Amate's essay for more information on the mural (9, 13n40). Enrique David, "Coloso de cerámica," *Rotograbado información*, Dec. 28, 1957, n.p.

38 Cundo Bermúdez, interview with author, May 1981, San Juan, Puerto Rico.

39 Lam attended both the local Jesuit school for boys, and then public school in Sagua la Grande. The writer Enrique Labrador Ruiz was a classmate at the public school.

40 The chronology of the 1992 Studio Museum of Harlem's Lam exhibition, as well as Lowery Stokes Sims's seminal 2002 *Wifredo Lam and the International Avant-Garde, 1923–1982* (Austin: University of Texas Press), remain the best sources in English when it comes to information on his early life.

41 For more on Lam's involvement in the Spanish Civil War, see Elizabeth Thompson Goizueta, "Wifredo Lam's Poetic Imagination and the Spanish Baroque," in *Wifredo Lam: Imagining New Worlds* (Chestnut Hill: McMullen Museum, Boston College, 2014), 11–13.

42 This is not to say that racism was not evident in the provinces and their cultural clubs, it was, but in the city and its literary, visual, and musical milieux, it was not. Since the creation of the Republic in 1902, Cuba had officers in the army, elected officials, journalists, and teachers, as well as doctors, who were men and women of color. The early yearly salón exhibitions awarded artists of color like Rivero Merlín, Ramón Loy, and others with national prizes and traveling scholarships. Therefore, the racial situation in Cuba was more complex, nuanced, and more equitable than in the United States of the same period.

43 Cabrera would first write on Lam's work in the *Diario de la Marina* (May 17, 1942); Carpentier would do so in *Información* (June 12, 1944) and in *Gaceta del Caribe* (July 1944). Ortiz's important essay "Wifredo Lam y su obra vista a través de significados críticos," would appear in 1950. It is interesting to note that two Stalinist intellectuals like the essayist and poet Mirta Aguirre (*Hoy*, May 8, 1945, 6), and Afro-Cuban poet Nicolás Guillén (*Hoy*, Mar. 18, 1945, 2) wrote very positively of Lam in the 1940s.

44 Lydia Cabrera, "Un gran pintor: Wifredo Lam," *Diario de la Marina*, May 17, 1942.

45 Pierre Mabille, "La manigua," *Cuadernos americanos*, no. 4 (July–Aug. 1944): 241–56.

46 Sims, *Wifredo Lam*, 43.

47 Cabrera, "Un gran pintor."

48 Jubrías, "El surgimiento de la cerámica," 231. According to the then-young ceramicist María Elena Jubrías, a woman doctor who was a friend of Dr. Rodríguez de la Cruz, was also a friend of Lam, and introduced them to each other.

eros". En Cerámica Cubana, Peláez, Martínez Pedro y Arcay creaban sus cerámicas en modestas ediciones.

36 Gómez Sicre, entrevista.

37 Véase el ensayo de Roberto Cobas Amate para detalles sobre el mural (9, 13n40). Enrique David, "Coloso de cerámica", *Rotograbado información*, 28 de dic. de 1957, n.p.

38 Cundo Bermúdez, entrevista con el autor, may. de 1981, San Juan, Puerto Rico.

39 Lam asistió a la escuela jesuita para niños y a la escuela pública en Sagua la Grande. El escritor Enrique Labrador Ruiz fue su condiscípulo en la escuela pública.

40 La cronología de la exposición de Lam de 1992 en el Studio Museum de Harlem, así como el seminal libro del 2002 de Lowery Stokes Sims, *Wifredo Lam and the International Avant-Garde, 1923–1982* (Austin: University of Texas Press), siguen siendo las mejores fuentes de información en lengua inglesa sobre su primeros años de vida.

41 Para más información sobre Lam en la Guerra Civil Española, ver Elizabeth Thompson Goizueta, "La imaginación poética de Wifredo Lam y el barroco español", en *Wifredo Lam: imaginando nuevos mundos* (Madrid: Fundación Arte Cubano, 2016), 24–26.

42 Esto no significa que el racismo no estuviera presente en las provincias y en sus clubes culturales, pero era diferente en la ciudad y en sus círculos literarios, visuales, y artísticos. Desde la creación de la República en 1902, Cuba tenía oficiales en el ejército, políticos electos, periodistas, maestros y doctores que eran hombres y mujeres de color. En esos primeros años los salones anuales permitieron que artistas de color como Rivero Merlín, Ramón Loy y otros recibieran premios nacionales y becas para viajar. Por tanto, la situación racial en Cuba era más compleja, con más matices, y más equitativa que la situación de los Estados Unidos en el mismo período.

43 Cabrera escribió su primer trabajo sobre la obra de Lam en el *Diario de la Marina* (17 de may. de 1942); Carpentier en *Información* (12 de jun. de 1944) y en la *Gaceta del Caribe* (jul. de 1944). El importante ensayo de Ortiz "Wifredo Lam y su obra vista a través de significados críticos", apareció en 1950. Es interesante anotar que dos intelectuales estalinistas como la ensayista y poeta Mirta Aguirre (*Hoy*, 8 de may. de 1945, 6), y el poeta afrocubano Nicolás Guillén (*Hoy*, 18 de mar. de 1945, 2) escribieron muy positivamente sobre Lam en los años cuarenta.

44 Lydia Cabrera, "Un gran pintor: Wifredo Lam", *Diario de la Marina*, 17 de may. de 1942.

45 Pierre Mabille, "La manigua", *Cuadernos americanos*, no. 4 (jul.–ago. 1944): 241–56.

46 Sims, *Wifredo Lam*, 43.

47 Cabrera, "Un gran pintor".

48 Jubrías, "El surgimiento de la cerámica", 231. Según la entonc-

49 Alejo Carpentier, *La ciudad de las columnas* (Barcelona: Bruguera, 1982), 21–22.

50 José Lezama Lima, "La curiosidad barroca," in *La expresión americana* (Mexico City: Fondo de Cultura Económica, 2005), 90–91.

51 Juan A. Martínez, "*Lo Blanco-Criollo* as *Lo Cubano*: The Symbolization of a Cuban National Identity in Modernist Painting of the 1940s," in *Cuba, The Elusive Nation: Interpretations of a National Identity*, ed. Damián J. Fernández and Madeline Cámara Betancourt (Gainesville: University Press of Florida, 2000), 277–79.

52 George McNeil, interview with author, Apr. 26, 1994, Brooklyn, NY.

53 Cundo Bermúdez, interview with author, fall 1980, Washington, DC.

54 Alfredo Lozano, telephone interview with author, Oct. 17, 1995.

55 Martínez Pedro worked in drawing during the first half of the 1940s. Later in the decade he began painting in a style that integrated organic and geometric elements in a figuration charged with Cuban themes.

56 The 1949 collection of poems crystalized the aesthetic of the *Orígenes* generation, where the daily celebrations of the private spheres of life were the deeper and most authentic manifestations of Cuban identity.

57 Barr, "Modern Cuban Painters," 5.

58 Between 1940, when a new and very progressive constitution was drafted and approved, and 1952 Cuba was governed by presidents Fulgencio Batista, Ramón Grau San Martín, and Carlos Prío Socarrás. The Auténtico governments of Grau and Prío were the most progressive in Latin America at the time.

59 Lozano, interview.

60 Ramón Vázquez Díaz and Axel Li, "Cronología," in *Portocarrero*, ed. Ramón Vázquez Díaz (Madrid: Fundación Arte Cubano, 2015), 459. The chronology in this massive tome is the most detailed and accurate on any artists of the second vanguardia.

61 Vázquez Díaz and Li, 459.

62 José Lezama Lima, "Homenaje a René Portocarrero," *La cantidad hechizada* (Havana: Ediciones UNIÓN, 1970), 402–3.

63 Vázquez Díaz, *Portocarrero*, 520–21.

64 One of these murals, of two female angels tending a plant, was executed for the home of philosopher Jorge Mañach.

65 "*Exposición de Cerámica*. Pintor: René Portocarrero. Ceramista: Dr. Rodríguez de la Cruz. Lyceum. Calzada y 8/8 al 12 Sept. 1954/de 6 A 8 P.M." Invitation announcement, Portocarrero folder, Art Museum of the Americas Archive, OAS, Washington, DC.

66 Vázquez Díaz, *Portocarrero*, 528, 544.

es joven ceramista María Elena Jubrías, una doctora que era amiga del Dr. Rodríguez de la Cruz era también amiga de Lam, y los presentó.

49 Alejo Carpentier, *La ciudad de las columnas* (Barcelona: Bruguera, 1982), 21–22.

50 José Lezama Lima, "La curiosidad barroca", en *La expresión americana* (Ciudad de México: Fondo de Cultura Económica, 2005), 90–91.

51 Juan A. Martínez, "*Lo Blanco-Criollo* as *Lo Cubano*: The Symbolization of a Cuban National Identity in Modernist Painting of the 1940s", en *Cuba, The Elusive Nation: Interpretations of a National Identity*, ed. Damián J. Fernández y Madeline Cámara Betancourt (Gainesville: University Press of Florida, 2000), 277–79.

52 George McNeil, entrevista con el autor, 26 de abr. de 1994, Brooklyn, NY.

53 Cundo Bermúdez, entrevista del autor, otoño 1980, Washington, DC.

54 Alfredo Lozano, entrevista telefónica con el autor, 17 de oct. de 1995.

55 Martínez Pedro trabajó el dibujo durante la primera mitad de los años cuarenta. Al final de la década comenzó a pintar en un estilo que integraba elementos orgánicos y geométricos en una figuración cargada de motivos cubanos.

56 La colección de poemas de 1949 cristaliza la estética de la generación de *Orígenes*, donde las celebraciones diarias de la esfera privada de la vida eran consideradas como las más profundas y audaces manifestaciones de la identidad cubana.

57 Barr, "Modern Cuban Painters", 5.

58 Entre 1940, cuando se redactó y aprobó una nueva Constitución progresista, y 1952 Cuba fue gobernada por los presidentes Fulgencio Batista, Ramón Grau San Martín y Carlos Prío Socarrás. Los gobiernos Auténticos de Grau y Prío fueron los más progresistas en América Latina durante ese tiempo.

59 Lozano, entrevista.

60 Ramón Vázquez Díaz y Axel Li, "Cronología", en *Portocarrero*, ed. Ramón Vázquez Díaz (Madrid: Fundación Arte Cubano, 2015), 459. La cronología en este extenso volumen es la más detallada y exacta de cualquier artista de la segunda vanguardia.

61 Vázquez Díaz y Li, 459.

62 José Lezama Lima, "Homenaje a René Portocarrero", *La cantidad hechizada* (La Habana: Ediciones UNIÓN, 1970), 402–3.

63 Vázquez Díaz, *Portocarrero*, 520–21.

64 Uno de estos murales, con dos ángeles femeninos que cuidan de una planta, fue ejecutado para la casa del filósofo Jorge Mañach.

65 "*Exposición de Cerámica*. Pintor: René Portocarrero. Ceramista:

67 His father's older brother made a fortune in real estate, and cultivated political connections across the ideological spectrum, while his mother's side had an inter-generational commitment to higher education.

68 Odalys Borges Arana, "Cronología," in *Luis Martínez Pedro: Revelaciones*, ed. Beatriz Gago (Madrid: Fundación Arte Cubano, 2017), 271–72.

69 According to both José Gómez Sicre and Cundo Bermúdez, Martínez Pedro was fluent in French from his studies at La Salle and in English from his studies in the US.

70 Photocopy of registration page. Martínez Pedro folder, Art Museum of the Americas Archive, OAS, Washington, DC.

71 Letter from Martínez Pedro to José Gómez Sicre, dated Mar. 1961. Martínez Pedro folder, Art Museum of the Americas Archive, OAS, Washington, DC. In the letter he mentions closing down his own firm and joining the Ministerio de Industria as a consultant in graphic design. Ironically, he mentions that although there are many "reds" in the government, Cuba will not become communist as it goes against "our national temperament."

72 Bermúdez, interview (1981).

73 See my discussion of this with Gerardo Mosquera in "Walking with the Devil: Art, Culture and Internationalization; An Interview with Gerardo Mosquera," in *A Companion to Modern and Contemporary Latin American and Latina/o Art*, ed. Alejandro Anreus, Robin Adèle Greeley, and Megan A. Sullivan (Hoboken: Wiley Blackwell, 2022), 398–409.

74 Over the years in informal conversations with Roberto Estopiñán (1921–2015), Hugo Consuegra (1929–2003), and Guido Llinás (1923–2005)—three leading members of the third vanguardia—they expressed their youthful rejection of "la generación de Víctor Manuel" and "la generación de *Orígenes*" for being too nationalistic, descriptive, and colorful. The exceptions were Peláez and Lam, who had managed to create truly cosmopolitan vocabularies that were grounded in a deeper, universal sense of cubanidad. In old age Estopiñán would add Ponce de León, Enríquez, and Martínez Pedro to the roster, and Llinás admitted his admiration for Portocarrero's handling of paint, while disliking his subjects.

75 For lists of participants in both groups, see Elizabeth Thompson Goizueta, "The Heart That Lights from Inside: Rafael Soriano's Struggle for His Artistic Vision," in *Rafael Soriano: The Artist as Mystic | El artista como místico* (Boston: McMullen Museum, Boston College, 2017), 31n15 and 31n6.

Dr. Rodríguez de la Cruz. Lyceum. Calzada y 8/8 al 12 Sept. 1954/de 6 A 8 P.M." Invitación, carpeta de Portocarrero, archivo del Art Museum of the Americas, OAS, Washington, DC.

66 Vázquez Díaz, *Portocarrero*, 528, 544.

67 El hermano mayor de su padre hizo una fortuna en bienes raíces y cultivó conexiones políticas por todo el espectro ideológico, mientras que en el lado de su madre tenían un compromiso de varias generaciones con la educación superior.

68 Odalys Borges Arana, "Cronología", en *Luis Martínez Pedro: Revelaciones*, ed. Beatriz Gago (Madrid: Fundación Arte Cubano, 2017), 271–72.

69 Según José Gómez Sicre y Cundo Bermúdez, Martínez Pedro hablaba francés fluido por sus estudios en el colegio La Salle e inglés por sus estudios en los Estados Unidos.

70 Fotocopia de la página de inscripción. Carpeta de Martínez Pedro, archivo del Art Museum of the Americas, OAS, Washington, DC.

71 Carta de Martínez Pedro a José Gómez Sicre, fechada en mar. de 1961. Carpeta de Martínez Pedro, archivo del Art Museum of the Americas, OAS, Washington, DC. En la carta menciona que ha cerrado su propia agencia y se ha incorporado al Ministerio de Industria como consultor en diseño gráfico. Irónicamente, menciona que aunque hay muchos "rojos" en el gobierno, Cuba no se volverá comunista porque va contra "nuestro temperamento nacional".

72 Bermúdez, entrevista (1981).

73 Ver mi discusión con Gerardo Mosquera en "Walking with the Devil: Art, Culture and Internationalization; An Interview with Gerardo Mosquera", en *A Companion to Modern and Contemporary Latin American and Latina/o Art*, ed. Alejandro Anreus, Robin Adèle Greeley y Megan A. Sullivan (Hoboken: Wiley Blackwell, 2022), 398–409.

74 Durante años de conversaciones informales con Roberto Estopiñán (1921–2015), Hugo Consuegra (1929–2003) y Guido Llinás (1923–2005)—tres de los miembros fundamentales de la tercera vanguardia—me comentaron su rechazo juvenil de "la generación de Víctor Manuel" y "la generación de *Orígenes*" por ser demasiado nacionalistas, descriptivas, y coloridas. Las excepciones eran Peláez y Lam, que habían conseguido crear vocabularios realmente cosmopolitas enraizados en un sentido más profundo y universal de la cubanidad. En su vejez Estopiñán añadió a Ponce de León, Enríquez y Martínez Pedro a su lista, y Llinás admitió su admiración por la habilidad pictórica de Portocarrero, aunque no le gustaran sus temas.

75 Para ver las listas de participantes en ambas listas, ver Elizabeth Thompson Goizueta, "La luz que en la corazón ardía: la lucha de Rafael Soriano por su visión artística", en *Rafael Soriano: The Artist as Mystic | El artista como místico* (Boston: McMullen Museum, Boston College, 2017), 31n15 y 30n6.

THE WOMEN'S COLLECTIVE AND EXPERIMENTAL CERAMICS: IMPLICATIONS FOR CUBAN MODERNISM

EL COLECTIVO FEMENINO Y LA CERÁMICA EXPERIMENTAL: IMPLICACIONES PARA EL MODERNISMO CUBANO

Elizabeth Thompson Goizueta

To Olguita C. de Goizueta, Cristina M. Goizueta, and Gabriela I. Goizueta

"You are all a lost generation."[1] —Gertrude Stein

IN THE MID-TWENTIETH CENTURY, a generation of Cuban women artists helped inspire an extraordinary period of modernism in that country.[2] Overlooked in the annals of art history, theirs is the fascinating tale of El Taller de Santiago de las Vegas, a ceramics factory on the outskirts of Havana in a small town whose name it bore and of an innovative and prescient proprietor, a physician-*cum*-ceramicist. Most remarkably, this is the historical narrative of a collective of women artists who galvanized the modern artistic ceramics movement (1949–59, fig. 1) and, by extension, the third generation of the avant-garde (*vanguardia*) in Cuba.

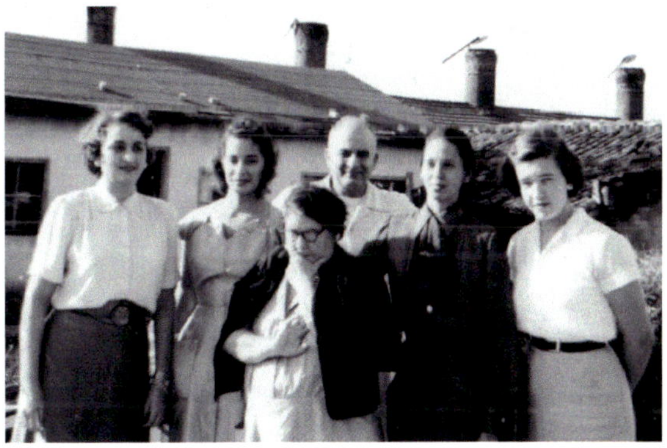

1. Artists outside the Taller de Santiago de las Vegas, November 1953 | Artistas afuera del Taller de Santiago de las Vegas, noviembre de 1953: Rosa Jiménez, Aleida González, Amelia Peláez, Juan Miguel Rodríguez de la Cruz, Mirta García Buch, María Elena Jubrías.

These young women artists, many of whom were graduates of Havana's prestigious art institute, the Academia San Alejandro, emerged toward the end of the 1940s, seeking employment in a post-war society. The parallels to the young European and American adults who emerged from the horrors of the First World War, commonly dubbed "the Lost Generation," are close. That generation, spiritually and emotionally alienated by war, included many American survivors disoriented by President Warren G. Harding's "back to normalcy" post-war climate.[3] These disillusioned writers and artists flocked to Paris, unloading their psyches onto literary and artistic movements.

A Olguita C. de Goizueta, Cristina M. Goizueta y Gabriela I. Goizueta

"Todos ustedes son una generación perdida".[1] —Gertrude Stein

A MEDIADOS DEL SIGLO VEINTE, una generación de mujeres cubanas ayudó a inspirar un extraordinario periodo de modernismo en el país[2]. Ignoradas en los anales de la historia del arte, suya es la fascinante historia del Taller de Santiago de las Vegas, una fábrica de cerámica en las afueras de La Habana en el pequeño pueblo del mismo nombre, y del innovador y visionario propietario, un médico *cum* ceramista. Más notablemente, esta es la narrativa histórica de un colectivo de artistas mujeres que galvanizaron el movimiento moderno de cerámica artística (1949–59, fig. 1) y, por extensión, la tercera generación de la vanguardia cubana.

Estas jóvenes mujeres artistas, muchas de ellas graduadas de la escuela de arte más prestigiosa de La Habana, la Academia San Alejandro, emergieron hacia fines de la década del cuarenta, buscando empleo en una sociedad de posguerra. Su situación guarda estrechos paralelismos con la de los jóvenes europeos y norteamericanos que emergieron de los horrores de la Primera Guerra Mundial, y que han sido bautizados como "la generación perdida". Esta generación, alienada espiritual y emocionalmente por la guerra, incluía a muchos sobrevivientes norteamericanos que se sentían desorientados por el clima de la "vuelta a la normalidad" proclamado por el presidente Warren G. Harding en la inmediata posguerra[3]. Muchos de estos artistas y escritores desilusionados emigraron a París, donde descargaron sus energías

The generation in Cuba emerging from the Second World War similarly found themselves affected by their government's allegiance to Allied forces. From the Spanish-American War until the 1959 Revolution, Cuba demonstrated that it was one of the United States' most dedicated allies: it was the first Caribbean nation to declare war on the Axis powers in December 1941.[4] This allegiance translated immediately into a shifting economic reality, affecting all sectors of Cuban society. This generation of women graduates of San Alejandro, economically disenfranchised and without means to fund private studios or galleries, turned to ceramics not only as a means of support but also as a means of exploration and creativity. But theirs was not a spiritual or emotional wasteland; rather, it was and remains a historical wasteland, one in which their names are completely absent from the roll call of Cuban modernism.

As institutions, academics, and the public demand more attention to and interest in marginalized Latin American and Caribbean artists, it is urgent that this lacuna at the very least be examined and addressed. This essay will demonstrate how these women's ceramic contributions influenced and determined Cuban designs now defined as avant-garde. It will explore the reasons for this historical absence and resurrect the names and personal contributions of these female artists to the modern Cuban movement, and, by extension, that of the larger canon of the Americas as well. This essay does not attempt to promote the inclusion of these women artists into the twentieth-century canon solely based on their gender. Rather, it aims to ask the questions: How do we evaluate their ceramics? How do we consider their contribution especially in cases of scant production? What were their intentions upon embarking on these designs? Under what rubric do we assess their position in history? Perhaps these questions can provide the catalyst and intellectual instruments to probe basic assumptions and arrive at a more robust discussion of the Cuban modernist movement and modernism in general, for many of these inquiries and their implications extend beyond the borders of Cuba.

Historical Antecedents

Arguably the oldest art form in the world, ceramics served as an inspiration for modernists beginning in the second half of the nineteenth century. New explorations in the medium produced innovative works by modern masters, namely Paul Gauguin, Auguste Rodin, Joan Miró, Marc Chagall, Georges Braque, Pablo Picasso, Lucio Fontana, and Wifredo Lam.[5] Ceramics are recently, once again, on center

psíquicas en movimientos literarios y artísticos.

La generación que emergió de la Segunda Guerra Mundial en Cuba se vio similarmente afectada por la conexión de su gobierno con las fuerzas aliadas. Desde la guerra Hispano-Cubano-Norteamericana hasta la Revolución de 1959, Cuba demostró ser uno de los aliados más incondicionales de los Estados Unidos: fue la primera nación caribeña en declarar la guerra a los poderes del Eje en diciembre de 1941[4]. Esta conexión se tradujo inmediatamente en una realidad económica cambiante, que afectó a todos los sectores de la sociedad cubana. Esta generación de mujeres graduadas de San Alejandro, sin respaldo económico ni medios para abrir sus propios estudios o galerías privadas, encontraron en la cerámica no sólo una fuente de ingresos sino también una vía abierta a la exploración y la creatividad. Pero no fue la suya una "tierra baldía" espiritual o emocional, más bien fue y continúa siendo una tierra baldía historiográfica, donde sus nombres están completamente ausentes cuando se confeccionan las nóminas del modernismo cubano.

A medida que las instituciones, los académicos y el público demandan que se preste más atención e interés a artistas cubanos y latinoamericanos marginalizados, es urgente que este vacío comience a ser examinado y subsanado. Este ensayo mostrará cómo la cerámica de estas mujeres influyó y determinó gran parte de los diseños de lo que ahora se define como vanguardia cubana. También explorará las razones de esta ausencia histórica e intentará resucitar los nombres y las contribuciones de estas artistas al modernismo cubano y, por extensión, al canon mayor de las Américas. Este ensayo no trata de promover la inclusión de estas artistas en el canon del siglo veinte por causa de su género. Sin embargo intenta hacer una serie de preguntas pertinentes: ¿Cómo debemos evaluar su cerámica? ¿Cómo podemos aquilatar su contribución, especialmente en los casos en que su producción fue escasa? ¿Cuáles eran sus intenciones al embarcarse en estos proyectos? ¿Con qué vara de medir valoramos su posición en la historia? Quizás estas preguntas pueden proveer los catalizadores y las herramientas intelectuales para cuestionar nociones aceptadas y llegar a una discusión más sólida del modernismo cubano y del modernismo en general, porque muchas de estas indagaciones y sus implicaciones rebasan las fronteras de Cuba.

Antecedentes históricos

Posiblemente la forma de arte más antigua que existe, la cerámica sirvió de inspiración a los modernistas a partir de la segunda mitad del siglo diecinueve. Las nuevas exploraciones del medio produjeron obras innovadoras de los maestros modernos, especialmente Paul Gauguin, Auguste Rodin, Joan Miró,

stage. In October 2018, the *Wall Street Journal* published an article in the Art and Auction section entitled "Collectors Get Fired Up for Ceramics."[6] It reported that the global art market is attempting to elevate clay art to the level of the blue chip. Further, the *Journal* went on to announce that the auction houses, Christie's and Phillips, for the first time added standalone auctions of twentieth-century and contemporary ceramics to their high profile set of evening sales in London, with examples by artists like Gauguin, Fontana, and Thomas Schütte. All but three of the thirty-six pieces in Christie's $4 million *Un/breakable* sale found buyers.[7]

In Cuba, an artistic ceramics movement did not exist until after the Second World War. Prior to that time, most of the island's ceramics were supplied by Japan and Europe, their price-performance ratio diminishing the opportunity for competitive industrial production from Cuba.[8] There did exist, however, an industrial earthenware market. While there is scant information on the beginnings of El Taller de Santiago de las Vegas, accounts trace it to 1930,[9] when the factory produced glazed earthenware and floor tiles[10] as well as roof tiles, exported to Miami; this "northern" city offered an increasing demand in that decade for creole tiles used in predominantly Spanish neoclassical design.[11]

The urban landscape in Cuba during the 1930s witnessed an explosion of modern growth in the form of national wealth due to soaring sugar prices, a direct result of the suppression of the European beet sugar industry in the First World War.[12] In his book, *On Becoming Cuban: Identity, Nationality, and Culture*, author Louis A. Pérez Jr. paints a vivid picture of a dizzying pace of modernism during that decade:

> These influxes of capital triggered the transformation of Havana's urban plan, infrastructure, and demographics. The city's rocky water's edge was reinvented as the emblematic Malecón that we know today, and the Paseo del Prado was rearticulated as the principal symbolic axis. The Old World capital was suddenly outfitted with the highly advanced lighting and electrical grid; state-of-the-art telephone lines; modern plumbing; sewage and draining systems; sleek city streets and highways; and an extensive electric trolley system. The last of these factors, in particular, caused the suburbs to grow in spectacular fashion.[13]

During that time, President Gerardo Machado (in office 1925–33) promoted limited development of the favored national industrial sector. Among those were certain branches of construction, such as earthenware and brick

Marc Chagall, Georges Braque, Pablo Picasso, Lucio Fontana y Wifredo Lam[5]. La cerámica ha vuelto a ser centro de atención recientemente. En octubre del 2018, el *Wall Street Journal* publicó un artículo en la sección de Arte y Subastas titulado "Collectors Get Fired Up for Ceramics"[6]. En él se reportó que el mercado global del arte está intentando convertir la cerámica en una inversión artística segura. Además, el *Journal* anunció que las dos casas de subasta, Christie's y Phillips, por primera vez habían añadido subastas independientes de cerámica a sus ventas nocturnas de primer nivel en Londres, con obras de artistas como Gauguin, Fontana y Thomas Schütte. Solamente tres de las treinta y seis piezas presentadas no se vendieron en la subasta de cuatro millones *Un/breakable* de Christie's[7].

En Cuba, el movimiento de cerámica artística no existió hasta después de la Segunda Guerra Mundial. Antes de ese tiempo, la mayoría de las cerámicas comercializadas en la Isla provenían de Japón y de Europa, y su relación calidad-precio hacía difícil materializar una producción industrial competitiva en Cuba[8]. Existía, sin embargo, un mercado industrial de artículos de barro cocido. Aunque la información sobre los comienzos del Taller de Santiago de las Vegas es escasa, hay reportes de que ya existía hacia 1930[9], cuando producía losas vidriadas de revestimiento y losas de piso[10] así como tejas de canal, que se exportaban a Miami; en esta ciudad "del norte" existía una demanda creciente por las tejas criollas usadas en los diseños de tipo neoclásico español[11].

El paisaje urbano de Cuba durante la década del treinta experimentó una explosión de construcciones modernas fruto de la nueva riqueza creada por los altos precios del azúcar, resultado directo de la supresión del mercado europeo de azúcar de remolacha durante la Primera Guerra Mundial[12]. En su libro *On Becoming Cuban: Identity, Nationality, and Culture*, Louis A. Pérez Jr. crea una vívida imagen de la mareante velocidad de la modernización durante esa década:

> Estos influjos de capital desencadenaron la transformación del entorno urbano de La Habana, su infraestructura y su demografía. La costa rocosa de la ciudad fue reinventada como el emblemático Malecón que hoy conocemos, y el Paseo del Prado se rearticuló como el eje simbólico principal. La capital al estilo del Viejo Mundo de pronto adquirió un sistema de alumbrado y electricidad altamente avanzado, líneas telefónicas de último modelo, plomería, alcantarillas y drenaje modernos, calles y carreteras bien construidas y un extenso sistema de tranvías eléctricos. Este último factor, en particular, hizo que los suburbios crecieran espectacularmente[13].

Durante ese tiempo, el presidente Gerardo Machado (en el

factories, as well as technical-industrial schools. These schools offered ceramic instruction; J. B. Alemán for men and Rosalía Abreu for women (fig. 2), the latter was directed by Dulce María Escalona, wife of Juan Miguel Rodríguez de la Cruz. Both schools were located in Rancho Boyeros, a municipality of Havana close to José Marti Airport (fig. 3).[14] The schools in Rancho Boyeros were given access to kilns at an industrial factory nearby, later known as El Taller de Santiago de las Vegas, thereby forging a direct connection between the two entities.[15] In an effort to improve hygienic conditions through a shared water filtration system,[16] the schools turned to their physician, Dr. Juan Miguel Rodríguez de la Cruz.

Rodríguez de la Cruz was an accomplished physician with a deeply inquisitive nature. As a post-graduate medical student in Germany in the 1920s, Rodríguez de la Cruz maximized his study abroad experience by exploring his new environs. Traveling the country, he researched chemical components of the soil and visited small ceramic and glass-blowing factories.[17] He witnessed first-hand small industries with limited but knowledgeable and efficient personnel operating successfully. Fascinated by the alchemic transformation of clay, and with his robust curiosity piqued, the doctor expressed his own enthusiasm for making pottery. While it would be many years before he would, literally, try his hand at this art form, the seedbed of his future in ceramics was sown.[18]

Rodríguez de la Cruz's contact with the Taller in the mid-1930s[19] was a windfall for its director, Jaime Xart.[20] Upon observing the doctor's keen interest in chemistry, clay, and ceramics, Xart tried to persuade Rodríguez de la Cruz to invest in the enterprise. The doctor declined, but reached out to others, demonstrating an interest in its success. Between the 1930s and 1940s, the factory invariably failed, closed, and reopened, as technical difficulties riddled proprietors with challenges. It would not be until the conclusion of the Second World War that

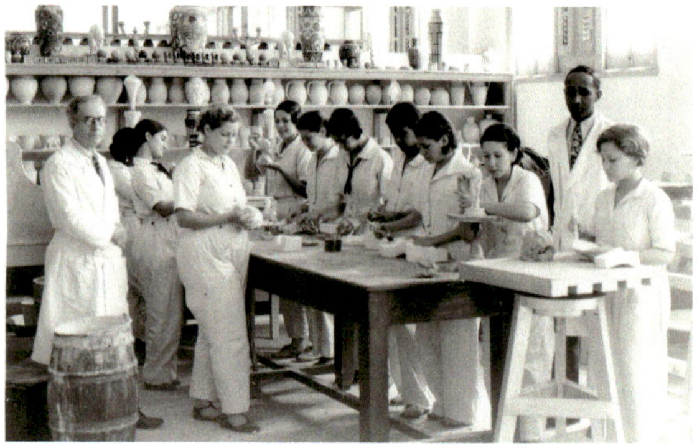

2. Women working with ceramic sculptures | Mujeres trabajando en esculturas de cerámica, Escuela Técnica Industrial Rosalia Abreu, 1930.

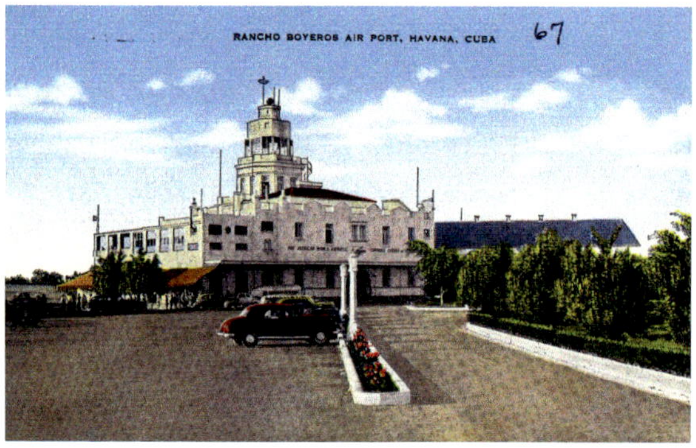

3. Rancho Boyeros Airport (José Martí International Airport) | Aeropuerto de Rancho Boyeros (Aeropuerto internacional José Martí), La Habana, Cuba, ca. 1950.

poder de 1925 a 1933) promovió un limitado desarrollo del sector industrial nacional. Entre las industrias favorecidas por sus medidas hubo algunas de la rama de la construcción, como las fábricas de artículos de barro y de ladrillos, y escuelas técnicas industriales. Estas escuelas ofrecieron la enseñanza de la cerámica: J. B. Alemán para hombres y Rosalía Abreu para mujeres (fig. 2), la última dirigida por Dulce María Escalona, esposa de Juan Miguel Rodríguez de la Cruz. Ambas escuelas estaban en Rancho Boyeros, un municipio de La Habana cercano al Aeropuerto José Martí (fig. 3)[14]. Las dos escuelas recibieron acceso a los hornos de una fábrica cercana, después conocida como El Taller de Santiago de las Vegas, creando así una conexión directa entre las dos entidades[15]. Tratando de mejorar las condiciones higiénicas a través de un sistema compartido de filtración de agua[16], las escuelas recurrieron a su doctor, Juan Miguel Rodríguez de la Cruz.

Rodríguez de la Cruz era un médico excelente y una persona profundamente curiosa. Durante sus años como estudiante de posgrado en Alemania durante la década del veinte, Rodríguez de la Cruz maximizó su experiencia explorando su nuevo entorno. Durante sus viajes por el país, investigó los componentes químicos del suelo y visitó pequeñas fábricas de cerámica y de vidrio[17]. Conoció de primera mano pequeñas industrias que operaban con éxito gracias a su personal limitado pero eficiente y conocedor. Fascinado por la transformación alquímica del barro, el doctor sintió despertar su curiosidad y entusiasmo por fabricar cerámica él mismo. Aunque pasarían muchos años antes de que hiciera sus pininos en esta forma de arte, la semilla de su futura pasión por la cerámica estaba sembrada[18].

El contacto de Rodríguez de la Cruz con el Taller a mediados de la década del treinta le vino como caído del cielo[19] a su director, Jaime Xart[20]. Habiendo observado el profundo interés del doctor en las conexiones de la química, la arcilla y la cerámica, Xart trató de persuadirlo de invertir en la empresa. El doctor rehusó, pero le comunicó el interés a otros, demostrando que le importaba el

Rodríguez de la Cruz would add another professional career to his physician duties by investing in, and applying his diverse set of skills to, the factory's opportunities and challenges.

His decision proved timely: during the war, importation ceased,[21] and the earthenware factory in Santiago de las Vegas once again resumed operations. Now, in order to meet the increased national demand, along with its industrial output the factory added quotidian pottery objects, such as red clay mugs, liquor bottles, white dinner plates, Cuban coffee cups, small round cups, and miscellaneous ornaments.[22] Its aim, however, was purely capitalistic; it produced simple pottery pieces for hotels,[23] far from any artistic ambition.[24]

In December 1945, Rodríguez de la Cruz, along with a friend, Dr. Carlos Ramírez Corría, became co-investors and directors of the newly named Industrias Cerámicas Unidas (ICU).[25] The production line of new hotel items initially augured well for the factory. In 1946, they hired a Czechoslovakian technician, Joseph Weselly, who changed the formulas of the modeling clay and varnishes, adding to them imported products from the United States (Virginia clay and feldspar).[26] This, in turn, improved their quality. Weselly began to decorate dessert plates with traditional motifs: a central figurative element, either a flower or fruit on a white background with a slim border of color on the plate's edge (fig. 4).[27] The finished product demonstrated a familiarity with the line and brush as well as a technical understanding of the design subjected to the kiln process. Nonetheless, these initial products displayed a decoration completely devoid of modern aesthetic sensibilities. Further, they were designed by a foreign hand projecting a false ideal of Cuba's beauty and identity.

Not surprisingly, given the factory's rocky history as well as the increasing costs of personnel combined with union demands, technical deficiencies, and post-war economic realities, a renewed closure followed in March of 1947.[28] The situation continued to decline: Ramírez Corría bowed out and, after a year, Joseph Weselly left the country. Nonetheless, the indefatigable Rodríguez de la Cruz continued undaunted, requesting permission from the owner to

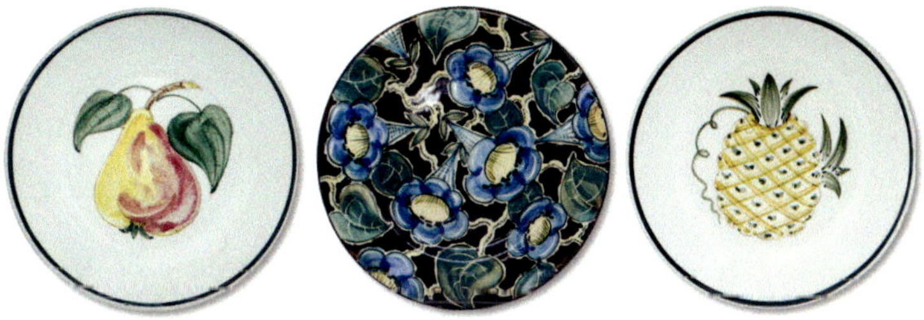

4. Plates fabricated by the ICU and painted by Joseph Weselly | Platos fabricados por la ICU y pintados por Joseph Weselly, 1947.

éxito del Taller. Entre los treinta y los cuarenta, la fábrica constantemente fracasó, cerró y volvió a abrir, pues sus propietarios enfrentaron numerosas dificultades técnicas. No sería hasta después de concluida la Segunda Guerra Mundial que el doctor añadió otra carrera profesional a sus obligaciones como médico al invertir en la fábrica y aplicar sus diversas destrezas a los retos y oportunidades que presentaba.

Tomó esta decisión en un momento oportuno: durante la guerra, la importación cesó[21], y la fábrica de artículos de barro de Santiago de las Vegas volvió a reanudar sus operaciones. Ahora, para satisfacer la creciente demanda nacional, la fábrica añadió a su producción industrial una serie de objetos cotidianos de alfarería, como jarritas de pasta roja, botellas de licor, platos blancos de mesa, tacitas de café, tacitas tipo bola y algunos adornos[22]. Su objetivo, sin embargo, era puramente capitalista; producía piezas simples de arcillas para hoteles, por ejemplo[23], sin ninguna ambición artística[24].

En diciembre de 1945, Rodríguez de la Cruz y su amigo el Dr. Carlos Ramírez Corría, se convirtieron en co-inversionistas de la que rebautizaron como Industrias Cerámicas Unidas (ICU)[25]. La línea de producción de nuevos objetos para el consumo hotelero auguró inicialmente un brillante futuro a la fábrica. En 1946 contrataron a un técnico checoslovaco, Joseph Weselly, que cambió las fórmulas de las pastas y de los barnices, incorporándoles productos importados de los Estados Unidos (Virginia clay y feldespato)[26]. Con estos cambios la calidad del producto mejoró. Weselly comenzó a decorar los platos de postre con motivos tradicionales: un elemento decorativo central, generalmente una flor o un fruto contra un fondo blanco con una delgada línea de color en el borde (fig. 4)[27]. El producto final demostraba su familiaridad con la línea y el pincel, así como su conocimiento técnico de las particularidades del diseño sometido a la cocción. Sin embargo, los productos iniciales desplegaron diseños completamente faltos de sensibilidades estéticas modernas. Además, eran creados por una mano extranjera que proyectaba una falsa idea de la belleza de Cuba y de su identidad.

Como era de esperar dada la complicada historia de la fábrica así como el incremento de los costos de personal combinados con demandas sindicales, deficiencias técnicas y las realidades económicas de la posguerra, un nuevo cierre ocurrió en marzo

continue experimentation in the factory with clay and varnishes. The business failure also provided Rodríguez de la Cruz with a unique personal opportunity: a chance to fulfill his latent desire to craft pottery himself. This marked Rodríguez de la Cruz's first foray into the field (fig. 5).

After almost two and a half years of experimentation and practice, Rodríguez de la Cruz restarted production in August 1949.[29] The doctor conceived of a novel two-pronged business approach for the factory: selling serial as well as design objects yielding a return allowing for a self-financing factory. In terms of the former, production was conceived on a modest scale and included generating commercial objects of low cost, sold by street vendors, along with a distribution for gastronomic and national tourist centers. Commissioned works might be possible in the future.[30] Though it still manufactured commercial products, the factory had arrived at an important juncture: for the first time in its history it aimed to produce ceramics of an aesthetic profile. It would be through its artistic production that the factory would enter the annals of Cuban history.

Rodríguez de la Cruz based his new business paradigm on his former observations in Germany of successful small industries that thrived on minimal, knowledgeable, and efficient personnel. To reduce cost, he decided he would perform the main duties of ceramicist, assisted by part-time potters hired on an adhoc basis. Of utmost importance for Rodríguez de la Cruz, and for Cuban modernism, was his decision to hire two full-time decorators.[31]

The Women Artists

The names of Rebeca Robés Massés and Mirta García Buch head the list of ceramic artists who would come to shape and execute many of the designs we now consider emblematic of the Cuban avant-garde.[32] As the first hires, these two women deserve special recognition as pioneers in the creation of a movement aesthetically circumscribed as Cuban ceramics but more broadly recognized as defining and participating in the final chapter of Cuban mod-

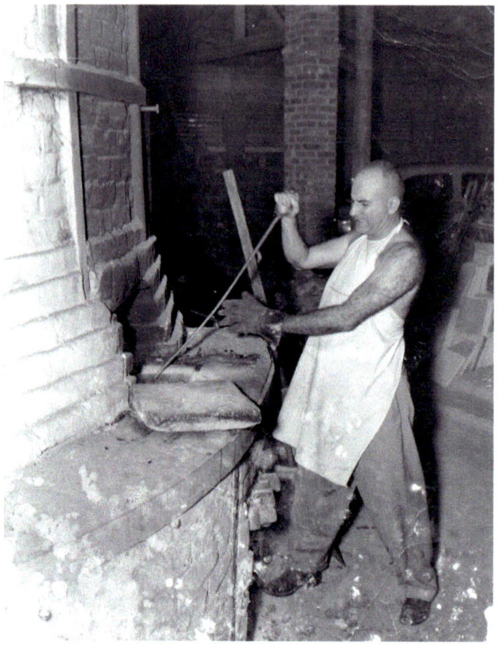

5. Juan Miguel Rodríguez de la Cruz stoking a coal kiln at the Taller | Juan Miguel Rodríguez de la Cruz encendiendo un horno de carbón en el Taller, ca. 1950–54.

de 1947[28]. La situación continuó empeorando: Ramirez Corría se retiró del negocio y un año después, Joseph Weselly se fue del país. Sin embargo, el infatigable Rodríguez de la Cruz continuó sin arredrarse, pidiendo permiso al dueño para continuar en la fábrica la experimentación con arcillas y barnices. El fracaso del negocio también le proporcionó a Rodríguez de la Cruz una oportunidad personal única: la posibilidad de satisfacer su deseo latente de crear piezas de alfarería con sus manos. Esto marcó la primera incursión de Rodríguez de la Cruz en este campo (fig. 5).

Después de casi dos años y medio de experimentación y práctica, Rodríguez de la Cruz reinició la producción en agosto de 1949[29]. El doctor concibió un nuevo plan de negocios basado en la venta de objetos fabricados en serie y de objetos diseñados especialmente para la fábrica, que le permitirían autofinanciarse. Para la producción seriada, se realizaría en una escala modesta e incluiría generar objetos comerciales de bajo costo, vendidos en la calle, junto a una distribución dirigida a centros gastronómicos y turísticos en el país. Los trabajos a comisión podrían ser posibles en el futuro[30]. Aunque todavía producía objetos comerciales, la fábrica había arribado a una importante encrucijada: por primera vez en su historia proyectaba producir cerámicas más artísticas. Sería a través de estas últimas que la fábrica entraría en los anales de la historia de Cuba.

Rodríguez de la Cruz basó su nuevo paradigma comercial en sus observaciones de las pequeñas industrias alemanas que basaban su éxito en el trabajo de un personal mínimo, conocedor y eficiente. Para reducir los costos, decidió que él mismo asumiría las principales obligaciones como ceramista, con la ayuda de empleados que serían contratados según las necesidades del momento. Su decisión de contratar dos decoradores a tiempo completo sería de la mayor importancia para Rodríguez de la Cruz y para el modernismo cubano[31].

Las mujeres artistas

Los nombres de Rebeca Robés Massés y Mirta García Buch encabezan la lista de las ceramistas que iban a dar forma y ejecutar muchos de los diseños que hoy consideramos emblemáticos de la vanguardia cubana[32]. Como las primeras empleadas en esta

ernism. Their influence on the renowned third generation (1950–59) of the twentieth century is indisputable in Cuban history, but these women artists are not included. Not only were these two ceramicists the first to create avant-garde designs in the medium, but they also shared their designs with and promoted the inclusion of successive artists into their circle, first women and then men. The male artists, almost without exception, were those who had distinguished themselves as *the* recognized leaders of the second and third generations of Cuban modernism. The efforts of these women therefore launched not only the short-term successful evolution of the Taller but, most importantly for art history, the role of ceramics as a fundamental component of Cuban modernism.

That modernist contribution emerged within a confluence of favorable conditions. As fate would have it, in 1949, Rodríguez de la Cruz mounted a small exhibit of his serial pottery in a display window of a painting gallery on calle Neptuno.[33] It caught Robés's attention; she was studying the ceramic market in night classes at the Escuela de Comercio (Business School). Having graduated as a sculptor from San Alejandro, she earned a living through illustrations, all the while holding a special interest in ceramics. Iván Boiko, a model at San Alejandro and mutual friend of Rodríguez de la Cruz, provided Robés with an introduction to the workshop and its director. Instantly feeling welcomed, she began attending on weekends, decorating remnants from the former hotel production: plates, small cups, toothpick holders, and even heat-resistant plate covers.[34]

Robés's work did not immediately display a defined thematic or design style; instead, she relied on her intense interest and imagination. She quickly adapted to the new medium and shortly produced sophisticated ceramics, becoming the Taller's first decorator.[35] In the piece *Vaso de boca irregular con mujeres y pájaro* (*Vase with Irregular Mouth with Women and Bird*), 1951 (1), Robés demonstrates her extraordinary ingenuity. The vase, as the title alludes, exhibits an irregular curvilinear neckline, exposing the red clay of the interior on the edge line. The exterior is painted in a contrasting baroque design[36] of black and white, below and above respectively, its border echoing the sinuous curves of the vase's neckline. To complete the piece, Robés drew a sgraffito of feminine figures releasing a bird from a cage on the bottom of the circular form. The final effect is dramatic. Her talent did not go unnoticed: in 1953, she was presented with the opportunity to study ceramics in Madrid. Staying for thirteen months, Robés learned advanced techniques in pottery-making, chemistry, and decoration, returning to the Taller at the end of 1954 where she remained until 1960.[37]

nueva etapa del Taller, estas dos mujeres merecen reconocimiento especial como pioneras en la creación de un movimiento definido estéticamente como cerámica cubana pero que podemos apreciar de forma más amplia como participante del último capítulo del modernismo cubano. Su influencia en la renombrada tercera generación (1950–59) del siglo veinte es indiscutible, y sin embargo estas mujeres artistas no son incluidas en el canon. No sólo fueron estas dos ceramistas las primeras en crear diseños vanguardistas en el medio, sino que compartieron sus diseños y promovieron la inclusión de sucesivos artistas en su círculo, primero mujeres y después hombres. Los hombres incluidos fueron, casi sin excepción, los que se habían distinguido como los líderes de la segunda y tercera generación del modernismo cubano. Los esfuerzos de estas mujeres aseguraron no sólo la exitosa evolución del Taller sino, lo que es más importante para la historia del arte, el rol de la cerámica como un componente fundamental de la modernidad cubana.

Esa contribución modernista emergió a partir de una confluencia de condiciones favorables. En 1949, Rodríguez de la Cruz montó una pequeña exposición de su cerámica serial en el escaparate de una galería de la calle Neptuno[33]. Esta muestra le llamó la atención a Robés, que estaba estudiando el mercado de la cerámica en las clases nocturnas de la Escuela de Comercio. Robés era una graduada de escultura de San Alejandro que se ganaba la vida haciendo ilustraciones, y tenía un serio interés en la cerámica. Iván Boiko, un modelo de San Alejandro amigo de mutuo de Robés y Rodríguez de la Cruz, le facilitó que le mostraran el Taller y una entrevista con su director. Ella se sintió bienvenida desde el principio y comenzó a trabajar en el Taller los fines de semana, decorando lo que quedaba de la antigua producción destinada a hoteles: platos, pequeñas tazas, envases para palillos de dientes, incluso tapas de platos resistentes al calor[34].

Las piezas de Robés no mostraron de inmediato una temática o estilo definidos, más bien se nutrían de su intenso interés y su imaginación. Ella se adaptó rápidamente al nuevo medio y pronto comenzó a producir cerámicas más sofisticadas, convirtiéndose en la primera diseñadora del Taller[35]. En la pieza *Vaso de boca irregular con mujeres y pájaro*, 1951 (1), Robés demuestra su extraordinaria inventiva. El vaso, como lo indica su título, tiene un cuello irregular y curvilíneo que permite ver la arcilla roja del interior de sus bordes. El exterior está pintado con un diseño barroco en contrastante blanco debajo y negro arriba, con un borde que evoca las sinuosas líneas del cuello del vaso[36]. Para completar la pieza, Robés esgrafió unas figuras femeninas que liberan a un pájaro de una jaula al fondo de la forma circular. El efecto final es realmente dramático. El talento de Robés no pasó inadvertido: en 1953, tuvo la oportunidad de estudiar cerámica en Madrid. Durante trece meses, Robés aprendió técnicas avan-

In September of 1949, Mirta García Buch first entered the workshop, hired as one of two full-time decorators. In line with clientele demand, her main task was to paint typical adornments that graced Cuban homes of the time (e.g., wall-hung vases decorated with doll-like figures dressed in lace and veils). Additionally, she was tasked with painting various serial objects in the commercial line, painted letters, and pieces with short quotes for tourists' gastronomic centers (fig. 6). Educated at San Alejandro, her sure hand accomplished this and more. Her trained intuition combined with an adeptness attained through previous handwork in leather instilled a confidence for more experimental and innovative substitutions that met with immediate approval. Thus, García Buch was instrumental in creating a demand for avant-garde ceramics.

María Elena Jubrías, one of the ceramicists from the first nucleus at the Taller, art historian, and author of the book *Amelia Peláez: cerámica*,[38] describes García Buch with the following accolades:

> Mirta always stood out for her great technical knowledge. Practice with commercial decoration provided her a firm, agile and clean line, superior to that of all those who passed through the Santiago workshop. Her drawing did not allow for wavering or rectifications, she controlled the brush with the mastery of an Asian watercolorist who offers in one single stroke everything that is to be said. Nonetheless, her poetics inclined more toward the elements of Afro-Cuban culture.[39]

Among these tributes it is easy to overlook two important keys to García Buch's artistic style: Afro-Cuban and Asian influences. She shared much of the same genealogy as the great modernist Wifredo Lam, of Chinese, Spanish, and Afro-Cuban descent.

In 1950, Wifredo Lam visited the Taller on numerous occasions to craft some of his first experiments in the medium.[40] Like many artists producing their initial pieces, Lam's ceramics lack proper titles and instead are categorized by mere descriptors: *Vaso con pájaros, peces y tres caritas* (*Vase*

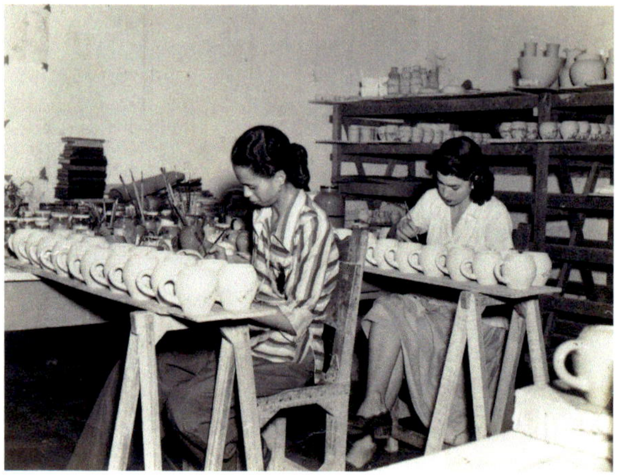

6. Mirta García Buch and María Elena Jubrías painting potbellied jugs at the Taller | Mirta García Buch y María Elena Jubrías pintando jarras panzudas en el Taller, ca. 1950.

zadas de alfarería, química y decoración y regresó al Taller a fines de 1954, donde permanecería hasta 1960[37].

En septiembre de 1949, Mirta García Buch entró al Taller, contratada como una de las dos decoradoras a tiempo completo. De acuerdo a la demanda de la clientela, su tarea fundamental era pintar los típicos ornamentos que adornaban los hogares cubanos de la época (e.g., vasos de pared decorados con muñecas vestidas con velos y encajes). Adicionalmente, se le encomendó pintar varios objetos seriales de la línea comercial, letras decoradas, y piezas con textos breves para los centros gastronómicos turísticos (fig. 6). Educada en San Alejandro, su mano segura podía lograr todo esto y más. Su afilada intuición, combinada con la destreza alcanzada a través de su experiencia confeccionando artesanías de cuero le otorgaron la confianza para aventurarse en experimentaciones y sustituciones innovadoras que fueron muy bien recibidas. De esta manera, García Buch contribuyó a crear la demanda por cerámicas más vanguardistas.

María Elena Jubrías, una de las ceramistas del núcleo inicial del Taller, además de historiadora del arte y autora del libro *Amelia Peláez: cerámica*[38], describe así a García Buch:

> Mirta siempre se destacó por su gran dominio técnico. La práctica con la decoración comercial le aseguró un trazo firme, ágil, de gran limpieza, superior al de todos los que pasaron por el taller de Santiago. Su dibujo no reconocía titubeos ni rectificaciones, manejaba el pincel con la maestría de un acuarelista oriental que ofrece en un solo rasgo todo lo que tiene que decir. Sin embargo, su poética se inclina más hacia los elementos de la cultura afrocubana[39].

Entre esos tributos es fácil pasar por alto dos claves importantes para entender el estilo de García Buch: las influencias afrocubanas y asiáticas. Ella compartía gran parte de la genealogía del gran modernista Wifredo Lam, que era de origen chino, afrocubano y español.

En 1950, Wifredo Lam visitó el Taller en numerosas ocasiones para realizar algunos de sus primeros experimentos en el medio[40]. Como muchos artistas que producen sus piezas iniciales, las cerámicas de Lam carecen de títulos y están cate-

with Birds, Fish, and Three Little Faces) and *Tapa-plato con ser bicéfalo* (*Plate Cover with Two-Headed Figure*) (112–13).[41] The first object is a small vase executed in dark red clay with simple figures in which Lam delineates his now well-recognizable Afro-Cuban motifs of fantastical hybrid animals and geometric lines and circles. The oval shape of the vase afforded him ample room to execute his design. The second example is a plate cover (*tapa-plato*) of a two-headed creature, recognized as an avian creature or dragon, often accompanied by Elegguás[42] in Lam's Afro-Cuban iconography. Given the flat, circular shape of the lid, Lam contemplated the challenges of form and space, perhaps resolving the issue by including a head on each end, thereby avoiding one single position. It is signed on one side and dated on the other.[43]

García Buch's work echoes mutual thematic departure points, and borrows, much like Lam, from her Chinese and Afro-Cuban heritage. Indeed, upon simple examination, García Buch's ceramic pieces from the 1950s demonstrate a close sympathy with Lam's work and iconography (fig. 7). This comparison is not intended to suggest in any way that García Buch's work is derivative. In fact, if one were to compare the works at the time, her ceramics are seen, technically and creatively, as far more sophisticated. Indeed, in 1950, after observing the women's ceramics at the Taller, Lam is quoted as having commented "without a doubt, I am lacking in imagination."[44]

Specifically, Mirta García Buch's *Plato de los elementos* (*Plate with the Elements*), 1953 (17) is complex in both conception and execution. García Buch borrows from Greek philosophy's universal concept of the four elements of nature, also recognized as a foundation to healing practices in Chinese culture. Thick black lines are juxtaposed against a white background on the plate, in which the elements are symbolized by birds representing air, water, earth, and fire. A central axis of an omniscient eye dominates as a motif with two lateral designs, almost in parenthetical forms, balancing the composition. A horizontal arrow with two heads dissects the eye.

For both García Buch and Lam, the 1940s and 1950s proved to be a unique period in which African ancestral roots were simultaneously recovered and championed in Cuban society both in paintings by the second-generation modernists

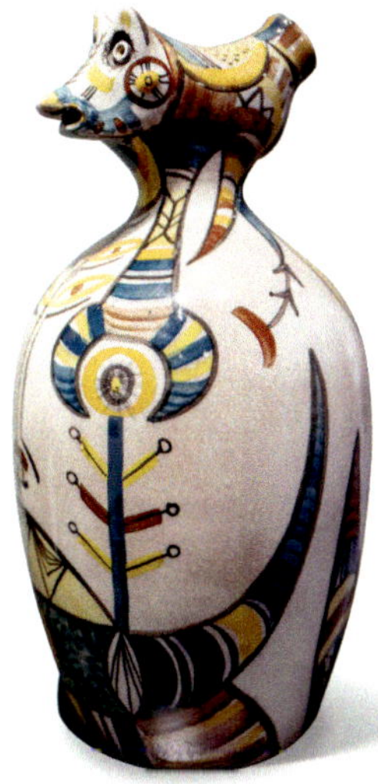

7. Mirta García Buch (artist | artista) & Juan Miguel Rodríguez de la Cruz (ceramicist | ceramista), *Zoomorphic Vase | Vaso zoomorfo*, 1957. Painted ceramic | cerámica pintada, 14.2 × 4.9″ (d.), Museum of Arts and Sciences, Cuban Foundation Collection, Daytona Beach, 71.01.168.

gorizadas por meras descripciones: *Vaso con pájaros, peces y tres caritas* y *Tapa-plato con ser bicéfalo* (112–13)[41]. El primer objeto es un pequeño jarrón ejecutado en arcilla de color rojo oscuro con figuras simples, en las cuales Lam delinea sus ahora familiares motivos afrocubanos de animales híbridos fantásticos y líneas y círculos geométricos. La forma ovalada del vaso le concedió un amplio espacio para ejecutar sus diseños. El segundo ejemplo es un "tapa-plato" con una criatura de dos cabezas, presuntamente de un ave o dragón, muchas veces acompañadas por Elegguás[42] en la iconografía afrocubana de Lam. Dada la forma circular y plana de la pieza, Lam se enfrentó a los desafíos de forma y espacio, y quizás por eso incluyó una cabeza a cada lado, evitando así una posición única para la tapa. Está firmado en un lado y fechado en el otro[43].

El trabajo de García Buch tiene muchos puntos temáticos con el de Lam, y como él, ella toma mucho prestado de su herencia china y afrocubana. En realidad, basta un somero examen para notar que las piezas de cerámica de García Buch durante los años cincuenta muestran una clara afinidad con la obra y la iconografía de Lam (fig. 7). No queremos con esto decir en modo alguno que el trabajo de García Buch es derivativo. De hecho, si comparamos las respectivas obras durante ese tiempo, las cerámicas de ella son, técnica y creativamente, mucho más sofisticadas. Incluso, en 1950, después de observar las cerámicas de las mujeres del Taller, se ha citado que Lam comentó: "Sin duda yo no tengo imaginación".[44]

Específicamente, el *Plato de los elementos* de Mirta García Buch, 1953 (17), es tan complejo en su concepción como su ejecución. García Buch toma de la filosofía griega el concepto universal de los cuatro elementos de la naturaleza, también reconocidos como el fundamento de las prácticas curativas en la cultura china. Gruesas líneas negras aparecen yuxtapuestas contra un fondo blanco en la pieza, donde los elementos están simbolizados por pájaros que encarnan el aire, el agua, la tierra y el fuego. Un eje central de un ojo omnisciente es el motivo dominante central con dos detalles laterales, casi como formas parentéticas, balanceando la composición. Una flecha horizontal de dos puntas atraviesa el ojo.

Lo mismo para García Buch que para Lam, las décadas del cuarenta y el cincuenta fueron un período único en el que las raíces africanas ancestrales estaban siendo simultáneamente recuperadas y exaltadas en la sociedad cubana, en las pinturas

(1938–50)[45] and in writings by the Afro-Cuban specialists and anthropologists Don Fernando Ortiz, Lydia Cabrera, and Natalia Bolívar.[46] These movements were in direct contrast to the colonial treatment of African motifs depicted in exaggerated fashion with anthropomorphic forms or distorted human features of outright ridicule and buffoonery, exemplified in the works of Spanish-born Víctor Patricio Landaluze. Often considered a painter of political satirical vision in the nineteenth century, Landaluze's work today reflects a social commentary of Afro-Cuban condemnation by a Spanish anti-separatist.[47] Conversely, in the scenic displays of Afro-Cuban culture portraying carnival actors, rumba dancers and musicians, offered by first-generation painter Eduardo Abela in *El triunfo de la rumba* (fig. 8), we examine a simplistic characterization of Afro-Cuban culture.[48] The second-generation Cuban artists set out specifically to rectify and reclaim Afro-Cuban elements in their work.[49] Both Lam and García Buch are to be lauded for their contributions; the former has deservedly received recognition while the latter, despite her obvious talent, has been unjustly ignored.

El Taller de Santiago de las Vegas and the Cuban Avant-Garde

Under Rodríguez de la Cruz's leadership, the hotel factory became known as a locus for invention, operating more like a workshop. Although locally it remained known as "la fábrica,"[50] it was reinvented by artists and intellectuals and quickly dubbed El Taller de Santiago de las Vegas, reflected as the official label on the underside of ceramics produced between 1949–59.[51]

The Taller, supported by Rodríguez de la Cruz, offered Robés and García Buch an environment conducive to experimentation. Author María Elena Jubrías (1930–2021), a member of the female ceramicist collective, left us an invaluable first-hand testimony. The creative environment and *the freedom to participate as women artists* generated great excitement, not only for the "sisterhood" but for the public alike. The artists reveal their burgeoning awareness, like the previously formed first and second generations of a special moment for this third (1950–59) and final generation of Cuban modernism. Here, we get a sense of that

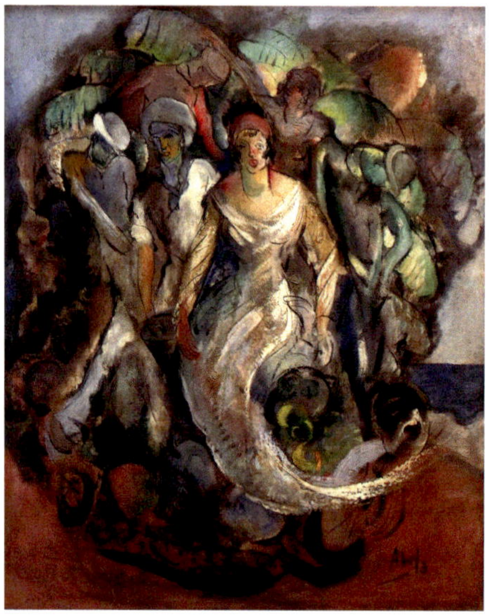

8. Eduardo Abela (1889–1965), *The Triumph of Rumba* | *El triunfo de la rumba*, c. 1928. Oil on canvas | óleo sobre lienzo, 25.6 × 21.2", Museo Nacional de Bellas Artes, La Habana, 07.205.

de los modernistas de la segunda generación (1938–50)[45] y en los escritos de los antropólogos y especialistas en cultura afrocubana como Don Fernando Ortiz, Lydia Cabrera, y Natalia Bolívar[46]. Estos movimientos contrastaban directamente con tratamiento de los motivos africanos durante la época colonial, representados con formas antropomorfas exageradas o rasgos humanos distorsionados que crean efectos de puro ridículo y bufonería, como en las obras del español radicado en Cuba, Víctor Patricio Landaluze. Frecuentemente considerado un pintor de temas políticos satíricos durante el siglo diecinueve, la obra de Landaluze es leída en nuestro tiempo como un comentario social condenatorio de lo afrocubano pintado por un español antiseparatista[47].

Por otro lado, en las pintorescas escenas de cultura afrocubana ofrecidas por Eduardo Abela, pintor de la primera generación vanguardista, tales como *El triunfo de la rumba* (fig. 8), donde aparecen actores de carnaval, rumberas y músicos, se nos presenta una caracterización simplista de la cultura afrocubana[48]. Los artistas de la segunda generación se propusieron específicamente rectificar y recuperar los elementos afrocubanos en su obra[49]. Tanto Lam como García Buch deben ser reconocidos por sus contribuciones; el primero ha recibido el renombre que merece mientras que la segunda, a pesar de su obvio talento, ha sido injustamente ignorada.

El Taller de Santiago de las Vegas y la vanguardia cubana

Bajo el liderazgo de Rodríguez de la Cruz, la fábrica de objetos hoteleros se dio a conocer como un foco de invención, operando más como taller que como fábrica. Aunque mantuvo el nombre de "la fábrica"[50], para los habitantes del pueblo, fue reinventada por artistas e intelectuales y rápidamente rebautizada El Taller de Santiago de las Vegas, y así apareció en el sello oficial en el fondo de las cerámicas producidas entre 1949 y 1959[51].

El Taller, financiado por Rodríguez de la Cruz, ofreció a Robés y García Buch un ambiente propicio a la experimentación. María Elena Jubrías (1930–2021), una de las mujeres ceramistas del grupo, nos ha dejado un invaluable testimonio de primera mano. El medio creativo y *la libertad de participar como mujeres artistas* generó un enorme entusiasmo, no sólo para la "hermandad" sino para el público en general. Las artistas revelan su creciente autoconciencia, como las previamente formadas primera

excitement:

> This very workshop, its environment, provided a profile *sui generis* very close to Havana's bohemian life. The visitor was impressed with the abandoned manufacturing facilities, the silence so inconsistent with the image of industry, the scarce number of employees in a place so spacious and a disorder, a little cultivated, and destructive of hierarchies due to the allowance of the sisterhood among the residue of clay, books, tools and all types of ceramic pieces, good and bad, broken and complete, commercial and artistic, in the process of creation or associated with containers used by workers.[52]

Artistic ferment was not solely limited to the visual arts. Many other figures of the creative world such as Cuba's illustrious writers,[53] critics, and architects,[54] as well as musicians and actors visited Santiago de las Vegas. The attraction of an unusual workspace including women, the production of the first Cuban ceramics, a prestigious doctor, and one of Cuba's most important artists, Amelia Peláez, all combined to form a rich cultural life that was interwoven in between café *tertulias* (literary workshops), Sunday concerts, and exhibitions in Havana's cultural centers.[55] Jubrías expounds, claiming that not only did the creation of artistic ceramics come to be associated with Cuban modernism but that it was the most representative of that expression:

> Previously, only the earthenware line presented any type of value for popular culture since glazed ceramics continued to be deficient copies of foreign commercial lines. The work of proselytizing the workshop along with the support of Amelia's constant output, would succeed in establishing ceramics as the most representative of the Cuban visual arts movement.[56]

The women artists promoted as essential the inclusion of successive women into their circle. The openness of this "sisterhood" garnered great enthusiasm among female friends from the Academia, who came to experiment in this innovative medium. Elia Rosa Fernández de Mendía was a diligent participant at the Taller[57] who graduated from the Academia with qualifications as a professor of drawing and painting in 1949–50 and went on to study painting and ceramics at the Universidad de La Habana in 1950–51.[58] Rebeca Robés invited her friend Marta Arjona,[59] a recent graduate in sculpture at the Academia. In turn, Marta Arjona brought another graduate, her friend, the renowned Cuban painter, Amelia Peláez.[60]

Despite Peláez's reputation, her early exposure to this new

y segunda generación, de un momento especial para esta tercera (1950–59) y última generación del modernismo cubano. Aquí podemos apreciar ese entusiasmo:

> El Taller mismo, su ambiente, poseía un perfil sui géneris muy cercano a la bohemia habanera. Impresionaban al visitante las instalaciones fabriles abandonadas, el silencio tan poco consecuente con la imagen de la industria, el escasísimo número de empleados en local tan amplio y ese desorden, un poco buscado, destructor de jerarquías, al permitir la hermandad entre el residuo de barro, los libros, el instrumento y todo tipo de piezas buenas y malas, rotas y sanas, comerciales y artísticas, en proceso de confección o en función de recipientes usados por los trabajadores[52].

El fermento artístico no se limitó a las artes visuales. Muchas otras figuras, creadores de otros ámbitos como escritores ilustres[53], críticos, y arquitectos[54], así como músicos y actores visitaron Santiago de las Vegas. La atracción de un espacio de trabajo inusual que incluía mujeres, un doctor prestigioso, y Amelia Peláez, una de las artistas más importantes del país, se combinaron para crear una rica vida cultural donde se entremezclaban las tertulias literarias de café, los conciertos de domingo y las exposiciones en los centros culturales habaneros[55]. Jubrías explica que no sólo fue la creación de cerámica artística asociada con el modernismo cubano, sino que fue lo más representativo de esa expresión:

> Anteriormente solo la línea alfarera presentaba algún valor para la cultura popular pues la cerámica vidriada no pasaba de ser copia deficiente de líneas comerciales extranjeras. La labor de proselitismo del taller y el apoyo de Amelia con su obraje constante lograron que la cerámica se vinculara a lo más representativo del movimiento plástico cubano[56].

Las mujeres artistas se propusieron como uno de sus objetivos esenciales la inclusión de más mujeres en su círculo. Lo abierto de esta "hermandad" generó gran entusiasmo entre sus amigas de la Academia, que comenzaron a experimentar en este medio innovador. Elia Rosa Fernández de Mendía fue una diligente participante del Taller[57] que se graduó de la Academia con la calificación de profesora de dibujo y pintura en 1949–50 y a continuación estudió pintura y cerámica en la Universidad de La Habana en 1950–51[58]. Rebeca Robés invitó a su amiga Marta Arjona[59], una graduada reciente de escultura en la Academia. Por su parte, Marta Arjona trajo a otra graduada, su amiga la famosa pintora Amelia Peláez[60].

A pesar de la reputación de Peláez, fue difícil para ella adaptarse al nuevo medio, especialmente el proceso de cocción y su efecto en el diseño. Sus primeros intentos no fueron especialmente

medium proved an immediate challenge, especially the kiln process and its effect on design. Her first attempt was unimpressive: a decorated tile with a center motif of a pineapple (1950). The poor result, compared to her painting, was a clarion call for Peláez, who regarded ceramics as a new challenge.[61] (More will be said about Peláez and her wide association with Cuban ceramics later in this essay.[62])

In addition to the recent female graduates of San Alejandro, this first nucleus attracted artistic auto-didacts to ceramic design: María Elena Jubrías, a graduate of the Universidad de La Habana Facultad de Filosofía y Letras (University of Havana's School of Liberal Arts)[63] and Aleida González.[64] Both women lacked fine-arts studies but were eager participants. The first series of women to participate in avant-garde ceramics (1949–54) included: Mirta García Buch, Rebeca Robés Massés, Marta Arjona, Rosa Jiménez, Amelia Peláez, María Elena Jubrías, Elia Rosa Fernández de Mendía, and Aleida González (fig. 9[65]).

These women artists, closely aligned with fellow companions from the Academia, opened their circle, inviting Cuba's modernist protagonists to participate in ceramic design at the workshop. While many artists participated in this endeavor out of curiosity or a desire for experimentation others did so with greater seriousness. The following reads like a roll call of the central figures associated with the second and third generations. They are all male: painters René Portocarrero (**119–38**), Cundo Bermúdez, Raúl Milián (**158–64**), Mario Carreño, Domingo Ravenet, Felipe Orlando, Mariano Rodríguez (**150–57**), Alfredo Lozano, Wifredo Lam (**112–18**), Luis Martínez Pedro (**141–49**), Agustín Fernández, Jorge Camacho, and Julio Herrera Zapata (**165–67**),[66] along with sculptors Agustín Cárdenas (**187–89**) and Tomás Oliva.[67]

The Development of the Avant-Garde through Ceramic Muralism: Peláez's Classic Modernism and Portocarrero's *Barroquismo*

Amelia Peláez del Casal (1896–1968), along with Wifredo Lam, was arguably the most important Cuban artist of the

impresionantes: una losa decorada con una piña como motivo central en 1950. El resultado, de muy pobre calidad comparado con su pintura, fue un toque de clarín para Peláez, que tomó la cerámica como un nuevo desafío[61]. (Volveremos a Peláez y su significativa asociación con la cerámica cubana más adelante en este ensayo[62].)

Además de las graduadas recientes de San Alejandro, el primer núcleo atrajo a la cerámica a artistas autodidactas: María Elena Jubrías, graduada de la Facultad de Filosofía y Letras de la Universidad de La Habana[63], y Aleida González[64]. Ninguna de las dos había estudiado arte pero se integraron ávidamente. El primer grupo de mujeres practicantes de la cerámica vanguardista (1949–54) incluyó a Mirta García Buch, Rebeca Robés Massés, Marta Arjona, Rosa Jiménez, Amelia Peláez, María Elena Jubrías, Elia Rosa Fernández de Mendía y Aleida González (fig. 9[65]).

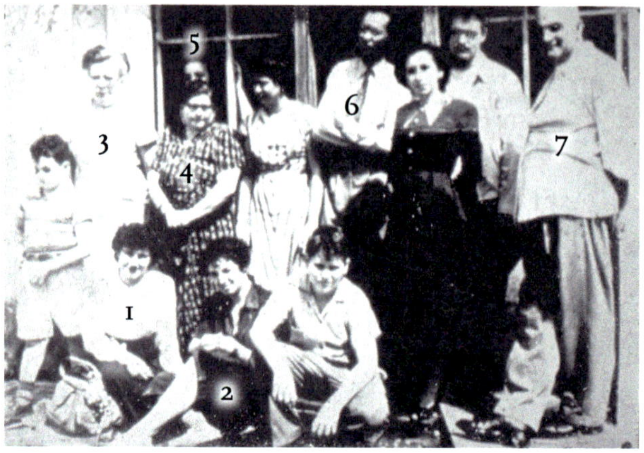

9. Taller artists and family members | Artistas del Taller y algunos miembros de sus familias, 1950. 1: Marta Arjona, 2: Rebeca Robés Massés, 3: Dulce María Escalona, 4: Amelia Peláez, 5: Mirta García Buch, 6: Wifredo Lam, 7: Juan Miguel Rodríguez de la Cruz.

Estas mujeres artistas, estrechamente alineadas con sus colegas de la Academia, abrieron su círculo, invitando a los protagonistas del arte moderno cubano a participar en el diseño de las cerámicas del Taller. Algunos de ellos participaron en esta experiencia por simple curiosidad y deseo de experimentación, pero otros lo tomaron más seriamente. La siguiente lista bien puede ser el elenco de las figuras centrales de la segunda y tercera generaciones de vanguardia, todos hombres: los pintores René Portocarrero (**119–38**), Cundo Bermúdez, Raúl Milián (**158–64**), Mario Carreño, Domingo Ravenet, Felipe Orlando, Mariano Rodríguez (**150–57**), Alfredo Lozano, Wifredo Lam (**112–18**), Luis Martínez Pedro (**141–49**), Agustín Fernández, Jorge Camacho y Julio Herrera Zapata (**165–67**)[66], junto a los escultores Agustín Cárdenas (**187–89**) y Tomás Oliva[67].

El desarrollo de la vanguardia a través de los murales de cerámica: el modernismo clásico de Peláez y el barroquismo de Portocarrero

No es aventurado decir que Amelia Peláez del Casal (1896–1968), junto con Wifredo Lam, se considera la artista más importante del siglo veinte cubano. En 1967, en una exposición de dibujos de Peláez en el Museo de Arte Moderno de la Universidad Nacional de Bogotá, la crítica Marta Traba describió así la profundidad

twentieth century. In 1967, in an exhibition of Peláez's drawings at the Museo de Arte Moderno, Universidad Nacional de Bogotá, writer Marta Traba described the breath of Peláez's artistic influence in this way: "With Reverón, with Matta, with some Tamayo, she is the great magician of Latin American painting."[68] She was also the most prominent of the women ceramicists, working at the Taller from 1950 until 1954.[69] Recognized in later years for her monumental contributions in the field of ceramics and ceramic murals, those produced in the Taller are considered significant to her overall artistic trajectory. As Jubrías boldly avers, "or, expressed in another way, her pictorial work after 1950 would have been different without the rich experience that formed her foray into ceramics."[70]

Peláez's first attempts at ceramic production left her frustrated and she redirected her aim for dominance over technical obstacles as well as spatial considerations of form. The alchemical process, especially in the kiln, rendered unexpected changes in color and line that appeared negligible or invisible before firing, yet frustratingly arose in the finished product. Transposing motifs and compositions from two to three dimensions was a novel experience, albeit not always successful, given restrictions of space and dimensionality. Despite, or perhaps because of, these setbacks, this artist, who was well into her fifties, responded positively. Peláez intuited in this new medium the opportunity, as her third-generation compatriot Pedro de Oraá reminded us, "to create, independently but among all, a national visual art."[71]

Peláez's journey in ceramics began as it did with painting: with a firm belief in craft and practice. She attended the Taller every morning for four years.[72] Curator and author René Morales, in his eloquent essay on Peláez in the exhibition catalogue *Amelia Peláez: The Craft of Modernity*, offers the observation of the quotidian as the wellspring of her inspiration. Basing his argument on Walter Benjamin's declaration that "the tiniest authentic fragments of everyday life say more than a painting," Morales argues for a bidimensional understanding of Peláez's work based on its aesthetic medium (in this case, ceramics) as representative of material culture (the sum of everyday objects and the cultural meanings they reveal).[73]

As opposed to Peláez's Parisian explorations into modernity in the early twentieth century, the midcentury concerns now revolved around conceits of figuration and abstraction.[74] For Cubans, the 1950s was a politically turbulent decade yet artistically fertile in abstract study. In the same catalogue, writer Ingrid W. Elliott asserts that Peláez's

de la influencia de Peláez: "Con Reverón, con Matta, con algún Tamayo, es la gran maga de la pintura latinoamericana"[68]. Fue Peláez también la más prominente de las mujeres ceramistas, trabajando en el Taller desde 1950 hasta 1954[69]. Reconocidos años después por su monumental contribución en los campos de la cerámica y de los murales de cerámica, las obras que produjo en el Taller también se consideran una parte significativa de su trayectoria artística en general. Como afirma rotundamente Jubrías: "O dicho de otro modo, su obra pictórica posterior a 1950 hubiera sido distinta sin la rica experiencia que constituyó su incursionar en la cerámica"[70].

Los primeros intentos de Peláez en cerámica fueron frustrantes para ella, y la hicieron enfocarse en las dificultades técnicas y las consideraciones espaciales del nuevo medio. El proceso alquímico, sobre todo en el horno, creaba cambios inesperados en la línea y el color que parecían insignificantes o inexistentes antes de la cocción, pero afectaban la calidad del producto final. Para ella, transponer sus imágenes y composiciones de dos a tres dimensiones era una experiencia nueva, aunque no siempre satisfactoria, dadas las restricciones del espacio y las dimensiones. A pesar de estos contratiempos, o quizás a causa de ellos, la artista, que ya había sobrepasado los cincuenta años, respondió positivamente. Peláez intuyó en este nuevo medio la oportunidad, como su compatriota de la tercera generación modernista Pedro de Oraá nos recuerda, "de crear, independientemente pero entre todos, una plástica nacional"[71].

La travesía de Peláez en la cerámica comenzó de la misma manera que con la pintura: con una firme convicción en el valor del oficio y la práctica. Peláez acudió al Taller cada mañana por cuatro años[72]. El curador y autor René Morales, en su elocuente ensayo sobre Peláez escrito para el catálogo de la exposición *Amelia Peláez: The Craft of Modernity*, anota que la observación de lo cotidiano era la fuente de su inspiración. Refiriéndose a la declaración de Walter Benjamin, "la suma de los objetos de uso diario y de los significados culturales que revelan", Morales sugiere un entendimiento bidimensional de la obra de Peláez basada en su medio estético (en este caso, la cerámica) como representativo de la cultura material (la suma de los objetos cotidianos y los significados culturales que revelan)[73].

Al contrario de las exploraciones de la modernidad que realizó Peláez en París a principios del siglo veinte, sus intereses en la década del cincuenta estaban centrados en las ideas de figuración y abstracción[74]. Para los cubanos, esa década fue políticamente turbulenta pero artísticamente fértil en el estudio de lo abstracto. En el mismo catálogo, Ingrid W. Elliott afirma que la producción de cerámica de Peláez,

ceramic production,

> Also provided a compelling locus for her artistic exploration of the relationship between abstraction and representation. While her paintings approach abstraction, she never let go of the original figurative reference of her abstract motifs. This correlation between the figurative and the abstract is seen in *Juego de seis tazas de café espresso con platos* [*Set of Six Espresso Cups and Saucers*, **179**].[75]

This insistence on figuration, even minimized, is consistent with Peláez's artistic belief and practice. Peláez's output spanned three generations of Cuban modernism and, as such, her style evolved from figuration to abstraction. As a member of the first generation (1927–38) who radically broke from the nineteenth and turn-of-the century "academics,"[76] hers is nonetheless an examination through the lens of classicism, a modern retrieval of the Renaissance, i.e., the person in relation to "other." Peláez's worldview could be distilled into a core of neoclassicism wrapped in a modern facade. In her paintings, she displays architectural motifs consistent with a neoclassical conception (columns, structural motifs), yet these elements are perceived through a flattened lens (**182**, fig. 10).[77] For Peláez, it is only natural to characterize her brand of modernity in classical form. Alejo Carpentier, the Cuban writer and intellectual who advanced the concept of the Latin American baroque, described her classical style thus: "The column becomes almost a tree and the fruit almost a sculpture in a visual arts world where the vegetable and the architectonic are entwined, giving the appearance of a palm tree to the Corinthian column, while the pineapple takes on the eloquence of the ship's figurehead on a rostral pillar."[78]

Morales insists that despite Peláez's consistent incorporation of and identification with architectural elements, observed most closely in her paintings after the 1940s, "it would be a mistake to circumscribe her interest to architectural decoration."[79] Morales argues that her orientation was toward objects such as furniture, textiles and tableware, sewing machines, rocking chairs; domestic objects of

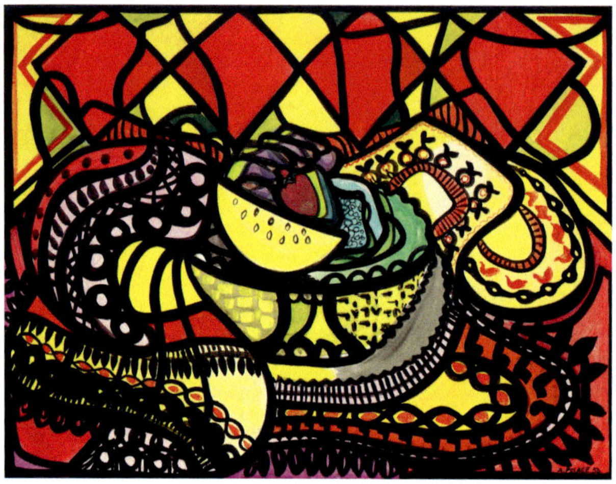

10. Amelia Peláez, *Still Life* | *Naturaleza muerta*, 1954. Mixed media on paper on canvas | técnica mixta sobre papel sobre lienzo, 30 × 40″, private collection | colección privada.

> Proporcionó un apasionante centro neurálgico para su exploración artística de la relación entre la abstracción y la figuración. Si bien sus pinturas se aproximan a la abstracción, nunca prescindió de la referencia figurativa original de sus motivos abstractos. Esta correlación entre los figurativo y lo abstracto puede verse en *Juego de seis tazas de café espresso con platos* [**179**][75].

Esta insistencia en la figuración, incluso minimizada, es consistente con la práctica y las creencias artísticas de Peláez. La producción de Peláez ocupa tres generaciones de la modernidad cubana y, en ese espacio, su estilo evolucionó de la figuración a la abstracción. Siendo parte de la primera generación (1927–38) que rompió radicalmente con los "académicos" del siglo diecinueve y de principios del veinte[76], su examen de la tradición ocurre sin embargo a través de los lentes del clasicismo, una moderna recuperación del Renacimiento, es decir, la persona en relación con "el otro". La cosmovisión de Peláez podría ser destilada en un meollo de neoclasicismo envuelto en una fachada moderna. En sus pinturas, despliega motivos arquitectónicos consistentes con una concepción neoclásica (columnas y otros elementos estructurales) pero esos elementos están percibidos a través de un lente plano (**182**, fig. 10)[77]. Para Peláez, es natural caracterizar su estilo de modernidad con la forma clásica. Alejo Carpentier, el escritor e intelectual cubano que desarrolló el concepto del barroco latinoamericano, describió así el estilo clásico de Peláez: "La columna se hace casi árbol y la fruta casi escultura en un mundo plástico donde lo vegetal y lo arquitectónico se confunden, dándose empaque de palmera al capitel corintio, en tanto que la piña cobra la elocuencia del mascarón de proa en una columna rostral"[78].

Morales insiste que, aunque hay una consistente incorporación de elementos arquitectónicos en Peláez, que llega a identificarla, y que se observa más estrechamente en sus pinturas después de la década del cuarenta, "sería un error circunscribir sus intereses a la decoración arquitectónica"[79]. Morales argumenta que su orientación iba más hacia objetos como muebles, textiles, vajillas, máquinas de coser, mecedoras; objetos domésticos que son a la vez prácticos y bellos. A pesar de sus grandes pinturas de la década del cuarenta[80] como en *Las hermanas*, de 1943 (**63**), pode-

practicality and beauty. Despite her grand paintings in the 1940s,[80] as in *Las hermanas* (*The Sisters*), 1943 (**63**), we grasp another phase of her philosophical evolution: humanism in connection to the "other," and "authentic" objects infused with meaning. Peláez gathered inspiration from the quotidian, be it natural or domestic. Her work glorifies the essence of simplicity.[81] Glorification of the everyday is the ultimate paradox: her work is often misinterpreted through the lens of grandiosity.

In *Amelia Peláez: cerámica*, María Elena Jubrías observes that Peláez required a formal relationship between ceramic vessels and its decoration. Perhaps surprisingly, the artist rarely applied architectural motifs to her ceramics, preferring fish, fruit, birds, hibiscus flowers, and women, perhaps because their shapes more closely approximated the rounded forms of the ceramics.[82] Relying on spatial form to speak, *Fuente de las siamesas* (*Bowl with Conjoined Twins*), ca. 1953 (**97**) evokes a female figure amid a constellation of objects: two holes in the top of the column denote eyes, the wings of an angel are formed below, and two facing fish heads suggest breasts that are followed by the trunk of the body and feet or fins, below.[83] These twin motifs resurface in an abstracted style in the 1950s (**74**, **80**, **99**) and repeatedly in later works, both in paintings and ceramics from that decade and the next.

Peláez reached new heights of modernist expression through her ceramic murals. In 1951 she was commissioned to execute the first mural of this type for the Esso Standard Oil building in Havana (**99**). By 1953, another mural graced the facade of the Tribunal de Cuentas, today the Ministry of the Interior.[84] The commission was executed at the Taller de Santiago and despite Peláez's undoubted mastery, it reflected a collaborative spirit. Peláez relied on the women artists as participants in the project; Marta Arjona for the preparation of the colors and Mirta García Buch for the transfer to scale of the design. Rodríguez de la Cruz provided technical support.[85]

The ceramic design occupies a great horizontal surface divided into zones that intersect, connect and loop around each other, vaguely suggesting baroque ironwork or design elements. The central section is populated with strange shapes reminiscent of the natural world: dragonflies, fish, or grasshoppers. Peláez's figuration is now reduced to geometric forms in which the rhombus, the circle, and the triangle predominate.[86] Her figuration is distilled into abstraction but retains her trademark classicism, created by a harmony and symmetry of forms.

mos percibir otra fase de su evolución filosófica: un humanismo conectado con "el otro", y objetos "auténticos" llenos de significado. Peláez encontró inspiración en lo cotidiano, fuera natural o doméstico. Su trabajo glorifica la esencia de la simplicidad[81]. La glorificación del día a día es la mayor paradoja: su obra es frecuentemente mal interpretada a través del lente magnificador de lo grandioso.

En *Amelia Peláez: cerámica*, María Elena Jubrías observa que Peláez requirió una relación formal entre las vasijas de cerámica y su decoración. De manera quizás sorprendente, la artista muy rara vez aplicaba motivos arquitectónicos a su cerámica, prefiriendo peces, frutas, pájaros, marpacíficos y mujeres, quizás porque sus formas se aproximaban más a las formas redondeadas de la cerámica[82]. Hablando a través de la forma espacial, *Fuente de las siamesas*, de ca. 1953 (**97**) evocan una figura femenina entre una constelación de objetos: dos agujeros en lo alto de la columna denotan ojos, más abajo se forman las alas de un ángel, y dos caras de pez enfrentadas sugieren senos de los que se conectan con el torso y con los pies o aletas, más abajo[83]. Estos motivos gemelos vuelven a emerger en la década del cincuenta pero en estilo abstracto (**74**, **80**, **99**), y se repiten en obras más tardías, lo mismo en pintura que en cerámica.

Peláez alcanzó nuevas cumbres de expresión modernista a través de sus murales de cerámica. En 1951, recibió una comisión para ejecutar el primer mural de este tipo en La Habana para el edificio de la compañía Esso Standard Oil (**99**). Para 1953, otro mural ya adornaba la fachada del Tribunal de Cuentas, hoy Ministerio del Interior[84]. La obra fue realizada en el Taller de Santiago y a pesar de la indudable maestría de Peláez reflejó un espíritu de colaboración. Peláez se apoyó en las mujeres artistas como participantes del proyecto: Marta Arjona para la preparación de los colores y Mirta García Buch para transferir el diseño a escala. Rodríguez de la Cruz brindó soporte técnico[85].

El diseño de la cerámica ocupa una gran superficie horizontal dividida en zonas que se intersectan, conectan y entrelazan, sugiriendo vagamente formas de enrejado barroco. La sección central está poblada por extrañas formas, reminiscentes del mundo animal: libélulas, peces o saltamontes. La figuración de Peláez está aquí reducida a formas geométricas entre las que predominan el rombo, el círculo y el triángulo[86]. Aunque su figuración está destilada en estas figuras abstractas retiene su característico clasicismo, creado por una armonía y simetría de las formas.

El artista que contribuyó más significativamente al movimiento de la cerámica del Taller entre 1953 y 1954 fue René Portocarrero. Una extensa muestra de sus cerámicas está representada en esta exposición (**120–21**, **123–36**). Portocarrero, considerado como el

The male artist that contributed most significantly to the ceramic movement at the Taller between 1953 and 1954 was René Portocarrero. An ample number of his ceramics are represented in this exhibition (**120–21, 123–36**). Portocarrero, considered the only rival to Amelia Peláez's ascent in this medium,[87] also completed two important ceramic murals in 1954, one in the Hotel Habana Hilton (today Habana Libre) and the other in the Fiscalía y Tribunal Supremo (today Palacio de la Revolución).

Portocarrero's first attempt in ceramics in 1950 left him disillusioned and he walked away. Returning in 1953, the ceramic movement was in full swing.[88] Unlike Peláez, Portocarrero dismissed spatial challenges of volume on ceramics of three-dimensional forms. Rather, he viewed them as an extension of his paintings, using them to reinvigorate his motifs, especially his cathedrals, *brujos*, devils, Madonnas, etc. (**119, 122, 137–38**). Moreover, his interest in ceramics centered on reinforcing his thematic style in tiles, finding in them solutions that he then repeated in larger mural panels.[89]

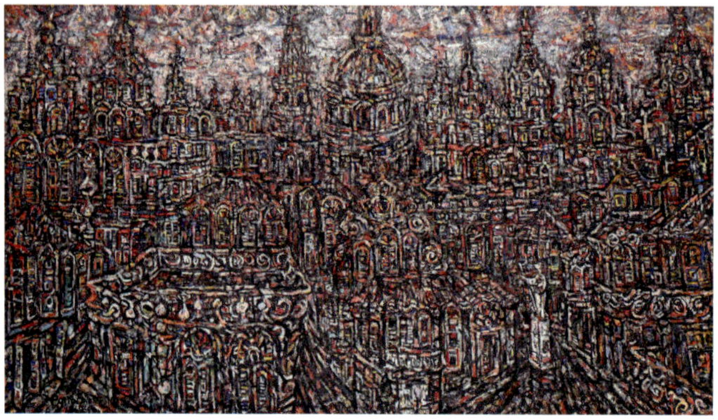

11. René Portocarrero, *Landscape of Havana or, The City* | *Paisaje de La Habana o La Ciudad*, 1962. Oil on canvas | óleo sobre lienzo, 54.3 × 96.9", Palacio de la Revolución, La Habana.

Portocarrero was recognized for his extravagant incorporation of ornamentation. The ceramic process forced a reconsideration of colors and iconographic elements, the latter executed in a baroque style. As a scholar on Portocarrero's work, Jubrías relays that she witnessed him creating the great *Paisaje de La Habana o La Ciudad* for the Palacio de la Revolución (1962, fig. 11). He worked on that canvas, much as he worked on ceramics. Jubrías speculates that Portocarrero's experience in ceramics might have had something to do with the thick plugs of oil that later characterized his paintings; at times he applied the oil tube directly on the canvas and flattened the oil with his fingers.[90] His innovation lay in his technique. For both Peláez and Portocarrero, along with the other aforementioned ceramicists, the Taller, without question, grew to become a galvanizing force for Cuban artists, female and male, thus becoming a locus for the experimentation and fermentation of Cuban modernist expression.

único rival de la ascendencia de Amelia Peláez en este medio[87], también completó dos importantes murales en 1954, uno en el hotel Habana Hilton (hoy Habana Libre) y el otro en el edificio Fiscalía y Tribunal Supremo (hoy Palacio de la Revolución).

El primer contacto de Portocarrero con la cerámica en 1950 lo dejó desilusionado y decidió abandonar el medio. Al regresar en 1953, encontró que el movimiento de cerámica estaba en su apogeo[88]. A diferencia de Peláez, a Portocarrero no le preocupaba el desafío espacial del volumen en la cerámica, con sus formas tridimensionales. Más bien lo veía como una extensión de sus pinturas, y usó el medio para insuflar nueva vida a sus motivos de siempre, especialmente sus catedrales, brujos, diablos, madonas, etc. (**119, 122, 137–38**). Además, su interés en la cerámica se centraba en reforzar sus temas estilísticos en las losas, encontrando en ellas soluciones que luego repetía en mayor escala en los paneles de sus murales[89].

Portocarrero era conocido por sus extravagantes ornamentaciones. El proceso de fabricación de la cerámica lo forzó a reconsiderar los colores y los elementos iconográficos, estos últimos ejecutados en estilo barroco. Como especialista en la obra de Portocarrero, Jubrías relata que fue testigo de la creación del gran *Paisaje de La Habana o La Ciudad* para el Palacio de la Revolución (1962, fig. 11). Portocarrero trabajó en ese lienzo de manera muy similar a cómo trabajaba la cerámica. Jubrías especula que la experiencia de Portocarrero como ceramista tendría algo que ver con los gruesos empastados de óleo que caracterizan sus pinturas posteriores; a veces aplicaba el tubo de óleo directamente en el lienzo y lo aplanaba con sus dedos[90]. Su innovación residía en su técnica. Lo mismo para Peláez que para Portocarrero, junto a los demás ceramistas antes mencionados, no hay dudas que el Taller se convirtió en una fuerza galvanizadora para los artistas cubanos, mujeres y hombres, convirtiéndose así en un locus para la experimentación y fermento de la expresión modernista cubana.

La cerámica y la vanguardia cubana

Las mujeres artistas y su promoción de la cerámica como arte marcaron un momento histórico único en que la cerámica, hasta entonces considerada artísticamente irrelevante, hizo su entrada en la conciencia de la clase intelectual cubana[91]. Ciertamente, las

Ceramics and the Cuban Avant-Garde

The women artists and their promotion of ceramics as art form marked a unique historical moment in which ceramics, heretofore considered artistically irrelevant, entered the cultural level of Cuba's intellectual milieu.[91] Indeed, the ceramics from Santiago were exhibited for the first time, independently of paintings, at the inauguration in August 1953 of the groundbreaking modernist architectural building known as the Retiro Odontológico, designed by Antonio Quintana Simonetti.[92] Art critic Gladys Lauderman assesses the importance of the exhibition in its accompanying catalogue, equating ceramicists and painters stating:

> This exhibition intends to highlight for the first time...the achievements obtained in Cuban ceramics as one more encouraging stimulus for its enthusiastic or indefatigable pioneers as well as a future hope for those zealots of the clay or the brush.[93]

The rest of the decade was an ascending spiral with respect to national and international recognition (fig. 12). The second ceramics exhibition was the prestigious *Exposición plástica cubana contemporánea: homenaje a José Martí* that opened at the Havana Lyceum, on January 28, 1954. The ceramicists participated in this "Anti-Biennial,"[94] protesting the official exhibition supported by the dictatorship of Batista.[95] Their involvement in this politically polemic event demonstrates that the ceramicists, now accepted as modernists, carried enough cultural clout to add their names, as well as the workshop's, to the growing list of third-generation avant-garde demonstrators.

In 1956, ceramics from Santiago were represented in New Orleans at an important agricultural-industrial exhibition of Cuban products.[96] In 1957 the newspaper *Información* printed a spread on the Cuban ceramics included in the permanent collection of the Palacio de Bellas Artes, Havana. In 1957 and 1958, Mirta García Buch was the subject of four articles in different publications.[97] In February and March 1959, there was a thirtieth anniversary exhibition at the Lyceum to commemorate its founding that included numerous paintings and ceramics by Taller artists, among

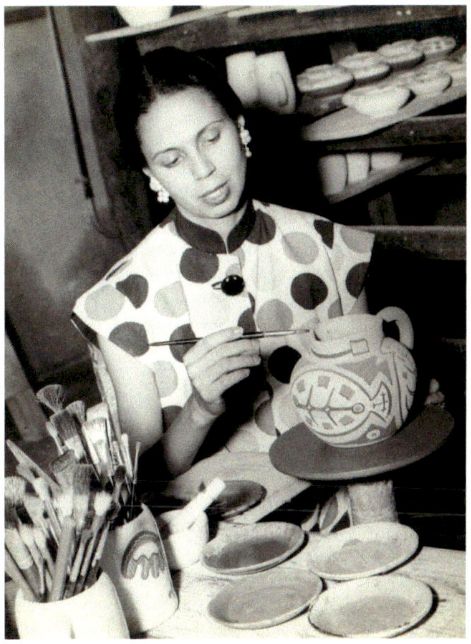

12. Mirta García Buch at the Taller decorating pieces for a Palacio de Bellas Artes exhibition | Mirta García Buch en el Taller, decorando piezas para una exposición en el Palacio de Bellas Artes, 1958.

cerámicas de Santiago de las Vegas fueron exhibidas por primera vez, independientemente de la pintura, en la inauguración en agosto de 1953 del novedoso proyecto arquitectónico conocido como Retiro Odontológico, diseñado por Antonio Quintana Simonetti[92]. La crítica de arte Gladys Lauderman establece la importancia de la exposición en el catálogo que la acompañó, igualando a pintores y ceramistas cuando afirma:

> Esta exposición pretende hacer por primera vez... una muestra de los logros obtenidos en la cerámica cubana como un estímulo alentador más para sus pioneros entusiastas o infatigables, y como una esperanza futura a través de estos esforzados de la arcilla y los pinceles[93].

El resto de la década fue una espiral ascendente de reconocimiento nacional e internacional (fig. 12). La segunda exposición de cerámica fue la prestigiosa *Exposición plástica cubana contemporánea: homenaje a José Martí* que abrió en el Lyceum de La Habana el 28 de enero de 1954. Los ceramistas participaron en esta "Antibienal"[94] que protestaba la exposición oficial patrocinada por la dictadura de Batista[95]. Su participación en este evento políticamente polémico demuestra que los ceramistas, ahora aceptados como artistas modernos, tenían suficiente influencia cultural para unir sus nombres y el nombre del Taller a la lista creciente de miembros de la tercera generación que participaban en la protesta.

En 1956, piezas de cerámica del Taller de Santiago de las Vegas estuvieron representadas en una importante exposición de productos agroindustriales cubanos que se celebró en Nueva Orleans[96]. En 1957 el periódico *Información* imprimió a doble página las imágenes de la cerámica cubana incluida en la exposición permanente del Palacio de Bellas Artes en La Habana. En 1957 y 1958, Mirta García Buch fue el sujeto de hasta cuatro artículos en diferentes publicaciones[97]. En febrero y marzo de 1959, hubo una exposición por el aniversario treinta de la fundación del Taller en el Lyceum que incluyó numerosas pinturas y cerámicas de sus artistas, entre ellas Rebeca Robés Massés, Mirta García Buch, y Amelia Peláez (fig. 13). No cabe dudas de que las ceramistas estaban en un momento explosivo de su trayectoria. ¿Cuáles fueron las razones para el abrupto parón? ¿Y por qué la mayoría de los estudiosos del arte cubano ignoran a las mujeres en este colectivo

them Rebeca Robés Massés, Mirta García Buch, and Amelia Peláez (fig. 13). Without a doubt, the ceramicists were on an explosive trajectory. What were the reasons for the abrupt halt? And, why are most Cuban scholars ignorant of the women in this avant-garde collective?

Most directly, political considerations interfered. With the arrival of the 1959 Cuban Revolution, the factory was repurposed: the industrial sector now provided economic financing for the support of the Revolution. Thus, the Taller de Santiago de las Vegas continued the tradition of producing serial and artistic pieces, although almost all the ceramic production was now concentrated in the former as opposed to the latter.[98] Mirta García Buch and José Miguel González, an *aficionado*, were retained as official decorators. In 1960, Rodríguez de la Cruz continued to direct the factory having retired from medicine the year prior; however, Che Guevara also named Rodríguez de la Cruz director of a fireproof brick factory in Camagüey, forcing a division of his attentions.[99] By 1963, Rodríguez de la Cruz donated the Taller to the State, continuing as its director.[100]

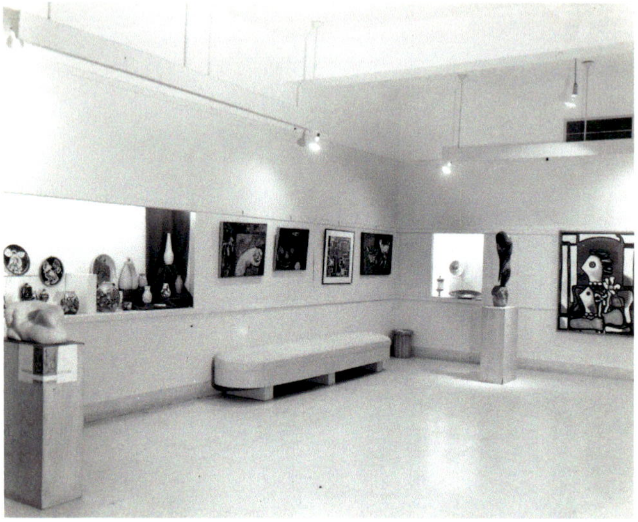

13. Exhibition featuring the ceramics, paintings, and sculptures of the Taller's women artists | Exposición de cerámicas, pinturas y esculturas de las artistas del Taller, *13 Artistas cubanas en el Lyceum*, La Habana, 1959.

Political considerations shape social and cultural realities. For Cuban modernism, the Revolution was an inflection point: abstract and modernist expressions were at times tolerated but, at best, met with suspicion.[101] Many artists left;[102] some stayed, including Peláez and Portocarrero, but the ceramic movement's production and influence was now understood from an altered lens.

As the Revolutionary regime wore on, the Taller de Santiago de las Vegas's importance waned, and independent ceramic workshops flourished. During the post-Revolutionary period of 1959–85, the Taller became part of Cuba's Patrimonio Cultural de la Nación (National Patrimony).[103] Many, such as Amelia Peláez, Aleida González, Rebeca Robés, Elia Rosa Fernández de Mendía,[104] and Mirta García Buch opened their own studios, continuing to design ceramics into the 1960s, 1970s, and 1980s. Despite the factory's reduced interest in the production of artistic ceram-

vanguardista?

Primero debemos evaluar las consideraciones políticas que interfirieron. Con la llegada de la Revolución de 1959, la fábrica fue reconvertida: el sector industrial ahora producía financiamiento para apoyar la Revolución. Así fue como el Taller de Santiago de las Vegas continuó la tradición de producir piezas seriadas y artísticas, aunque casi toda la producción se concentraba en las primeras más que en las segundas[98]. Mirta García Buch y José Miguel González, un *aficionado*, continuaron como decoradores oficiales. En 1960 Rodríguez de la Cruz, que se había retirado de la medicina el año anterior, continuaba dirigiendo la fábrica. Sin embargo, el Che Guevara nombró a Rodríguez de la Cruz director de una fábrica de ladrillos refractarios en Camagüey, forzándolo a dividir sus atenciones[99]. Para 1963, Rodríguez de la Cruz donó el Taller al Estado, continuando como su director[100].

Las consideraciones políticas moldean las realidades sociales y culturales. Para el modernismo cubano, la Revolución fue un punto de inflexión: las expresiones abstractas y modernistas fueron a veces toleradas pero, en el mejor de los casos, fueron vistas con sospecha[101]. Muchos artistas se fueron del país[102]; algunos se quedaron, incluyendo Peláez y Portocarrero, pero la producción y la influencia del movimiento de cerámica comenzaron a ser interpretados con una lente alterada.

A medida que la Revolución se consolidaba, la importancia del Taller de Santiago de las Vegas declinó, y los talleres independientes florecieron. Durante el periodo posrevolucionario de 1959–85, el Taller se convirtió en parte del Patrimonio Cultural de la Nación[103]. Muchas de las artistas, como Amelia Peláez, Aleida González, Rebeca Robés, Elia Rosa Fernández de Mendía[104] y Mirta García Buch abrieron sus propios estudios, y continuaron diseñando cerámica en las décadas del sesenta, setenta y ochenta. A pesar de la reducción del interés de producir cerámica artística en la fábrica, Rodríguez de la Cruz continuó animando a nuevas generaciones de artistas en el Taller (fig. 14). Otro colectivo emergió, otra vez mujeres en su mayoría, entre las cuales pueden contarse Mirta García Buch, Gloria Lorenzo, Ida Mojenko (artista ucraniana residente en

ics, Rodríguez de la Cruz continued to encourage a new generation of design artists at the Taller (fig. 14). Another collective emerged, again in its majority women, among whom could be counted the artists Mirta García Buch, Gloría Lorenzo, Ida Mojenko (Ukrainian artist living in Cuba), and Zaida del Río.

"The Women Problem"

In a 1974 article published in the Cuban journal *Bohemia*, entitled "Al rescate de una tradición: Cerámica de Santiago de las Vegas" ("Rescuing a Tradition: The Ceramics of Santiago de las Vegas"), Rafaela Chacón Nardi lauds the Taller in that decade for its production of high-end earthenware produced and sent to embassies throughout the world, as well as houses of protocol, hotels, and other governmental institutions in Cuba. Additionally, Chacón Nardi informs readers of the importance of the Taller from the historical point of view of the Cuban visual arts "because—from 1951 onward—famous painters have worked here. And some names are put forth from a roster, which, were it to be complete, would be endless: Wifredo Lam, Amelia Peláez, René Portocarrero, Milián, Mariano Rodríguez, Luis Martínez Pedro."[105]

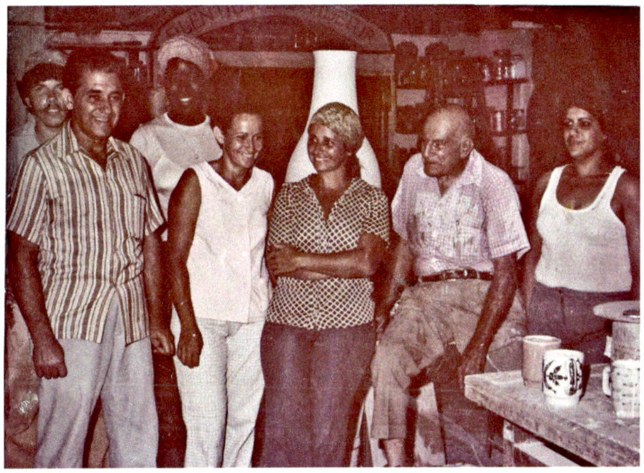

14. Juan Miguel Rodríguez de la Cruz (second from right) with Taller workers in 1985. At left is Ramón Barrero, a potter, and at center is Juana Ruiz, a varnisher. | Juan Miguel Rodríguez de la Cruz (segundo a la derecha) con trabajadores del Taller en 1985. A la izquierda está Ramón Barrero, un tornero, y en el centro está Juana Ruiz, barnizadora.

As endless as the list may be, we see just one woman's name, the token woman artist, that of the well-deserving modernist painter, Amelia Peláez. But Peláez was not the first, nor the second, nor even the third woman artist at the Taller, nor was she the only accomplished ceramicist. What of the talented Mirta García Buch, the sole focus of a 1958 exhibition and subject of numerous newspaper articles before the outbreak of the Revolution, employed at the Taller at the time of their publication? Or Rebeca Robés who had returned from a scholarship in Spain and contributed to the advancement of the medium and the success of the Taller before opening her own studio? Or Marta Arjona, who was entrusted by Amelia Peláez to assist on the first ceramic mural? Or Elia Rosa Fernández de Mendía, Ofelia Sam, and Aleida González?[106] Is there a "greatness" factor that only

Cuba) y Zaida del Río.

"El problema de las mujeres"

En un artículo publicado en 1974 en la revista cubana *Bohemia*, titulado "Al rescate de una tradición: Cerámica de Santiago de las Vegas", Rafaela Chacón Nardi elogia al Taller en esa década por la producción de loza de alta calidad que se envía a las embajadas por todo el mundo, así como a casas de protocolo, hoteles y otras instituciones del gobierno cubano. Además, Chacón Nardi informa a sus lectores de la importancia del Taller desde un punto de vista histórico dentro de las artes visuales cubanas "porque aquí han trabajado—a partir del 51—afamados pintores. Y ofrece algunos nombres de una relación que de ser completa resultaría interminable: Wifredo Lam, Amelia Peláez, René Portocarrero, Milián, Mariano Rodríguez, Luis Martínez Pedro"[105].

A pesar de ser una lista extensa, solamente vemos un nombre de mujer, como para no dejarlas fuera del todo, la prestigiosa pintora modernista Amelia Peláez. Pero Peláez no fue la primera ni la segunda, ni siquiera la tercera mujer artista del Taller, ni fue tampoco la única ceramista de mérito. ¿Dónde estaba en esa lista la talentosa Mirta García Buch, que tuvo una exposición personal en 1958 y sobre quien se escribieron numerosos artículos en periódicos y revistas antes de la Revolución, y que estaba empleada en el Taller en la fecha en que se publicó el artículo? ¿O Rebeca Robés, que había regresado de su beca en España y había contribuido al avance del medio y el éxito del Taller antes de abrir su estudio personal? ¿O Marta Arjona, en quien Amelia Peláez había confiado hasta hacerla su asistente en el primer mural de cerámica? ¿O Elia Rosa Fernández de Mendía, Ofelia Sam y Aleida González[106]? ¿Hay algún tipo de medida de "grandeza" que solo Peláez pudo trascender, junto a todos los hombres? ¿Solamente deben ser recordados los hombres por su "genio" como ceramistas?

En su libro *The Story of Art without Men*, Katy Hessel pone en el punto de mira la llamada "grandeza" y argumenta que "no hay nada intrínsecamente 'diferente' en la obra creada por artistas de cualquier género… [es que] la sociedad y los guardianes de

Peláez was able to transcend, along with all the men? Are only men to be remembered for their ceramic "genius"?

In her book, *The Story of Art without Men*, Katy Hessel takes aim at the "greatness" factor arguing that "there is nothing inherently 'different' about work created by artists of any particular gender...[it is] that society and its gatekeepers have always prioritized one group in history."[107] She expounds convincingly on amending the injustice by adding women to the canon, fleshing out our views more accurately: "Artists pinpoint moments of history through a uniquely expressive medium and allow us to make sense of a time. If we aren't seeing art by a wide range of people, we aren't really seeing society, history, or culture as a whole."[108]

Hessel's 2023 book, as she explains in the introduction, is in direct response to Linda Nochlin's pivotal 1971 scholarly essay "Why Have There Been No Great Women Artists?," written in the second wave of the feminist movement. A primary goal of the Nochlin essay was to change or displace the traditional, almost entirely male-oriented notion of greatness itself. The essay posed a theoretical question, challenging women's demand for true equality by "examining the whole erroneous intellectual substructure upon which the question is based: by questioning the validity of the formulation of so-called 'problems' in general and the 'problem' of women specifically."[109] In the essay, Nochlin (fig. 15) targets the theory of "greatness" or "genius" artists, debunking the notion of *the individual* or private pre-conditions for achievement (or the lack thereof), and stressing, over and against this conceit, the *institutional*, or public access, as a counterbalance to this idea of artistic excellence.

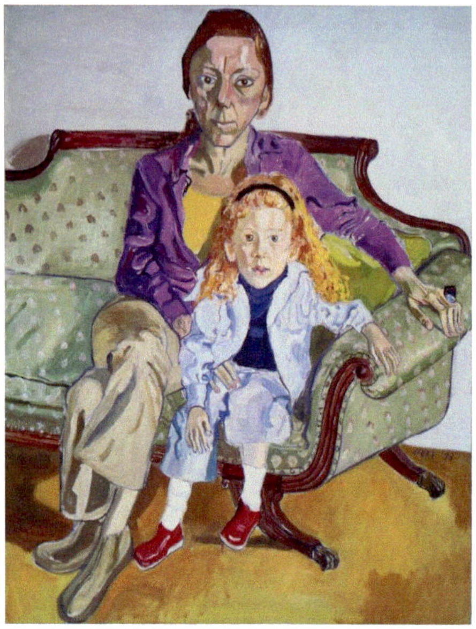

15. Alice Neel (1900–84), *Linda Nochlin and Daisy* | *Linda Nochlin y Daisy*, 1973. Oil on canvas | óleo sobre lienzo, 55.9 × 44″, Museum of Fine Arts, Boston, 1983.496.

And what about the "problem" of Cuban women artists? Or rephrasing Linda Nochlin's question for the purposes of this essay, "why are there no great women ceramicists?" As a female collective, the notion of greatness is diluted still further by the parameters of the (male) individualistic culture within which "greatness" has traditionally been defined. Does the fact that women often work in collectives interfere with the notion of their "greatness"? Or is it strictly reduced to "the women problem"? Political ramifications? A patriarchal hierarchy? Nochlin's reaction to these hypo-

sus jerarquías siempre han priorizado un grupo a lo largo de la historia"[107]. Hessel procede a enmendar convincentemente esta injusticia añadiendo mujeres al canon, y precisa su posición: "Los artistas marcan momentos de la historia a través de un medio singularmente expresivo y nos ayudan a entender su tiempo. Si no vemos arte producido por un amplio espectro de personas, no estamos viendo la sociedad, la historia o la cultura como un todo"[108].

En la introducción de su libro, publicado en el 2023, Hessel explica que fue escrito como respuesta directa al esencial ensayo de Linda Nochlin, publicado en 1971, durante la segunda ola del movimiento feminista: "Why Have There Been No Great Women Artists?". Uno de los objetivos primordiales del ensayo de Nochlin era cambiar o desplazar la noción tradicional de grandeza, casi completamente orientada hacia lo masculino. El ensayo plantea una pregunta teórica, desafiando la demanda femenina de verdadera igualdad al "examinar toda la errónea infraestructura intelectual en la que se basa la pregunta, cuestionando la validez de la formulación de los llamados 'problemas' en general y del 'problema' de las mujeres específicamente"[109]. En el ensayo, Nochlin (fig. 15) ataca la teoría de la "grandeza" de los artistas "genios", rebatiendo la noción de las precondiciones *individuales* o privadas para el logro (o el fracaso) artístico y enfatizando, frente y contra este concepto, los factores *institucionales*, o de acceso público, como contrapeso de esta noción de la excelencia artística.

¿Y el "problema" de las mujeres artistas cubanas? Parafraseando la pregunta de Linda Nochlin para los propósitos de este ensayo, "¿por qué no hay grandes ceramistas mujeres?" Como colectivo femenino, la noción de grandeza se diluye aún más con los parámetros de la cultura (masculina) individualista que ha definido tradicionalmente ese concepto. ¿El hecho de que las mujeres trabajen en colectivo interfiere con la noción de su "grandeza"? ¿O se reduce estrictamente al "problema de las mujeres"? ¿Hay ramificaciones políticas, una jerarquía patriarcal? La reacción de Nochlin a estas preguntas hipotéticas estaría basada en una acerada consideración de la cuestión de la calidad, reducida a una desafiante pero realista respuesta:

> Lo importante es que las mujeres se enfrenten a la realidad de su historia y de su situación presente, sin excusas

thetical questions would be based on a steely-eyed consideration of the question of equality, reduced to a realistic, if challenging response:

> What is important is that women face up to the reality of their history and of their present situation, without making excuses or puffing mediocrity. Disadvantage may indeed be an excuse; it is not, however, an intellectual position. Rather, using as a vantage point their situation as underdogs in the realm of grandeur, and outsiders in that ideology, women can reveal institutional and intellectual weaknesses in general and, at the same time, that they destroy false consciousness, take part in the creation of institutions in which clear thought—and true greatness—are challenges open to anyone man or woman courageous enough to take the necessary risk, the leap into the unknown.[110]

The rubric of artistic analysis is not limited simply to outward critique but requires an artist's inward reflection as well. In our case, as demonstrated in this essay, many of the Cuban women ceramicists "faced up" to their realities, abdicating careers as artists in favor of other paths. Yet for those who continued to produce works of art that competed with or outshone the works created by the male avant-garde, a renewed consideration of the Cuban second and third generations of the avant-garde is demanded. More importantly, "correction" is in order. To view these women simply as "fellows" from San Alejandro fits into Hessel's argument that women have long been seen as "the wife of, the muse of, the model of, or the acquaintance of"[111] "great" male artists.

Nochlin, in her follow-up essay "Why Have There Been No Great Women Artists? Thirty Years After: Women Artists at the Millennium, 2006," acknowledges institutional advances but suggests a long road still ahead. Nonetheless, she does not argue for blind inclusion as a retroactive justification, "I do not conceive of a feminist art history as a 'positive' approach to the field, a way of simply adding a token list of women painters and sculptors to the canon."[112]

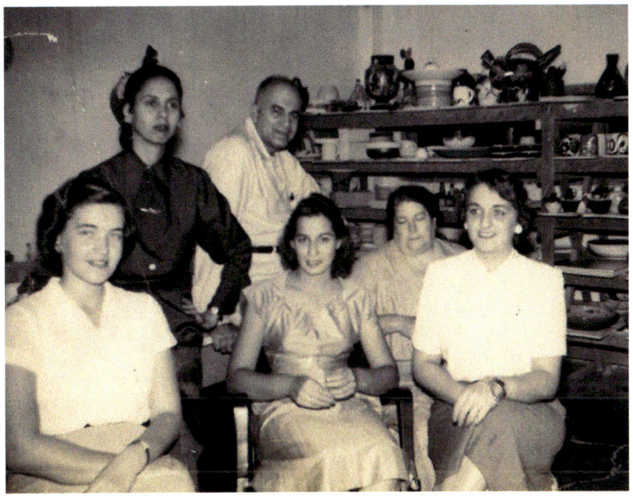

16. Artists at the Taller in front of their works for sale, November 1953 | Artistas en el Taller frente a sus obras a la venta, noviembre de 1953: María Elena Jubrías, Mirta García Buch, Juan Miguel Rodríguez de la Cruz, Aleida González, Amelia Peláez, Rosa Jiménez.

> o inflada mediocridad. Las desventajas pueden ser, ciertamente, una excusa; no son, sin embargo, una posición intelectual. Más bien, usando como atalaya su incómoda situación en el reino de la grandeza, y excluidas de esa ideología, las mujeres pueden revelar las debilidades intelectuales e institucionales en general y, al tiempo que destruyen la falsa conciencia, participar en la creación de instituciones en las que el pensamiento claro—y la verdadera grandeza—sean desafíos abiertos a cualquiera, hombre o mujer, con el valor suficiente para tomar los riesgos necesarios, dar el salto hacia lo desconocido[110].

Las normas del análisis artístico no se limitan sólo a la crítica externa sino que requieren tomar en cuenta la reflexión interna del artista también. En nuestro caso, como demuestra este ensayo, muchas de las ceramistas cubanas "dieron la cara" a sus realidades, renunciando a sus carreras como artistas para seguir otros caminos. Sin embargo, para aquellas que continuaron produciendo obras que competían con las de los artistas hombres de la vanguardia, o las superaban, se impone una reconsideración de la segunda y la tercera generación de la vanguardia que las incluya. En otras palabras, debemos corregir nuestras ideas sobre estas generaciones. Ver a estas mujeres simplemente como "compañeras de clase" de San Alejandro confirmaría el argumento de Hessel de que las mujeres han sido vistas desde siempre como "la esposa de, la musa de, la modelo de, o la conocida de"[111] los "grandes" artistas hombres.

Nochlin, en el ensayo subsiguiente "Why Have There Been No Great Women Artists? Thirty Years After: Women Artists at the Millennium, 2006" reconoce avances institucionales pero sugiere que todavía queda mucho camino por recorrer. Sin embargo, no argumenta que debamos crear una inclusión ciega de las mujeres en el canon como justificación retroactiva: "No concibo una historia del arte desde la perspectiva feminista como un acercamiento "positivo" al campo, una manera de simplemente añadir una lista "representativa" de mujeres pintoras y escultoras al canon"[112].

In Cuba, women experienced disadvantages based on economics, gender, and culture even while accessing institutional structures such as San Alejandro. Many managed to overcome disadvantages imposed by the institutional society. Scholars, institutions, and the public are now beginning to recognize the female artists and writers of Cuban modernism: the painters, Amelia Peláez, Loló Soldevilla, Carmen Herrera, Zilia Sánchez;[113] art patroness María Luisa Gómez Mena; furniture designer Clara Porset; anthropologists and writers Lydia Cabrera. Natalia Bolívar, and Julia Rodríguez Tomeu. Nonetheless, the list is limited, and certainly not interminable. There *have* been great Cuban women ceramicists in addition to Amelia Peláez,[114] and they deserve recognition; they should not remain a lost generation (fig. 16).

In 1986, third-generation modernist Pedro de Oraá described Amelia Peláez as "one of the most relevant personalities of our contemporary visual arts."[115] He described Peláez's character as a "reflection of bright water whose lively murmur all will hear."[116] And the murmur we hear has a prescient tone; Peláez herself stating "if the characteristics regarded as common to our Cuban painters are not yet recognized...they should be in the near future."[117] Hopefully these characteristics common to Cuban artists will not be limited by traditional notions of greatness. May the annals of Cuban art history soon include the extraordinary contributions of its women ceramicists.

En Cuba, las mujeres experimentaron desventajas económicas, de género y culturales incluso cuando tenían acceso a estructuras institucionales como San Alejandro. Muchas lograron superar las desventajas impuestas por las instituciones sociales. Los estudiosos, las instituciones y el público general están ahora comenzando a reconocer a las mujeres artistas y escritoras de la modernidad cubana: las pintoras Amelia Peláez, Loló Soldevilla, Carmen Herrera, Zilia Sánchez[113]; la mecenas artística María Luisa Gómez Mena; la diseñadora de muebles Clara Porset; las antropólogas y escritoras Lydia Cabrera, Natalia Bolívar, y Julia Rodríguez Tomeu. Sin embargo, la lista es limitada y no muy larga que digamos. *Han habido* grandes mujeres ceramistas en Cuba además de Amelia Peláez[114] y merecen reconocimiento; no deberían seguir siendo una generación perdida (fig. 16).

En 1986, el modernista de la tercera generación Pedro de Oraá describió a Amelia Peláez como "una de las más relevantes personalidades de nuestra plástica contemporánea"[115]. Describió el carácter de Peláez como "espejo de agua brillante cuyo vivo rumor todos escucharán"[116]. Y el rumor que escuchamos tiene un tono profético; la propia Peláez afirma que "de las características comunes a los pintores cubanos... si no existen ya, deberán existir a partir de cierto momento futuro que tal vez está próximo"[117]. Esperemos que esas características comunes no sean limitadas en el futuro por las nociones tradicionales de grandeza, y que los anales de la historia del arte cubano pronto incluyan las extraordinarias contribuciones de sus mujeres ceramistas.

I would like to thank all those who have helped me in writing this essay, especially Roberto S. Goizueta and Kate Shugert. I am deeply grateful for their suggestions and continued support. To Roberto Cobas Amate, Betty Gago, the late María Elena Jubrías, Gladys Gómez-Rossié, and to the entire staff at the Cuban Heritage Collection (CHC) at the University of Miami Libraries, I offer my sincere appreciation for fact-checking and research assistance. The roots of the CHC extend back to a group of five Cuban women, who in 1998, approached my mother-in-law, Olguita C. de Goizueta, with a proposal to fund a research institution that would hold the most extensive library and archive on Cuban and Cuban diaspora history, on or off the island. Given the importance of women to this ceramics exhibition, I would like to dedicate this essay to them and to three Cuban family members: Olguita C. de Goizueta, for her insight and unwavering support of the CHC, and my daughters: Cristina M. Goizueta, whose artistic talent is always an inspiration, and Gabriela I. Goizueta, who, as an art historian herself, encouraged me to organize an exhibition around women. The exhibition and catalogue would not have been possible without their vision.

1 Ernest Hemingway, *The Sun Also Rises* (New York: Charles Scribner's Sons, 1926), 1.

2 In English, it is partly a grammatical issue (in Spanish, the term *artistas* would be understood in its plural, feminine form, thus negating the use of *mujeres* [women]) as well as an issue of historical construct. Writer Catherine Grant, in her introductory essay to the fiftieth anniversary edition of Linda Nochlin's superb 1971 feminist article "Why Have There Been No Great Women Artists?," takes aim at the term "women artist" as a historical construct, one from which we are not yet liberated. As such, Grant still finds the need to incorporate the term into her own writing. The current climate still necessitates the use of "women artists," distinct from the neutral noun, which is understood to be "in the field of art history, the white, Western male viewpoint, unconsciously accepted as *the* viewpoint of the art historian" that "prove[s] to be inadequate" (Linda Nochlin, *Why Have There Been No Great Women Artists?: 50th Anniversary Edition*, intro. Catherine Grant [London: Thames and Hudson, 2021], 22). Nochlin's article was originally published in a special issue of *ARTnews* 69, no. 9 (Jan. 1971): 22–39, a reworking of her "Why Are There No Great Women Artists?," which appeared in *Woman in Sexist Society: Studies in Power and Powerlessness*, ed. Vivian Gornick and Barbara K. Moran (New York: Basic Books, 1971), 480–510.

3 Robert Longley, "The Lost Generation and the Writers Who Described Their World," ThoughtCo., Mar. 2, 2023, https://www.thoughtco.com/the-lost-generation-4159302.

4 George S. Messersmith to Cordell Hull, 740.0011 Pacific War/767: Telegram, Foreign Relations of the United States Diplomatic Papers, 1941, the American Republics, vol. VI, https://history.state.gov/historicaldocuments/frus1941v06

Quiero darles las gracias a todos los que me han ayudado en la escritura de este ensayo, especialmente a Roberto S. Goizueta y Kate Shugert. Estoy profundamente agradecida por sus sugerencias y su apoyo constante. A Roberto Cobas Amate, Betty Gago, la ya fallecida María Elena Jubrías, Gladys Gómez-Rossié y a todo el equipo de la Cuban Heritage Collection (CHC) en las University of Miami Libraries, les ofrezco mi sincero aprecio por su ayuda en la corroboración de datos, y la ayuda en la investigación. Las raíces de la CHC se remontan a un grupo de cinco mujeres cubanas a las que en 1998 mi suegra Olguita C. de Goizueta ofreció fondos para crear una institución dedicada a la investigación, que dispondría de la mayor biblioteca y archivo sobre la historia de Cuba y de la diáspora cubana. Dada la importancia de las mujeres en esta exposición de cerámica, me gustaría dedicarles este ensayo a las mujeres ceramistas y a tres cubanas que son parte de mi familia: Olguita C. de Goizueta, por su impulso inicial y su tenaz apoyo a la CHC, y a mis hijas: Cristina M. Goizueta, cuyo talento artístico es siempre una inspiración, y Gabriela I. Goizueta, quien, como historiadora del arte, me animó a organizar una exposición dedicada a artistas mujeres. Esta exposición y este catálogo no habrían sido posibles sin la visión de todas ellas.

1 Ernest Hemingway, *The Sun Also Rises* (Nueva York: Charles Scribner's Sons, 1926), 1.

2 En inglés, es parcialmente un problema gramatical, pero también una construcción social. En español, el término *artistas* puede ser usado en su plural femenino, por lo que no es necesario el uso de *mujeres* cuando se usa el artículo. Catherine Grant, en el ensayo introductorio a la edición conmemorativa del cincuenta aniversario del famoso artículo feminista de Linda Nochlin, publicado en 1971 "Why Have There Been No Great Women Artists?" ("¿Por qué no han habido grandes mujeres artistas?") ataca el término "mujer artista" como una construcción histórica de la que aún no nos hemos liberado. Por esa misma razón, Grant todavía siente que necesita incorporar el término en su propia escritura. El clima actual todavía requiere el uso de "mujeres artistas", diferenciado del sustantivo neutro, que es entendido "en el campo de la historia del arte, como el punto de vista del hombre blanco, occidental, inconscientemente aceptado como *el punto de vista* del historiador de arte" y que "ha demostrado ser inadecuado" (Linda Nochlin, *Why Have There Been No Great Women Artists?: 50th Anniversary Edition*, intro. Catherine Grant [Londres: Thames y Hudson, 2021], 22). El artículo de Nochlin fue publicado originalmente en un número especial de *ARTnews* 69, no. 9 (ene. de 1971): 22–39, una reelaboración de su "Why Are There No Great Women Artists?", que apareció en *Woman in Sexist Society: Studies in Power and Powerlessness*, ed. Vivian Gornick y Barbara K. Moran (Nueva York: Basic Books, 1971), 480–510.

3 Robert Longley, "The Lost Generation and the Writers Who Described Their World", ThoughtCo., 2 de mar. de 2023, https://www.thoughtco.com/the-lost-generation-4159302.

4 George S. Messersmith a Cordell Hull, 740.0011 Pacific

/d88. For more in-depth information on Cuba's social, political, and artistic world during WWII, see Roberto Cobas Amate, "Rafael Soriano: Invention and Drama," in *Rafael Soriano: The Artist as Mystic | El artista como místico*, ed. Elizabeth Thompson Goizueta (Boston: McMullen Museum, Boston College, 2017), 3–16.

5 Jeanette Weiss, "The Ceramics of Wifredo Lam," in *Fire Tongues: Ceramics* (Zurich: Galerie Gmurzynska, 2012), 4. Wifredo Lam was arguably the most well-known Cuban modernist artist. Please also note the absence of any women artists.

6 Kelly Crow, "Collectors Get Fired Up for Ceramics," *Wall Street Journal*, Oct. 8, 2018.

7 Crow, "Collectors."

8 María Elena Jubrías, "Cerámica cubana: El Taller de Santiago de las Vegas" (PhD diss., Universidad de La Habana, 1985), 15. I am indebted to María Elena Jubrías; without her intense research, first-hand experience, and profound knowledge of ceramics, this account would remain untold. All translations are my own, unless otherwise noted.

9 Jubrías cites two independent references, 13.

10 Jubrías, 14.

11 Jubrías, 12.

12 René Morales, "The Craft of Memory," in *Amelia Peláez: The Craft of Modernity* (Miami: Pérez Art Museum Miami, 2014), 12.

13 Louis A. Pérez Jr., *On Becoming Cuban: Identity, Nationality, and Culture* (Chapel Hill: University of North Carolina Press, 2008), 116–25.

14 Jubrías, "Cerámica cubana," 14.

15 Alejandro G. Alonso, *Amelia Peláez* (Havana: Ediciones Boloña, 2007), 13. Jubrías, "Cerámica cubana," 12. Generally regarded as corrupt, Machado is purported to have supported those industries in which he was in direct partnership and therefore a beneficiary.

16 Jubrías, 13, 14.

17 Enrique Rodríguez Pérez (Juan Miguel Rodríguez de la Cruz's grandson), interview with author, Mar. 2023, Madrid.

18 Rafaela Chacón Nardi, "Al rescate de una tradición: Cerámica de Santiago de las Vegas," *Bohemia*, Mar. 10, 1978, 10–13.

19 Jubrías, "Cerámica cubana," 14.

20 Jubrías, 13, 14. Jaime Xart was a Catalonian political émigré, who had worked in the La Visbal ceramic factory in Barcelona.

21 Jubrías, 15. "In 1942, imports of white earthenware dropped some 50 percent and prices doubled."

22 Jubrías, 15.

23 Jubrías, 197. "Hotel dinner service: term that is applied to the specific plates of the gastronomic service industry due to being

War/767: Telegrama, Foreign Relations of the United States Diplomatic Papers, 1941, the American Republics, vol. VI, https://history.state.gov/historicaldocuments/frus1941v06/d88. Para una información más detallada sobre el mundo político, artístico y social de Cuba durante la Segunda Guerra Mundial, ver Roberto Cobas Amate, "Rafael Soriano: invención y drama", en *Rafael Soriano: The Artist as Mystic | El artista como místico*, ed. Elizabeth Thompson Goizueta (Boston: McMullen Museum, Boston College, 2017), 3–16.

5 Jeanette Weiss, "The Ceramics of Wifredo Lam", en *Fire Tongues: Ceramics* (Zurich: Galerie Gmurzynska, 2012), 4. Wifredo Lam era probablemente el artista moderno cubano más reconocido. Nótese también la ausencia de mujeres artistas.

6 Kelly Crow, "Collectors Get Fired Up for Ceramics", *Wall Street Journal*, 8 de oct. de 2018.

7 Crow, "Collectors".

8 María Elena Jubrías, "Cerámica cubana: El Taller de Santiago de las Vegas" (PhD dis., Universidad de La Habana, 1985), 15. Tengo una deuda de gratitud con María Elena Jubrías; sin su intensa investigación, experiencia de primera mano y profundo conocimiento de la cerámica, esta historia no habría sido contada.

9 Jubrías cita dos referencias independientes, 13.

10 Jubrías, 14.

11 Jubrías, 12.

12 René Morales, "The Craft of Memory", en *Amelia Peláez: The Craft of Modernity* (Miami: Pérez Art Museum Miami, 2014), 12.

13 Louis A. Pérez Jr., *On Becoming Cuban: Identity, Nationality, and Culture* (Chapel Hill: University of North Carolina Press, 2008), 116–25.

14 Jubrías, "Cerámica cubana", 14.

15 Alejandro G. Alonso, *Amelia Peláez* (La Habana: Ediciones Boloña, 2007), 13. Jubrías, "Cerámica cubana", 12. Generalmente reconocido como un político corrupto, se piensa que Machado apoyó las industrias en las que tenía intereses e inversiones y de las que era beneficiario.

16 Jubrías, 13, 14.

17 Enrique Rodríguez Pérez (nieto de Juan Miguel Rodríguez de la Cruz), entrevista con la autora, mar. de 2023, Madrid.

18 Rafaela Chacón Nardi, "Al rescate de una tradición: Cerámica de Santiago de las Vegas", *Bohemia*, 10 de mar. de 1978, 10–13.

19 Jubrías, "Cerámica cubana", 14.

20 Jubrías, 13, 14. Jaime Xart era un exiliado político catalán, que había trabajado en la fábrica de cerámica La Visbal en Barcelona.

21 Jubrías, 15. "Las importaciones de loza blanca llegaron a bajar en un 50% en 1942 y los precios se duplicaron".

22 Jubrías, 15.

economical and resistant to continuous use."

24 Jubrías, 14.

25 Jubrías, 15, 17. The owner of the factory, officially named Compañía Cubana de Cerámica, was Ricardo Gómez.

26 Virginia clay produced a whiter final result as opposed to Cuban clay, darker or redder in nature. Many bags of Virginia clay were available in the Taller at the beginning of the 1950s and the artists incorporated it into their works. As the decade wore on and the Cuban Revolution changed the character of the Taller's artistic production, Virginia clay became less desirable and less available.

27 Jubrías, "Cerámica cubana," 18.

28 Jubrías, 17.

29 Jubrías, 21.

30 Jubrías, 22.

31 Jubrías, 32: "More than a business, it was a medieval guild. The only paid employees were the contracted workers. Amelia [Peláez] and [René] Portocarrero along with the rest of the artists, received 50 percent of their products for sale. Their investment was limited to their talent and time; materials, inventory and the rest of their expenses were [covered] by Rodríguez de la Cruz." Jubrías, 163: "Amateurs received everything without cost, only with the agreement to leave, the same as for the artist, half of their production."

32 Jubrías, 22.

33 Jubrías, 58.

34 Jubrías, 59.

35 Jubrías, 59.

36 The European baroque and its characteristics were reinvented in Cuba and Latin America (Latin American baroque) and used in artwork by the second-generation Cuban modernists as a new expression of *lo cubano* (Cuban essence). For more, see Elizabeth Thompson Goizueta, "Retrieving the Baroque and the Grotesque: The Black Paintings of Mariano from 1965," in *Mariano: Variations on a Theme | Variaciones sobre un tema* (Boston: McMullen Museum of Art, Boston College, 2020), 143–45.

37 Jubrías, "Cerámica cubana," 60. Upon returning in 1954, Robés assisted Rodríguez de la Cruz's move to the new Taller in 1956 and shared her recently acquired knowledge on pottery making. After 1960, Robés created her own workshop in her home in Nuevo Vedado, Havana.

38 María Elena Jubrías, *Amelia Peláez: cerámica* (Madrid: Fundación Arte Cubano, Ediciones Vanguardia Cubana, 2008).

39 Jubrías, "Cerámica cubana," 127.

40 See Alejandro Anreus's essay in this volume that traces Lam's artistic development until the 1950s (23–27).

41 Attribution for these works has not yet been confirmed by the

23 Jubrías, 197. "Hotelera: calificativo que se aplica a las vajillas propias del servicio gastronómico por ser económicas y resistentes al uso continuo".

24 Jubrías, 14.

25 Jubrías, 15, 17. El dueño de la fábrica, oficialmente llamada Compañía Cubana de Cerámica, era Ricardo Gómez.

26 Virginia clay producía un resultado final más blanco, diferente de la arcilla cubana, más oscura o rojiza por naturaleza. Muchos sacos de Virginia clay estaban disponibles en el Taller a principios de los años cincuenta y los artistas la incorporaron en su trabajo. A medida que la década se acercaba a su final, y con la Revolución cubana que cambió el carácter de la producción artística del Taller, Virginia clay se volvió menos deseable, y menos accesible.

27 Jubrías, "Cerámica cubana", 18.

28 Jubrías, 17.

29 Jubrías, 21.

30 Jubrías, 22.

31 Jubrías, 32: "Más que un negocio era una guilda medieval. Los únicos asalariados eran los obreros; Amelia [Peláez] y [René] Portocarrero y los demás artistas cobraban el 50% del producto de venta de sus piezas, su inversión era solamente de talento y de tiempo; materiales, nómina y demás gastos por cuenta de Rodríguez de la Cruz". Jubrías, 163: "El aficionado recibía todo sin costo alguno, sólo el compromiso de dejar, al igual que el artista, la mitad de su producción".

32 Jubrías, 22.

33 Jubrías, 58.

34 Jubrías, 59.

35 Jubrías, 59.

36 El barroco europeo y sus características fueron reinventados en Cuba y en América Latina y usados en las obras de la segunda generación modernista cubana como nueva expresión de *lo cubano*. Para más información sobre este tema, ver Elizabeth Thompson Goizueta, "Recuperando lo barroco y lo grotesco: las pinturas negras de Mariano de 1965", en *Mariano: Variations on a Theme | Variaciones sobre un tema* (Boston: McMullen Museum of Art, Boston College, 2020), 143–45.

37 Jubrías, "Cerámica cubana", 60. Después de regresar en 1954, Robés ayudó a Rodríguez de la Cruz a mudarse al nuevo Taller en 1956 y allí compartió sus conocimientos recién adquiridos. Después de 1960, Robés creó su propio taller en su casa de Nuevo Vedado, en La Habana.

38 María Elena Jubrías, *Amelia Peláez: cerámica* (Madrid: Fundación Arte Cubano, Ediciones Vanguardia Cubana, 2008).

39 Jubrías, "Cerámica cubana", 127.

40 Véase el ensayo de Alejandro Anreus en este volumen que rastrea

Succession Wifredo Lam.

42 Lam portrays Elegguás, or deities in the Santería religion, as innocent but also devilish, as in *Composición* (*Composition*, 1970, **118**). See Roberto S. Goizueta, "*Mysterium Tremendum et Fascinans*: The Pre-Theistic Art of Wifredo Lam," in *Wifredo Lam: Imagining New Worlds*, ed. Elizabeth Thompson Goizueta (Chestnut Hill: McMullen Museum, Boston College, 2014), 84–85.

43 Jubrías, "Cerámica cubana," 60.

44 For Lam's quote, see Jubrías, "Cerámica cubana," 63. See Carol Damian's essay in this volume for more on Lam's participation in the Taller (74). Lam returned to ceramic making in Albissola Marina, Italy, in 1961, working with Giovanni Poggi where he became an accomplished and renowned ceramicist (**115–16**). Lam would go on to produce over three hundred ceramic works between 1975 and 1977. In 1975, a selection of this oeuvre was exhibited at the Museo della Ceramica di Savona. In 2023 an exhibition of Lam and his contemporaries' ceramics, *Lam et les magiciens de la mer*, opened at the same museum. Albisola would go on to honor its adopted sons whose contributions in ceramics transformed the city. In 2003 Lam's name was added to that roster after Lucio Fontana (1952) and Asger Jorn (1959). Weiss, "Ceramics of Lam," 9. Elizabeth Thompson Goizueta, "Earth, Water, and Fire in the Ceramics of Wifredo Lam and CoBrA" (lecture, Nova Southeastern University, Fort Lauderdale, FL, Jan. 2018).

45 See Alejandro Anreus's essay in this volume (27–32).

46 Elizabeth Thompson Goizueta, "Wifredo Lam's Poetic Imagination and the Spanish Baroque," in *Imagining New Worlds*, 11, 14. Boston College has in its O'Neill Library holdings the complete collection of Natalia Bolívar's anthropological books dedicated to African and Afro-Cuban deities.

47 Nathalie Bondil, ed., *Cuba: Art and History from 1868 to Today* (Montréal: Musée des beaux-arts de Montréal, 2008), 376.

48 Jubrías, "Cerámica cubana," 129.

49 Elizabeth Thompson Goizueta, "The Heart That Lights from Inside: Rafael Soriano's Struggle for His Artistic Vision," in *Rafael Soriano*, 22.

50 Jubrías, "Cerámica cubana," 21–22. From 1949 to 1954, the workshop was increasing in notoriety until the owner's increased legal claims on the business left Rodríguez de la Cruz with no other option than to move the Taller to a new address on the same street, calle 11, no. 353. The reformation and reconditioning of the new factory took a year. Slowly, the doctor began to replicate previous technical conditions. The second phase of the Taller was from 1956 to 1959. With the arrival of the Cuban Revolution in 1959, the Taller entered its third phase, 1959 to 1985.

51 Chacón Nardi, "Al rescate de una tradición," 12–13. The factory's artistic profile was developed over ten years, from 1949 to

el desarrollo artístico de Lam hasta la década de 1950 (23–27).

41 La atribución de estas obras aún no ha sido confirmada por la Succession Wifredo Lam.

42 Lam representa a los Elegguás, deidades de la Santería, como inocentes pero también diabólicos, por ejemplo en la *Composición* (**118**) de 1970. Ver Roberto S. Goizueta, "*Mysterium Tremendum et Fascinans*: El arte pre-teísta de Wifredo Lam", en *Wifredo Lam: imaginando nuevos mundos*, ed. Elizabeth Thompson Goizueta (Madrid: Fundación Arte Cubano, 2016), 106–7.

43 Jubrías, "Cerámica cubana", 60.

44 Para la frase de Lam, ver Jubrías, "Cerámica cubana", 63. Ver el ensayo de Carol Damian en este volumen para más información sobre la participación de Lam en el Taller (74). Lam volvió a hacer cerámica en Albissola Marina, Italia, en 1961, trabajando con Giovanni Poggi, donde se convirtió en un experto y prestigioso ceramista (**115–16**). Lam produjo más de trescientas piezas de cerámica entre 1975 y 1977. En 1975, una selección de esta oeuvre fue expuesta en el Museo della Ceramica di Savona. En 2023 una exposición de cerámicas de Lam y de sus contemporáneos, *Lam et les magiciens de la mer*, fue inaugurada en el mismo museo. Albisola ha honrado a sus hijos adoptivos cuyas contribuciones a la cerámica transformaron la ciudad. En el 2003, el nombre de Lam fue añadido a ese ilustre elenco que incluye a Lucio Fontana (1952) y Asger Jorn (1959). Weiss, "Ceramics of Lam", 9. Elizabeth Thompson Goizueta, "Earth, Water, and Fire in the Ceramics of Wifredo Lam and CoBrA" (conferencia, Nova Southeastern University, Fort Lauderdale, FL, ene. de 2018).

45 Ver el ensayo de Alejandro Anreus en este volumen (27–32).

46 Elizabeth Thompson Goizueta, "La imaginación poética de Wifredo Lam y el barroco español", en *Imaginando nuevos mundos*, 27, 30. Boston College tiene en los fondos de la O'Neill Library la colección completa de los libros de antropología de Natalia Bolívar dedicados a las deidades africanas y afrocubanas.

47 Nathalie Bondil, ed., *Cuba: Art and History from 1868 to Today* (Montréal: Musée des beaux-arts de Montréal, 2008), 376.

48 Jubrías, "Cerámica cubana", 129.

49 Elizabeth Thompson Goizueta, "La luz que en el corazón ardía: la lucha de Rafael Soriano por su visión artística", en *Rafael Soriano*, 22.

50 Jubrías, "Cerámica cubana", 21–22. Desde 1949 a 1954, el Taller iba incrementando su notoriedad hasta que los reclamos legales del dueño del negocio forzaron a Rodríguez de la Cruz a mover el Taller a una nueva dirección en la misma calle 11, no. 353. La reforma y recondicionamiento de la nueva fábrica tomó un año. Poco a poco el doctor comenzó a reproducir las condiciones técnicas del local anterior. La segunda fase del Taller fue desde 1956 a 1959. Con la llegada de la Revolución, el Taller entró en su tercera fase, de 1959 a 1985.

51 Chacón Nardi, "Al rescate de una tradición", 12–13. El perfil

1959. Jubrías, "Cerámica cubana," 21.

52 Jubrías, 102.

53 Jubrías, 91. José Lezama Lima, Robert Altmann, Jorge Rigol, Graziella Pogolotti among others.

54 Jubrías, 82. The architect José Miguel González became recognized as a ceramic decorator.

55 Jubrías, 10.

56 Jubrías, 102.

57 Jubrías, 46. Elia Rosa Fernández de Mendía "attended the workshop consistently for two years, between 1952 and 1954. In ceramics Elia Rosa found her ideal form of expression, to the point that she formed her own workshop and later left for the United States where she studied ceramics. Her decorative style in ceramics consisted of an abstract or semi-abstract style with a sure and elegant hand, preferably with light nuances. This is consistent with her studies [at the Academia] where she specialized in etching." A rare example "of her restrained style [is seen] on a collaborative plate with fish motifs, executed in 1954 [**52**]. This was painted in a spirit of fun by the [women's collective] present that day in the workshop."

58 Mario Santí, Escuela Nacional de Bellas Artes, San Alejandro y Anexa. Manuscript. University of Miami Libraries, Cuban Heritage Collection, Elia Rosa F. de Mendía Collection, 1950–1981, chc5189.

59 Marta Arjona had an important career at Santiago de las Vegas. She was one of the first to enter in 1949. Between 1951 and 1952, she left Cuba to study ceramics at the École de Métiers d'Arts Appliqués in Paris with a scholarship from the El Lyceum y Lawn Tennis Club, an influential women's cultural center for the arts. Returning to the Taller in 1952, she continued for two years, imparting her newfound knowledge with others, often throwing her own pottery, and mixing varnishes for her designs. Arjona became president of the Consejo Nacional de Patrimonio Cultural (National Board of Cultural Patrimony), and worked for the creation and preservation of museums in Cuba.

60 Specifically, those artists who belonged to Cuba's second (1938–50) and third (1950s) avant-garde generations would participate most fully in the ceramic movement, although Amelia Peláez, principally associated with the first generation, continued artistic output in various mediums, equally adept in works of two and three dimensionality, alongside artists of all three generations.

61 Amelia Peláez, interview by José Seoane Gallo, 1963–67, published in José Seoane Gallo, *Palmas reales en el Sena* (Havana: Editorial Letras Cubanas, 1987), 80–89. See also Jubrías, "Cerámica cubana," 68.

62 For more information on Amelia Peláez's artistic output, influence, and effect on Cuban modernism, please see the other essays in this volume (6–10, 19–23, 75–77).

artístico de la fábrica se desarrolló a lo largo de diez años, de 1949 a 1959. Jubrías, "Cerámica cubana", 21.

52 Jubrías, 102.

53 Jubrías, 91. José Lezama Lima, Robert Altmann, Jorge Rigol y Graziella Pogolotti, entre otros.

54 Jubrías, 82. El arquitecto José Miguel González obtuvo reconocimiento como decorador de cerámica.

55 Jubrías, 10.

56 Jubrías, 102.

57 Jubrías, 46. Elia Rosa Fernández de Mendía "asistió al taller con bastante asiduidad durante unos dos años, entre 1952 y 1954. Elia Rosa encontró en la cerámica su forma idónea de expresión, tan es así, que montó taller propio y fue a Estados Unidos a estudiar cerámica. Trabajó la decoración sobre cerámica con un estilo abstracto o semiabstracto de líneas finas y firmes—propias de su especialidad de grabado—y matices preferentemente claros". Un raro ejemplo "de su sobrio estilo [se ve] en un plato colectivo con motivo de peces realizado en 1954 [**52**] que, a manera de divertimento, se hizo por los presentes ese día en el taller".

58 Mario Santí, Escuela Nacional de Bellas Artes, San Alejandro y Anexa. Manuscrito. University of Miami Libraries, Cuban Heritage Collection, Elia Rosa F. de Mendía Collection, 1950–1981, chc5189.

59 Marta Arjona desarrolló una importante carrera en Santiago de las Vegas. Fue entre las primeras en incorporarse en 1949. Entre 1951 y 1952, estudió cerámica en la École de Métiers d'Arts Appliqués en París con una beca del Lyceum y Lawn Tennis Club, un influyente centro promotor del arte femenino. Al regresar al Taller en 1952, continuó por dos años impartiendo sus conocimientos recientemente adquiridos en sus colegas, muchas veces trabajando en el torno y mezclando sus propios barnices. Arjona se convirtió en presidenta del Consejo Nacional de Patrimonio Cultural, y trabajó en la creación y preservación de museos en Cuba.

60 Los artistas de la segunda (1938–50) y tercera (década del cincuenta) generación de la vanguardia cubana fueron quienes participaron más activamente en el movimiento de la cerámica, aunque Amelia Peláez, generalmente asociada con la primera generación, continuó produciendo arte en distintos medios, igualmente cómoda en dos o tres dimensiones, junto a artistas de las tres generaciones.

61 Amelia Peláez, entrevistada por José Seoane Gallo, 1963–67, publicado en José Seoane Gallo, *Palmas reales en el Sena* (La Habana: Editorial Letras Cubanas, 1987), 80–89. Ver también Jubrías, "Cerámica cubana", 68.

62 Para más información sobre las creaciones de Amelia Peláez, su influencia y efecto en el modernismo cubano ver los demás ensayos en este volumen (6–10, 19–23, 75–77).

63 Jubrías, "Cerámica cubana", 30.

63 Jubrías, "Cerámica cubana," 30.

64 In 1953–54, the most important point of the first stage of the artistic workshop, Aleida González was one of seven employees at the Taller. González was not a graduate from the Academia San Alejandro and lacked artistic formation. As such, she was hired as a decorative artist of the serial products. Jubrías, 29–30.

65 Jubrías, 45. As the picture indicates, the couple Dr. Rodríguez de la Cruz and Dulce María Escalona appear to support the inclusion of children amid the quotidian workspace. One of the perennial challenges of female employment is childcare.

66 Jubrías, 56. Julio Herrera Zapata was a painter trained in the New York School style who began attending the Taller in 1958, late in its second phase. He continued until 1960. His steady, minimalized stroke lent itself well to ceramics and he produced a prolific body of work.

67 Jubrías, 46. Some left an indelible mark while others, less.

68 Alonso, *Amelia Peláez*, 132.

69 Seoane Gallo, *Palmas reales*, 80–89. In 1954, with the reinstallation of the Taller de Santiago de las Vegas at another address, Peláez opened her own workshop in collaboration with Luis Martínez Pedro and his wife Gertrude Lüdke, and Wifredo Arcay in the Víbora neighborhood.

70 Jubrías, *Amelia Peláez*, 105.

71 Pedro de Oraá, "Perfil de Amelia Peláez," in *Palmas reales*, 10.

72 Seoane Gallo, *Palmas reales*, 82.

73 Morales, "Craft of Memory," 11.

74 In 1924, the Academia San Alejandro granted Peláez a six-month scholarship to study in the United States. She lived in New York and Philadelphia, and visited Boston. In 1926, she received a second scholarship from the same institution to study in Paris. Originally, the scholarship was intended for one year, but it was extended to four; nonetheless, Peláez stayed in Paris for seven years, from 1927 to 1934. In 1934 she returned to Cuba, where she continued to live and work for decades, although she traveled many times to Europe before and after the Second World War. For an excellent biography in Spanish on her life, see the 1963 and 1967 interviews by José Seoane Gallo published in his *Palmas reales*, 32–35.

75 Ingrid W. Elliott, "Amelia Peláez: Crafting Cuban Modernism," in *Craft of Modernity*, 33.

76 See Roberto Cobas Amate's essay in this catalogue (1–6).

77 Perspective for art historians is a central tenet of the Renaissance.

78 Alejo Carpentier, "Amelia Peláez: comentarios breves para fotografías de Robert Altmann," *Artes plásticas* 1 (1960) in Alonso, *Amelia Peláez*, 125.

79 Morales, "Craft of Memory," 11. Specifically, "arched stained-

64 En 1953–54, el momento cumbre de la primera etapa del taller de cerámica artística, Aleida González es una de los siete empleados del Taller. González no era graduada de San Alejandro y no tenía formación como artista, por lo que fue contratada como decoradora de los productos seriales. Jubrías, 29–30.

65 Jubrías, 45. Como indica la foto, la pareja formada por el Dr. Rodríguez de la Cruz y Dulce María Escalona al parecer apoyaban la inclusión de los niños dentro del local de trabajo. Uno de los desafíos perennes del empleo femenino es el cuidado de los niños.

66 Jubrías, 56. Julio Herrera Zapata era un pintor entrenado en el estilo de la Escuela de Nueva York, quien comenzó a frecuentar el Taller en 1958, al final de su segunda fase, y continuó hasta 1960. Su pincelada segura y minimalista se prestaba bien para la cerámica y Herrera Zapata produjo una gran cantidad de obras durante este corto período.

67 Jubrías, 46. Algunos dejaron una marca indeleble, otros no tanto.

68 Alonso, *Amelia Peláez*, 132.

69 Seoane Gallo, *Palmas reales*, 80–89. En 1954, ocurrió la mudanza del Taller de Santiago de las Vegas a otra dirección, y Peláez abrió su propio taller el año siguiente en colaboración con Luis Martínez Pedro, su esposa Gertrude Lüdke y Wifredo Arcay en La Víbora, un barrio de La Habana.

70 Jubrías, *Amelia Peláez*, 105.

71 Pedro de Oraá, "Perfil de Amelia Peláez", en *Palmas reales*, 10.

72 Seoane Gallo, *Palmas reales*, 82.

73 Morales, "La artesanía de la memoria", 115.

74 En 1924, la Academia San Alejandro le concedió a Peláez una beca de seis meses para estudiar en los Estados Unidos. Ella vivió en Nueva York y Filadelfia y visitó Boston. En 1926, recibió una segunda beca de la misma institución para estudiar en París. Originalmente, la beca estaba proyectada para un año, pero fue extendida a cuatro. Sin embargo, Peláez permaneció en París por siete años, de 1927 a 1934. En 1934 regresó a Cuba, donde vivió y trabajó por décadas, aunque viajó muchas veces a Europa antes y después de la Segunda Guerra Mundial. Para una excelente biografía en español, ver las entrevistas realizadas en 1963 y 1967 por José Seoane Gallo, publicadas en *Palmas reales*, 32–35.

75 Ingrid W. Elliott, "Amelia Peláez: forjando artesanalmente el modernismo cubano", en *Craft of Modernity*, 135.

76 Ver el ensayo de Roberto Cobas Amate en este catálogo (1–6).

77 Para los historiadores del arte, la perspectiva es uno de los pilares centrales del Renacimiento.

78 Alejo Carpentier, "Amelia Peláez: comentarios breves para fotografías de Robert Altmann", *Artes plásticas* 1 (1960) en Alonso, *Amelia Peláez*, 125.

79 Morales, "La artesanía de la memoria", 115. Específicamente, "con los vitrales de medio punto, las columnas corintias y los ornamentos en hierro forjado".

glass windows (*mediopuntos*), Corinthian columns, and curlicue ironworks."

80 Jubrías, *Amelia Peláez*, 83.

81 Seoane Gallo, *Palma reales*, 87.

82 Jubrías, *Amelia Peláez*, 107.

83 Jubrías, 107.

84 See fig. 2 in Carol Damian's essay for an image of the mural.

85 Seoane Gallo, *Palma reales*; Jubrías, *Amelia Peláez*, 68.

86 Jubrías, "Cerámica cubana," 89–90.

87 Jubrías, 99.

88 The color on his decorated water jug (*porrón*) was so dissatisfying that he avoided the Taller until 1953 (the same year Amelia Peláez executed her groundbreaking mural for the Tribunal de Cuentas). Jubrías, 101n1.

89 Jubrías, 92, 100, 101. "Portocarrero y la cerámica artística en Cuba," *Revolución y cultura*, May 1986, 32–35.

90 Jubrías, 101n3.

91 Beatriz Gago, ed., *Luis Martínez Pedro: Revelaciones* (Madrid: Fundación Arte Cubano, 2017), 24.

92 Victor Deupi and Jean-Francois Lejeune, *Cuban Modernism: Mid-Century Architecture, 1940–1970* (Basel: Birkhäuser, 2021), 263.

93 Gladys Lauderman, quoted in Jubrías, "Cerámica cubana," 104–5. Considered the first retrospective on ceramic art representing the Taller, the most important artists from the Cuban avant-garde participated: Amelia Peláez, Mirta García Buch, Marta Arjona, Rebeca Robés, María Elena Jubrías, Wifredo Lam, Mariano Rodríguez, Luis Martínez Pedro, Domingo Ravenet. See also, Rine Leal, "Produce Cuba cerámica de muy alta calidad," *Carteles* (1954): 93–96.

94 See Cobas Amate, "Soriano: Invention and Drama," 15–16n17. *Los Once* were radically opposed to any type of collaboration with the dictatorship of Fulgencio Batista. They were also against participating in the *II Bienal hispanoamericana de arte* (*Second Hispanic American Art Biennial*) that was to take place in the recently inaugurated venue of the Museo Nacional de Bellas Artes in Havana to celebrate the centennial of José Martí, Cuba's "founding father of independence," a celebration they considered an unforgivable affront. They did, however, participate enthusiastically in the *Exposición plástica cubana contemporánea*.

95 Jubrías, "Cerámica cubana," 108.

96 Jubrías, 107. The 1956 exhibit included ceramic works by Amelia Peláez, Wifredo Arcay, Mirta García Buch, René Portocarrero, and Rebeca Robés. See also *Rotograbado información*, Oct. 1, 1956.

97 Of particular note are: Rosa Oliva, "La cerámica de Mirta G.

80 Jubrías, *Amelia Peláez*, 83.

81 Seoane Gallo, *Palma reales*, 87.

82 Jubrías, *Amelia Peláez*, 107.

83 Jubrías, 107.

84 Ver la imagen de este mural en la fig. 2 en el ensayo de Carol Damian.

85 Seoane Gallo, *Palma reales*; Jubrías, *Amelia Peláez*, 68.

86 Jubrías, "Cerámica cubana", 89–90.

87 Jubrías, 99.

88 Portocarrero ejecutó un porrón decorado y el color fue tan decepcionante que el artista evitó el Taller hasta 1953 (el mismo año en que Amelia Peláez ejecutó su innovador mural para el Tribunal de Cuentas). Jubrías, 101n1.

89 Jubrías, 92, 100, 101. "Portocarrero y la cerámica artística en Cuba", *Revolución y cultura*, may. de 1986, 32–35.

90 Jubrías, 101n3.

91 Beatriz Gago, ed., *Luis Martínez Pedro: Revelaciones* (Madrid: Fundación Arte Cubano, 2017), 24.

92 Victor Deupi y Jean-Francois Lejeune, *Cuban Modernism: Mid-Century Architecture, 1940–1970* (Basel: Birkhäuser, 2021), 263.

93 Gladys Lauderman, citado en Jubrías, "Cerámica cubana", 104–5. Considerada la primera retrospectiva del arte cerámico del Taller, los más importantes artistas vanguardistas del país participaron: Amelia Peláez, Mirta García Buch, Marta Arjona, Rebeca Robés, María Elena Jubrías, Wifredo Lam, Mariano Rodríguez, Luis Martínez Pedro, Domingo Ravenet. Ver también, Rine Leal, "Produce Cuba cerámica de muy alta calidad", *Carteles* (1954): 93–96.

94 Ver Cobas Amate, "Soriano: invención y drama", 15n17. Los Once se oponían radicalmente a cualquier tipo de colaboración con la dictadura de Fulgencio Batista. También estaban en contra de participar en la *II Bienal hispanoamericana de arte* que tomaría lugar en los salones del recientemente inaugurado Museo Nacional de Bellas Artes en La Habana para celebrar el centenario de José Martí, el "padre fundador de la independencia de Cuba", celebración que Los Once consideraban una imperdonable afrenta. Sin embargo, sí participaron con entusiasmo en la *Exposición plástica cubana contemporánea*.

95 Jubrías, "Cerámica cubana", 108.

96 Jubrías, 107. Esta exposición de 1956 incluyó cerámicas de Amelia Peláez, Wifredo Arcay, Mirta García Buch, René Portocarrero y Rebeca Robés. Ver también *Rotograbado información*, 1 de oct. de 1956.

97 Particularmente significativos: Rosa Oliva, "La cerámica de Mirta G. Buch", *El mundo ilustrado*, 14 de abr. de 1957, 6; Ramón Álvarez Silva, "La ceramista Mirta García Buch", *El heraldo interna-*

Buch," *El mundo ilustrado*, Apr. 14, 1957, 6; Ramón Álvarez Silva, "La ceramista Mirta García Buch," *El heraldo internacional* 2, no. 1, July 1958, 20–22; Ricardo Cardet, "El noticioso y lucero: en cada hogar Cubano debía haber un adorno hecho de tierra cubana," *Diario de la Marina*, Dec. 11, 1958, 6A.

98 Chacón Nardi, "Al rescate de una tradición," 13. The factory's purpose was realigned toward an industrial aim: 98 percent was dedicated to serial production and 2 percent dedicated to artistic production.

99 Chacón Nardi, 12–13.

100 Jubrías, "Cerámica cubana," 109.

101 For more information on this period, see Guillermo Cabrera Infante, *Mapa dibujado por una espía* (Barcelona: Debolsillo, 2021).

102 Many artists began at the Taller and continued while others scattered throughout Europe and the Americas, leaving before and after the Cuban Revolution of 1959: Mario Carreño left for Chile in 1958 and Felipe Orlando established himself in Mexico in 1951 (Jubrías, "Cerámica cubana," 46); Wifredo Lam left Cuba for Europe in 1952; Agustín Cárdenas left for Paris on scholarship in 1955 (Cobas Amate, "Soriano: Invention and Drama," 12), and Agustín Fernández departed for Paris in 1959 (Thompson Goizueta, "Farewell to the Baroque? Agustín Fernández and the Ambiguity of Memory," in *Agustín Fernández: I Am a Painter of the Brush* [New York: Agustín Fernández Foundation, Leon Tovar Gallery, 2023], 8).

103 Shortly after the 1959 Revolution brought Fidel Castro to power, homes and their contents, industries, schools, etc. effectively became the property of the state, referred to collectively as the Patrimonio Cultural de la Nación.

104 Jubrías, "Cerámica cubana," 46.

105 Chacón Nardi, "Al rescate de una tradición," 10–11.

106 See Carol Damian's essay in this volume for further information on Ofelia Sam's artistic production at the Taller (79–80). Elia Rosa Fernández de Mendía and Aleida González are unique cases in this exhibition: not many of their ceramic pieces could be found in the museums and collections that I visited. More research needs to be done on these artists and their work. See Jubrías, "Cerámica cubana," 30, 46. Antonio J. Molina, *Mujeres de la historia de Cuba* (Miami: Ediciones Universal, 2004) mentions Fernández de Mendía briefly.

107 Katy Hessel, *The Story of Art without Men* (New York: W. W. Norton, 2023), 1.

108 Hessel, 11.

109 Nochlin, *No Great Women Artists?*, 80.

110 Nochlin, 81.

111 Hessel, *Story of Art*, 12.

112 Linda Nochlin, "Why Have There Been No Great Women Art-

cional 2, no. 1, jul. de 1958, 20–22; Ricardo Cardet, "El noticioso y lucero: en cada hogar Cubano debía haber un adorno hecho de tierra cubana", *Diario de la Marina*, 11 de dic. de 1958, 6A.

98 Chacón Nardi, "Al rescate de una tradición", 13. El objetivo de la fábrica se modificó para volverse más industrial, dedicando el 98 por ciento de la producción a objetos seriales y sólo el dos por ciento a producción artística.

99 Chacón Nardi, 12–13.

100 Jubrías, "Cerámica cubana", 109.

101 Para más información sobre este periodo, ver Guillermo Cabrera Infante, *Mapa dibujado por un espía* (Barcelona: Debolsillo, 2021).

102 Muchos artistas comenzaron en el Taller y continuaron allí mientras otros se dispersaron a través de Europa y las Américas, saliendo de Cuba antes y después de la Revolución de 1959: Mario Carreño se fue a Chile en 1958 y Felipe Orlando se estableció en México en 1951 (Jubrías, "Cerámica cubana", 46); Wifredo Lam se fue de Cuba para Europa en 1952; Agustín Cárdenas se fue a París con una beca en 1955 (Cobas Amate, "Soriano: invención y drama", 12), y Agustín Fernández salió hacia París en 1959 (Thompson Goizueta, "Farewell to the Baroque? Agustín Fernández and the Ambiguity of Memory", en *Agustín Fernández: I Am a Painter of the Brush* [Nueva York: Agustín Fernández Foundation, Leon Tovar Gallery, 2023], 8).

103 Poco después del ascenso al poder de Fidel Castro con la Revolución de 1959, los hogares y lo que contenían, las industrias, escuelas, etc., se convirtieron de hecho en propiedad del estado, referidas colectivamente como Patrimonio Cultural de la Nación.

104 Jubrías, "Cerámica cubana", 46.

105 Chacón Nardi, "Al rescate de una tradición", 10–11.

106 Ver el ensayo de Carol Damian en este volumen para más información sobre la producción artística de Ofelia Sam en el Taller (80). Elia Rosa Fernández de Mendía y Aleida González son casos únicos en esta exposición: muy pocas de sus piezas de cerámica aparecían en los museos y colecciones que visité. El trabajo de estas artistas amerita más investigación. Ver Jubrías, "Cerámica cubana", 30, 46. Antonio J. Molina, *Mujeres de la historia de Cuba* (Miami: Ediciones Universal, 2004) menciona brevemente a Fernández de Mendía.

107 Katy Hessel, *The Story of Art without Men* (Nueva York: W. W. Norton, 2023), 1.

108 Hessel, 11.

109 Nochlin, *No Great Women Artists?*, 80.

110 Nochlin, 81.

111 Hessel, *Story of Art*, 12.

112 Linda Nochlin, "Why Have There Been No Great Women Artists? Thirty Years After: Women Artists at the Millennium, 2006", en *No Great Women Artists?*, 100.

ists? Thirty Years After: Women Artists at the Millennium, 2006," in *No Great Women Artists?*, 100.

113 In contemporary art, Cuban artists Ana Mendieta, Magdalena Campos Pons, Tania Bruguera, and Belkis Ayón have been internationally recognized.

114 Peláez is a giant in her field, and the essays in this catalogue reflect that fact. The analysis here is aimed at broadening the canon without minimizing any of the accomplishments of previously recognized women or men.

115 De Oraá, "Perfil de Amelia Peláez," 10.

116 De Oraá, 10.

117 De Oraá, 10.

113 En el arte contemporáneo, las artistas cubanas Ana Mendieta, Magdalena Campos Pons, Tania Bruguera y Belkis Ayón han recibido reconocimiento internacional.

114 Peláez es una gigante de su campo, y los ensayos de este catálogo lo reflejan. Nuestro análisis está encaminado a ampliar el canon sin minimizar los méritos de artistas previamente reconocidos, sean hombres o mujeres.

115 De Oraá, "Perfil de Amelia Peláez", 10.

116 De Oraá, 10.

117 De Oraá, 10.

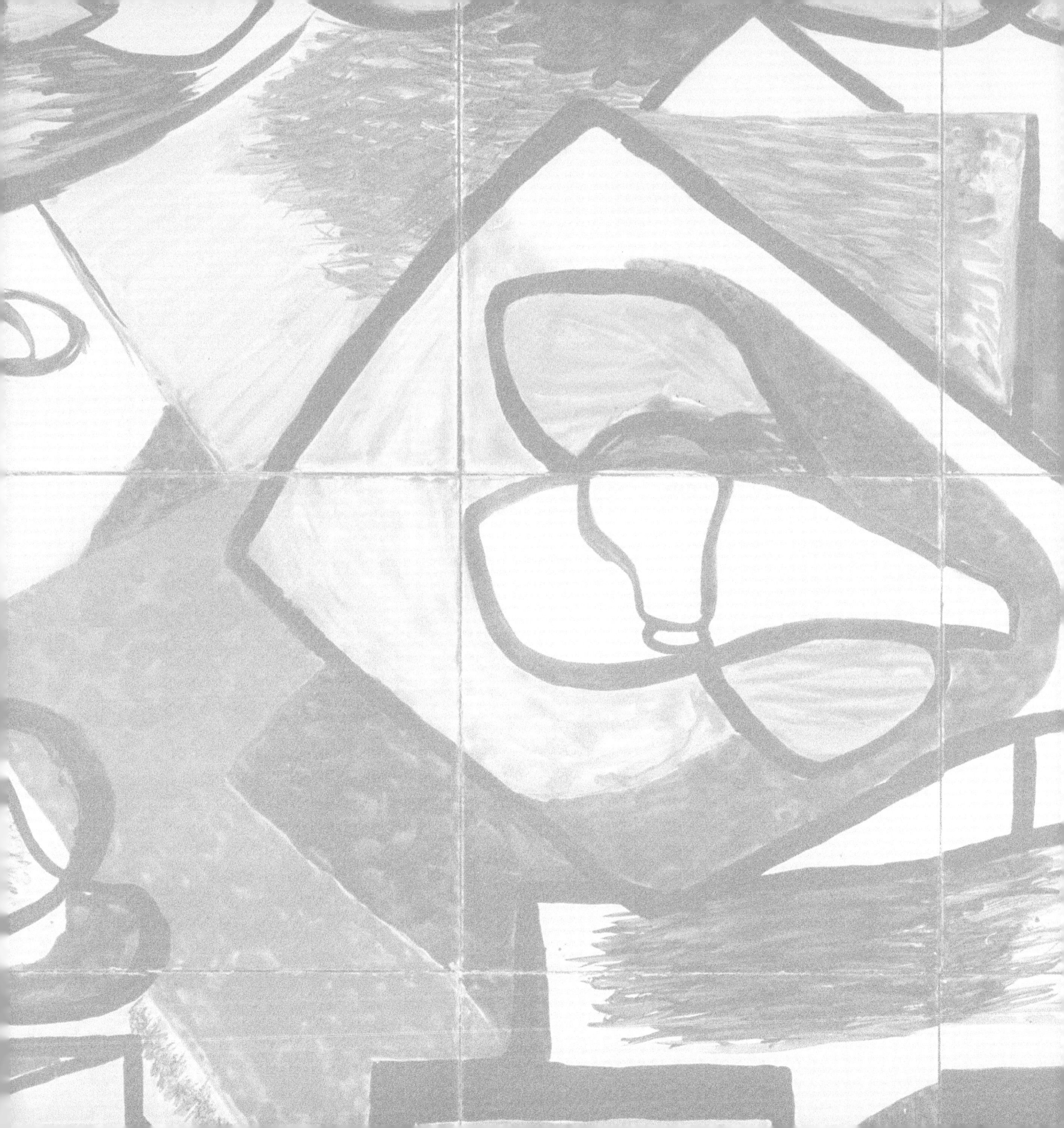

THE THIRD GENERATION OF THE CUBAN AVANT-GARDE, 1949-59: WOMEN CERAMICISTS' STYLISTIC CONTRIBUTIONS

LA TERCERA GENERACIÓN DE VANGUARDIA EN CUBA, 1949-59: LAS CONTRIBUCIONES ESTILÍSTICAS DE LAS MUJERES CERAMISTAS

Carol Damian

THE DEVELOPMENT OF AN AVANT-GARDE (*vanguardia*) in Cuba in the twentieth century saw three generations of participants in movements to modernize traditional Cuban painting and bring it into international categories of creative artistic production. Particularly influenced by the French modernists, often due to the artists' travels to Paris, Cuban art was soon transformed from a conservative academic style to a variety of styles, while never losing its Cuban roots and appreciation for the tropics, the people, and Afro-Cuban traditions. As in most of the arts, women actively participating in the latest movements were often forgotten, written out of the history books, and undervalued. The story of women ceramicists is no different, even if ceramics were made by women who were highly respected for their paintings, actively engaged in workshops, mentored others (men and women), and developed new processes and techniques.

Ceramics were a secondary category of production—often described as "women's work" or "craft" and a last option for effective participation in the local art scene. Ceramics did not require large studio spaces or walls for exhibitions and did not have to initially submit to the critical reviews of other media. Critics were less interested and able to ignore their production. This is another reason why women ceramicists were left out of the mainstream critical analyses of painters and sculptors that could further their careers and provide the visibility (positive and negative) necessary to succeed. For the painters who did

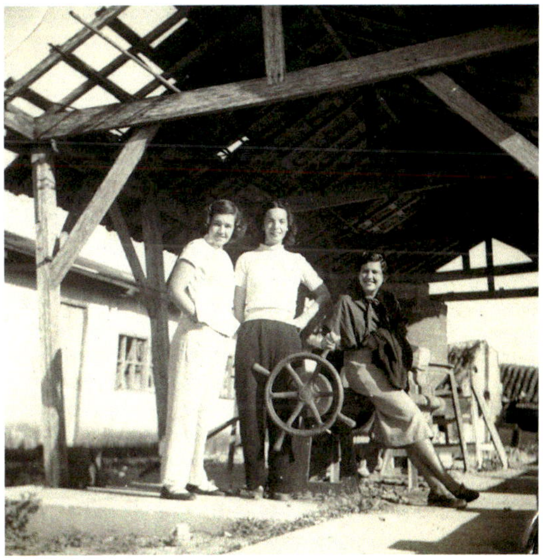

1. Artists at the Taller in April 1953 | Artistas en el Taller, en abril de 1953: María Elena Jubrías, Elia Rosa Fernández de Mendía, Marta Arjona.

EL DESARROLLO DE UN ARTE DE VANGUARDIA en la Cuba del siglo veinte cuenta con tres generaciones que participaron en movimientos para modernizar la pintura cubana tradicional y llevarla a categorías internacionales de producción artística. Influido mayormente por los modernistas franceses, en parte por los frecuentes viajes de los artistas a París, el arte cubano se abrió, partiendo de un estilo conservador y académico, a una variedad de estilos, pero conservando sus raíces cubanas y manteniendo su apreciación por lo tropical, la gente de Cuba y las tradiciones afrocubanas. Como en la mayoría de las artes, las mujeres que participaron activamente en estos movimientos fueron con frecuencia olvidadas, infravaloradas e ignoradas por los libros de historia. La historia de las mujeres ceramistas es parte de esta tendencia, incluso cuando las cerámicas eran hechas por mujeres que eran pintoras prestigiosas, que participaban activamente en los talleres, que ejercían como mentoras (de hombres y mujeres) y desarrollaban nuevos procesos y técnicas.

La cerámica ocupaba una segunda categoría en la producción artística, muchas veces descrita como "trabajo femenino" o "artesanía", la última opción si se pretendía participar activamente en el ambiente artístico local. La cerámica no requería grandes espacios ni paredes para exponerse ni debía someterse, al menos inicialmente, a las críticas que sí recibían otros medios. Este es otro motivo por el que las mujeres ceramistas eran excluidas de los análisis críticos que podían impulsar las carreras de pintores y escultores y otorgarles la visibilidad, positiva o negativa, que necesitaban para triunfar. Para las que tuvieron éxito

succeed, their ceramics were considered a second-class category of production and often treated as such. The irony of this attitude of discrimination is that the women of Cuba not only excelled at the making of ceramics, but they were influential to the men who took up the medium, and to their application of designs and imagery both two- and three-dimensional. It is time for women ceramic artists to be recognized for their accomplishments (fig. 1).

In the very active period of 1949–59, considered to be the third generation of the vanguardia, a long list of artists may be recognized for their active participation in the arts, on the island and beyond, as they expanded technical, stylistic, and aesthetic ideas. The original establishment of the Taller de Santiago de las Vegas in 1930 in the town of the same name, near Havana, experienced years of ownership changes until, in 1945, the merchant Ricardo Gómez bought the workshop, closed it, and fired the workers. Nonetheless, they occupied it through a strike and kept working. Later in the same year, doctors Juan Miguel Rodríguez de la Cruz and Carlos Ramírez Corría took charge, entrusting the technical direction to Joseph Weselly.[1]

By the 1950s, now under the sole owner and director Rodríguez de la Cruz, this vibrant ceramic workshop excelled at making vessels and plates of many descriptions and attracted the best artists of the time, including male artists (often invited by women who had been employed there). Amelia Peláez del Casal (Havana, 1896–1968), Marta Arjona Pérez (Havana, 1923–2006), Mirta García Buch (Matanzas, 1919–Havana, 1996), María Elena Jubrías (Havana, 1930–2021), Rebeca Robés Massés (Havana, 1923–2003), Aleida González, Elia Rosa Fernández de Mendía, Ofelia Sam, Wifredo Lam (Sagua la Grande, 1902–Paris, 1982), René Portocarrero (Havana, 1912–85), Mario Carreño (Havana, 1913–Santiago, Chile, 1999), Luis Martínez Pedro (Havana, 1910–90), Mariano Rodríguez (Havana, 1912–90), Raúl Milián (Havana, 1914–84), and Agustín Fernández (Havana, 1929–New York, 2006) were among the many who explored the medium in the Taller. In addition to the production of small-format pieces, the architectural developments of the Cuban capital contributed to the expansion of artistic ceramics in the form of murals and other decorative details, giving artists more opportunities to practice the craft and contribute to the modern vocabulary of Cuban art.

The continued success of the Taller Santiago de las Vegas especially in the years 1950–59, marked a new interest in Cuban art of the third generation of the vanguardia as they expanded their creative practices to a modern audience,

como pintoras, sus cerámicas eran consideradas una categoría de producción inferior, y frecuentemente eran tratadas como tal. La ironía de esta actitud discriminatoria es que las mujeres cubanas no sólo se destacaron en la confección de cerámicas, sino que influyeron en los hombres que adoptaron el medio, y en su aplicación de diseños e imaginería lo mismo bi- que tridimensional. Es hora de que estas mujeres ceramistas sean reconocidas por sus logros artísticos (fig. 1).

En el muy activo periodo desde 1949 a 1959, considerado como la tercera generación de la vanguardia, un número considerable de artistas debe ser reconocido por su actividad, en la Isla y en el extranjero, dirigida a expandir ideas técnicas, estilísticas y estéticas. El establecimiento original del Taller de Santiago de las Vegas en 1930, en el pueblo homónimo cerca de La Habana, experimentó varios cambios de dueño hasta que, en 1945, el comerciante Ricardo Gómez compró el taller, lo cerró y despidió a los trabajadores. Sin embargo, los trabajadores ocuparon el taller con una huelga y siguieron trabajando. A fines de ese mismo año los doctores Juan Miguel Rodríguez de la Cruz y Carlos Ramírez Corría tomaron el control del taller, confiándole la dirección técnica a Joseph Weselly[1].

Ya en la década del cincuenta, bajo la dirección del que se convirtió en dueño único, Rodríguez de la Cruz, este vibrante taller se destacó en la confección de vasijas y platos de distintos tipos y atrajo a los mejores artistas de la época, incluyendo varios hombres (con frecuencia invitados por las mujeres que trabajaban allí). Amelia Peláez del Casal (La Habana, 1896–1968), Marta Arjona Pérez (La Habana, 1923–2006), Mirta García Buch (Matanzas, 1919–La Habana, 1996), María Elena Jubrías (La Habana, 1930–2021), Rebeca Robés Massés (La Habana, 1923–2003), Aleida González, Elia Rosa Fernández de Mendía, Ofelia Sam, Wifredo Lam (Sagua la Grande, 1902–París, 1982), René Portocarrero (La Habana, 1912–85), Mario Carreño (La Habana, 1913–Santiago, Chile, 1999), Luis Martínez Pedro (La Habana, 1910–90), Mariano Rodríguez (La Habana, 1912–90), Raúl Milián (La Habana, 1914–84) y Agustín Fernández (La Habana, 1929–Nueva York, 2006) fueron algunos entre los muchos que exploraron el medio de la cerámica en el Taller. Además de producir piezas en pequeño formato, los cambios arquitectónicos de la capital cubana contribuyeron a la expansión de la cerámica artística en forma de murales y otros detalles decorativos, dando a los artistas más oportunidades de practicar su arte y contribuir al vocabulario del arte cubano moderno.

El éxito continuado del Taller Santiago de las Vegas, especialmente entre los años 1950–59, marcó un nuevo interés en el arte cubano de la tercera generación de vanguardia a medida que sus miembros expandían sus prácticas creativas para una audiencia

THE THIRD GENERATION OF THE CUBAN AVANT-GARDE, 1949-59: WOMEN CERAMICISTS' STYLISTIC CONTRIBUTIONS

through decorative vessels, plates, and unique objects that defied the traditions of the past of those made for utilitarian or ceremonial purposes and encouraged unique expressions related to current life experiences and art production. The works of well-known artists now translated into the new medium encouraged a rise in significance in ceramics that attracted more artists and the novel approach to designing and decorating on a different surface than canvas as a vehicle for exploration and experimentation enjoyed in a collaborative environment. Women have had a notable presence in creative spaces and collectives such as the Taller de Santiago de las Vegas and their own personal workshops. As the ceramic studios gained more attention, the inclusion of the highly respected artists Marta Arjona and María Elena Jubrías in the famous *Exposición de plástica cubana: homenaje a José Marti* in 1954,[2] and the inauguration in 1953 of Amelia Peláez's mural fabricated at the Taller for the Tribunal de Cuentas (Ministry of the Interior, fig. 2) introduced a period of newfound respect for the artistic practice. Other artists followed, often using materials produced in the Taller de Santiago de las Vegas.[3]

In the 1950s, the expansion of artistic ceramics in the decoration of exterior spaces with ceramic murals in Havana buildings gave a new generation of artists the chance to unite their artistic designs with architecture. This included the 1953 mural by Amelia Peláez in the former Tribunal de Cuentas and the mural *Historia de Las Antillas* (*History of the Antilles*, 1957) by René Portocarrero, in the Las Cañitas bar in the Hotel Habana Libre (former Habana Hilton), the monumental mural (1957–58) in front of the same hotel, again by Peláez,[4] and the murals *Untitled* (1956) by Wifredo Lam and *Bumerán* (*Boomerang*, 1956) by Mariano Rodríguez in the Edificio del Seguro Médico. Scattered throughout the Cuban capital are the works of other famous visual artists in houses and buildings created during this time, now undervalued, often destroyed, and forgotten after 1959, perhaps because they were a sign of the thriving pre-Revolutionary Cuban architectural development, no longer respected.[5]

Joseph Weselly was the director of technical decoration who changed the formulas of the glazes and varnishes, adding Virginia clay to plates in order to create a more artistic approach to their production, pre-1949.[6] After that time, artists of great

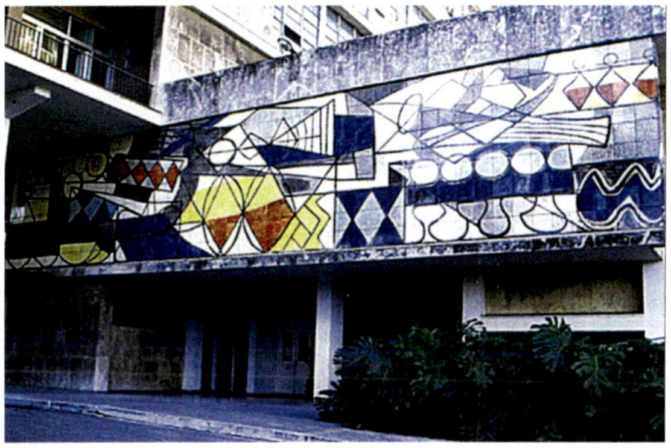

2. Amelia Peláez's Tribunal de Cuentas mural | Mural de Amelia Peláez en el Tribunal de Cuentas, 1953.

LA TERCERA GENERACIÓN DE VANGUARDIA EN CUBA, 1949-59: LAS CONTRIBUCIONES ESTILÍSTICAS DE LAS MUJERES CERAMISTAS

moderna, a través de vasijas decorativas, platos y objetos únicos que desafiaban las tradiciones del pasado en cuanto a su uso utilitario o ceremonial e impulsaban expresiones singulares referidas a las experiencias de la vida diaria y a la producción artística. El trabajo de artistas reconocidos, ahora traducido a un nuevo medio, elevó la significación de la cerámica y atrajo a otros artistas, así como los nuevos métodos de diseño y decoración en una superficie diferente al lienzo, que se convirtieron en un vehículo para la exploración y experimentación dentro de un ambiente colaborativo. Las mujeres habían tenido una notable presencia en espacios y colectivos creativos como el del Taller de Santiago de las Vegas, y en sus propios talleres personales. A medida que los talleres de cerámica recibieron más atención, la inclusión de las prestigiosas artistas Marta Arjona y María Elena Jubrías en la famosa *Exposición de plástica cubana: homenaje a José Marti* en 1954[2], y la inauguración en 1953 del mural de Amelia Peláez fabricado en el Taller para el Tribunal de Cuentas (Ministerio del Interior, fig. 2) abrieron un periodo de renovada apreciación de esta práctica artística. Otros artistas continuaron por este camino, muchas veces usando materiales producidos en el Taller de Santiago de las Vegas[3].

Durante la década del cincuenta, la expansión de la cerámica artística en la decoración de espacios exteriores de edificios habaneros dio a una nueva generación de artistas la posibilidad de unir sus diseños con la arquitectura. Entre estos se incluye el mural de 1953 realizado por Amelia Peláez en el antiguo Tribunal de Cuentas y el mural *Historia de Las Antillas*, de 1957, René Portocarrero, en el bar Las Cañitas del Hotel Habana Libre (antiguo Habana Hilton), el mural monumental (1957–58) en la fachada del mismo hotel, también de Peláez[4], y los murales *Sin título* (1956) de Wifredo Lam y *Bumerán* (1956) de Mariano Rodríguez en el Edificio del Seguro Médico. Esparcidos por la capital cubana están las obras de otros famosos artistas visuales en casas y edificios construidos durante este tiempo, ahora subestimados, con frecuencia destruidos y olvidados después de 1959, quizás porque se consideraban un símbolo del pujante desarrollo de la arquitectura prerrevolucionaria, que ya no era apreciada por el nuevo régimen[5].

Joseph Weselly era el director de técnicas de decoración, que cambió las fórmulas de los esmaltes y barnices, añadiéndoles de Virginia clay a los platos para darle un toque más artístico a su producción, antes del 1949[6]. Después, artistas de gran prestigio

renown began working under the tutelage of Juan Miguel Rodríguez de la Cruz.[7] The technical and aesthetic abilities of the participating artists, including Marta Arjona (4–7), María Elena Jubrías (32–51), Amelia Peláez (56–108, 169–82), Rebeca Robés Massés (1–2), René Portocarrero (119–38), Wifredo Lam (112–18), Mariano Rodríguez (150–57), and Raúl Milián (158–64), working in the new medium resulted in an entirely different category of ceramics, distinct from the decorative, commercial items that had long been a part of Cuban tradition. Even when working on mundane utilitarian plates, cups, pitchers, and other vessels, the designs marked a transformation from factory crafts to fine arts. It was a period of experimentation and exploration, as artists tested the materials and invented new techniques, before and after firing, and incorporated the application of metallic oxides, relief additions, and surface effects that went beyond the utilitarian and commercial.

During this time, the participation of Wifredo Lam is especially noteworthy. He returned to Havana in 1941 and between 1947 and 1952, he worked in Cuba, Europe, the United States, until settling permanently in Paris. After many years of traveling and developing his unique visual vocabulary influenced by the new abstraction of Picasso, Braque, and Matisse, he returned to Havana, where he rediscovered Cuba's natural environment and the persistence of African symbolism.[8] Translating Afro-Cuban ritual symbolism to large-scale murals and ceramics was perhaps a new way to expound on his highly original and dramatic subject matter through the exploration of different surfaces, and he succeeded in a remarkable way. His rediscovery of Cuba and his African identity became a source for his art, and a means to express personal identity, unlike any other known artist of the time. This is evident in one of the early works from the Taller (1950) with characteristic imagery based on his Afro-Cuban symbolic repertoire (113). A simplified metamorphic bird motif continues his interest in the spirits of Santería. Although only at the Taller for a short period of time (1950), Lam maintained an interest in working on various surfaces, exploring the medium before he continued his travels, eventually working in Albissola Marina, Italy, to pursue his ceramics production (115–16, fig. 3).

Another key member of great renown is René Portocarrero,

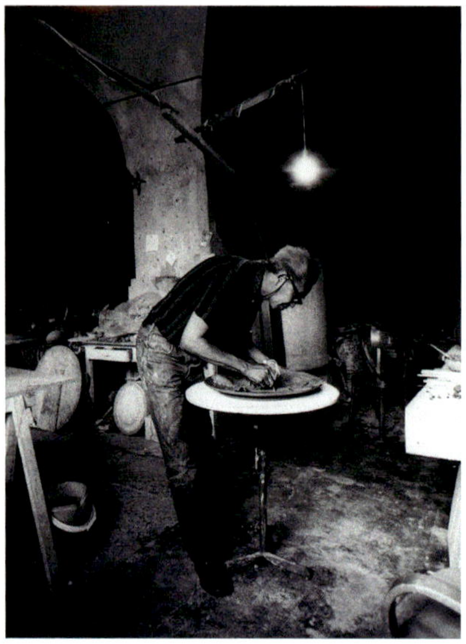

3. Wifredo Lam at the Ceramiche San Giorgio workshop | Wifredo Lam en el taller Ceramiche San Giorgio, Albissola Marina, 1975.

comenzaron a trabajar bajo el tutelaje de Juan Miguel Rodríguez de la Cruz[7]. Las destrezas técnicas y estéticas de los artistas participantes, como Marta Arjona (4–7), María Elena Jubrías (32–51), Amelia Peláez (56–108, 169–82), Rebeca Robés Massés (1–2), René Portocarrero (119–38), Wifredo Lam (112–18), Mariano Rodríguez (150–57) y Raúl Milián (158–64), al comenzar a trabajar en el nuevo medio resultaron en una categoría de cerámicas completamente diferente de la tradición comercial y decorativa que había sido por mucho tiempo parte de la tradición cubana. Incluso cuando trabajaban en diseños más utilitarios de platos, tazas, jarras y otras vasijas, los diseños marcaron la transformación de artesanías de fábrica a objetos de arte. Fue un periodo de experimentación y exploración, donde los artistas probaron nuevos materiales e inventaron nuevas técnicas, antes y después de la cocción, e incorporaron la aplicación de óxidos metálicos, relieves y efectos con las texturas que iban mucho más allá de lo utilitario y comercial.

Durante este tiempo es especialmente notable la participación de Wifredo Lam. Lam regresó a La Habana en 1941 y entre 1947 y 1952 trabajó en Cuba, Europa y los Estados Unidos, hasta establecerse permanentemente en París. Después de muchos años de viajes constantes y de desarrollar su singular vocabulario visual influido por la nueva abstracción de Picasso, Braque y Matisse, regresó a La Habana, donde redescubrió el ambiente natural de la Isla y la persistencia del simbolismo africano[8]. Traducir el simbolismo ritual afrocubano a murales en gran escala y en cerámicas fue quizás una manera nueva de expresar su tema originalísimo y dramático a través de la exploración de diferentes superficies, y consiguió resultados realmente notables. Su redescubrimiento de Cuba y de su identidad africana se convirtió en una fuente para su arte, y una forma de expresar su identidad personal que no tienen paralelo en ningún otro artista conocido de su tiempo. Esto se hace evidente en uno de los trabajos tempranos del Taller (1950) donde utiliza su característica imaginería basada en el repertorio simbólico afrocubano (113). Un motivo simplificado de un pájaro metamórfico aparece como muestra de su interés en los espíritus de la santería. Aunque sólo participó en el Taller por un corto periodo (1950), Lam siguió interesado en trabajar en varias superficies, explorando el medio antes de continuar con sus viajes, y eventualmente trabajando en Albissola Marina, en Italia, para continuar su producción de cerámica (115–16, fig. 3).

Otro participante clave en el Taller es el renombrado René Por-

who did murals as well as paintings and began working in ceramics at the Taller de Santiago de las Vegas with Peláez and the distinguished artists who participated in its fame, achieving recognition for his ceramic murals and unique objects decorated with the themes that have long been his focus: cathedrals, female figures, Floras, etc. (133, 135). His association with the Taller and the women who worked there contributed to the expansion of his already familiar subjects into another medium (123).

To highlight the significance of the workshop and the influence of the women artists, Amelia Peláez may be seen as a stellar example who among the vanguardia painters stands out for her solid artistic education, innovative style, and iconography. Her long and sustained career, beginning with her graduation from the Academia San Alejandro in 1924, travels to Paris, and interaction with the great European modernists with their emphasis on carefully structured compositions and strong feelings for color all influenced her ceramic production.[9] After years of travel and participation in significant art exhibitions in Europe and the United States, her return to Havana in 1934 expanded her vocabulary and furthered the development of a personal style that expressed her delight in the light and color of Cuba and the baroque aesthetic marking the interiors and exteriors of colonial houses, including hers (59–66).[10] It was at the beginning of the 1950s, which were to end with such upheaval for Cuba, that Peláez and a small group of adventurous artists embarked on something new: ceramics. Lack of contact with Europe after World War II led to a shortage of porcelain and other ceramics in Cuba. The founding of the Taller de Santiago de las Vegas, and different creative opportunities for artists unfamiliar with the process, challenged Peláez to experiment, technically and stylistically, and she was soon involved in a second career as an influential ceramicist, with other notable artists.[11]

Her proficiency in ceramics is evident in her mural for the Tribunal de Cuentas in Havana, in 1953. The new medium demanded a different approach to the process of designing on flat surfaces that favored a decorative, minimal style. She eliminated the baroque aesthetic of her paintings and concentrated on primary colors, repetition of simple geometric forms, and overall minimalism.[12] The round shape of ceramic plates was in itself challenging to artists accustomed to a square or rectangular compositional format. The limitations of the circle required a new approach to formal design, while artists maintained their singular visual vocabulary within the shape. For example, while Peláez continued to use the lessons of modernism to disassemble and then rebuild Cuban forms and colors into multi-layered images merging

tocarrero, que hizo murales y pintura de caballete y comenzó a trabajar en cerámica en el Taller de Santiago de las Vegas con Peláez y otros artistas, siendo reconocido por sus murales de cerámica y originales objetos decorados con los temas en los que se había enfocado por mucho tiempo: catedrales, figuras femeninas y Floras, entre otros (133, 135). Su asociación con el Taller y las mujeres que trabajaban allí contribuyó a la expansión de sus temas típicos en un medio diferente (123).

Para aquilatar la significación del Taller y la influencia de las mujeres que participaron en él, podemos utilizar el ejemplo de Amelia Peláez, quien entre los pintores de vanguardia sobresale por su sólida educación artística, estilo innovador e iconografía. Su carrera larga y sostenida comenzó con su graduación de la Academia San Alejandro en 1924, y continuó con sus viajes a París y su interacción con los grandes modernistas europeos, quienes con su énfasis en composiciones cuidadosamente estructuradas y su fuerte sensibilidad colorística influyeron en su producción de cerámica[9]. Después de muchos años de viajar y participar en importantes exposiciones en Europa y los Estados Unidos, su retorno a La Habana en 1934 expandió su vocabulario y contribuyó al desarrollo de un estilo personal que expresaba su fascinación con la luz y el color de Cuba y con la estética barroca de los interiores y los exteriores de las casas coloniales, incluyendo la suya propia (59–66)[10]. Fue a comienzos de la década del cincuenta, que terminaría con una convulsión social en Cuba, que Peláez y un pequeño grupo de intrépidos artistas se embarcaron en algo nuevo para ellos: la cerámica. La falta de contacto con Europa después de la Segunda Guerra Mundial llevó a una escasez de porcelana y otras cerámicas en Cuba. La fundación del Taller de Santiago de las Vegas, y diferentes oportunidades creativas para artistas que no poseían una familiaridad técnica con el medio retaron a Peláez a experimentar, técnica y estilísticamente, y pronto se vio envuelta en una segunda carrera como influyente ceramista, junto a otros notables artistas[11].

Su habilidad técnica en la cerámica se hace evidente en el mural del Tribunal de Cuentas en La Habana, realizado en 1953. El nuevo medio demandaba un enfoque diferente al proceso de designar sobre superficies planas que se prestaban a un estilo decorativo y simplificado. Peláez eliminó la estética barroca de sus pinturas y se concentró en los colores primarios, la repetición de formas geométricas simples y un minimalismo generalizado[12]. La forma redonda de los platos de cerámica ya era en sí misma un desafío para artistas acostumbrados a un formato composicional cuadrado o rectangular. Las limitaciones del círculo requerían un nuevo estilo de diseño formal, aunque los artistas mantenían su vocabulario visual característico. Por ejemplo, mientras que Peláez continuó usando las lecciones del modernismo para desarmar y reconstruir formas y colores

the abstraction of the twentieth century with personal reflections of her environment, her work on the surface of shaped objects and vessels forced a change in dimensionality to flat designs limited by the shape of the ceramic object.

At the Taller, Peláez excelled not only at the process, and generously shared her expertise with others, but she also invented striking new designs that went far beyond those found on typical plates, cups, and vases. By 1951, her work included minimal references to those shapes as she played with volume to manipulate the ordinary toward a new direction—expanding their forms, elongating their girth, and giving them a sense of movement. Her colors changed to complement these new ideas, moving beyond tropical to a more severe palette, often black and white or deep blue. Jars are transformed into figures and profiles appear that will move more into shapes being dominated by heads—a totally different approach to traditional ceramics (**97**). The imagery on shapes of all descriptions also marks a new direction for her and the Taller, as vessels come to life with dramatic heads, women, birds, flowers, and other designs (**80–83**, **92–93**, **96**). By 1953, her understanding of the firing process resulted in large objects that allowed her to further explore original interpretations of standard forms dominated by an artistic vision uniquely her own—a major change from the familiar imagery of her paintings now brought into a new dimension that took the designs around 360 degrees, to be appreciated from all angles of vision and on all shapes (**100**, fig. 4).

As she enjoyed the mastery of the material and worked on murals in the city with newfound confidence and aesthetic freedom, it became evident that she could work independently from the Taller. In 1954, she opened her own workshop with Luis Martínez Pedro, Wifredo Arcay, and Gertrude Lüdke in La Víbora at calle Juan Bruno Zayas no. 109. Under the name Cerámica Cubana, her workshop, and those of others who also created their own independent spaces, marked a continuation of the success of the Taller Santiago, which was experiencing a period of declining production due to complex legal issues. The significance of the innovative accomplishments of Peláez and her Víbora workshop began when she encouraged the participation of other artists, assisting them technically with the process and designs.[13] Because most were

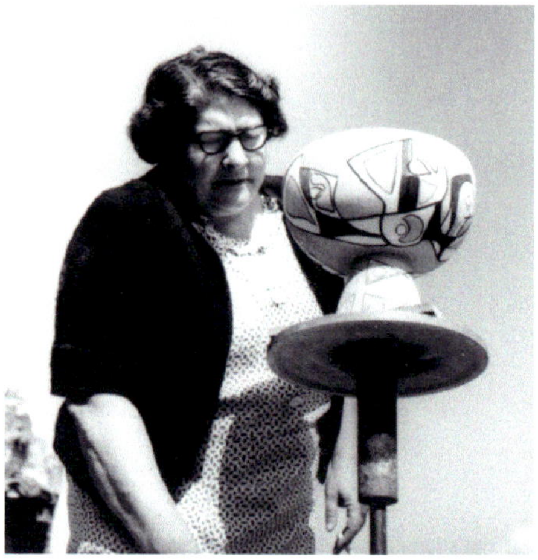

4. Amelia Peláez with ceramic piece featuring abstract forms | Amelia Peláez con una pieza de cerámica con formas abstractas, ca. 1956.

cubanos en imágenes de planos múltiples que mezclaban la abstracción del siglo veinte con reflexiones personales de su medio, su trabajo en la superficie de objetos y vasijas la forzó a utilizar diseños planos limitados por la forma del objeto cerámico.

En el Taller, Peláez no sólo sobresalió por su dominio del proceso y por su generosidad al compartir sus conocimientos, sino que también inventó impresionantes diseños nuevos que iban mucho más allá de los típicos platos, tazas y jarrones. Para 1951, su trabajo incluía referencias minimalistas a estas formas mientras jugaba con el volumen para manipular lo ordinario en una nueva dirección, expandiendo sus formas, elongando sus contornos y dándoles una impresión de movimiento. Sus colores cambiaron para complementar estas nuevas ideas, moviéndose más allá de lo tropical hacia una paleta más severa, muchas veces blanco y nego o azul intenso. Las vasijas se transforman en figuras y los perfiles parecen moverse hacia formas que semejan cabezas, un enfoque completamente diferente del de la cerámica tradicional (**97**). La imaginería en las formas de todo tipo también marca una nueva dirección para ella y para el Taller, donde las vasijas toman vida con dramáticas imágenes de cabezas, mujeres, pájaros, flores y otros diseños (**80–83**, **92–93**, **96**). Hacia 1953, su comprensión de los procesos de cocción resultó en la fabricación de objetos de gran tamaño que le permitieron explorar en profundidad sus originales interpretaciones de algunas formas tradicionales dominadas por su personalísima visión artística, lo cual constituyó un cambio importante en relación con el imaginario de sus pinturas, ahora traído a una nueva dimensión donde los diseños de 360 grados permitían una apreciación desde todos los ángulos y en todas las formas (**100**, fig. 4).

Luego de alcanzar la maestría técnica que le permitiría trabajar en murales en la ciudad con mayor control y libertad estética, se hizo evidente que ya podía trabajar independientemente del Taller. En 1954, Peláez abrió su propio taller con Luis Martínez Pedro, Wifredo Arcay y Gertrude Lüdke en La Víbora, en la calle Juan Bruno Zayas no. 109. Su taller, llamado Cerámica Cubana, junto a otros de artistas que también crearon sus espacios independientes, marcaron la continuación del éxito del Taller Santiago, que estaba experimentando un periodo de declive de la producción por causa de complejos problemas legales. La significación de los logros innovadores de Peláez en su taller de La Víbora se hizo patente cuando ella estimuló la participación

painters, the move from the canvas surface with often fluid painterly applications was a new approach and affected the results differently.

The recognition of unique ceramic objects (more art objects than utilitarian) created with flawless decorative details and Peláez's signature aesthetic marked her as one of the foremost ceramic artists of the century and her active exhibition record in Cuba and beyond established her reputation.[14] The influence of Peláez's artistry and technical virtuosity is evident in the works of the artists in the Taller and, later, in her own workshop. Both workshops cultivated a remarkable approach to ceramics in collaborative environments that elevated it from mere craft to fine art.

At the Taller, Mirta García Buch is a singular case, as her inquiry into the identity elements of national culture found an inexhaustible source of inspiration in the Afro-Cuban mythical-religious universe of her own ancestry as she portrayed deities, myths, ritual traditions, and symbols linked to African ancestral myths on her plates. Familiar with the current expressive language, especially geometric abstraction, she invented a personal expressive form combining formal solutions based on stylization and topics closer to the world of myths. Similar to the experiences that influenced Wifredo Lam, hers was a rare acknowledgment of the Black roots in Cuban culture, not from the mimetic reproduction of the iconic references identifying the African, but from the internalization of symbols.[15] Her works have a distinct character to them, with abstract designs of significance to Indigenous peoples as well as Africans (**11–12, 25–26, 31**, fig. 5). Her expertise in ceramics with unusual forms and subjects was significant to the artists in the Taller. When Peláez started, García Buch advised her on what little she knew about all the details of ceramic work.[16] Peláez so mastered the medium that she became an influential member of the Taller herself.

Rebeca Robés Massés enjoyed commercial success with plates that included poetic verses and botanical drawings as the basis for their artistry, unique for the time. After studying painting, illustration, and sculpture at San Alejandro, which encouraged different modes of decoration and production,

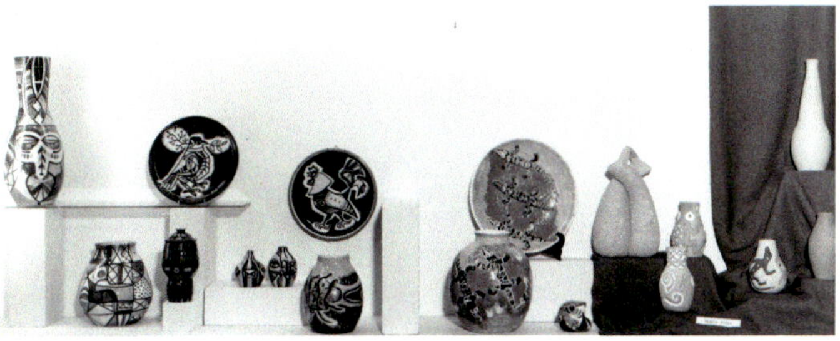

5. Works by Mirta García Buch (l; including **21–22, 24–26**) and Rebeca Robés Massés (r) on display | Obras de Mirta García Buch (izq; incluyendo **21–22, 24–26**) y de Rebeca Robés Massés (d) en exhibicion, *13 Artistas cubanas en el Lyceum*, La Habana, 1959.

de otros artistas, ayudándolos técnicamente con el proceso y los diseños[13]. Como la mayoría eran pintores, el tránsito desde el lienzo hacia otras superficies afectó sus resultados de diferentes maneras.

THE THIRD GENERATION OF THE CUBAN AVANT-GARDE, 1949-59: WOMEN CERAMICISTS' STYLISTIC CONTRIBUTIONS

LA TERCERA GENERACIÓN DE VANGUARDIA EN CUBA, 1949-59: LAS CONTRIBUCIONES ESTILÍSTICAS DE LAS MUJERES CERAMISTAS

El reconocimiento de los objetos de cerámica (más obras de arte que utilitarios) creados por Peláez con impecables detalles decorativos y su peculiar estética solidificaron su puesto entre los ceramistas más importantes del siglo, y sus exposiciones en Cuba y en el extranjero establecieron su reputación[14]. La influencia de la destreza y el virtuosismo técnico de Peláez es evidente en la obra de los artistas del Taller de Santiago y luego en el propio de ella. Los talleres cultivaron un notable estilo de trabajo basado en la colaboración que elevó la cerámica de mera artesanía al estatus de arte.

En el Taller, Mirta García Buch es un caso singular, pues su indagación de los elementos identitarios de la cultura nacional encontró una fuente de inspiración inagotable en el mundo mítico-religioso afrocubano de sus propios ancestros. García Buch representaba deidades, mitos, tradiciones rituales y símbolos vinculados al África ancestral en sus platos de cerámica. A partir de su familiaridad con los lenguajes expresivos de su tiempo, especialmente la abstracción geométrica, inventó formas expresivas personales que combinaban soluciones formales basadas en la estilización y temas cercanos al mundo de los mitos. Como en las experiencias que influyeron a Wifredo Lam, fue el suyo un raro caso de reconocimiento de las raíces negras de la cultura cubana, no a partir de la reproducción mimética de referencias icónicas identificadas con lo africano, sino desde la internalización de símbolos[15]. Sus obras tienen un carácter distintivo, con diseños abstractos que resignifican lo indígena y lo africano (**11–12, 25–26, 31**, fig. 5). Su habilidad para crear cerámicas con temas y formas inusuales fue muy significativa para los artistas del Taller. Cuando Peláez comenzaba, García Buch la aconsejó usando lo poco que sabía sobre los detalles del trabajo con cerámica[16]. Peláez llegó a dominar el medio de tal manera que se convirtió en miembro influyente del Taller ella misma.

Rebeca Robés Massés consiguió el éxito comercial con una serie de platos donde mezclaba dibujos de tema botánico con fragmentos de poemas, diseños singulares para la época. Tras

she began creating terracotta objects with figurative subjects based on her sculpture studies and irregular shapes and forms, often with the addition of relief-like details made of a paste that further complicated the process, which she mastered (fig. 5). She also worked with unusual designs that incorporated irregular cuttings, perforations, and finishes for interesting surface effects, shapes, and contours (1–2). In 1953, Robés received a scholarship to study at La Moncloa, Spain, where she experimented further with unconventional forms and abstract imagery. Upon her return in 1954, she continued to produce highly imaginative vases, plates, and bottle-like shapes with unusual color palettes and subjects ranging from flowers to snakes.[17] She continued working at the Taller de Santiago de las Vegas until 1960 when she opened her own studio in her house in Nuevo Vedado.[18]

The opportunity to work with other artists, share techniques, and gather information for commissions, especially for murals, attracted many women and men interested in both learning and perfecting the medium. For many years, the Taller was a vibrant and popular environment producing works ranging from commercial to uniquely artistic. Marta Arjona was a founding member of the Asociación de Pintores y Escultores (Association of Painters and Sculptors) in 1949, the same year she began working in the workshop of Santiago de las Vegas. After studying ceramics in Paris in 1951, Arjona returned to Havana and became one of the most committed members of her generation. Through the years, she held numerous government and cultural positions and was active in protecting Cuban cultural heritage and creating a network of museums in the country. She worked as an assistant in the Taller de Santiago where she was able to apply techniques she learned in Paris using pure metal oxides of copper and manganese to create black metal or matte finishes for unique effects on the ceramic surface.[19] With the black metallic finishes, her works are different from other objects produced at this time, usually designed on white backgrounds with abstract and linear compositions transformed for the ceramic forms. Arjona experiments with dark color tonalities for her backgrounds or to frame the designs as she creates shapes that are suited to the dark palette (4–7).

As ceramics gained more popularity many artists moved from the Taller to start their own studio workspaces. Arjona opened her studio in Marianao to complete commissions for several murals in the 1950s, a significant period of mural production in both painting and ceramics in Havana. The use of new techniques, and the linking of ceramics to architectural and mural projects, are essential contributions of Marta Arjona, Amelia Peláez, and many other artists (women and

estudiar pintura, ilustración y escultura en San Alejandro, donde pudo experimentar diversos modos de producción y decoración, comenzó a crear terracotas de tema figurativo basados en sus estudios para esculturas y en formas y dimensiones irregulares, muchas veces añadiendo detalles de relieve hechos de una pasta que complicaba aún más el proceso, hasta que llegó a dominar completamente la técnica (fig. 5). También trabajó con diseños diferentes que incorporaban cortes irregulares, perforaciones y otros interesantes efectos de textura, contorno y forma (1–2). En 1953, Robés recibió una beca para estudiar en La Moncloa, España, donde continuó su experimentación con formas no convencionales e imaginería abstracta. Al regresar a Cuba en 1954, continuó produciendo vasos, platos y objetos en forma de botella, piezas muy imaginativas con una paleta muy peculiar de colores y una variedad de figuras, desde flores hasta serpientes[17]. Continuó trabajando en el Taller de Santiago de las Vegas hasta 1960, año en que abrió su propio estudio en su casa de Nuevo Vedado[18].

La oportunidad de trabajar con otros artistas, compartir técnicas y acopiar información para las comisiones, especialmente murales, atrajo muchos mujeres y hombres interesados en aprender o perfeccionar sus habilidades como ceramistas. Por muchos años, el Taller de Santiago de las Vegas fue un espacio vibrante y popular que produjo obras tanto comerciales como artísticas. Marta Arjona fue una de las fundadoras de la Asociación de Pintores y Escultores en 1949, el mismo año en que comenzó a trabajar en el Taller. Después de estudiar cerámica en París en 1951, Arjona regresó a La Habana y se convirtió en una de las líderes de su generación. A lo largo de los años, ocupó numerosas posiciones en el gobierno y en instituciones culturales y participó activamente en la protección del patrimonio cultural cubano y en la creación de una red de museos por todo el país. En el Taller de Santiago trabajó como asistente, lo que le permitió aplicar técnicas aprendidas en París, usando óxidos de cobre y manganeso puros para crear terminaciones de negro metálico o mate y consiguiendo efectos distintivos en la superficie de la cerámica[19]. Con las terminaciones en negro metálico, sus obras son diferentes de otros objetos producidos durante esa época, que generalmente se diseñaban con un fondo blanco y composiciones abstractas o lineales transformadas por las formas de la cerámica. Arjona experimentaba con tonalidades oscuras en sus fondos o para enmarcar los diseños y creaba formas que se beneficiaban de su paleta de colores oscuros (4–7).

Al popularizarse la cerámica, muchos artistas crearon sus propios estudios y dejaron de trabajar en el Taller. Arjona abrió su estudio en Marianao para completar las comisiones de varios murales durante la década del cincuenta, un periodo significativo para el mural en Cuba, lo mismo en pintura que en cerá-

men) of the vanguardia. All were involved in the search for the truly Cuban elements of tradition relevant to their own careers. During this time, a modern approach to ceramics was practically non-existent in Havana and the contributions of the artists in the Taller and in other studios marked a welcome change. They were encouraged to invent new techniques and subjects to reflect daily life, while respecting Cuban traditions, from their own experiences through innovative shapes and forms that elevated the work to a new level of modernism.

Among the artists of national reputation working in the Taller Santiago de las Vegas is distinguished university professor, Dr. María Elena Jubrías[20] (fig. 6), an outstanding ceramicist, teacher, author, and founder of UNEAC (a social organization with legal status and the purpose to support cultural and artistic enterprise). A member of the faculty of the department of art history at the Universidad de La Habana, she also created the department of art at the Biblioteca Nacional de Cuba José Martí, and the educational department of the Museo Nacional de Bellas Artes with Oscar Morriña. Her research and publications on Amelia Peláez and other Cuban ceramists mark her as one of the generation's most important members, further adding prestige to the category of ceramics. Her ceramic work, like that of Peláez and other artists of the vanguardia, was focused on a constant search for the representation of truly Cuban characteristics of stylized flowers, fruits, and musical instruments now expressed through the shapes offered in the ceramic medium (32–51). There are certain designs in her pieces that may be seen as reminiscent of pre-Hispanic vessels, with stirrup-shaped handles, spouts, and bulbous bodies. Her technical contribution to the Taller was through her work with unusual shapes, often difficult to control in the firing process, and pure metal oxides. Similar to Arjona's experiments with the effects of metal glazes, Jubrías used the method of this innovative material to transform ceramics from the tradition of white backgrounds and shiny glosses to those with a unique appearance caused by their muted metallic surfaces. She applied this method to murals as well as objects.[21]

Ofelia Sam was an *aficionado* (amateur artist) at the Taller, one of a number of artists who, though not formally trained, demonstrated interest and aptitude for decorating ceramics

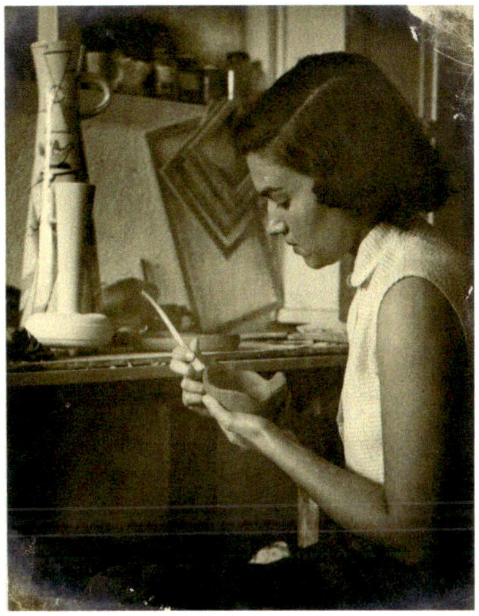

6. María Elena Jubriás crafting a ceramic piece at the Taller | María Elena Jubriás trabajando en una pieza de cerámica en el Taller, ca. 1953.

mica. El uso de nuevas técnicas, y la conexión entre la cerámica y los proyectos arquitectónicos son contribuciones esenciales de Marta Arjona, Amelia Peláez y muchos otros artistas (mujeres y hombres) de la vanguardia. Todos ellos estuvieron involucrados en la búsqueda de los elementos genuinamente cubanos de la tradición que les resultaban relevantes para sus propias carreras. Durante este tiempo, un enfoque moderno en la cerámica había sido prácticamente inexistente en La Habana y las contribuciones de las artistas del Taller y otros estudios marcaron un saludable cambio. Allí fueron incitados a inventar nuevas técnicas y a abordar temas que reflejaran la vida diaria, a la vez que respetaban las tradiciones cubanas, usando sus experiencias personales para crear formas innovadoras que elevaron las obras a un nuevo nivel de modernidad.

Entre las artistas de prestigio nacional que trabajaron en el Taller de Santiago de las Vegas se encuentra la distinguida profesora universitaria, la Dra. María Elena Jubrías[20] (fig. 6), ceramista extraordinaria, maestra, autora de varios libros y fundadora de la UNEAC (una organización con status legal creada con el propósito de apoyar la creación artística y literaria). Como profesora en el departamento de historia del arte de la Universidad de La Habana, Jubrías también creó el departamento de arte de la Biblioteca Nacional de Cuba José Martí, y el departamento educativo del Museo Nacional de Bellas Artes junto a Oscar Morriña. Sus investigaciones y publicaciones sobre la obra de Amelia Peláez y otros ceramistas cubanos la señalan como miembro prominente de su generación, añadiendo prestigio adicional al medio de la cerámica. Su obra de ceramista, como la de Peláez y otros artistas de vanguardia, se enfocó en la búsqueda constante de la representación genuinamente cubana de estilizadas flores, frutas e instrumentos musicales, ahora expresados mediante los recursos expresivos de la cerámica (32–51). Algunos de sus diseños son reminiscentes de las vasijas precolombinas, con agarraderas en forma de estribo, pitorros y cuerpos abultados. Su contribución técnica al Taller se dio a partir de su uso de formas no convencionales, muchas veces difíciles de controlar durante el proceso de cocción, y el uso de óxidos metálicos puros. Como en los experimentos de Arjona con los efectos de los esmaltes metálicos, Jubrías usó estos innovadores materiales para transformar la tradición de los fondos blancos y esmaltes brillantes en la cerámica y conseguir apariencias originales causadas por sus superficies metálicas mates. Jubrías aplicó este método en sus objetos de cerámica y en sus murales[21].

and one of the few, along with Rebeca Robés, who was an accomplished potter. The only requirement of the unpaid *aficionados* was that they leave for the Taller 50 percent of the works they decorated; as raw materials were cheaply obtained and kilns needed to be fired at full capacity, their work was a welcome boon to production.[22] Many students, architects, visiting foreigners, and professionals participated as *aficionados*, leaving behind a vast output of varying quality. Sam, from Santiago de las Vegas, worked at the Taller from 1956 to 1959 both painting and throwing her own pottery. Of Chinese ancestry and often signing her work in Chinese characters, Sam executed her designs with a marked delicacy (**109–11**), especially the *Vaso de las golondrinas* (*Vase with Swallows*) with its swooping birds flying elegantly around the rounded body of the vessel. María Elena Jubrías noted one deep bowl in particular that Sam painted achieving "great sensitivity present in every facet,"[23] emblematic of the most successful of her works with its carefully airbrushed background, thinly traced flowering branch dividing the composition, and vibrant blue swallows opposing each other (fig. 7). Rodríguez de la Cruz himself was partial to the illustrious styles and shapes of Chinese ceramics, from which he sought inspiration at times in his own pieces.[24]

The transformation into a modernist aesthetic that was present in the work of the artists of the Taller was complex. Dependent on hundreds of years of creative production, basic to ceramics is the act of shaping a clay-like substance and firing it until hard. Over the years, the process advanced to the application of glazing before they were fired to create smooth, colored surfaces. The trick is to understand that the firing changes the surface, its colors, and its markings. An artist must be able to project the changes in his/her original design, drawings, and shapes and how they could be affected in the kiln.

In the environment of a workshop, artists shared knowledge and assisted each other with their creative endeavors in what was often a new material. Under the leadership of Peláez, Arjona, and García Buch and their collaborations on numerous commissions, production increased in the Taller and in other studios, marking the acceptance of new artistic methods to enhance the work for unique results. In 1956, Pelaez designed a mural for the Salesian Rosa Pérez Velasco House

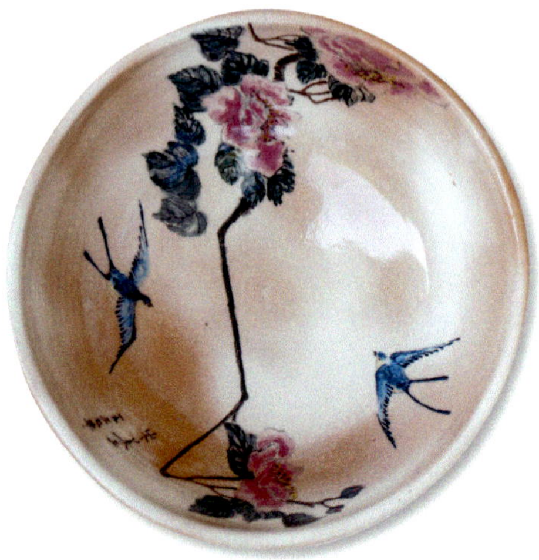

7. Ofelia Sam (artist | artista) & Juan Miguel Rodríguez de la Cruz (ceramicist | ceramista), *Deep Bowl with Flowers and Swallows* | *Fuente honda con flores y golondrinas*, ca. 1956. Painted ceramic | cerámica pintada, 3.9 × 9.4″ (d.).

Ofelia Sam fue una artista aficionada en el Taller, una más entre las artistas que, aunque no tuvieron educación artística formal, demostraron interés y aptitudes para la cerámica y una de las pocas, junto a Rebeca Robés, que era una consumada alfarera. El único requerimiento para los aficionados que no recibían pago era dejar para el Taller la mitad de las piezas que decoraran; como la materia prima era barata y los hornos debían encenderse a toda capacidad, el trabajo de estos amateurs creaba un bienvenido incremento de producción[22]. Muchos estudiantes, arquitectos, visitantes extranjeros, y profesionales de todo tipo participaban como aficionados, dejando una producción vasta de muy variada calidad. Sam, vecina de Santiago de las Vegas, trabajó en el Taller desde 1956 hasta 1959 pintando y modelando su propia cerámica. Mujer de origen chino que muchas veces firmaba con caracteres chinos sus obras, Sam ejecutaba sus diseños con notable delicadeza (**109–11**), especialmente el *Vaso de las golondrinas* con sus pájaros bajando en picada, volando elegantemente alrededor del cuerpo cilíndrico de la vasija. María Elena Jubrías anotó que una fuente honda que Sam pintó mostraba "la gran sensibilidad que mostró en todos los aspectos"[23], emblemática de lo mejor de sus obras con su fondo cuidadosamente pintado, la rama florecida pintada con trazos ligeros, y las vibrantes golondrinas azules en caras opuestas de la fuente (fig. 7). El propio Rodríguez de la Cruz apreciaba los ilustres estilos y las formas de la cerámica china, donde a veces buscó inspiración para algunas de sus propias obras[24].

La evolución hacia una estética modernista presente en la obra de muchos artistas del Taller fue compleja. Apoyada en una tradición centenaria de producción creativa, la base de la cerámica es el acto de darle forma a una sustancia similar al barro y cocerla hasta que se endurece. A través de los años, el proceso se perfeccionó y con la aplicación de los esmaltes antes de la cocción fue posible crear superficies lisas y coloridas. La dificultad estriba en que el calor cambia las superficies, sus colores y sus marcas. El artista debe ser capaz de proyectar los cambios que ocurrirán en su diseño original, dibujos y formas, y cómo serán afectadas en el horno.

En el ambiente de un taller, los artistas comparten conocimientos y se apoyan unos a otros en sus empeños creativos frente a lo que para muchos es un material nuevo. Bajo el liderazgo de Peláez, Arjona y García Buch y con sus colaboraciones en nume-

in Havana, which was never realized. Marta Arjona recreated the drawing to the exact proportions in ceramic tiles crafted by René Martínez Palenzuela in 1999 (**186**). Now it has been credited to all three artists and stands as another tribute to the tenacity and ingenuity of the women ceramicists.[25]

With years of accumulated experience, Peláez and the third generation of vanguardia women encouraged the further development of ceramic practices, and those confident enough to open their own studios enjoyed commercial and artistic success. Most significantly, ceramics enjoyed new respect as art in Havana, which continued for many years and is today still considered an important area of artistic and commercial production. The influential work of the women in the years 1949–59 in the Taller de Santiago de las Vegas and beyond is key to the success of the ceramic production of Cuba. Further, and more importantly, it showcases a generation of women artists whose differing aesthetic approaches to ceramic design contributed to the enrichment of the movement that is now recognized as the third generation of Cuban modernism.

rosas comisiones, la producción del Taller y de otros estudios se incrementó, lo que llevó a la aceptación de nuevos métodos artísticos para obtener resultados singulares en las obras. Por ejemplo, en 1956, Peláez diseñó un mural para la casa Salesiana Rosa Pérez Velasco de La Habana, pero nunca se llegó a realizar. Marta Arjona recreó el dibujo con sus proporciones exactas en azulejos de cerámica fabricadas por René Martínez Palenzuela en 1999 (**186**). Ahora los tres artistas han recibido reconocimiento por la obra, que se alza como tributo a la tenacidad y creatividad de las mujeres ceramistas[25].

Con los años de experiencia acumulada, Peláez y las mujeres de la tercera generación de vanguardia estimularon el desarrollo de las prácticas de cerámica y aquellas que tuvieron la suficiente confianza en sí mismas para abrir sus propios estudios obtuvieron éxito comercial y artístico. Significativamente, la cerámica consiguió en estos años un nuevo prestigio como forma de arte en La Habana, lo cual continuó por muchos años, hasta el punto de que es aún considerada un área importante de producción comercial y artística. La influencia de la obra de estas mujeres que trabajaron entre los años 1949–59 en el Taller de Santiago de las Vegas y continuaron luego en distintos ambientes fue clave para el establecimiento de una producción sostenida de cerámica en Cuba. Y lo que es más importante, estas obras nos ayudan a apreciar el trabajo de una generación de mujeres artistas cuyos diferentes estilos de cerámica contribuyeron al enriquecimiento del movimiento que es ahora reconocido como la tercera generación del modernismo cubano.

Carol Damian

1 "Taller de Cerámica de Santiago de las Vegas," *EduRed*, https://www.ecured.cu/Taller_de_Cer%C3%A1mica_de_Santiago_de_las_Vegas. Accessed May 2, 2023.

2 See Elizabeth Thompson Goizueta's essay in this volume for more details on the burgeoning ceramics movement in Cuba in the 1950s (55–57).

3 Emilio Cueto and Julio Larramendi, *Inspired by Cuba! A Survey of Cuba-Themed Ceramics* (Gainesville: Library Press of Florida, 2019).

4 See Roberto Cobas Amate's essay (13n40) for details regarding the mural.

5 Lucas Garve, "Cerámica cubana," *Cubanet*, https://www.cubanet.org/htdocs/print/01_enero__C_3.html. Accessed May 2, 2023.

6 "Taller de Cerámica de Santiago de las Vegas." See also fig. 4 in Thompson Goizueta's article in this volume.

7 See Thompson Goizueta's essay for an account of Rodríguez de la Cruz's pioneering leadership of the Taller (42–44).

8 Juan A. Martínez, *Cuban Art and National Identity: The Vanguardia Painters, 1927–1950* (Gainesville: University Press of Florida, 1994), 144.

9 Giulio V. Blanc, *Amelia Peláez, 1896–1968: A Retrospective | Una retrospectiva* (Miami: Cuban Museum of Arts and Culture, 1988), 53, 55. See also Marisol Trujillo, *Amelia Peláez* (Havana: Comisión Nacional Cubana de la UNESCO, 1973). María Elena Jubrías, *La cerámica cubana entre el moderno y el posmoderno* (Havana: Ediciones Boloña, 2017), 12.

10 See Thompson Gozuieta's essay in this catalogue (66n74) for an account of Peláez's education and travels.

11 Blanc, *Amelia Peláez*, 53.

12 Blanc, 53.

13 Cerámica Cubana generally did not produce ceramics in-house, instead decorating pieces imported from the United States that received their second firing at the workshop.

14 "Amelia Peláez, la musa de la cerámica cubana," *Cubadebate*, Mar. 15, 2009, http://www.cubadebate.cu/especiales/2009/03/15/amelia-pelaez-la-musa-de-la-ceramica-cubana/.

15 María Elena Jubrías, "Cerámica cubana: El Taller de Santiago de las Vegas" (PhD diss., Universidad de La Habana, 1985), 132.

16 "Peláez, la musa," 69.

17 Jubrías, "Cerámica cubana," 54.

18 Jubrías, 59.

19 Surisday Reyes Martínez, *Ceramistas cubanos: el canon postmoderno | Cuban Women Ceramicists: The Postmodern Canon* (Havana: Ediciones Boloña, 2022), 58.

20 María Elena Jubrías is the author of one of the most significant books on Cuban ceramics, *La cerámica cubana entre el moderno*

1 "Taller de Cerámica de Santiago de las Vegas", *EduRed*, https://www.ecured.cu/Taller_de_Cer%C3%A1mica_de_Santiago_de_las_Vegas. Consultado el 2 de may. de 2023.

2 Ver el ensayo de Elizabeth Thompson Goizueta en este volumen para más detalles sobre el floreciente movimiento ceramista en Cuba durante los años cincuenta (54–57).

3 Emilio Cueto y Julio Larramendi, *Inspired by Cuba! A Survey of Cuba-Themed Ceramics* (Gainesville: Library Press of Florida, 2019).

4 Véase el ensayo de Roberto Cobas Amate (13n40) para obtener detalles sobre el mural.

5 Lucas Garve, "Cerámica cubana", *Cubanet*, https://www.cubanet.org/htdocs/print/01_enero__C_3.html. Consultado el 2 de may. de 2023.

6 "Taller de Cerámica de Santiago de las Vegas". Ver también la fig. 4 en el artículo de Thompson Goizueta en este volumen.

7 Ver en el ensayo de Thompson Goizueta la descripción del innovador liderazgo de Rodríguez de la Cruz en el Taller (42–44).

8 Juan A. Martínez, *Cuban Art and National Identity: The Vanguardia Painters, 1927–1950* (Gainesville: University Press of Florida, 1994), 144.

9 Giulio V. Blanc, *Amelia Peláez, 1896–1968: A Retrospective | Una retrospectiva* (Miami: Cuban Museum of Arts and Culture, 1988), 53, 55. Ver también Marisol Trujillo, *Amelia Peláez* (La Habana: Comisión Nacional Cubana de la UNESCO, 1973). María Elena Jubrías, *La cerámica cubana entre el moderno y el posmoderno* (La Habana: Ediciones Boloña, 2017), 12.

10 Ver el ensayo de Thompson Gozuieta en este catálogo (66n74) para un recuento de la educación y los viajes de Peláez.

11 Blanc, *Amelia Peláez*, 53.

12 Blanc, 53.

13 Cerámica Cubana generalmente no producía sus cerámicas sino que decoraban piezas importadas de los Estados Unidos que luego pasaban por el horno una segunda vez en el taller.

14 "Amelia Peláez, la musa de la cerámica cubana", *Cubadebate*, 15 de mar. de 2009, http://www.cubadebate.cu/especiales/2009/03/15/amelia-pelaez-la-musa-de-la-ceramica-cubana/.

15 María Elena Jubrías, "Cerámica cubana: El Taller de Santiago de las Vegas" (PhD dis., Universidad de La Habana, 1985), 132.

16 "Peláez, la musa", 69.

17 Jubrías, "Cerámica cubana", 54.

18 Jubrías, 59.

19 Surisday Reyes Martínez, *Ceramistas cubanos: el canon postmoderno | Cuban Women Ceramicists: The Postmodern Canon* (La Habana: Ediciones Boloña, 2022), 58.

20 María Elena Jubrías es la autora de uno de los libros más signif-

y el posmoderno (2017).

21 Reyes Martínez, *Ceramistas cubanos*, 59.

22 Jubrías, "Cerámica cubana," 111, 165.

23 Jubrías, 165.

24 Jubrías, 165.

25 "How Is This an Amelia Peláez Mural If It Was Made after Her Passing?: Behind the Curtain" (blog), Pan American Art Projects, Jan. 31, 2022, https://www.panamericanart.com/news/12-how-is-this-an-amelia-pelaez-mural-if-behind-the-curtain/.

icativos sobre la cerámica cubana, *La cerámica cubana entre el moderno y el posmoderno* (2017).

21 Reyes Martínez, *Ceramistas cubanos*, 59.

22 Jubrías, "Cerámica cubana", 111, 165.

23 Jubrías, 165.

24 Jubrías, 165.

25 "How Is This an Amelia Peláez Mural If It Was Made after Her Passing?: Behind the Curtain" (blog), Pan American Art Projects, 31 de ene. de 2022, https://www.panamericanart.com/news/12-how-is-this-an-amelia-pelaez-mural-if-behind-the-curtain/.

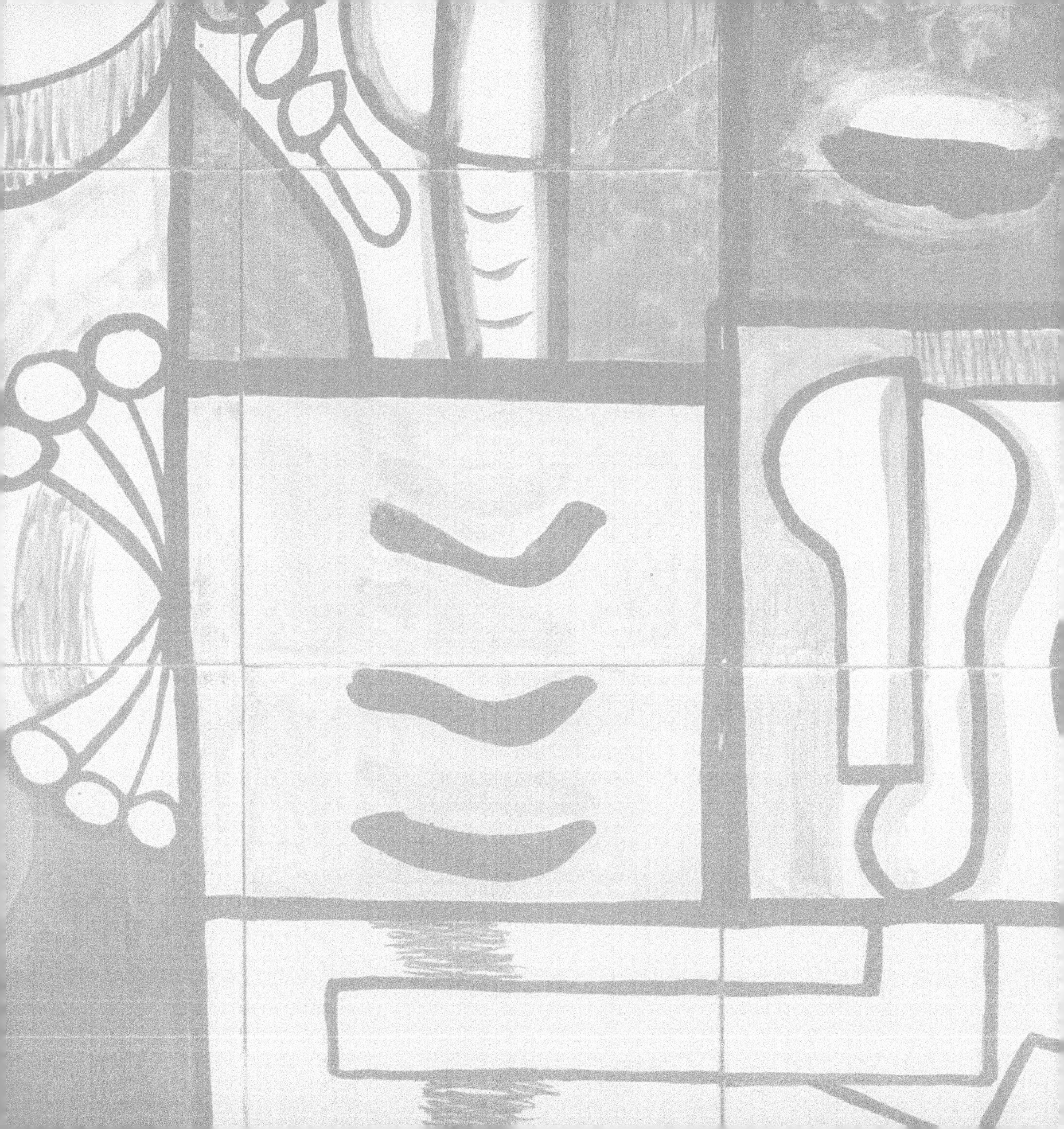

PLATES

ILUSTRACIONES

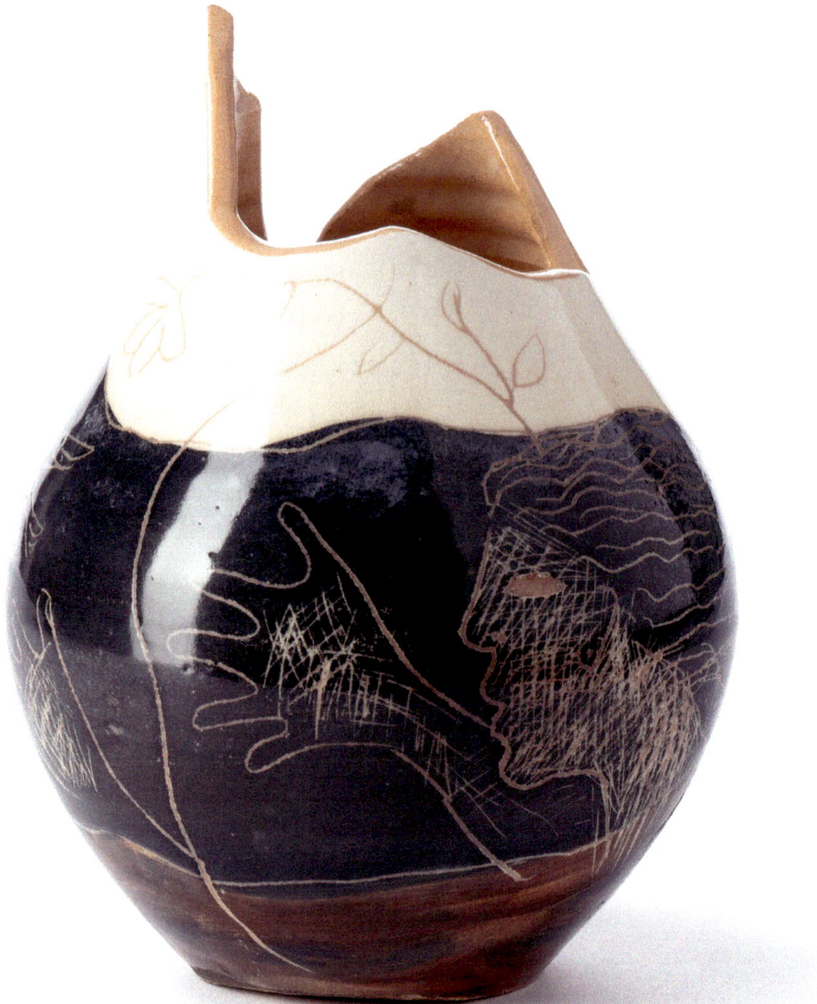

artist & ceramicist | artista & ceramista **Rebeca Robés Massés** (1923–2003)
ceramicist | ceramista **Juan Miguel Rodríguez de la Cruz** (1902–90)
1 *Vase with Irregular Mouth with Women and Bird* | *Vaso de boca irregular con mujeres y pájaro*, 1951
painted ceramic | cerámica pintada, 7.3 × 6.3″ (d.)
private collection | colección privada

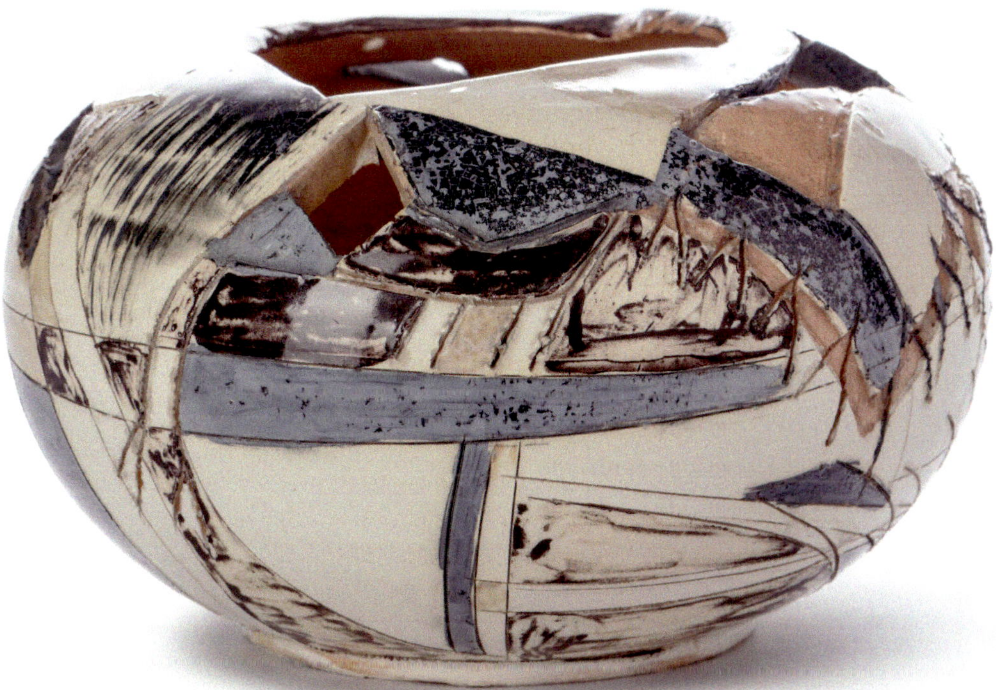

artist & ceramicist | artista & ceramista **Rebeca Robés Massés** (1923–2003)
ceramicist | ceramista **Juan Miguel Rodríguez de la Cruz** (1902–90)
2 *Openwork Globular Vase* | *Vaso globular calado,* 1951
painted ceramic | cerámica pintada, 4.3 × 7.9″ (d.)
private collection | colección privada

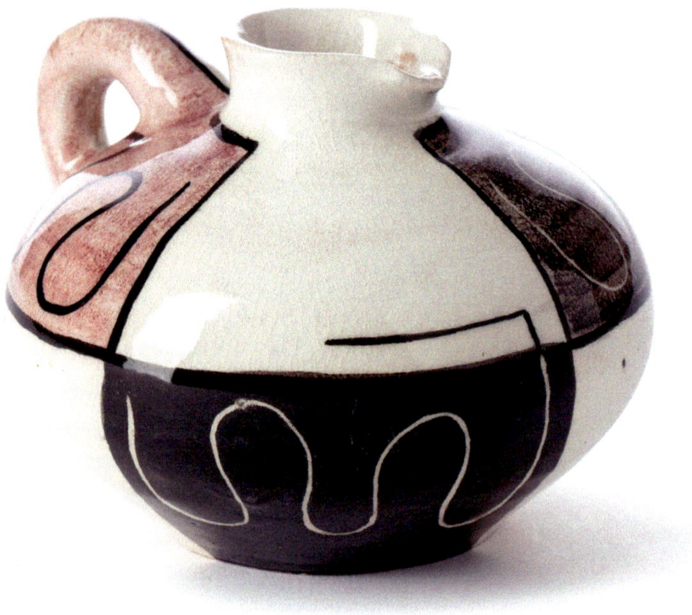

artist | artista **Aleida González**
ceramicist | ceramista **Juan Miguel Rodríguez de la Cruz** (1902–90)
3 *Honeypot with Quadrant Design* | *Mielera de los cuadrantes,* 1953
painted ceramic | cerámica pintada, 3.1 × 3.9″ (d.)
private collection | colección privada

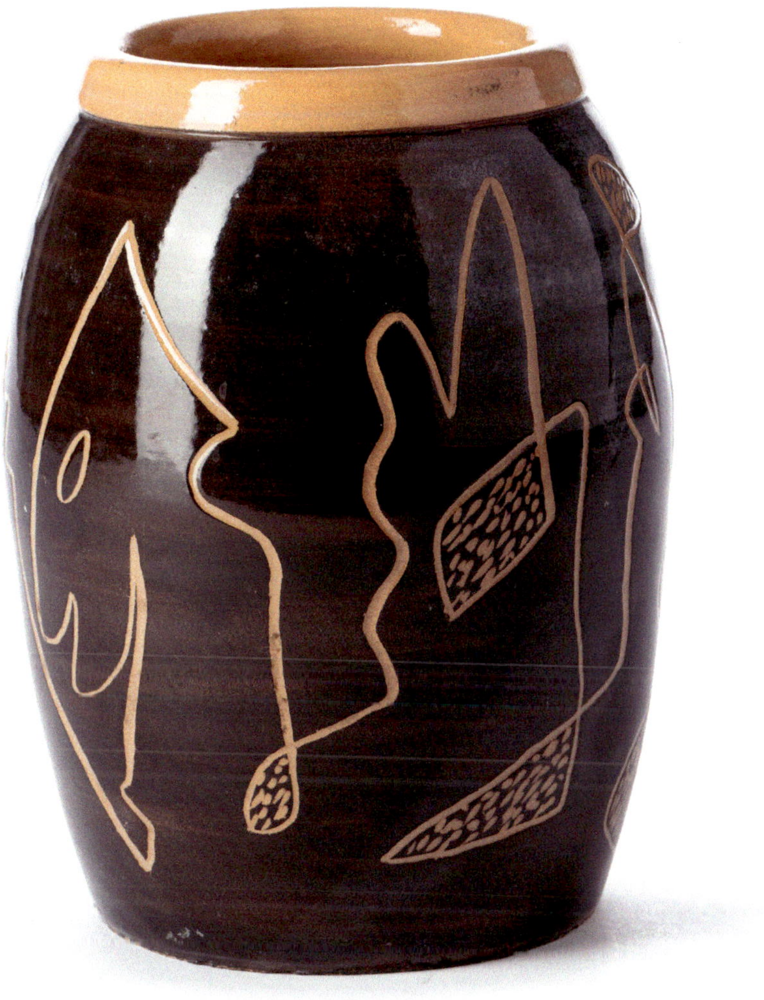

artist & ceramicist | artista & ceramista **Marta Arjona** (1923–2006)
ceramicist | ceramista **Juan Miguel Rodríguez de la Cruz** (1902–90)
4 *Vase with Abstract Motifs | Vaso con motivos abstractos,* 1951
painted ceramic | cerámica pintada, 6.9 × 4.7″ (d.)
private collection | colección privada

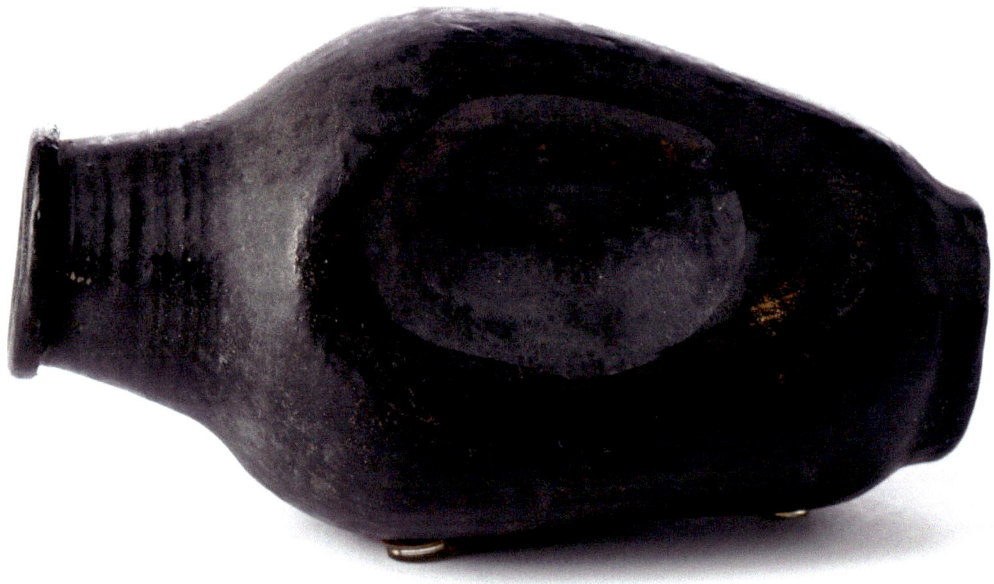

artist | artista **Marta Arjona** (1923–2006)
ceramicist | ceramista **Juan Miguel Rodríguez de la Cruz** (1902–90)
5 *Black Bottle with Corrugated Surface* | *Botella negra con superficie ondulada,* ca. 1952
painted ceramic | cerámica pintada, 6.7 × 3.7″ (d.)
private collection | colección privada

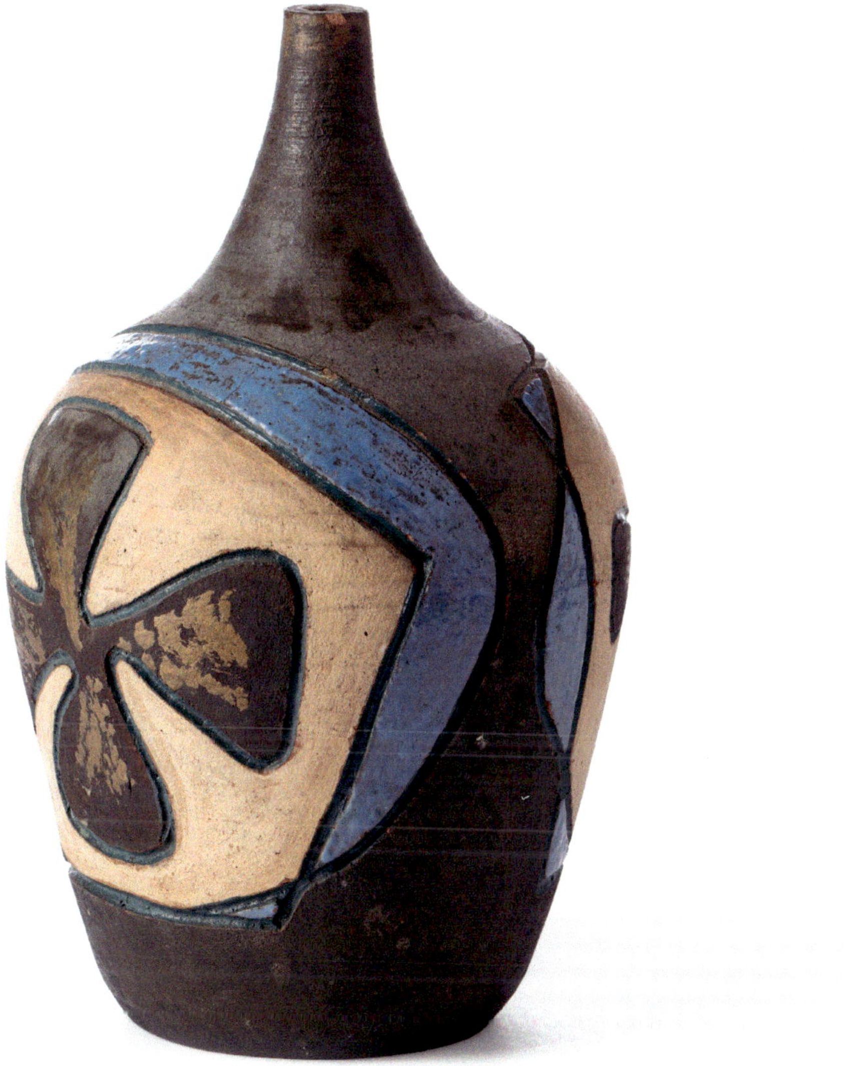

artist | artista **Marta Arjona** (1923–2006)
ceramicist | ceramista **Juan Miguel Rodríguez de la Cruz** (1902–90)
6 *Vase with Flowers on Yellow Background* | *Vaso de flores con fondo amarillo*, 1953
painted ceramic | cerámica pintada, 9.8 × 5.9″ (d.)
private collection | colección privada

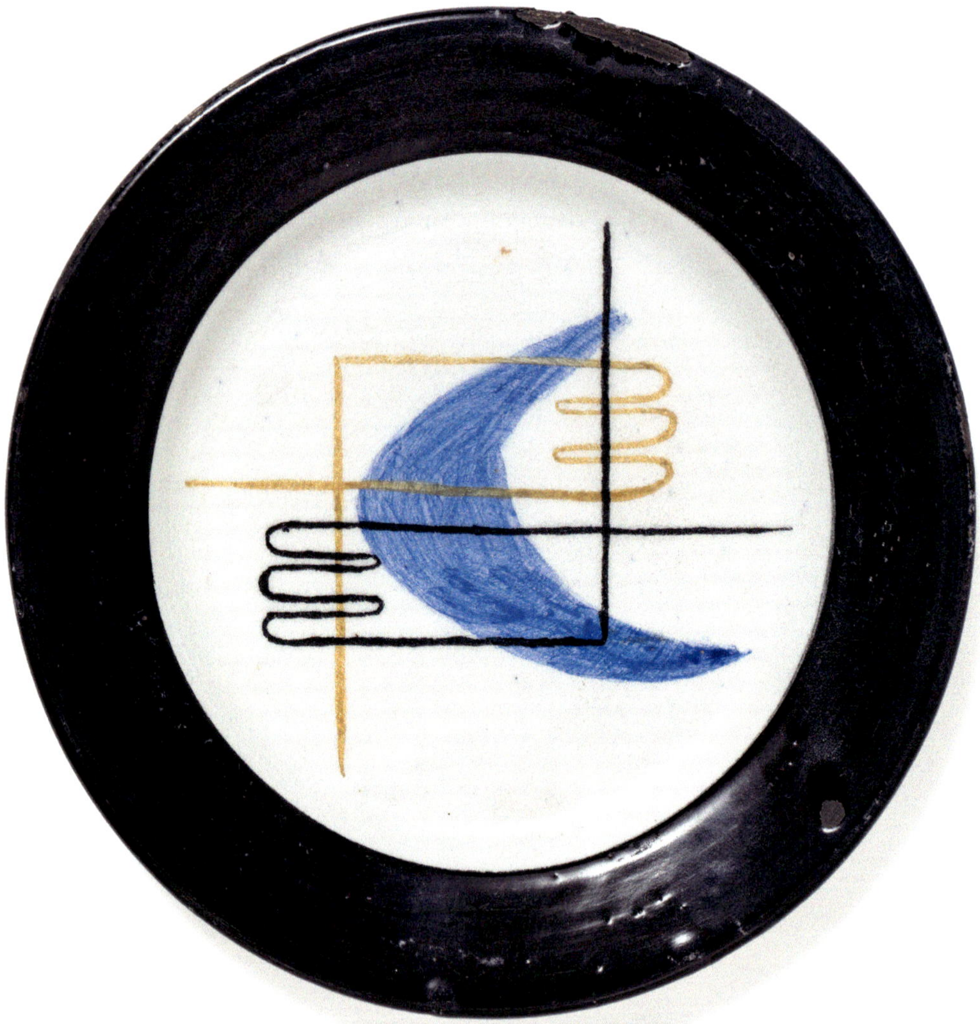

artist | artista **Marta Arjona** (1923–2006)
ceramicist | ceramista **Juan Miguel Rodríguez de la Cruz** (1902–90)
7 *Medium Friendship Plate* | *Plato mediano amistad,* 1953
painted ceramic | cerámica pintada, 8.2″ (d.)
private collection | colección privada

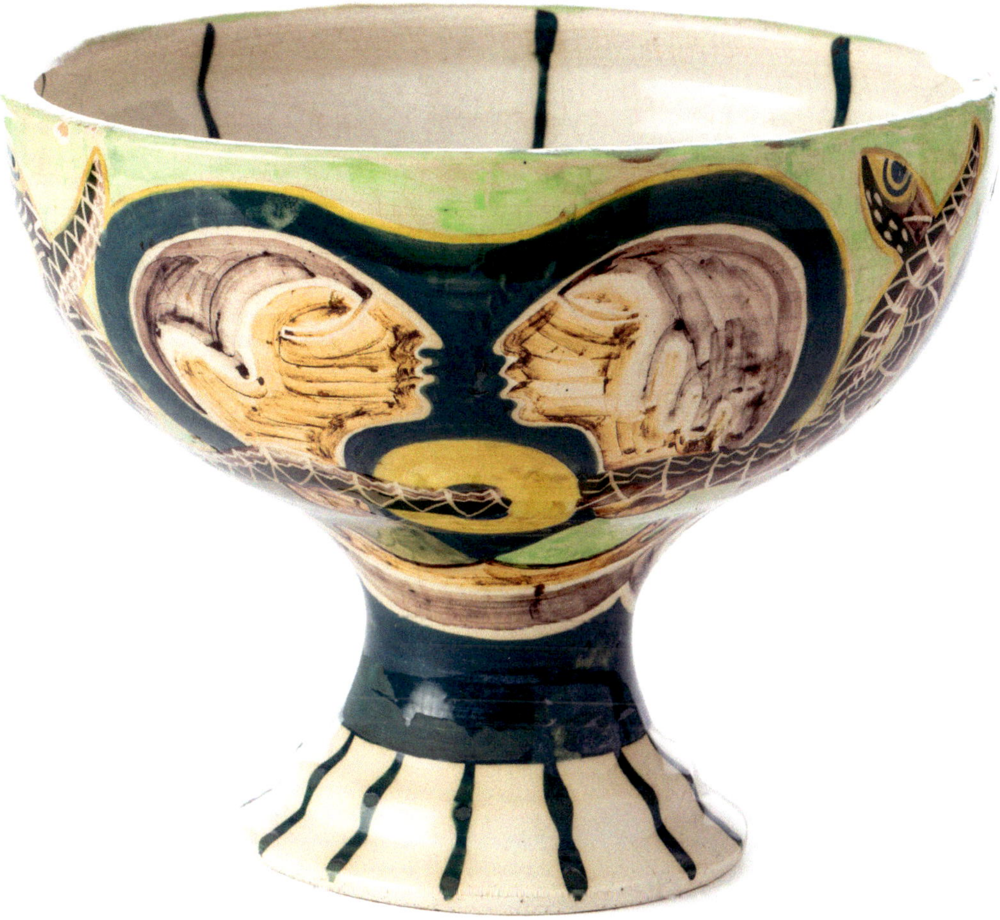

artist | artista **Mirta García Buch** (1919–96)
ceramicist | ceramista **Juan Miguel Rodríguez de la Cruz** (1902–90)
8 *Fruit Bowl with Adam and Eve* | *Copa frutero de Adán y Eva*, 1951
painted ceramic | cerámica pintada, 8.1 × 10.8″ (d.)
private collection | colección privada

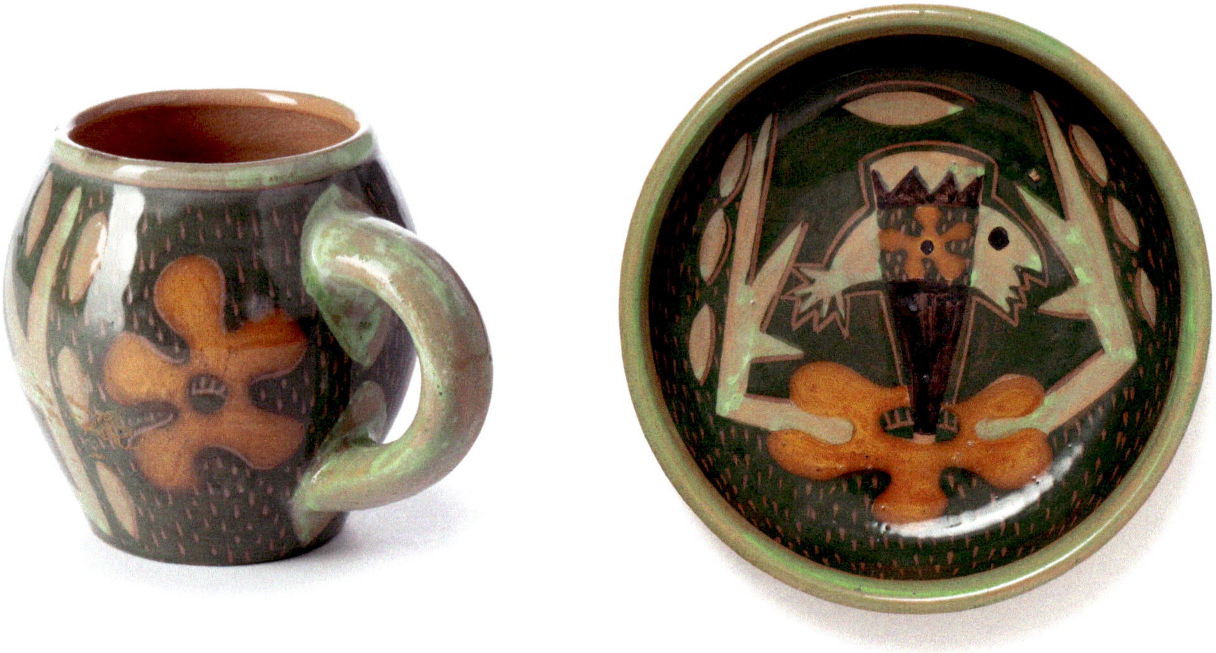

artist | artista **Mirta García Buch** (1919–96)
ceramicist | ceramista **Juan Miguel Rodríguez de la Cruz** (1902–90)
9 *Green Potbellied Mug and Plate Set | Juego verde de jarra panzuda y plato,* 1951
painted ceramic | cerámica pintada, mug | jarra: 3.8 × 3.7″ (d.), plate | plato: 5.7″ (d.)
private collection | colección privada

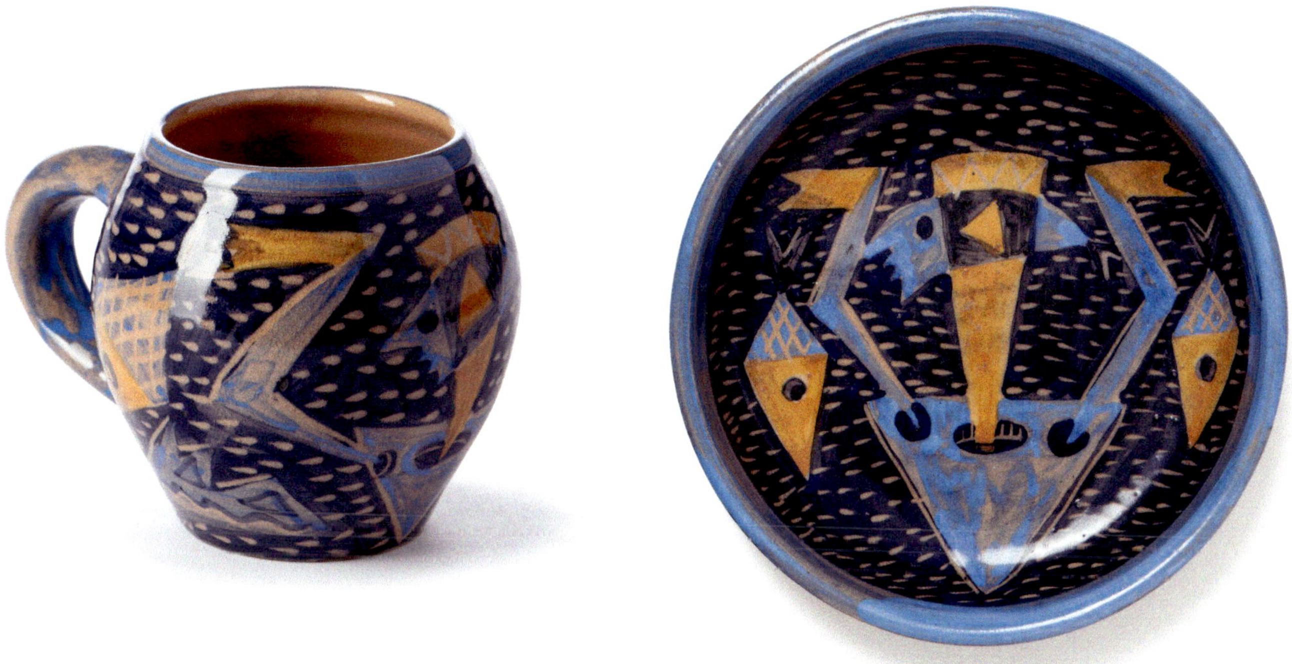

artist | artista **Mirta García Buch** (1919–96)
ceramicist | ceramista **Juan Miguel Rodríguez de la Cruz** (1902–90)
10 *Blue Potbellied Mug and Plate Set* | *Juego azul de jarra panzuda y plato*, 1951
painted ceramic | cerámica pintada, mug | jarra: 3.9 × 3.8″ (d.), plate | plato: 5.7″ (d.)
private collection | colección privada

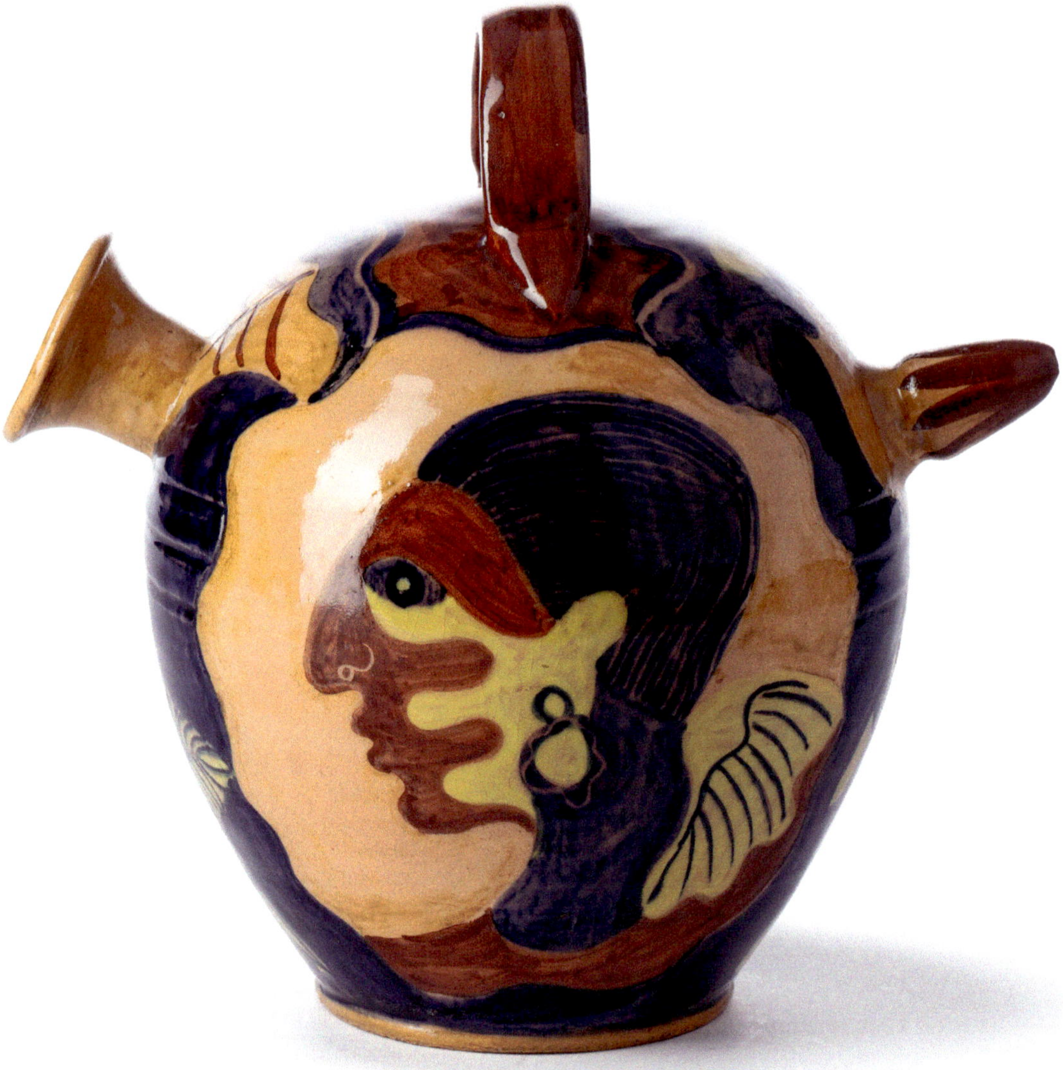

artist | artista **Mirta García Buch** (1919–96)
ceramicist | ceramista **Juan Miguel Rodríguez de la Cruz** (1902–90)
11 *Water Jug with Indigenous Head Motif* | *Porrón motivo de cabeza de indio*, 1951
painted ceramic | cerámica pintada, 4.7 × 9.1″ (d.)
private collection | colección privada

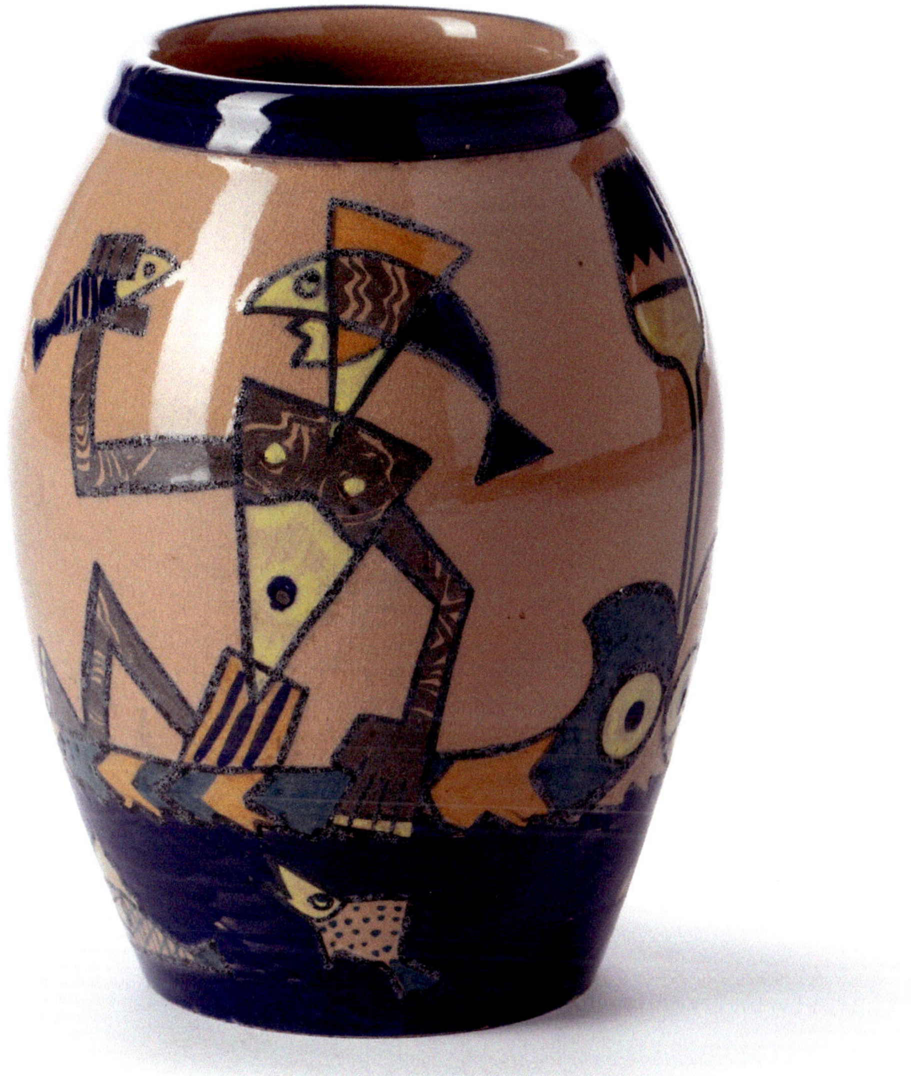

artist | artista **Mirta García Buch** (1919–96)
ceramicist | ceramista **Juan Miguel Rodríguez de la Cruz** (1902–90)
12 *Vase with Indigenous Men Fishing* | *Vaso con indios pescando*, 1951
painted ceramic | cerámica pintada, 7.1 × 5.5″ (d.)
private collection | colección privada

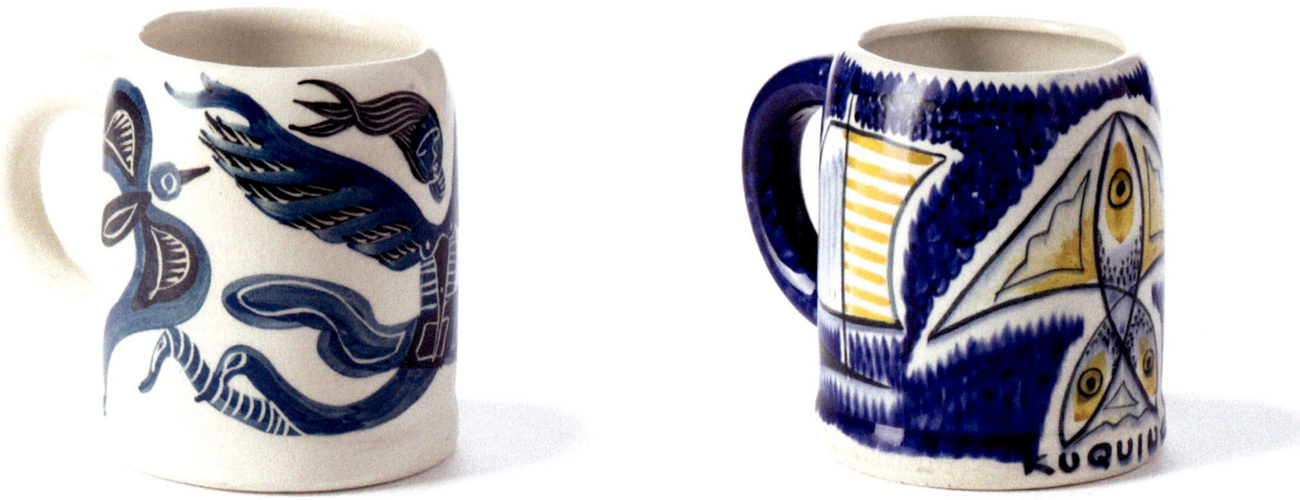

artist | artista **Mirta García Buch** (1919–96)
ceramicist | ceramista **Juan Miguel Rodríguez de la Cruz** (1902–90)
13 *Beer Mug with Women and Bird | Jarra de cerveza con mujeres y pájaro,* 1951
14 *Kuquine Beer Mug I | Jarra de cerveza Kuquine I,* 1953
painted ceramic | cerámica pintada, 13 4.2 × 3.9″ (d.), 14 4.3 × 3.5″ (d.)
private collection | colección privada

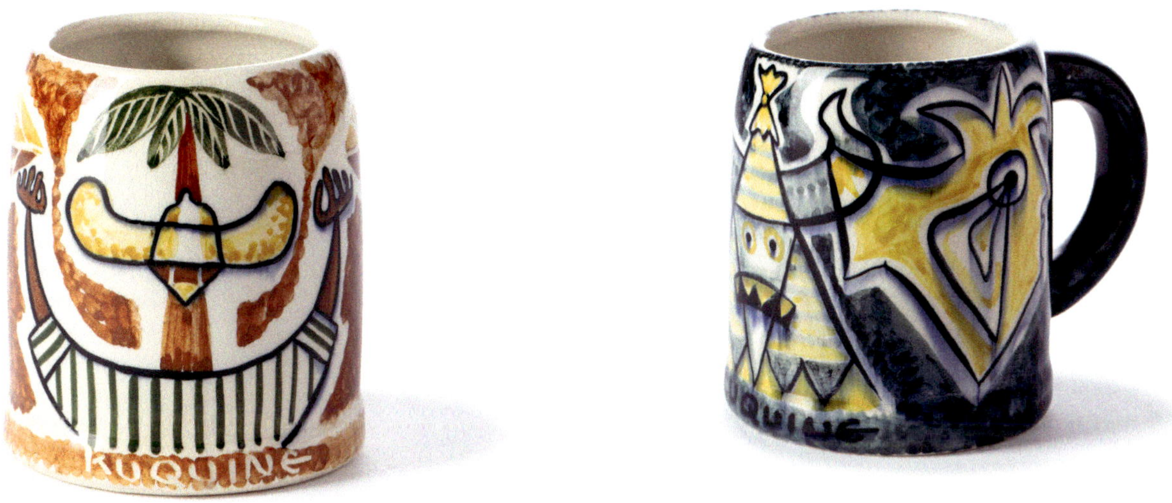

artist | artista **Mirta García Buch** (1919–96)
ceramicist | ceramista **Juan Miguel Rodríguez de la Cruz** (1902–90)
15 *Kuquine Beer Mug II* | *Jarra de cerveza Kuquine II*, 1953
16 *Kuquine Beer Mug III* | *Jarra de cerveza Kuquine III*, 1953
painted ceramic | cerámica pintada, 15 4.3 × 3.5″ (d.), 16 4.1 × 3.1″ (d.)
private collection | colección privada

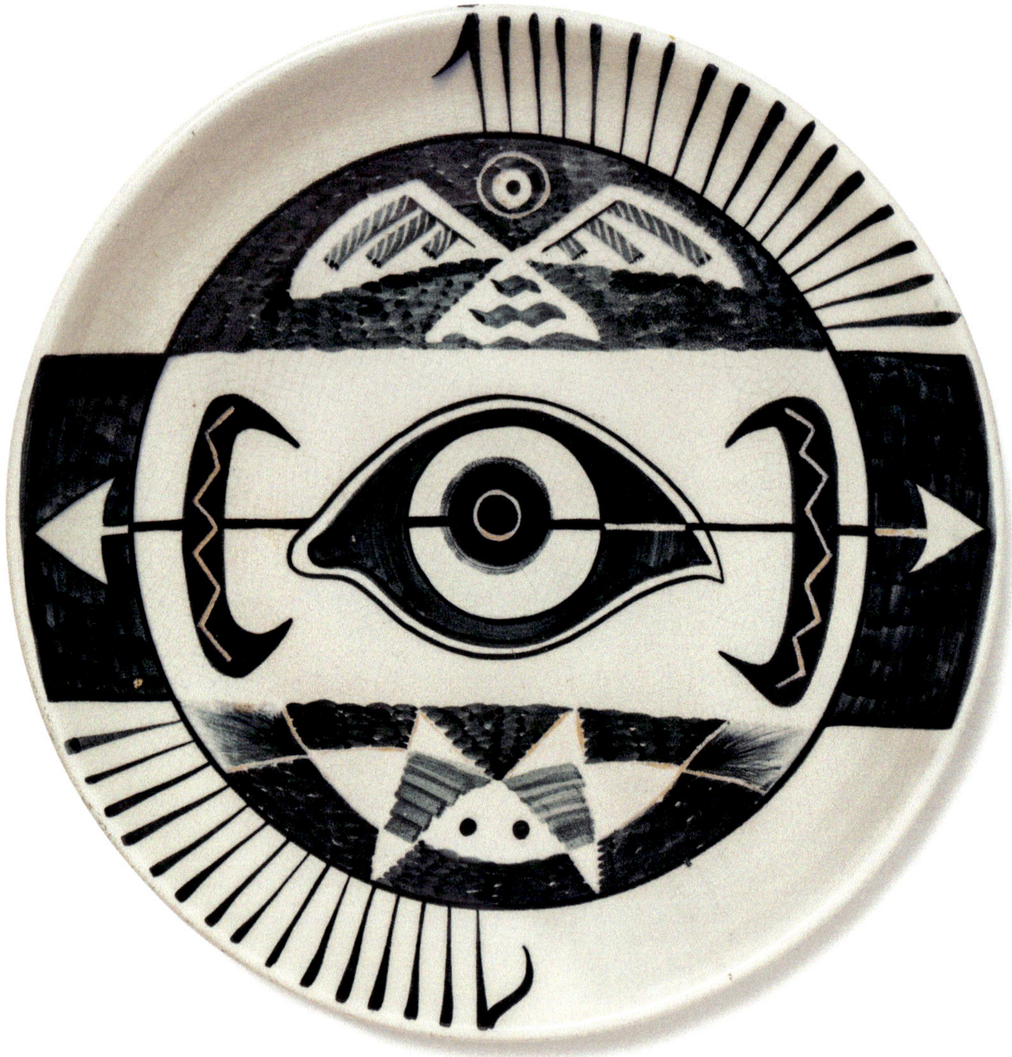

artist | artista **Mirta García Buch** (1919–96)
ceramicist | ceramista **Juan Miguel Rodríguez de la Cruz** (1902–90)
17 *Plate with the Elements* | *Plato de los elementos,* 1953
painted ceramic | cerámica pintada, 2.2 × 13″ (d.)
private collection | colección privada

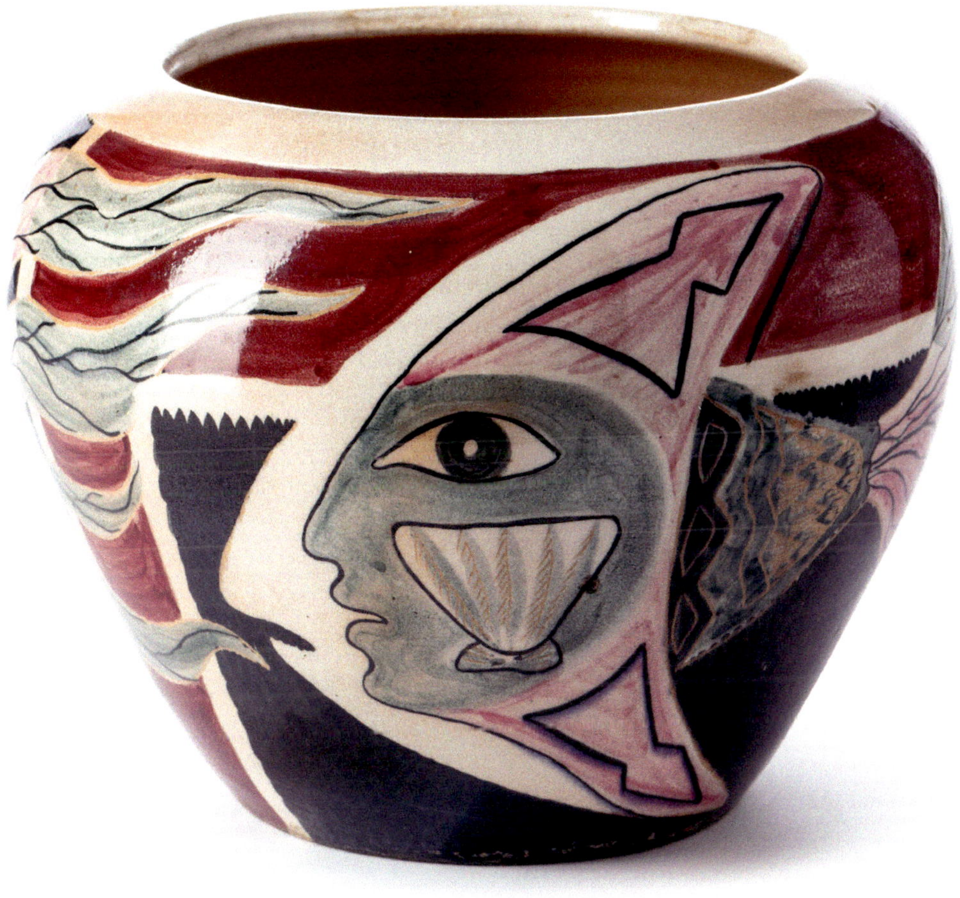

artist | artista **Mirta García Buch** (1919–96)
ceramicist | ceramista **Juan Miguel Rodríguez de la Cruz** (1902–90)
18 *Flower Pot with Fish-Man | Maceta del hombre pez,* 1953
painted ceramic | cerámica pintada, 8.1 × 8.1″ (d.)
private collection | colección privada

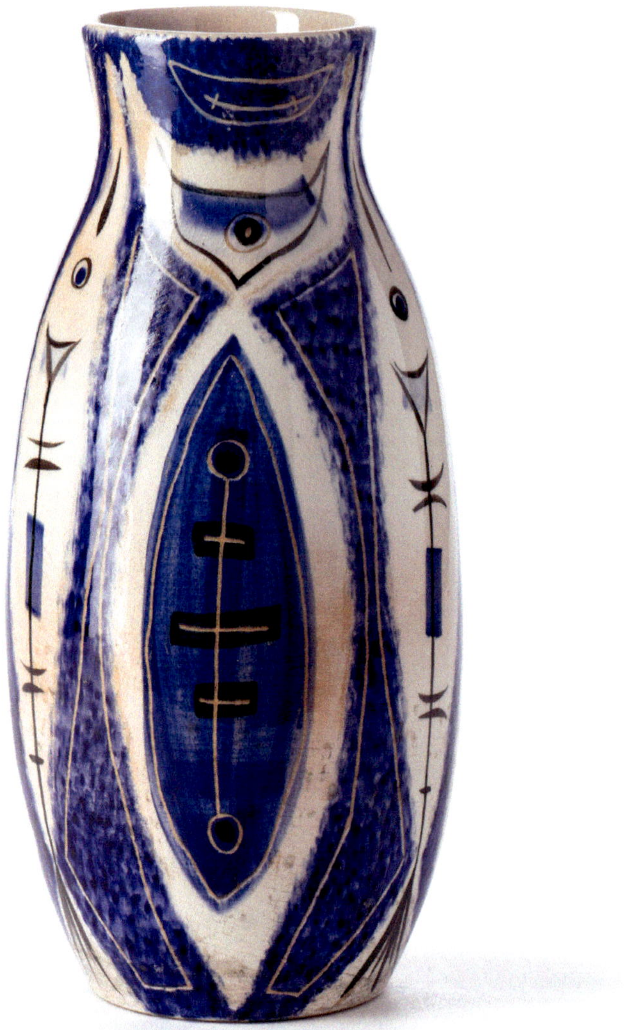

artist | artista **Mirta García Buch** (1919–96)
ceramicist | ceramista **Juan Miguel Rodríguez de la Cruz** (1902–90)
19 *Blue and White Vase with Fish Motifs* | *Vaso azul y blanco con motivo de peces*, 1955–56
painted ceramic | cerámica pintada, 11.4 × 5.3″ (d.)
private collection | colección privada

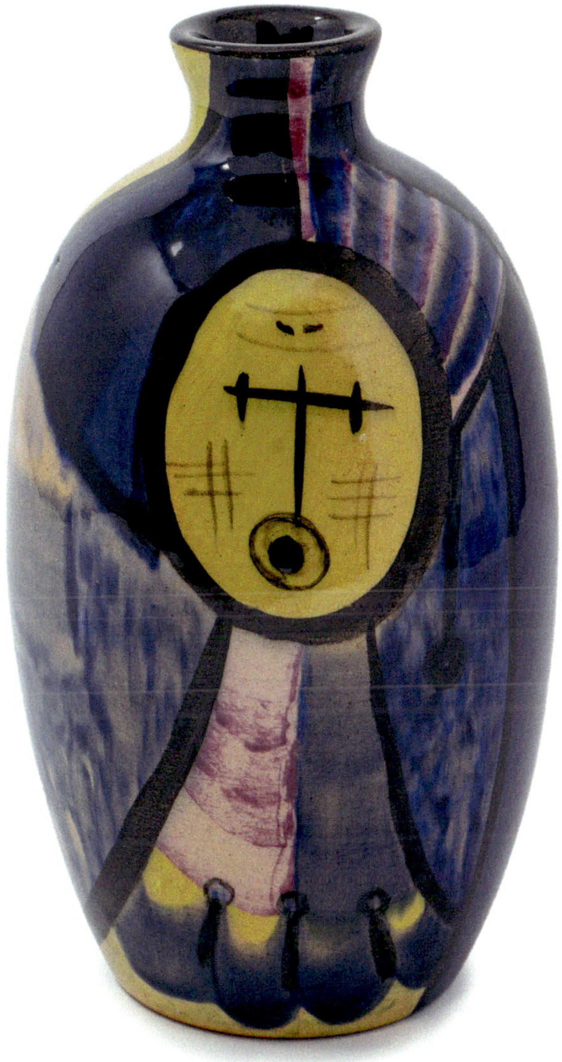

artist | artista **Mirta García Buch** (1919–96)
ceramicist | ceramista **Juan Miguel Rodríguez de la Cruz** (1902–90)
20 *Vase with Abstract Mask | Vaso con máscara abstracta,* 1955
painted ceramic | cerámica pintada, 7.3 × 4.3″ (d.)
Col. Isaac & Betty Rudman

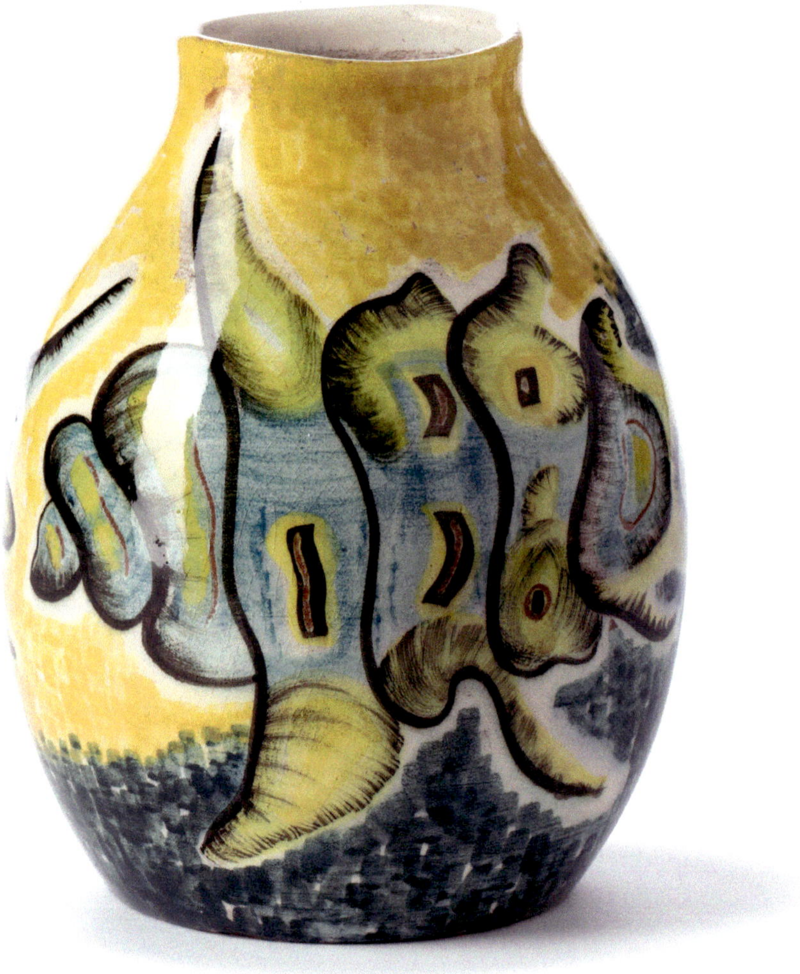

artist | artista **Mirta García Buch** (1919–96)
ceramicist | ceramista **Juan Miguel Rodríguez de la Cruz** (1902–90)
21 *Vase with Semi-Abstract Zoomorphic Motifs* | *Vaso semi abstracto con motivos zoomorfos*, 1956
painted ceramic | cerámica pintada, 8.2 × 6.1″ (d.)
private collection | colección privada

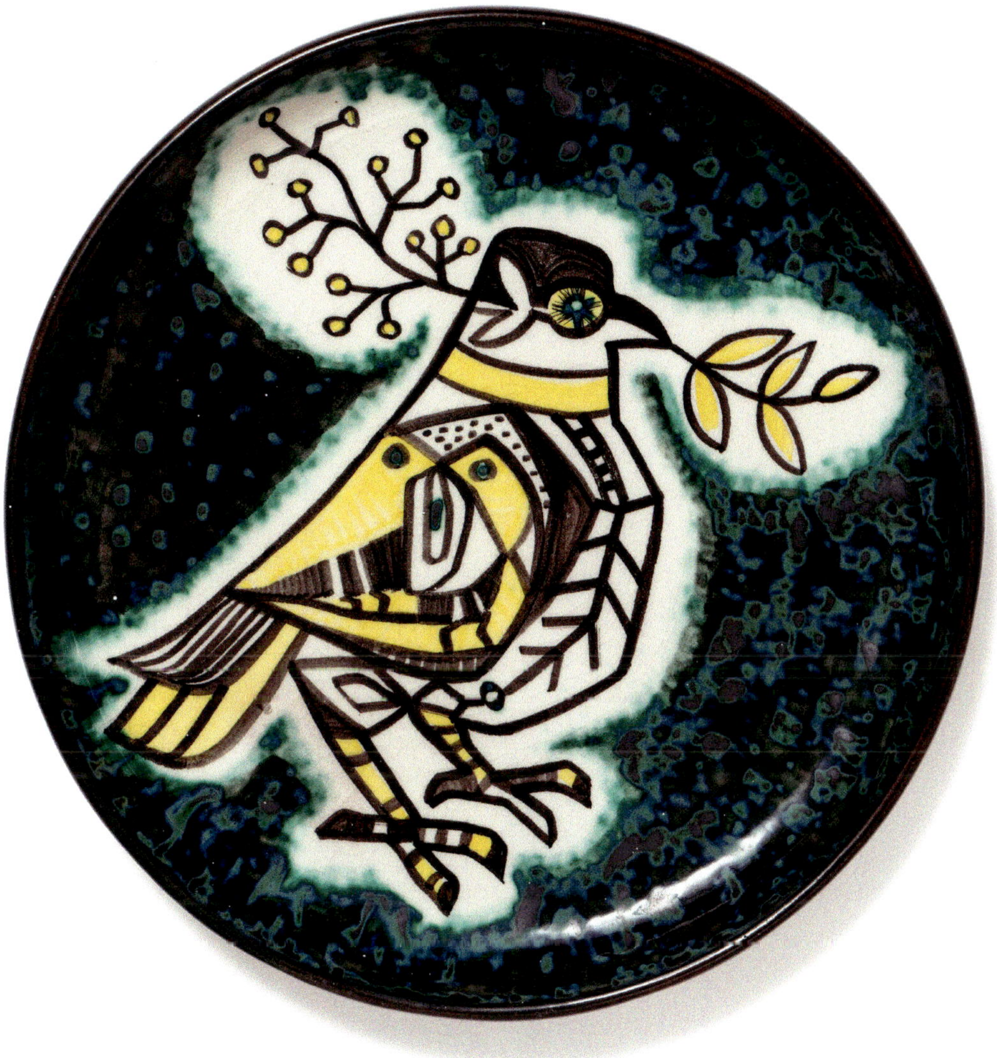

artist | artista **Mirta García Buch** (1919–96)
ceramicist | ceramista **Juan Miguel Rodríguez de la Cruz** (1902–90)
22 *Green Plate with Bird* | *Plato verde del pájaro*, 1956
painted ceramic | cerámica pintada, 10.6″ (d.)
private collection | colección privada

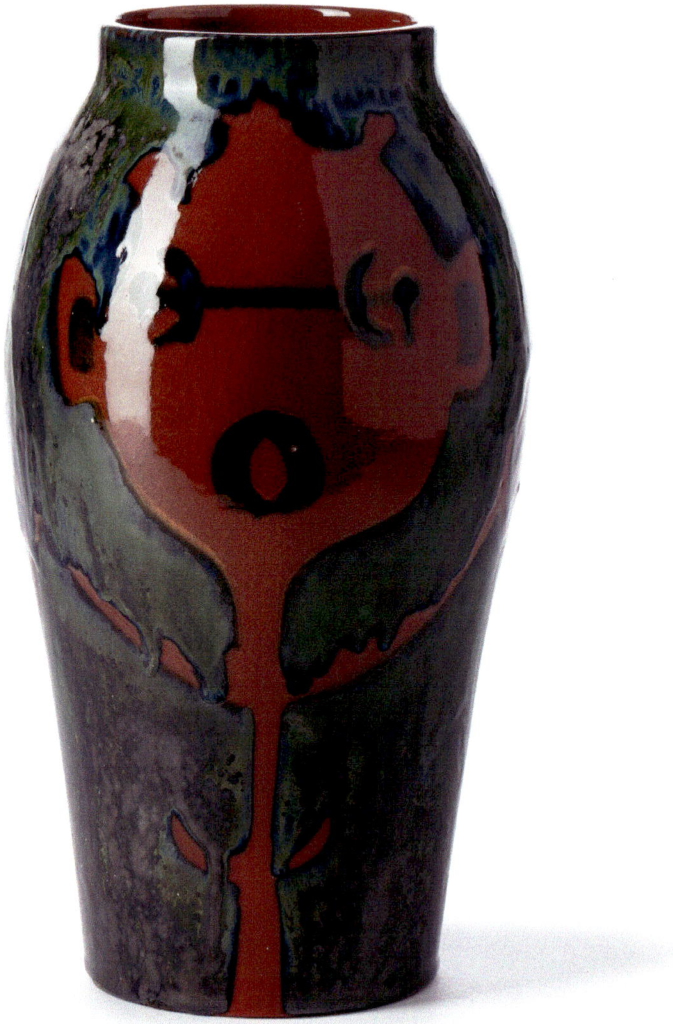

artist | artista **Mirta García Buch** (1919–96)
ceramicist | ceramista **Juan Miguel Rodríguez de la Cruz** (1902–90)
23 *Tall Vase with Abstract Motifs in Copper Oxide* | *Vaso alto con motivos abstractos en óxido de cobre,* 1957
painted ceramic | cerámica pintada, 10.6 × 6.5″ (d.)
private collection | colección privada

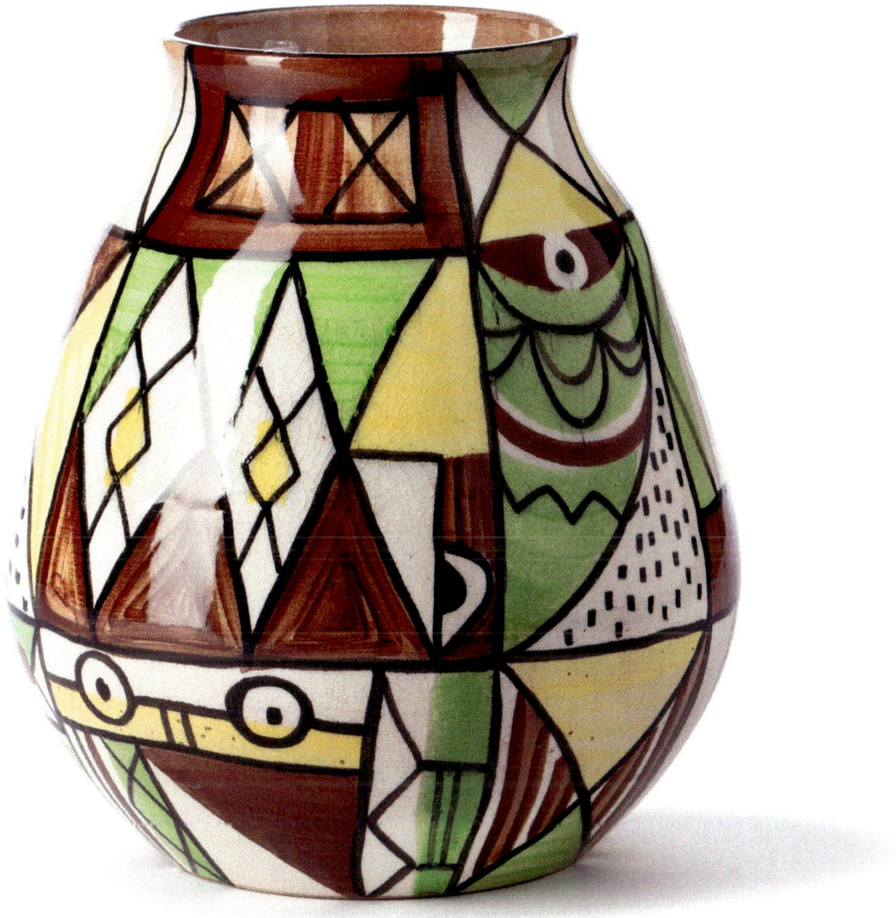

artist | artista **Mirta García Buch** (1919–96)
ceramicist | ceramista **Juan Miguel Rodríguez de la Cruz** (1902–90)
24 *Vase with Fish Motifs in Green, Yellow, and Brown | Vaso con motivos de peces verde, amarillo y marrón,* 1957
painted ceramic | cerámica pintada, 8.9 × 7.9″ (d.)
private collection | colección privada

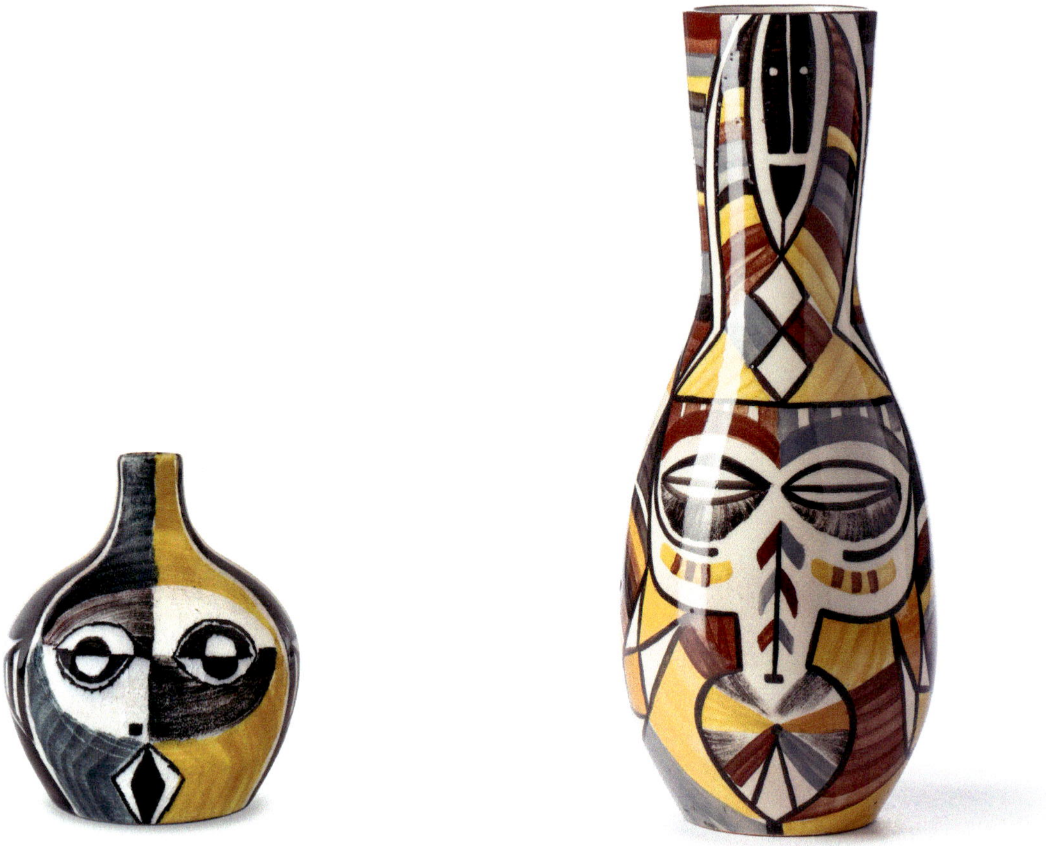

artist | artista **Mirta García Buch** (1919–96)
ceramicist | ceramista **Juan Miguel Rodríguez de la Cruz** (1902–90)
25 *Little Vase with Mask | Jarrón pequeño con máscara,* ca. 1957
painted ceramic | cerámica pintada, 4 × 3.1″ (d.), Col. Olga Mari & Vince Lago
26 *Vase with Mask | Vaso de la máscara,* 1957
painted ceramic | cerámica pintada, 16.5 × 6.5″ (d.), private collection | colección privada

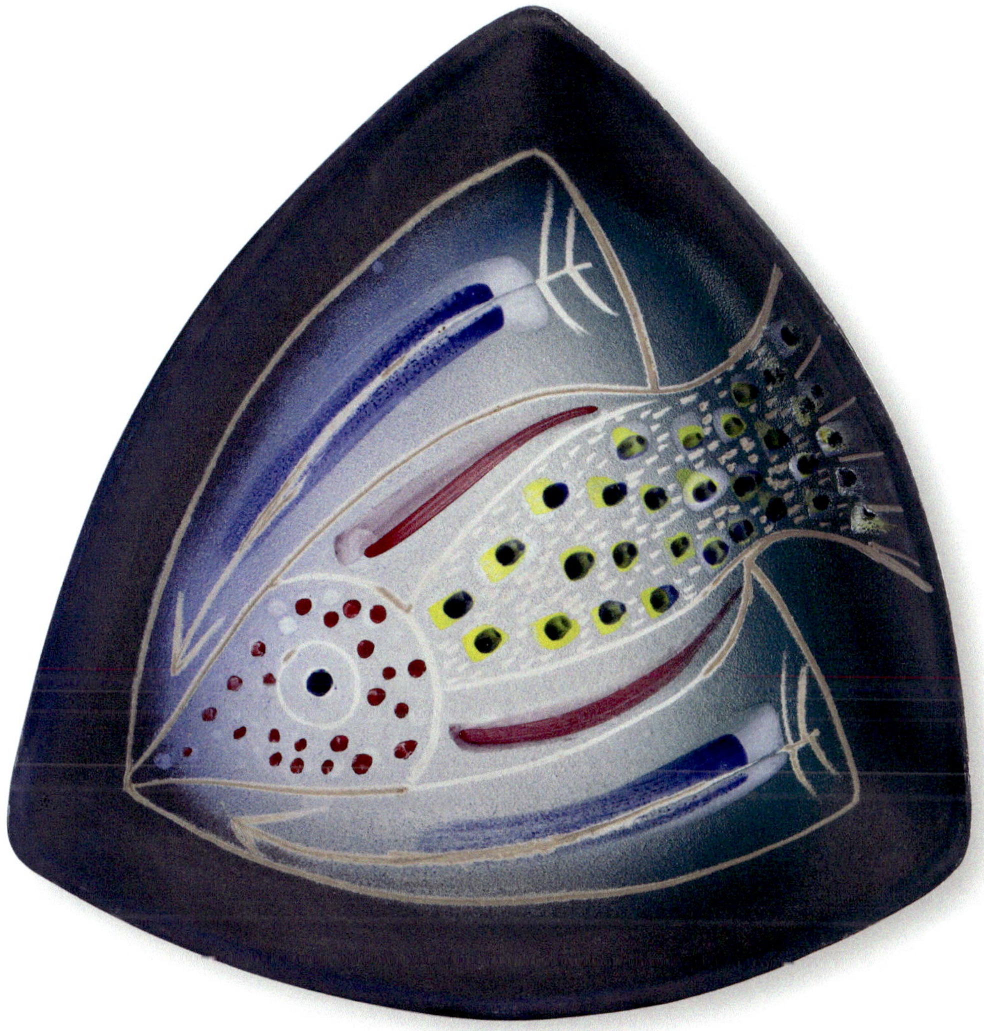

Mirta García Buch (1919–96)
27 *Plate with Fish | Plato con pez*, 1950s
painted ceramic | cerámica pintada, 11 × 11″
Latin Art Core

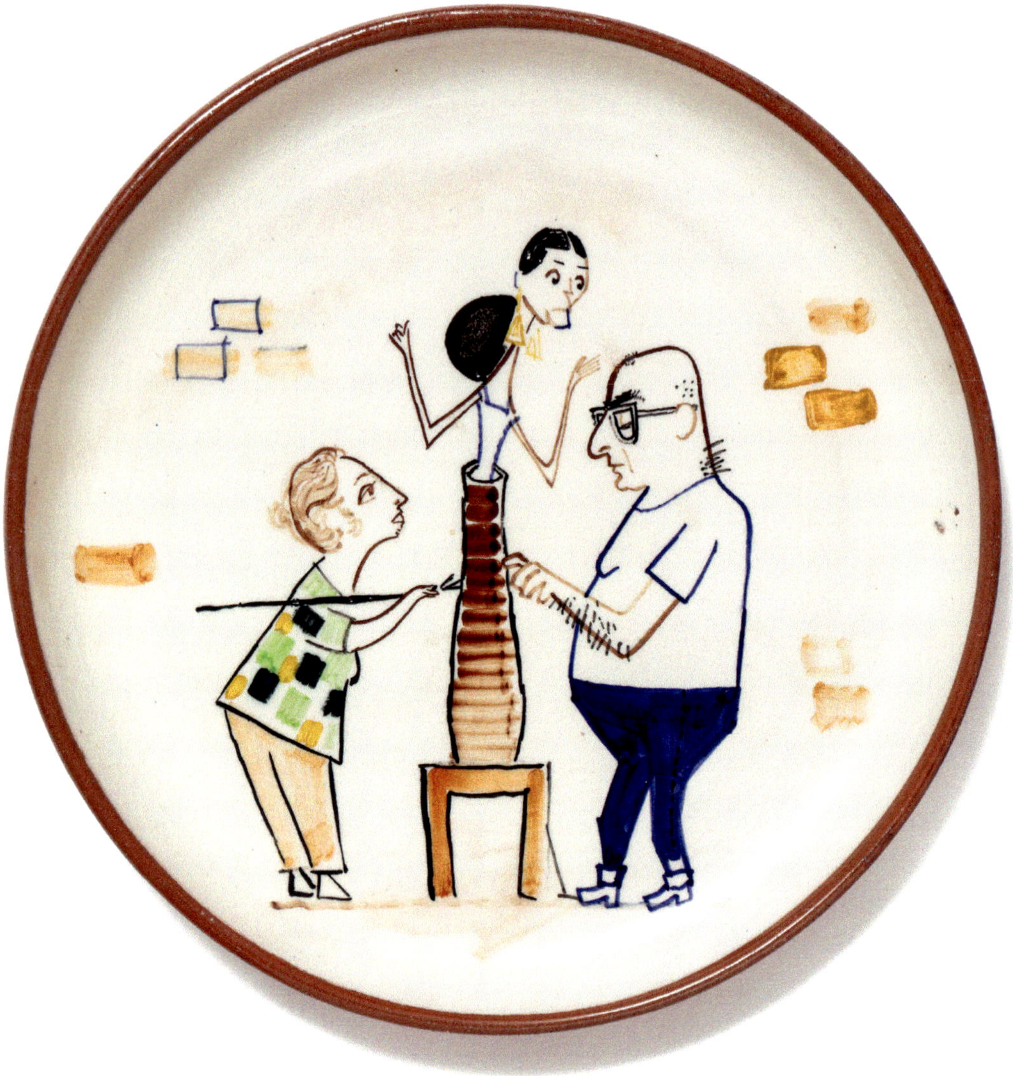

artist | artista **attrib. | atrib. Mirta García Buch** (1919–96)
ceramicist | ceramista **Juan Miguel Rodríguez de la Cruz** (1902–90)
28 *Plate with Caricatures of Rebeca Robés, Mirta García Buch, and Rodríguez de la Cruz | Plato motivo caricaturas de Rebeca Robés, Mirta García Buch y Rodríguez de la Cruz,* 1959
painted ceramic | cerámica pintada, 10.6″ (d.)
private collection | colección privada

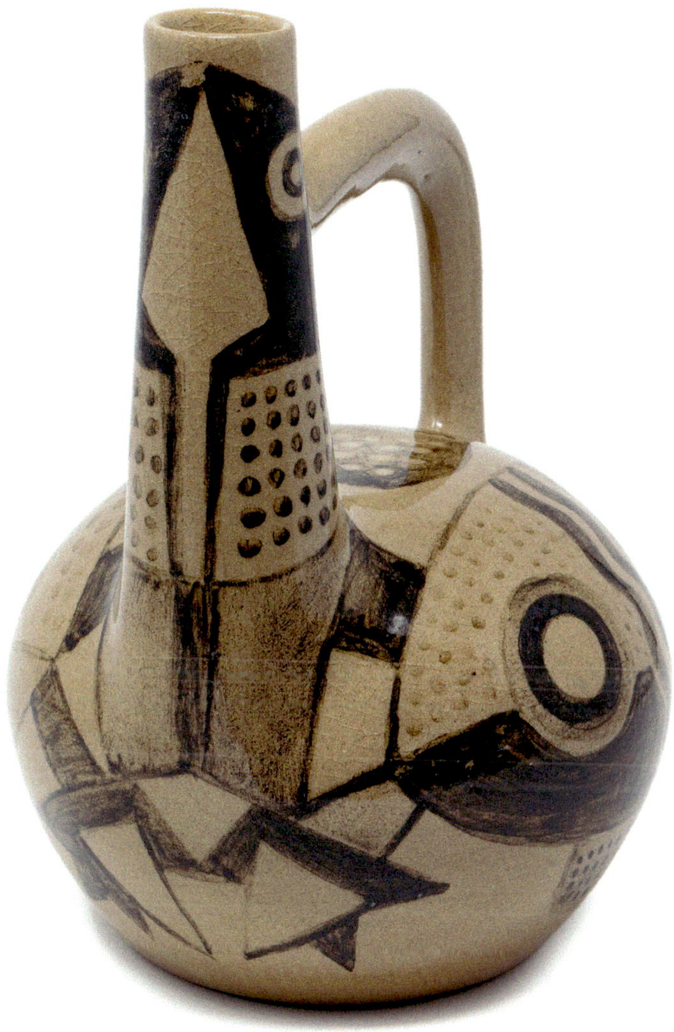

artist unknown | artista desconocido/a
ceramicist | ceramista **Juan Miguel Rodríguez de la Cruz** (1902–90)
29 *Zoomorphic Water Jug | Porrón zoomorfa,* 1963
painted ceramic | cerámica pintada, 8.3 × 6″ (d.)
Col. Isaac & Betty Rudman

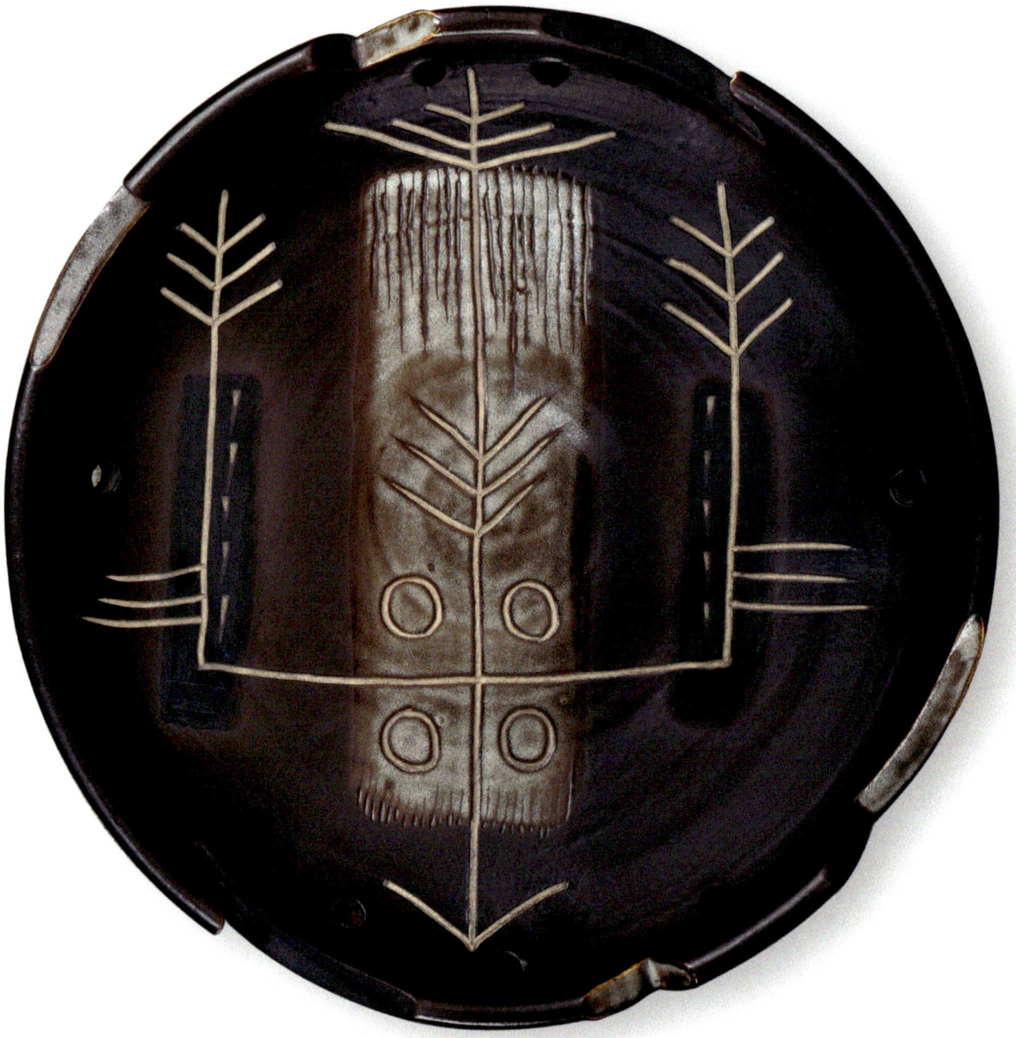

artist | artista **Mirta García Buch** (1919–96)
ceramicist | ceramista **Juan Miguel Rodríguez de la Cruz** (1902–90)
30 *Plate with Inscribed Geometric Motifs* | *Plato con motivos geométricos inscritos*, 1985
painted ceramic | cerámica pintada, 2 × 9″ (d.)
Col. Dr. Vicente Lago & Teresa Lago

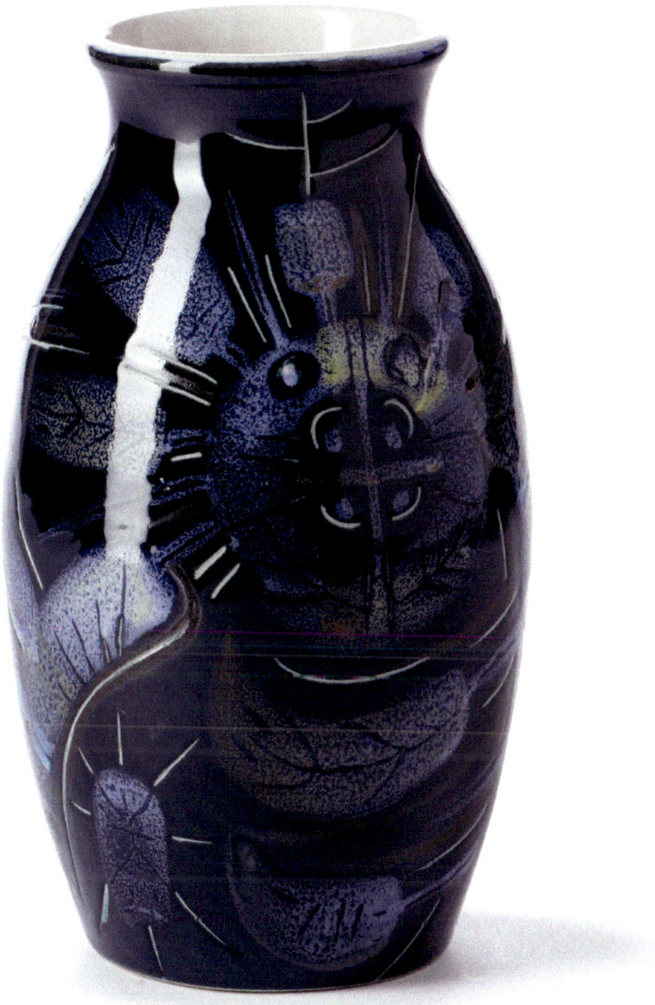

artist | artista **Mirta García Buch** (1919–96)
ceramicist | ceramista **Juan Miguel Rodríguez de la Cruz** (1902–90)
31 *Blue and Gray Vase with African Motifs* | *Vaso azul y gris oscuro con motivos afro,* 1985
painted ceramic | cerámica pintada, 8.3 × 4.5″ (d.)
private collection | colección privada

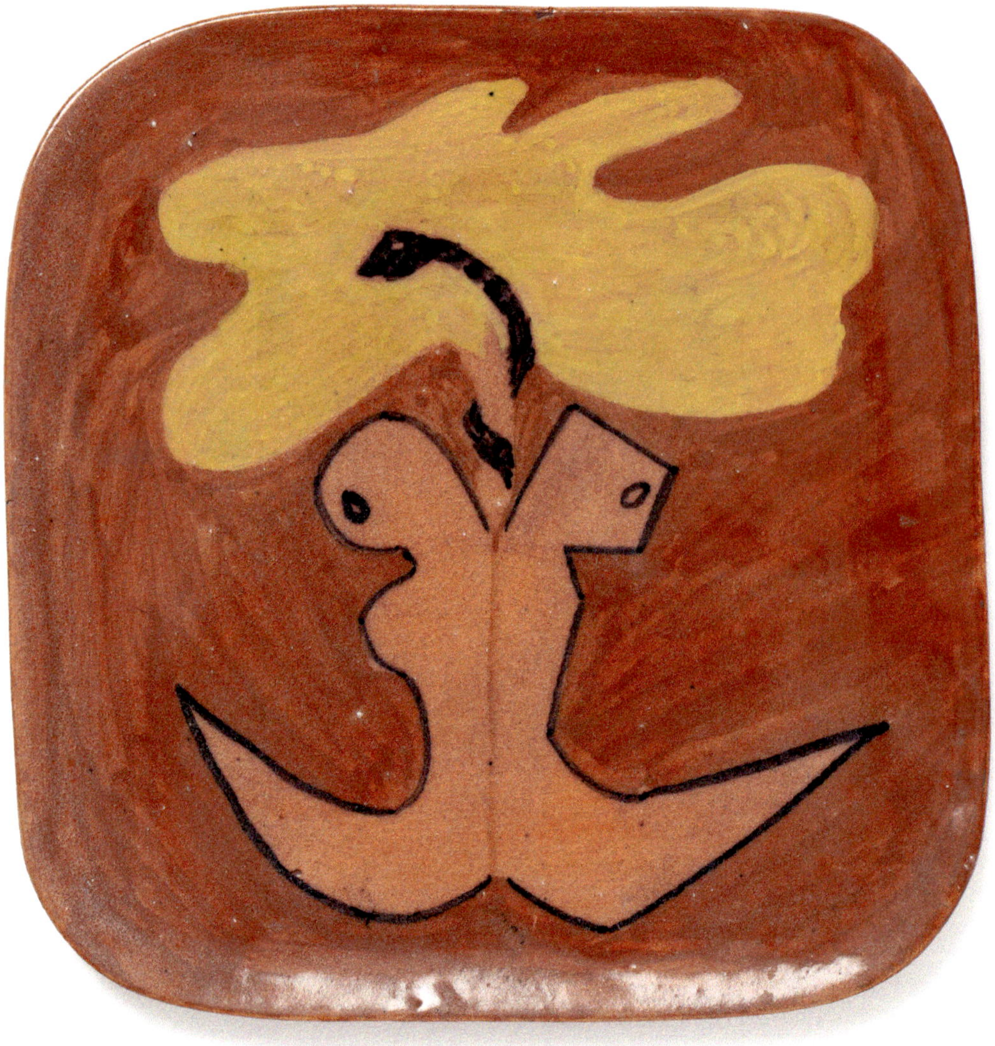

artist | artista **María Elena Jubrías** (1930–2021)
ceramicist | ceramista **Juan Miguel Rodríguez de la Cruz** (1902–90)
32 *Square Plate with Adam and Eve* | *Plato cuadrado de Adán y Eva*, 1952
painted ceramic | cerámica pintada, 6.5 × 6.5″
private collection | colección privada

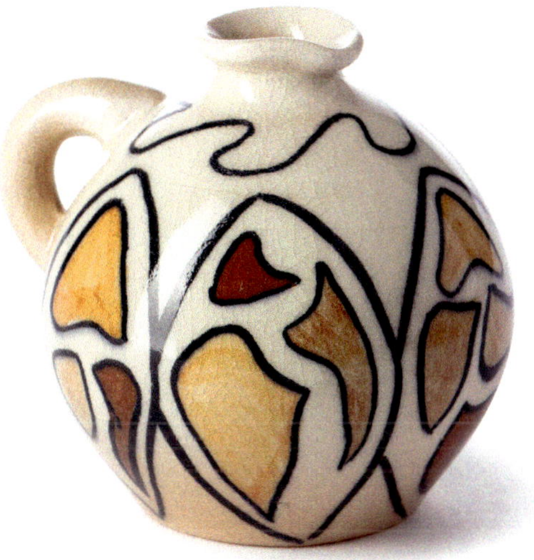

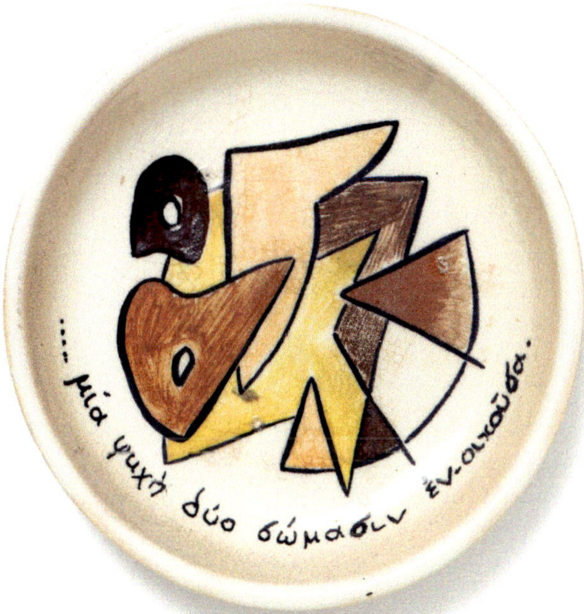

artist | artista **María Elena Jubrías** (1930–2021)
ceramicist | ceramista **Juan Miguel Rodríguez de la Cruz** (1902–90)
33 *White Honeypot with Abstract Motifs* | *Mielera blanca con motivos abstractos,* 1953
34 *Little Plate with Abstract Motifs and Aristotle Quote* | *Plato pequeño con motivos abstractos y cita de Aristóteles,* 1953
painted ceramic | cerámica pintada, 33 3.7 × 3.5″ (d.), 34 1.2 × 5.6″ (d.)
private collection | colección privada

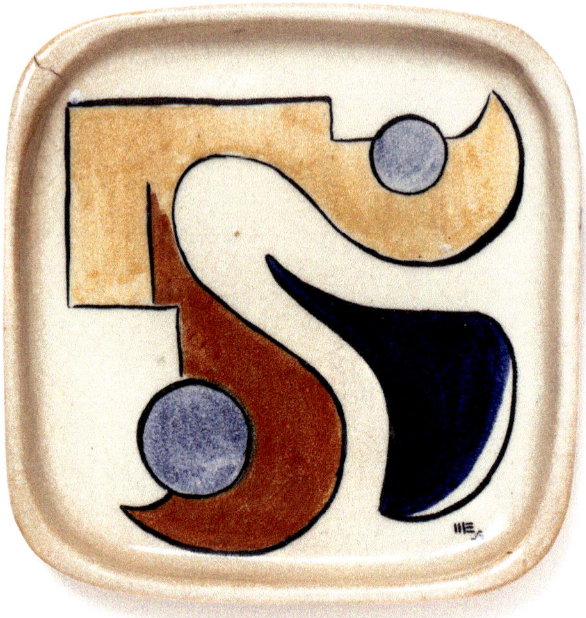

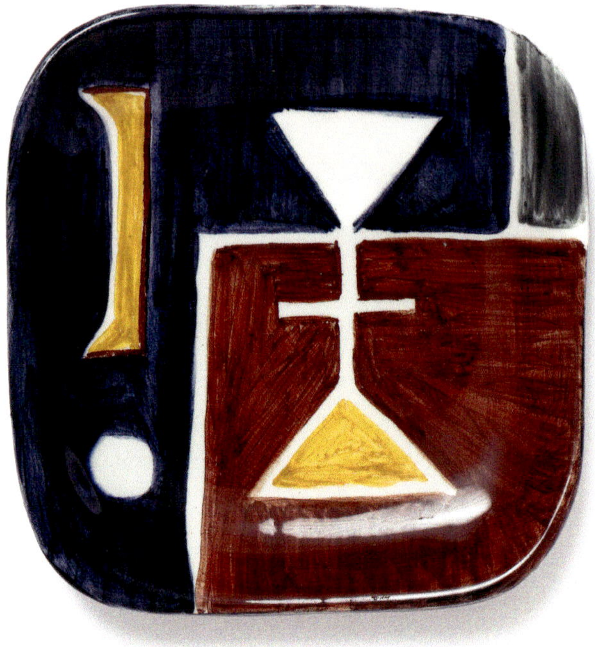

artist & ceramicist | artista & ceramista **María Elena Jubrías** (1930–2021)
ceramicist | ceramista **Juan Miguel Rodríguez de la Cruz** (1902–90)
35 *Square Plate with Abstract Motifs and Blue Circles* | *Plato cuadrado con motivos abstractos y círculos azules*, 1954
36 *Square Plate with Abstract Geometric Motifs* | *Plato cuadrado con motivos abstractos geométricos*, 1954
painted ceramic | cerámica pintada, 35 6.1 × 6.1″, 36 4.8 × 4.7″
private collection | colección privada

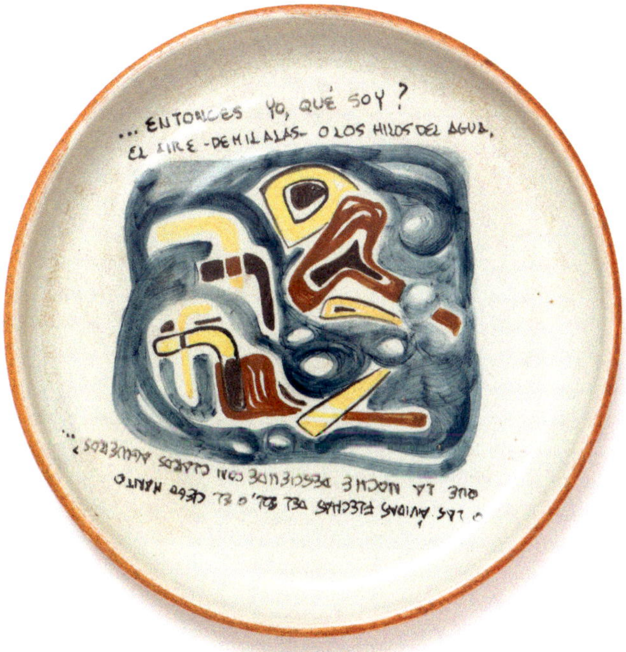

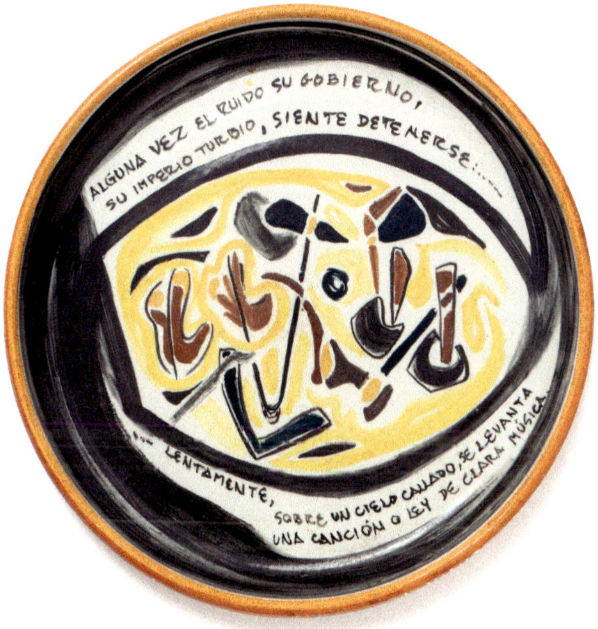

artist & ceramicist | artista & ceramista **María Elena Jubrías** (1930–2021)
ceramicist | ceramista **Juan Miguel Rodríguez de la Cruz** (1902–90)
37, 38 *Plate with Abstract Motifs and Verses of Roberto Fernández Retamar I & II* | *Plato con motivos abstractos y versos de Roberto Fernández Retamar I & II*, 1954
painted ceramic | cerámica pintada, 37 10.4″ (d.), 38 9.8″ (d.)
private collection | colección privada

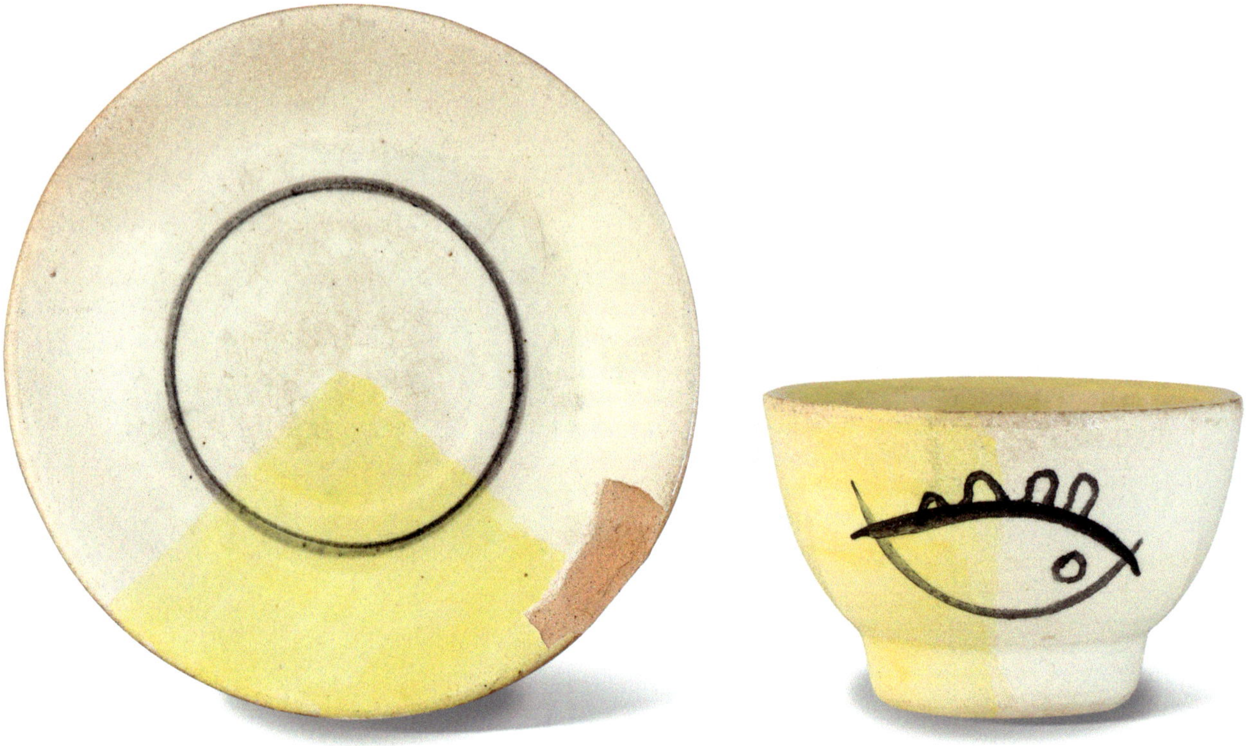

María Elena Jubrías (1930–2021)
39 *Coffee Cup and Saucer with Abstract Fish | Taza de café y platillo con pescado abstracto*, 1954
painted ceramic | cerámica pintada, cup | taza: 2 × 2.8″ (d.), plate | plato: 4″ (d.)
Col. Silvia & Emilio M. Ortiz

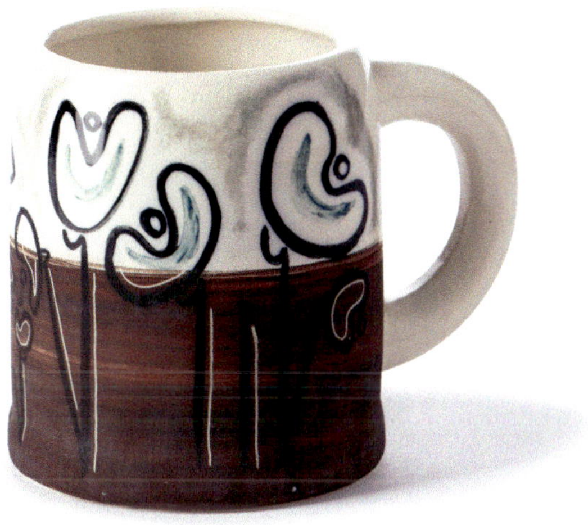

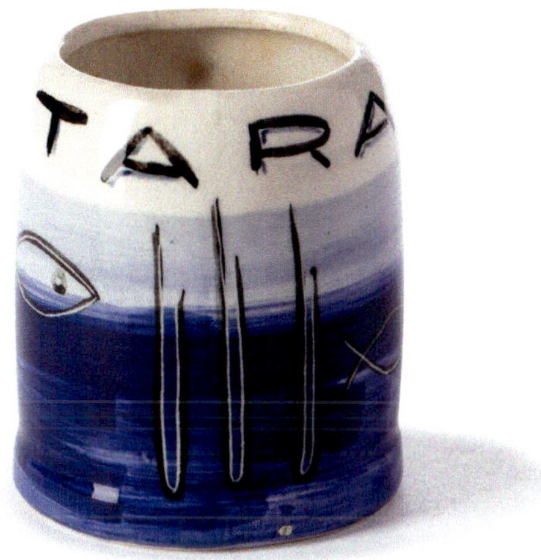

artist | artista **María Elena Jubrías** (1930–2021)
ceramicist | ceramista **Juan Miguel Rodríguez de la Cruz** (1902–90)
40 *Beer Mug with Floral Motifs | Jarra de cerveza con motivos florales*, 1953
41 *"TARA" Beer Mug | Jarra de cerveza "TARA"*, 1953
painted ceramic | cerámica pintada, **40** 4.1 × 3.5″ (d.), **41** 4.3 × 3.5″ (d.)
private collection | colección privada

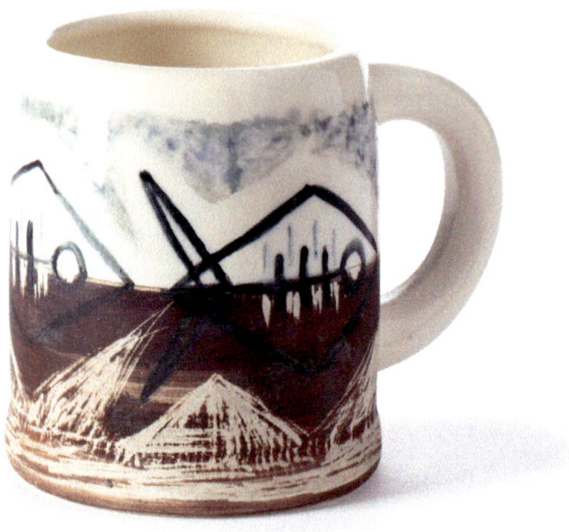

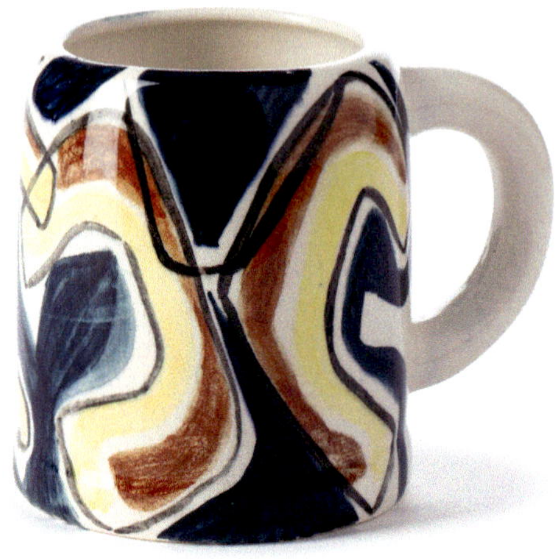

artist | artista **María Elena Jubrías** (1930–2021)
ceramicist | ceramista **Juan Miguel Rodríguez de la Cruz** (1902–90)
42 *Beer Mug with Fish | Jarra de cerveza con peces,* 1954
43 *Beer Mug with Abstract Motifs | Jarra de cerveza con motivos abstractos,* 1954
painted ceramic | cerámica pintada, 42 4.3 × 3.5″ (d.), 43 4.1 × 3.5″ (d.)
private collection | colección privada

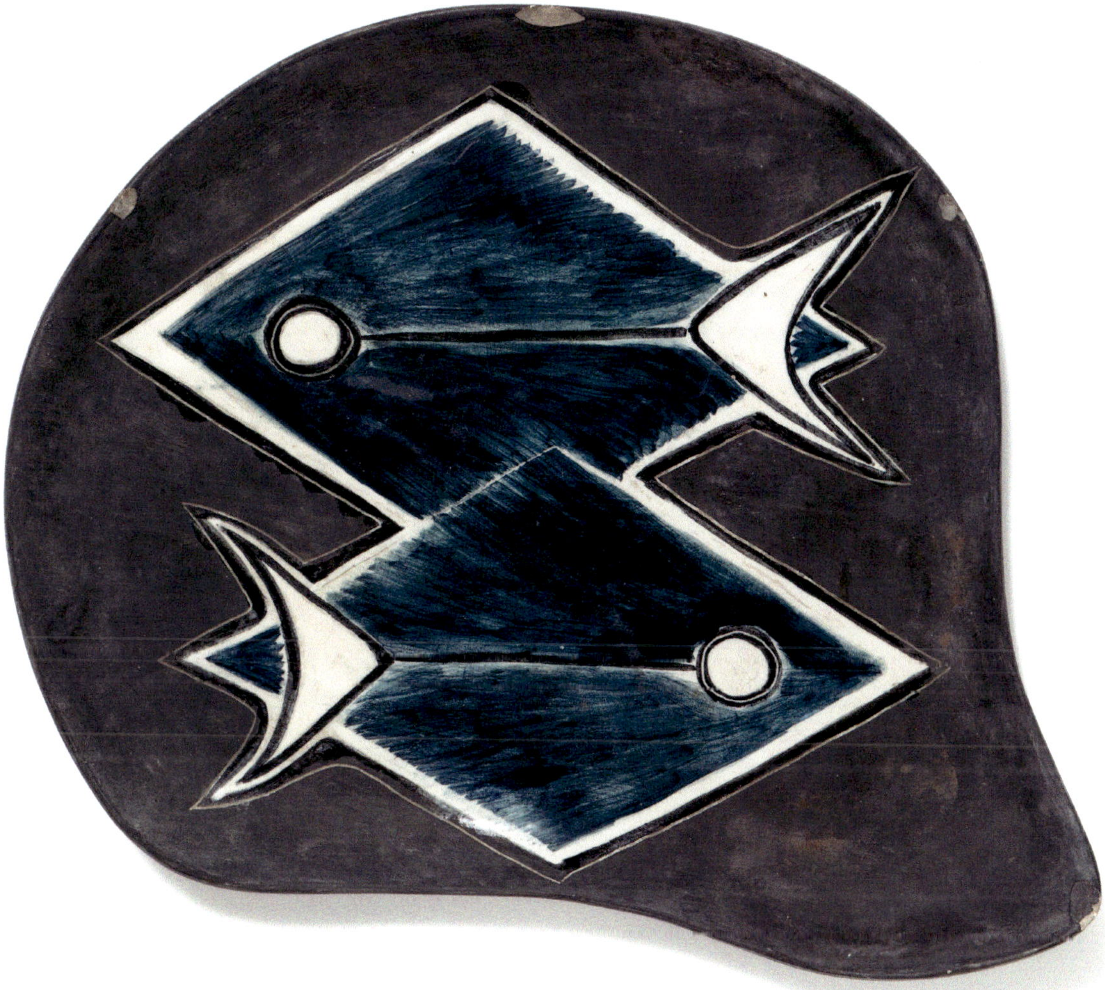

artist | artista **María Elena Jubrías** (1930–2021)
ceramicist | ceramista **Juan Miguel Rodríguez de la Cruz** (1902–90)
44 *Platter with Blue Fish* | *Fuente de los peces en azul,* 1953
painted ceramic | cerámica pintada, 10.2 × 9.1″
private collection | colección privada

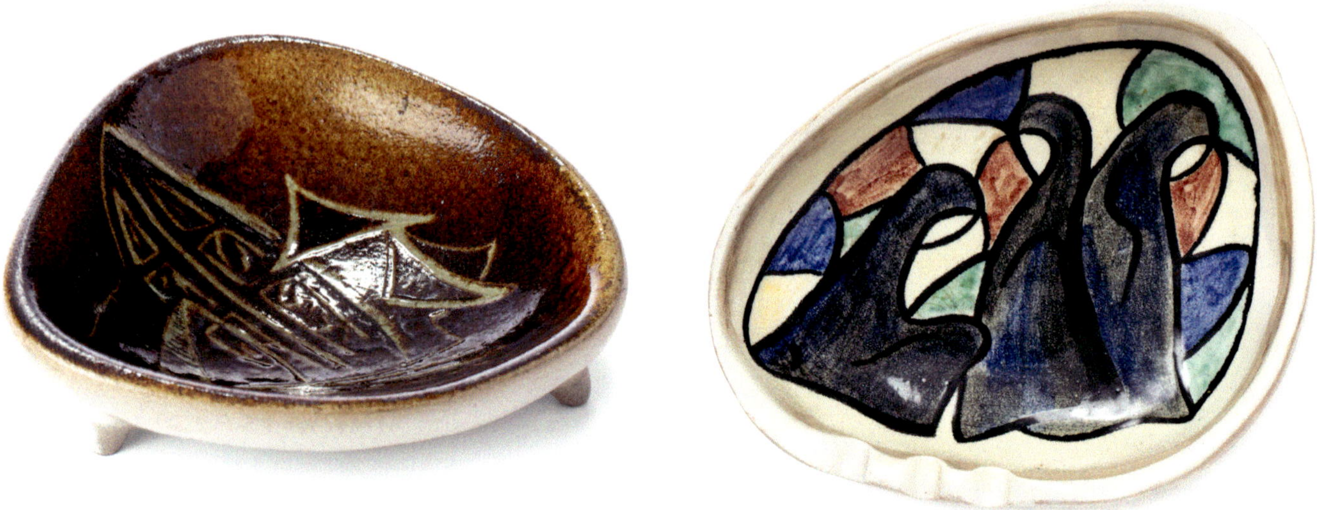

artist & ceramicist | artista & ceramista **María Elena Jubrías** (1930–2021)
ceramicist | ceramista **Juan Miguel Rodríguez de la Cruz** (1902–90)
45 *Brown Ashtray with Abstract Motifs | Cenicero marrón con motivos abstractos,* 1952
46 *Ashtray with Abstract Figures and Three Cigarette Slots | Cenicero figuras abstractas con tres hendiduras para cigarrillos,* 1952
painted ceramic | cerámica pintada, 45 1.6 × 6.1″ (d.), 46 1.6 × 6.9 × 5.5″
private collection | colección privada

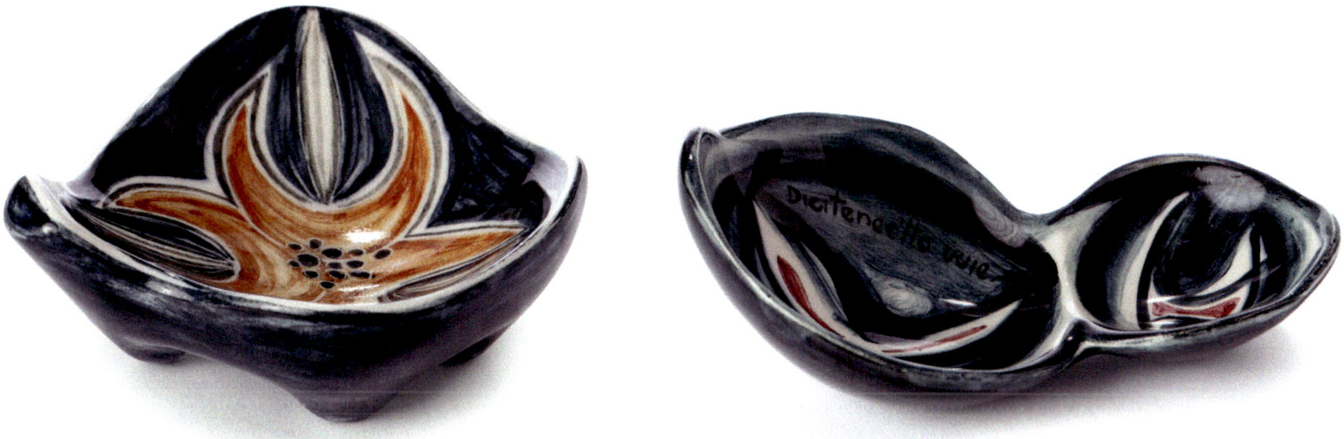

artist & ceramicist | artista & ceramista **María Elena Jubrías** (1930–2021)
ceramicist | ceramista **Juan Miguel Rodríguez de la Cruz** (1902–90)
47 *Tripod Ashtray with Sienna Flower | Cenicero de trípode con flor siena,* 1953
48 *Double Ashtray | Cenicero doble,* 1954
painted ceramic | cerámica pintada, 47 2 × 4.1 × 4.5″, 48 2.4 × 3.7 × 6.3″
private collection | colección privada

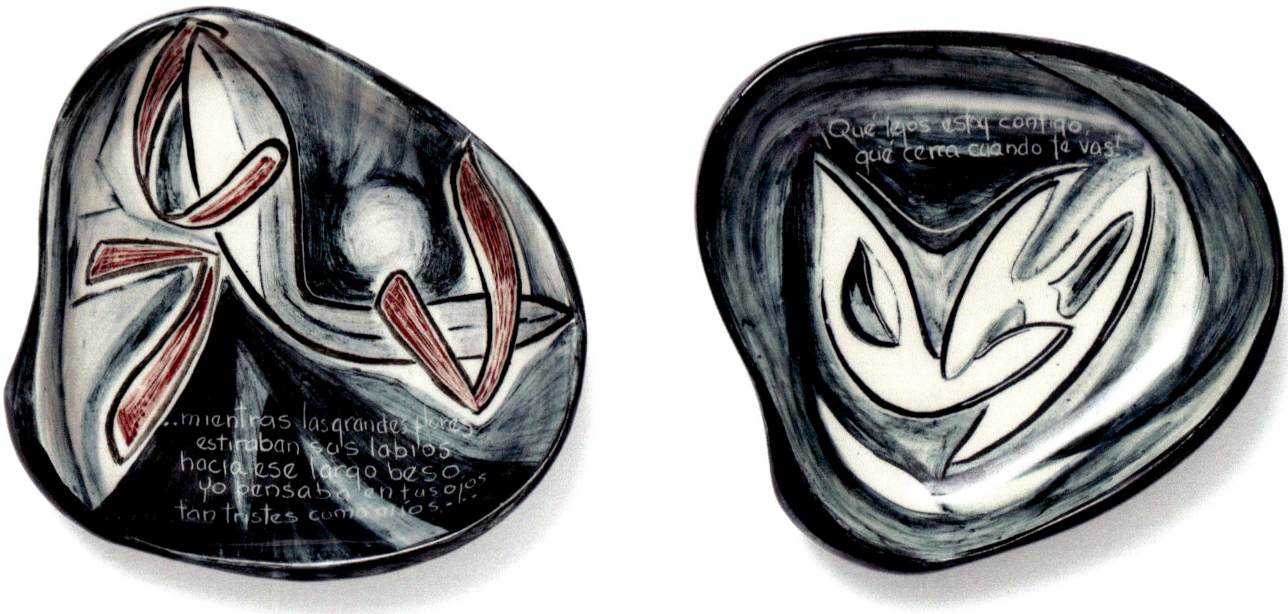

artist & ceramicist | artista & ceramista **María Elena Jubrías** (1930–2021)
ceramicist | ceramista **Juan Miguel Rodríguez de la Cruz** (1902–90)
49 *Ashtray with Verse by Retamar | Cenicero con verso de Retamar,* 1954
50 *Ashtray with White Abstract Figure and Verse by García Lorca | Cenicero figura abstracta blanca y verso de García Lorca,* ca. 1954
painted ceramic | cerámica pintada, 49 1.2 × 5.7″, 50 3.5 × 14.5 × 14.5″
private collection | colección privada

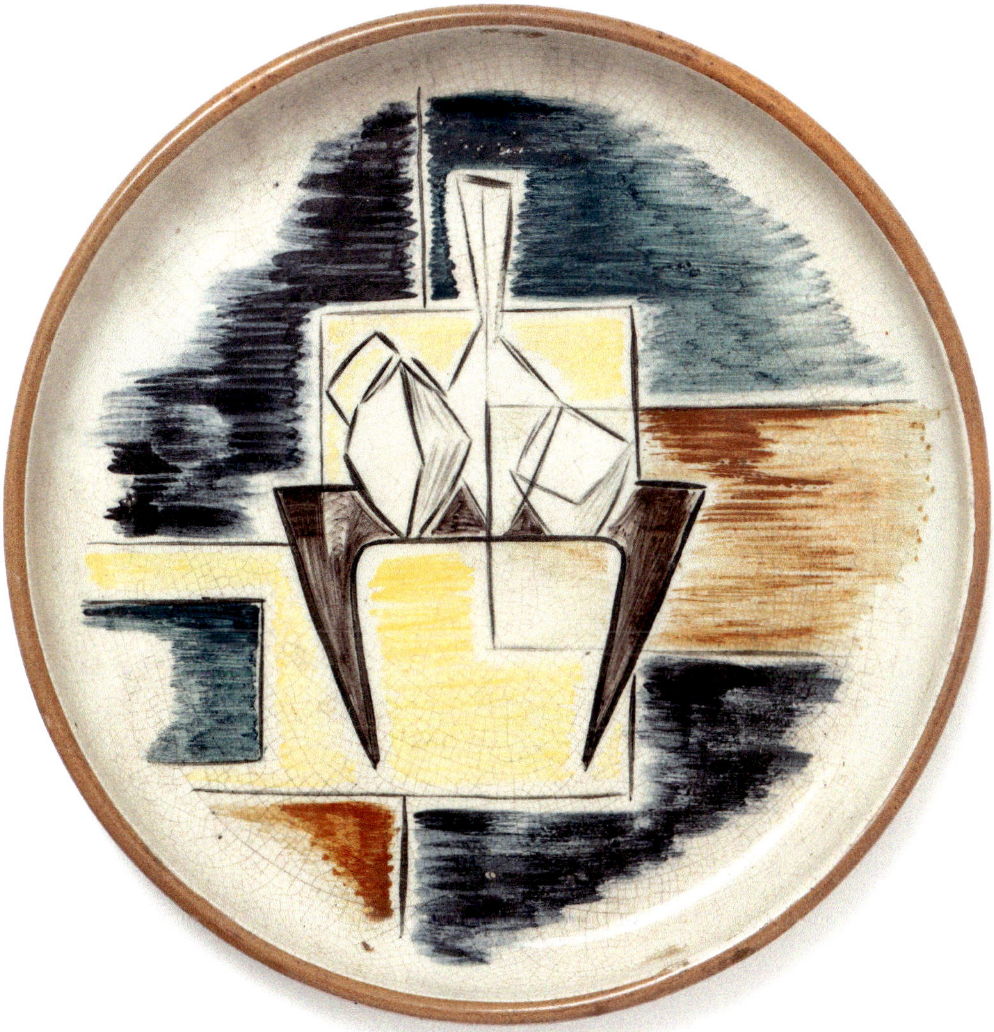

artist | artista **María Elena Jubrías** (1930–2021)
ceramicist | ceramista **Juan Miguel Rodríguez de la Cruz** (1902–90)
51 *Plate with Abstract Motifs* | *Plato con motivos abstractos,* 1954
painted ceramic | cerámica pintada, 10.4″ (d.)
private collection | colección privada

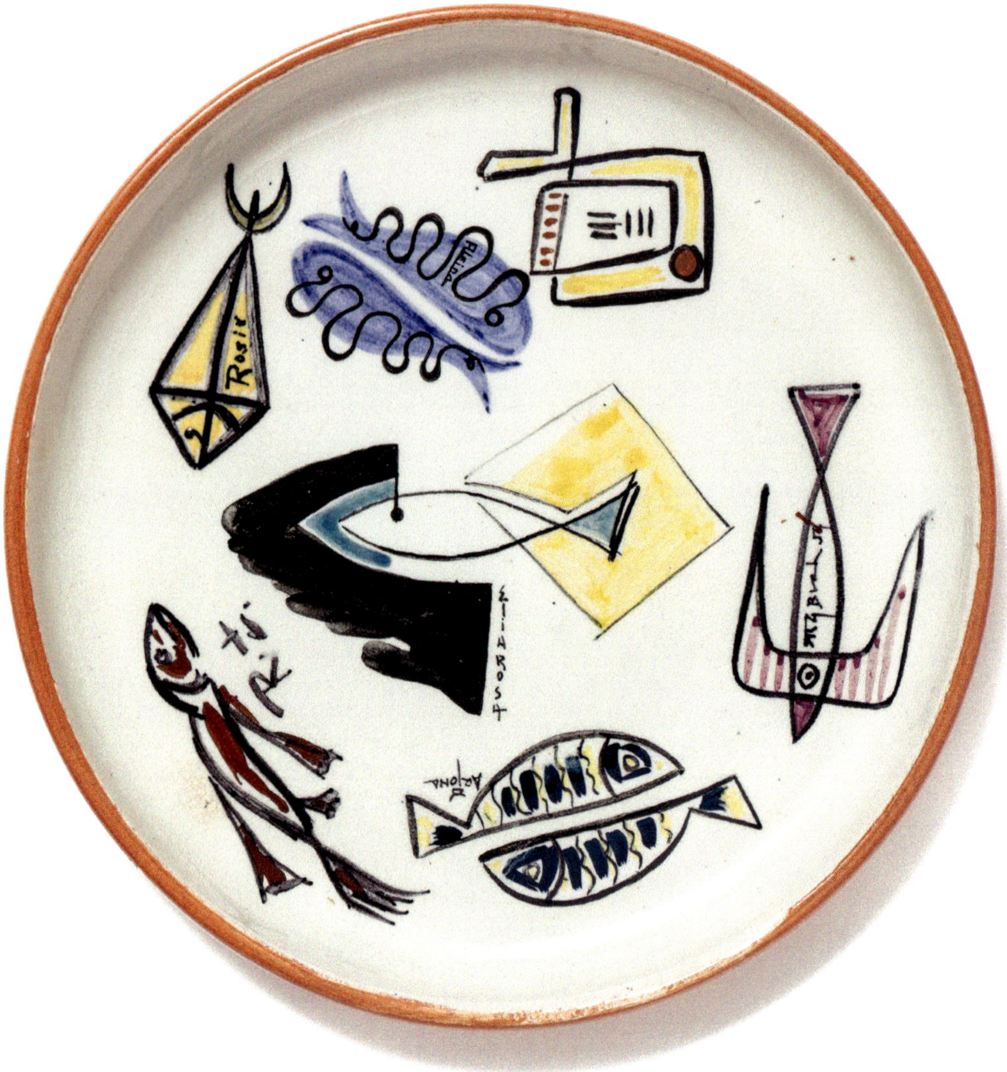

artists (clockwise from left) | artistas (en sentido horario) **Rosa Jiménez**, **Aleida González**, **María Elena Jubrías** (1930–2021), **Mirta García Buch** (1919–96), **Marta Arjona** (1923–2006), **Juan Miguel Rodríguez de la Cruz** (1902–90), **Elia Rosa Fernández de Mendía** | ceramicist | ceramista **Juan Miguel Rodríguez de la Cruz**

52 *Collective Plate with Fish Motifs* | *Plato colectivo con motivo de peces*, 1954

painted ceramic | cerámica pintada, 10.1″ (d.)

private collection | colección privada

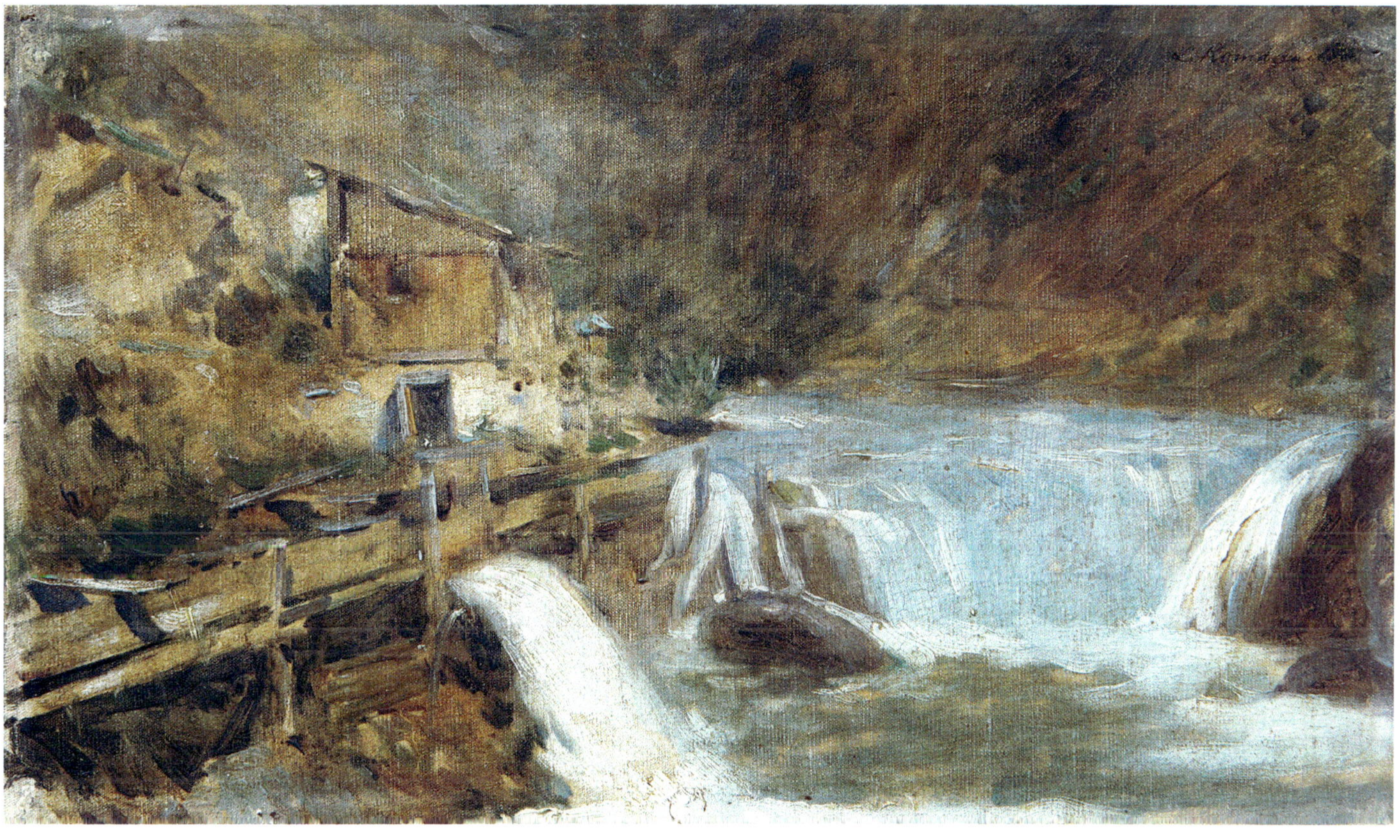

Leopoldo Romañach (1862–1951)
53 *Landscape with Waterfall | Paisaje con cascada,* ca. 1895
oil on canvas board | óleo sobre tablero de lona, 8.5 × 14.5″
Col. Cernuda Arte

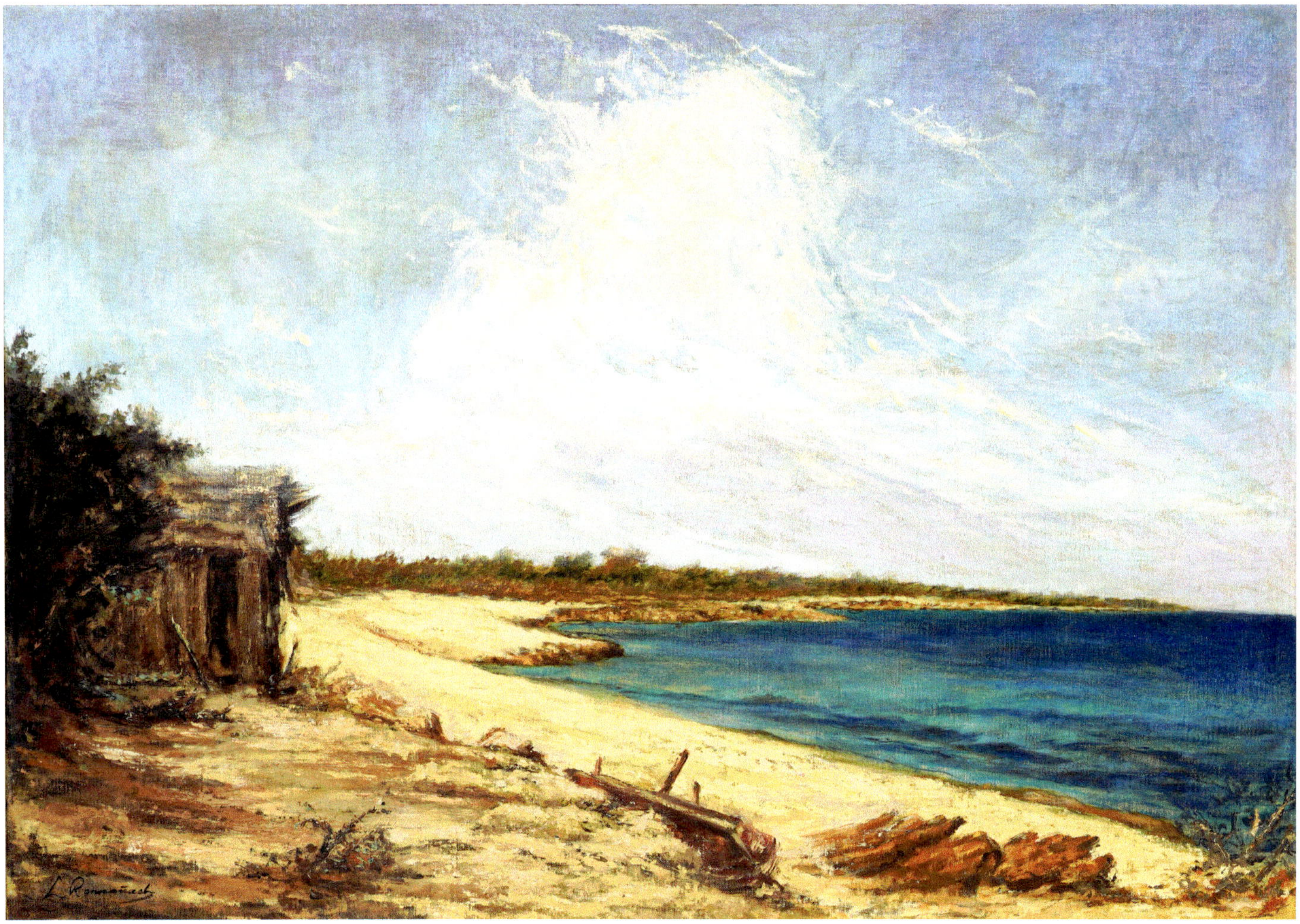

Leopoldo Romañach (1862–1951)
54 *Marina*, ca. 1925
oil on canvas | óleo sobre lienzo, 27.5 × 40″
Col. Mrs. Camejo-Rojas & Dr. Pérez-Rodríguez Family | Familia Sra. Camejo-Rojas & Dr. Pérez-Rodríguez

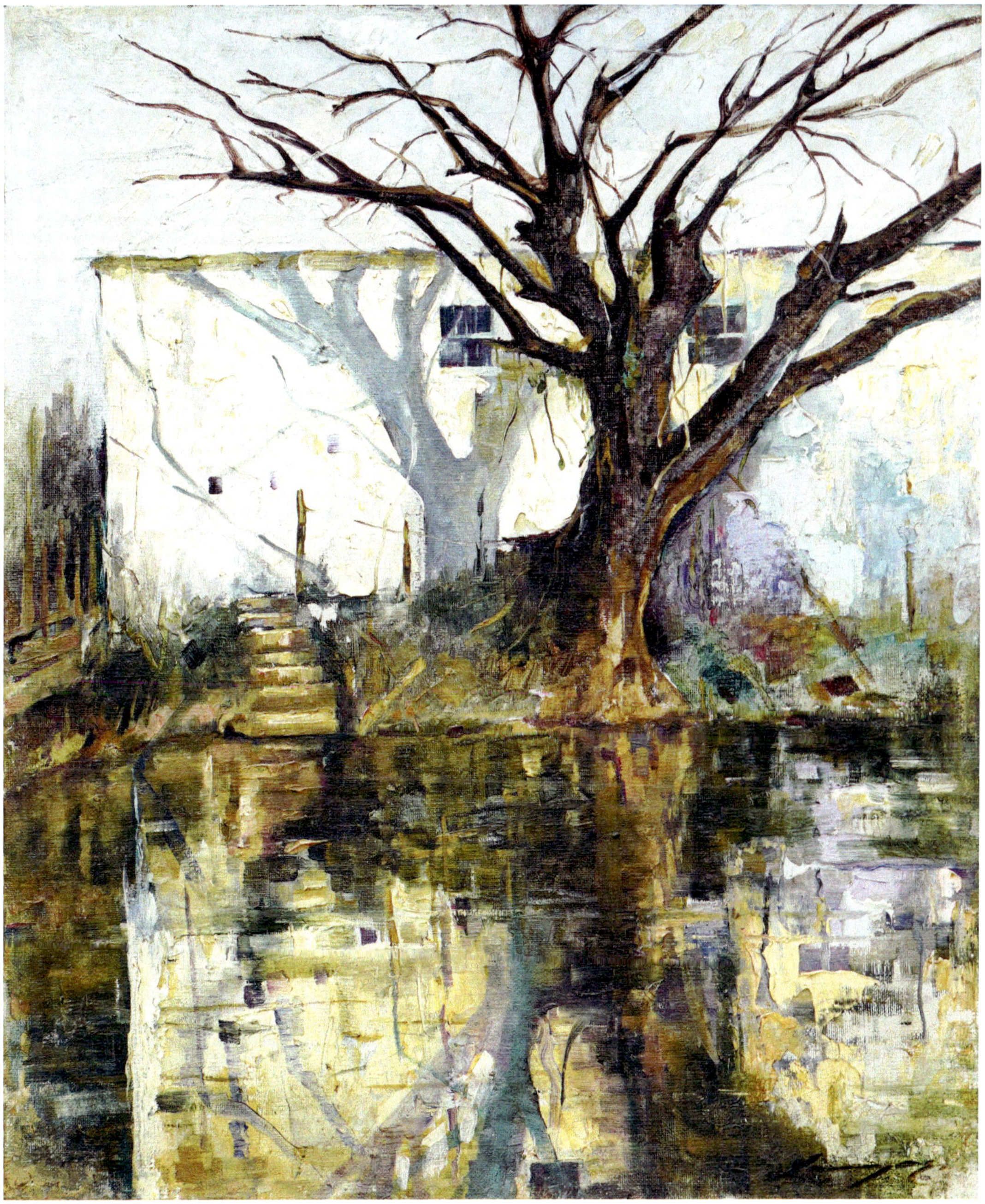

María Pepa Lamarque (1892–1975)
55 *Puentes Grandes*, ca. 1923
oil on wood | óleo sobre madera, 18 × 16″
Col. Cernuda Arte

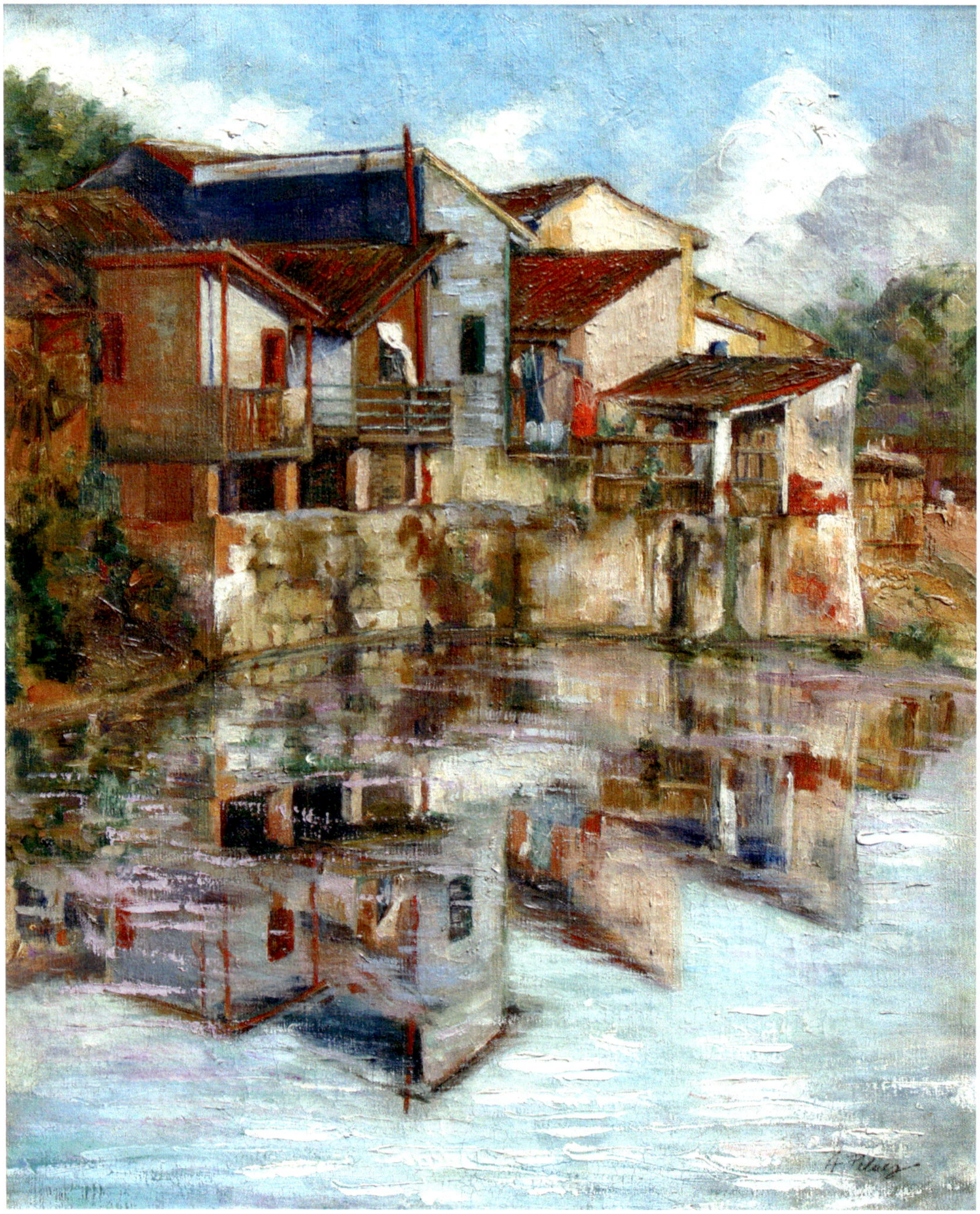

Amelia Peláez (1896–1968)
56 *Puentes Grandes*, 1926
oil on canvas | óleo sobre lienzo, 25.5 × 21″
Col. Ramón & Nercys Cernuda

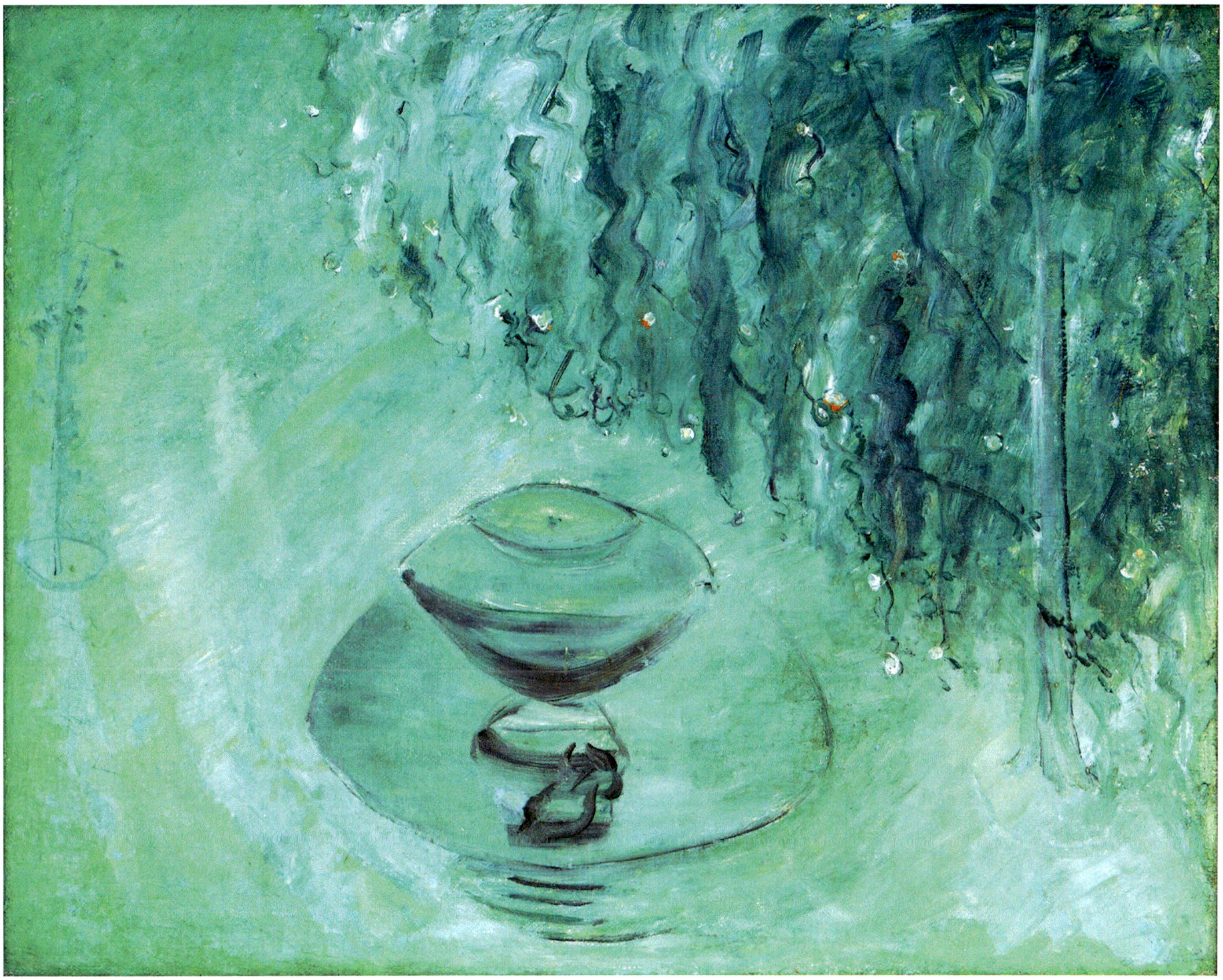

Amelia Peláez (1896–1968)
57 *The Fountain* | *La fuente,* 1930
oil on canvas | óleo sobre lienzo, 24.5 × 31.5″
Col. Ramón & Nercys Cernuda

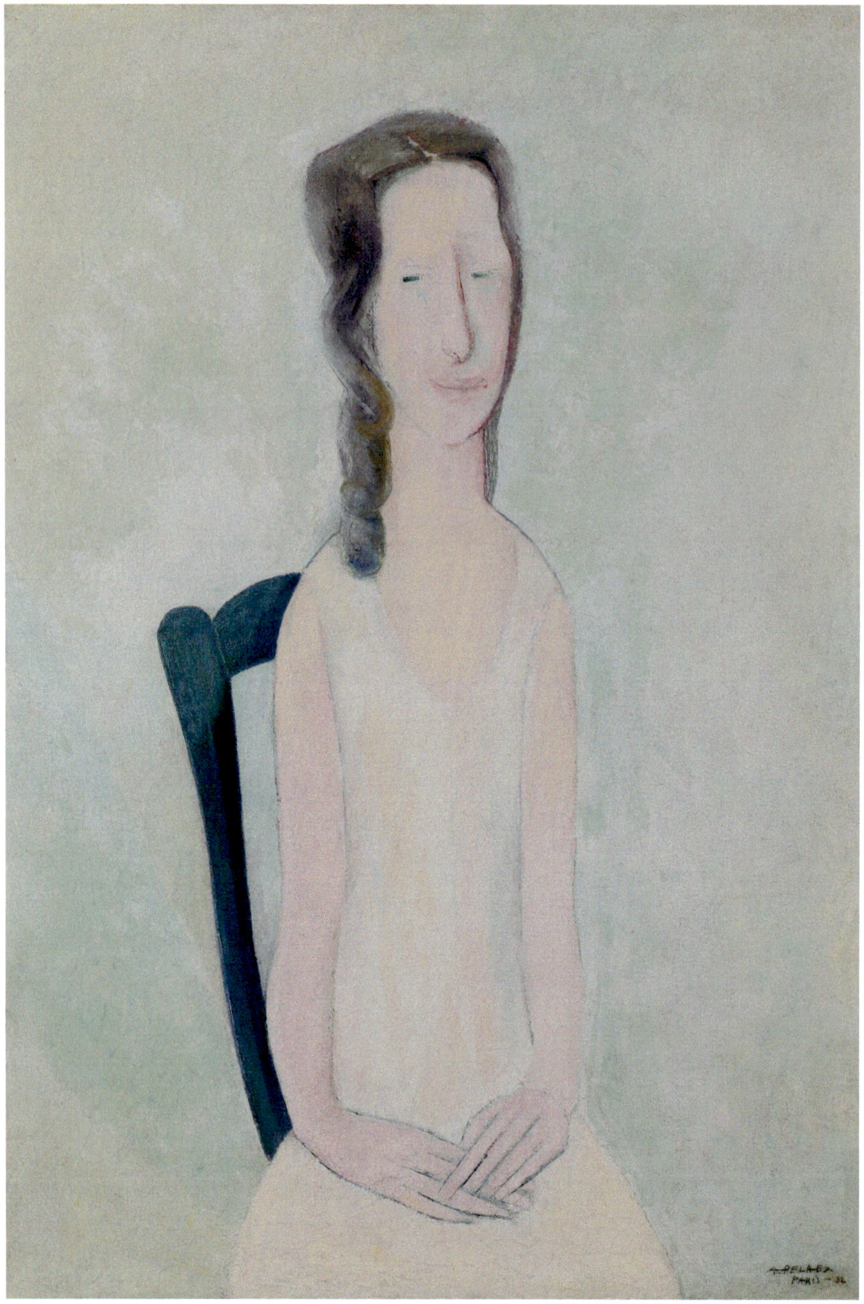

Amelia Peláez (1896–1968)
58 *Seated Woman | Mujer sentada,* 1932
oil on canvas | óleo sobre lienzo, 35.8 × 24.8″
Col. Isaac & Betty Rudman

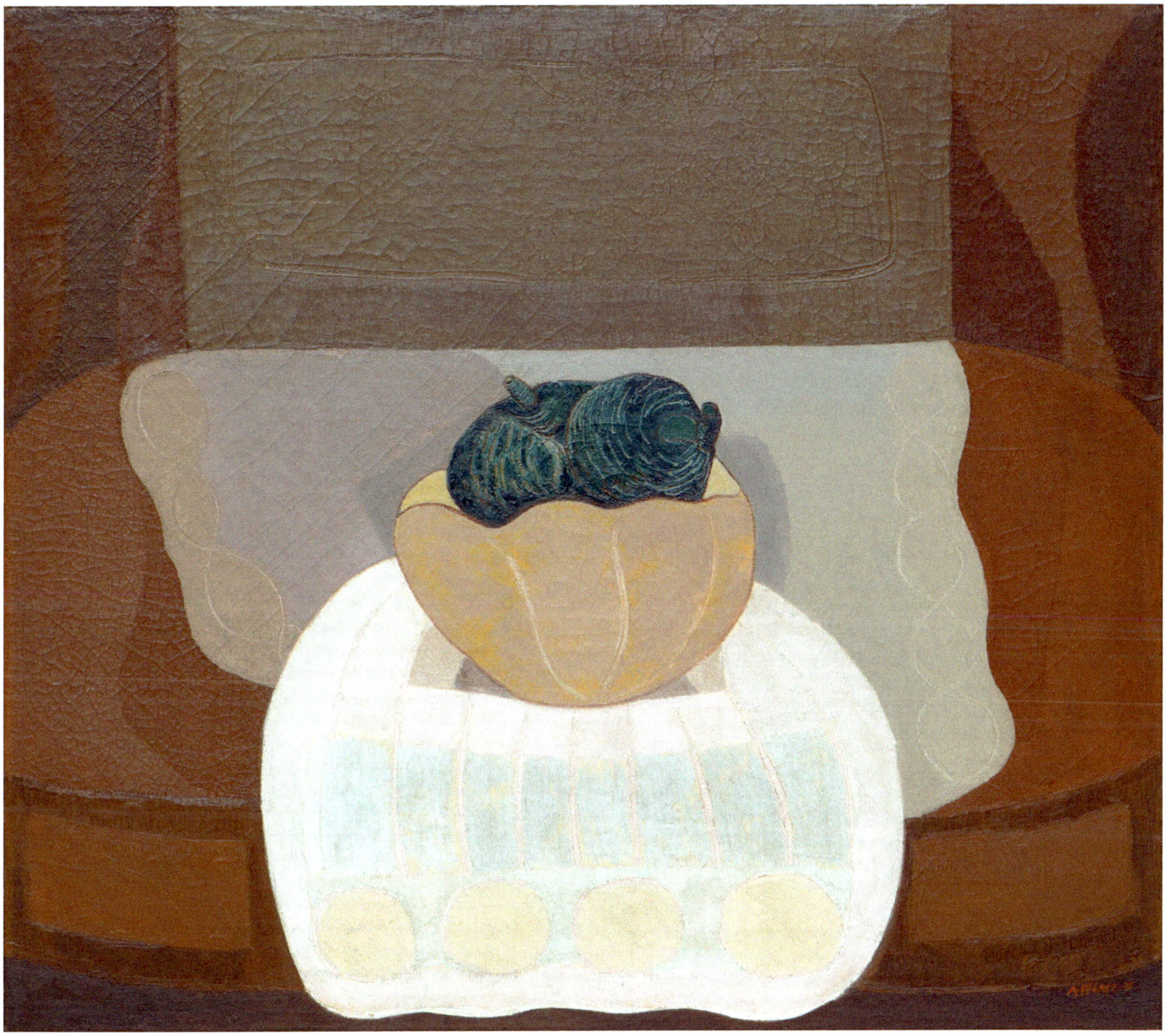

Amelia Peláez (1896–1968)
59 *Still Life with Fruits* | *Naturaleza muerta con frutas,* 1935
oil on canvas | óleo sobre lienzo, 27.5 × 32″
Col. Cernuda Arte

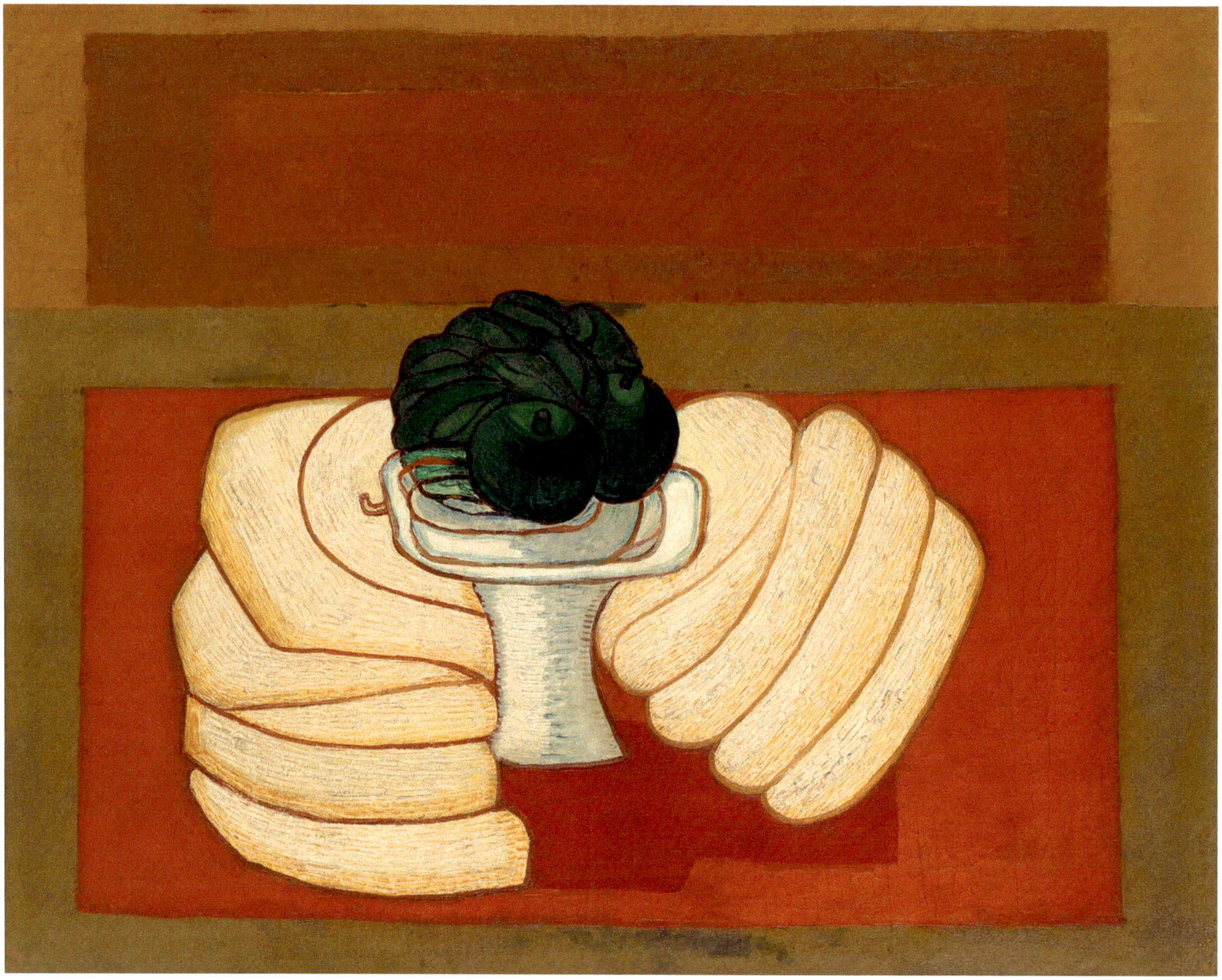

Amelia Peláez (1896–1968)
60 *Still Life | Naturaleza muerta,* ca. 1935
oil on canvas | óleo sobre lienzo, 30 × 39.5″
Col. Isaac & Betty Rudman

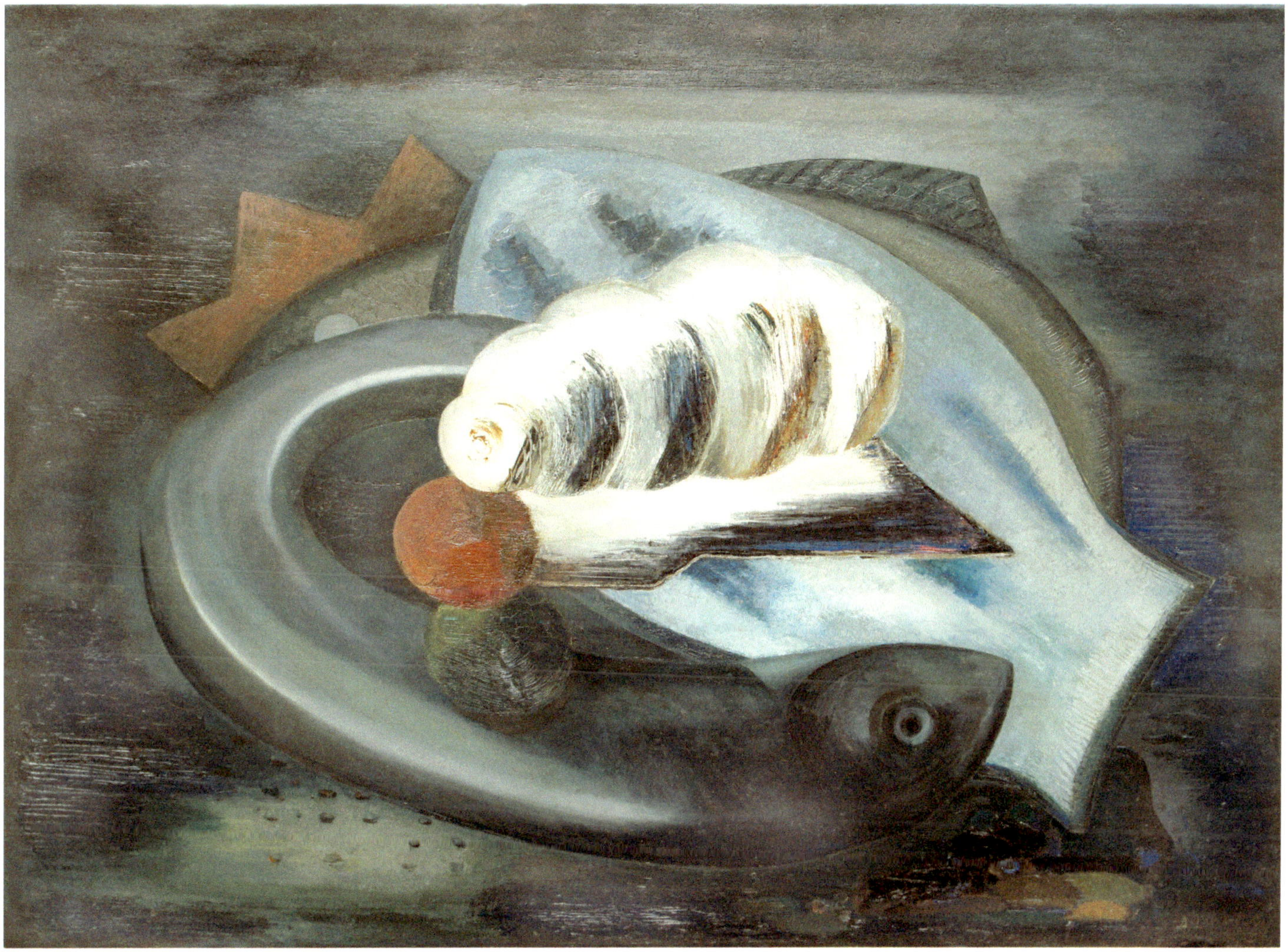

Amelia Peláez (1896–1968)
61 *Gray Fish | Pescados grises,* ca. 1931–35
oil on canvas | óleo sobre lienzo, 38 × 51″
Col. Cernuda Arte

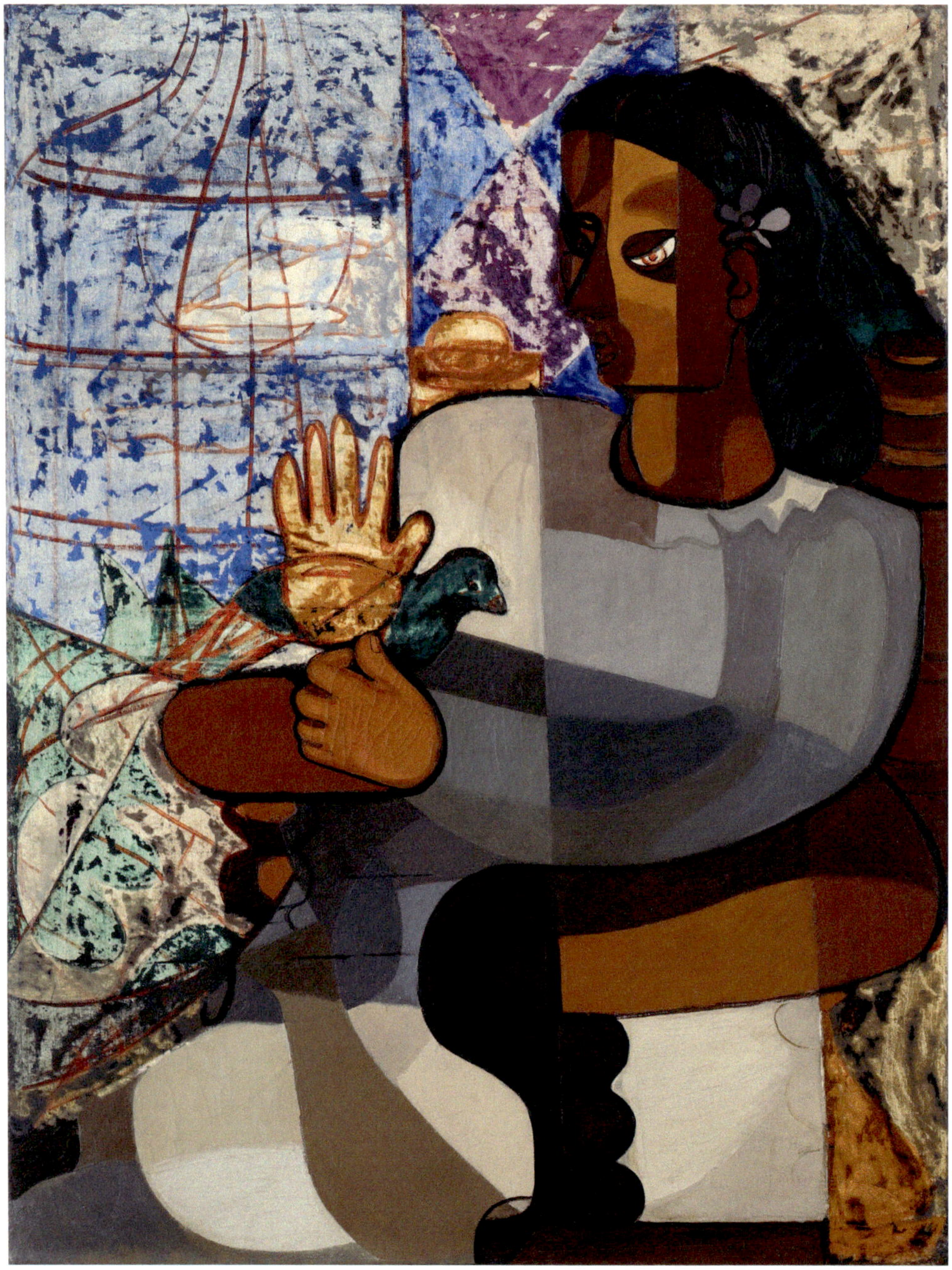

Amelia Peláez (1896–1968)
62 *Woman with Bird | Mujer con pájaro*, ca. 1940
oil on canvas | óleo sobre lienzo, 38.3 × 29.6″
Col. Isaac & Betty Rudman

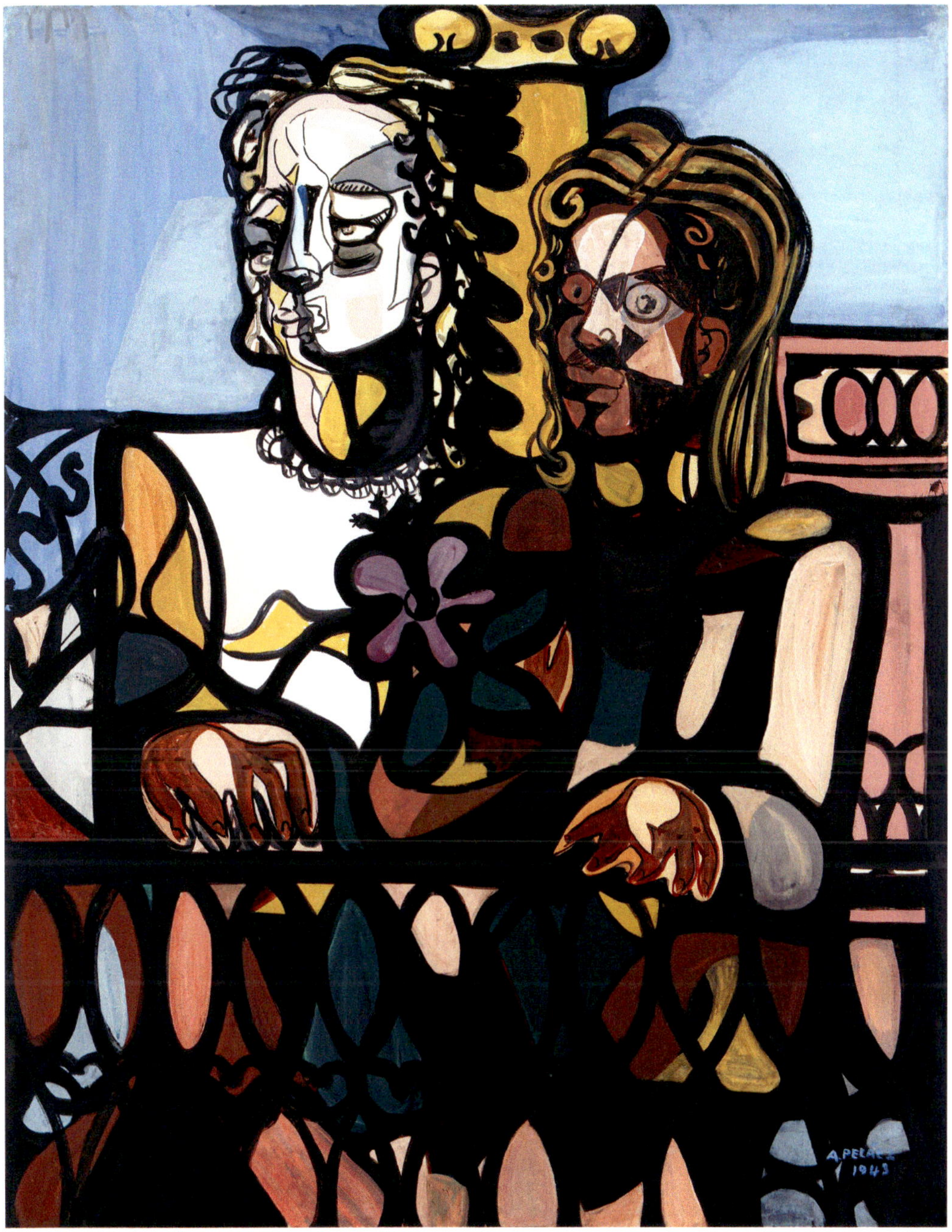

Amelia Peláez (1896–1968)

63 *The Sisters | Las hermanas,* 1943

mixed media on paper on board | técnica mixta sobre papel sobre cartón, 37 × 29.5″

Col. Ramón & Nercys Cernuda

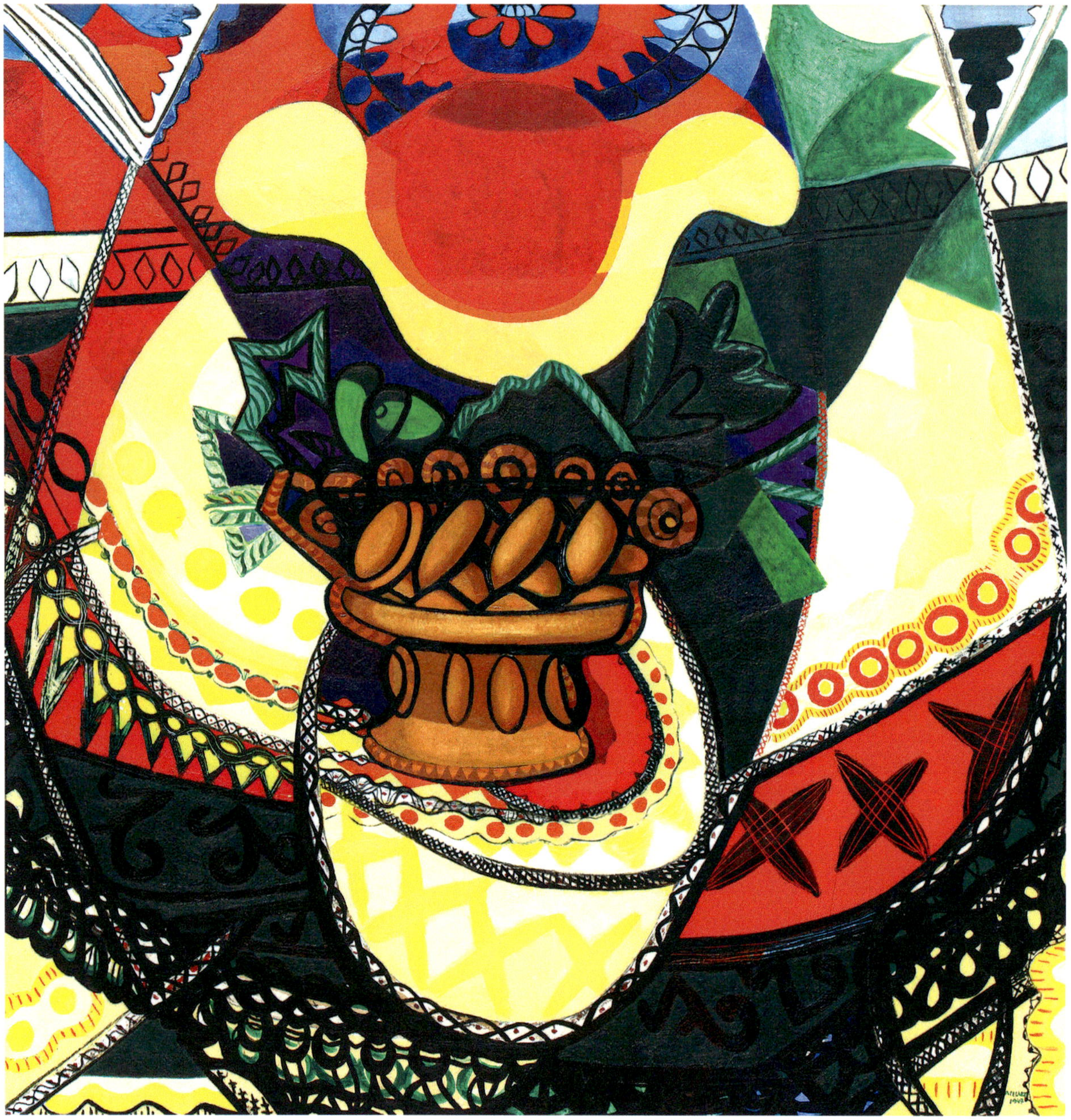

Amelia Peláez (1896–1968)
64 *Fruit Bowl* | *Frutero*, 1947
oil on canvas | óleo sobre lienzo, 48 × 48″
Col. Ramón & Nercys Cernuda

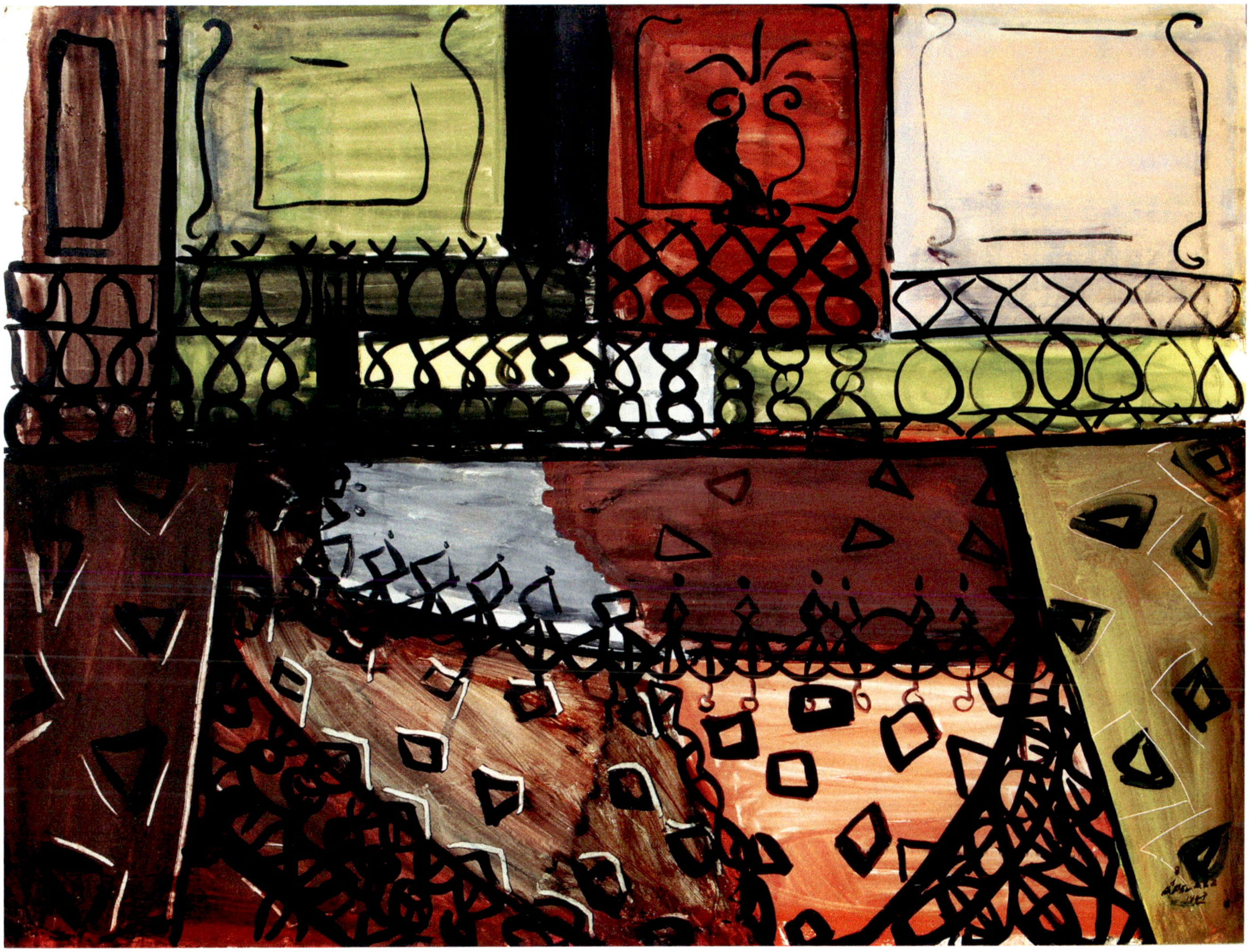

Amelia Peláez (1896–1968)

65 *Interior with Balcony* | *Interior con balcón,* 1947

mixed media on paper on board | técnica mixta sobre papel sobre cartón, 22 × 30″

Col. Cernuda Arte

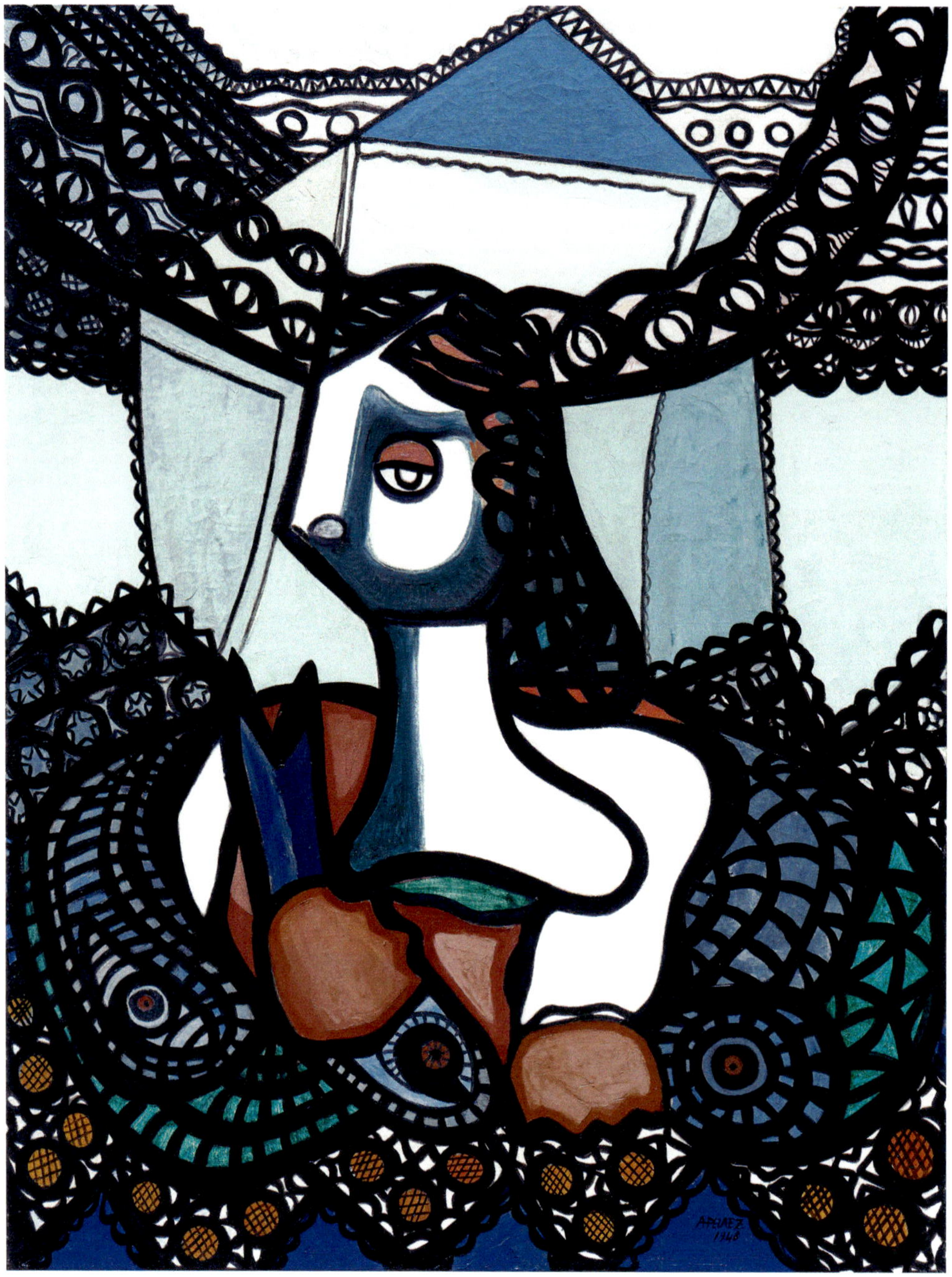

Amelia Peláez (1896–1968)
66 *Woman with Fish* | *Mujer con pez,* 1948
oil on canvas | óleo sobre lienzo, 52 × 40″
Col. Cernuda Arte

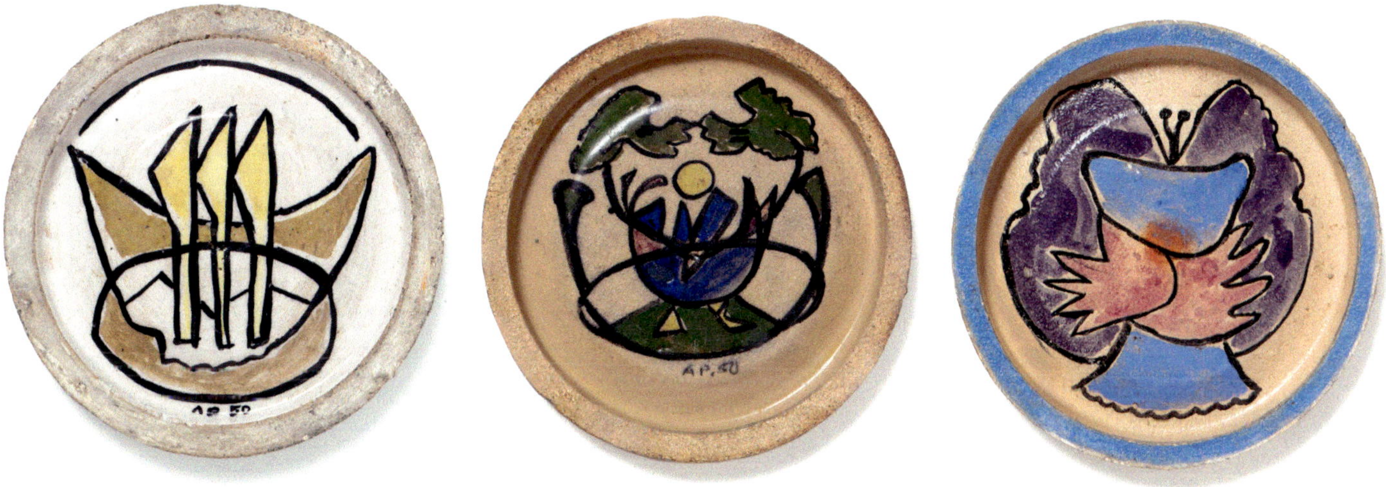

artist | artista **Amelia Peláez** (1896–1968) | ceramicist | ceramista **Juan Miguel Rodríguez de la Cruz** (1902–90)
67 *Small Plate Cover with Yellow Hibiscus* | *Tapa-plato pequeño con marpacífico amarillo*, 1950
68 *Plate Cover with Blue Bird* | *Tapa-plato del pájaro azul*, 1950
69 *Plate Cover with Butterfly* | *Tapa-plato de la mariposa*, 1950
painted ceramic | cerámica pintada, 67 6.1″ (d.), 68, 69 8.7″ (d.)
private collection | colección privada

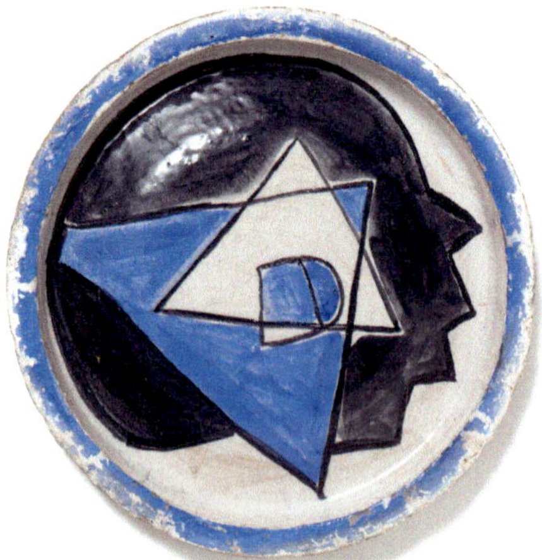

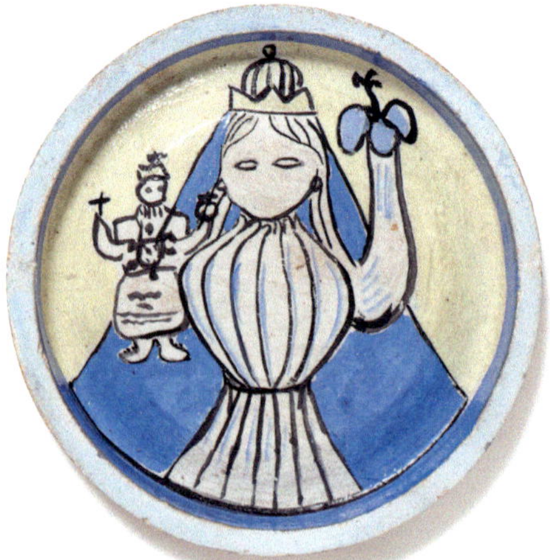

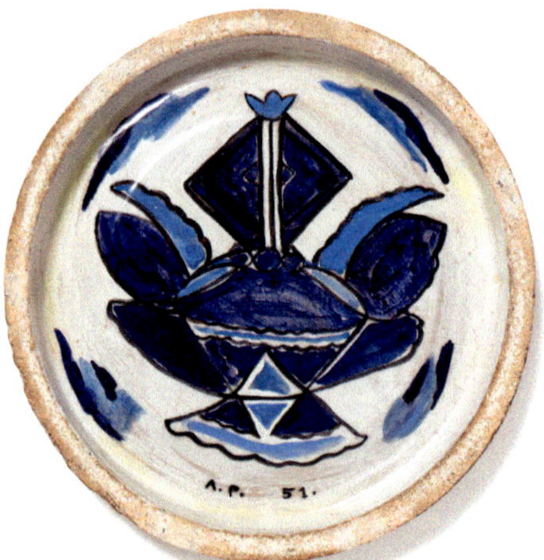

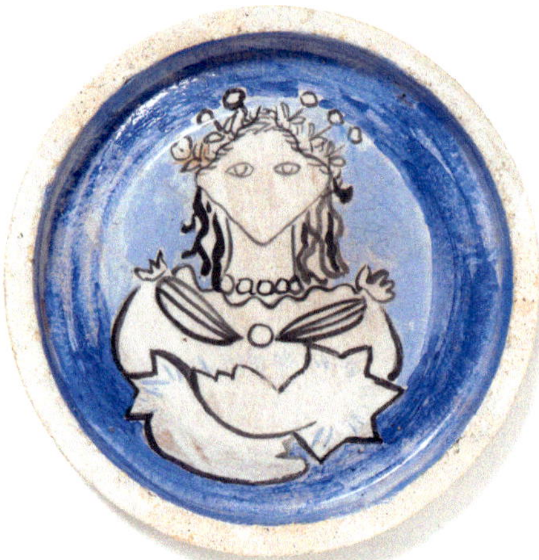

artist | artista **Amelia Peláez** (1896–1968) | ceramicist | ceramista **Juan Miguel Rodríguez de la Cruz** (1902–90)
70 *Plate Cover with Blue and White Triangles | Tapa-plato triángulos azul y blanco,* 1951
71 *Plate Cover with Virgin and Child | Tapa-plato La Virgen y el Niño,* 1951
72 *Plate Cover with Blue Double-Headed Bird | Tapa-plato del ave bicéfala azul,* 1951
73 *Plate Cover with Woman with Floral Crown | Tapa-plato de mujer con corona de flores,* 1951
painted ceramic | cerámica pintada, 8.7″ (d.)
private collection | colección privada

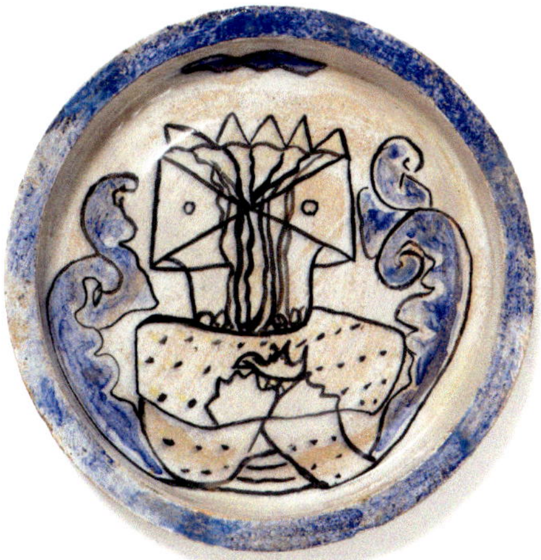

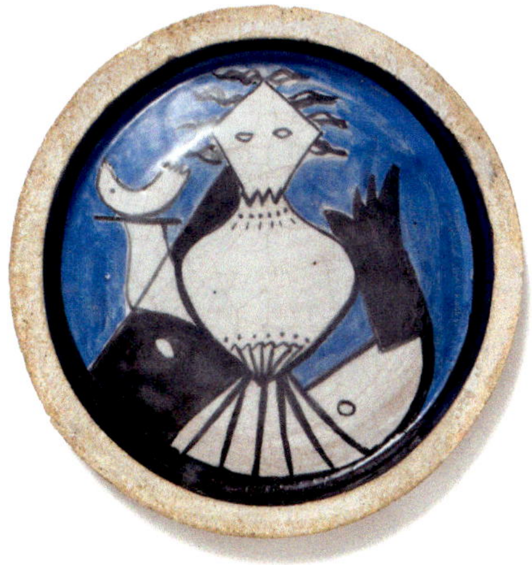

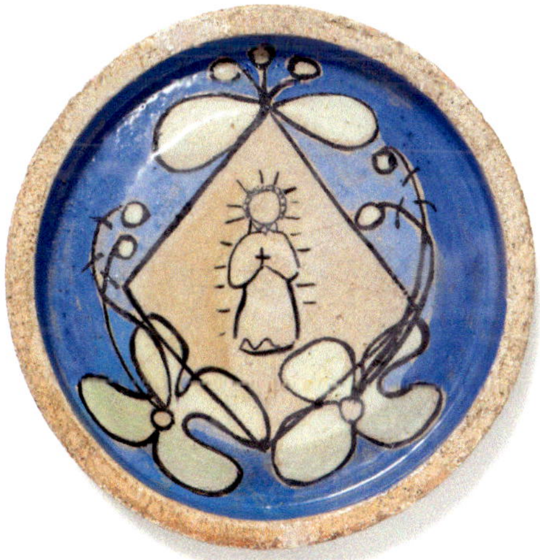

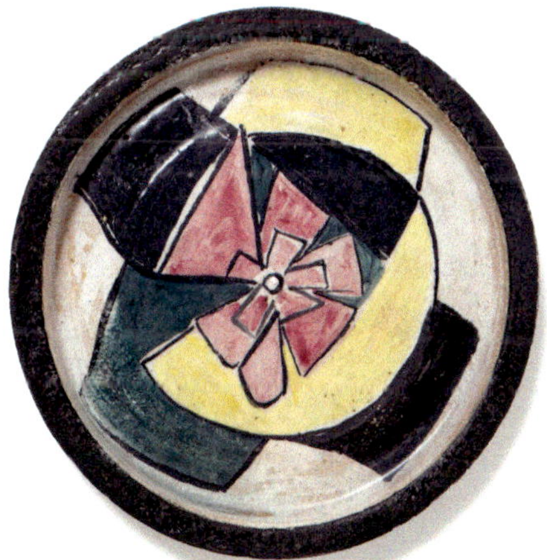

artist | artista **Amelia Peláez** (1896–1968) | ceramicist | ceramista **Juan Miguel Rodríguez de la Cruz** (1902–90)
74 *Plate Cover with Conjoined Twins | Tapa-plato de las siamesas,* 1951
75 *Plate Cover with Woman with Tray | Tapa-plato de la mujer con bandeja,* 1951
76 *Plate Cover with Virgin and Hibiscus | Tapa-plato de La Virgen con marpacíficos,* 1951
77 *Plate Cover with Red Hibiscus | Tapa-plato del marpacífico roja,* 1951
painted ceramic | cerámica pintada, 8.7″ (d.)
private collection | colección privada

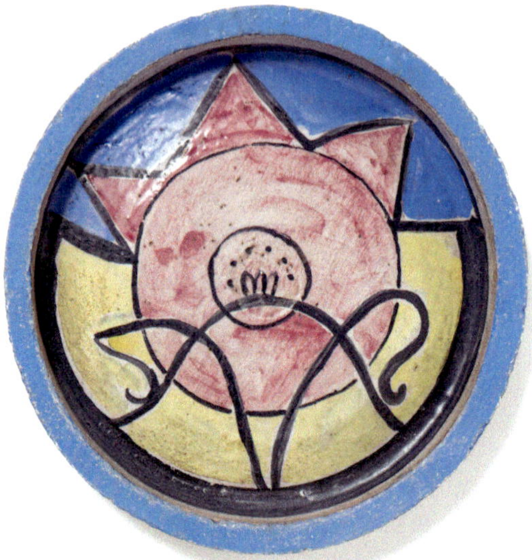

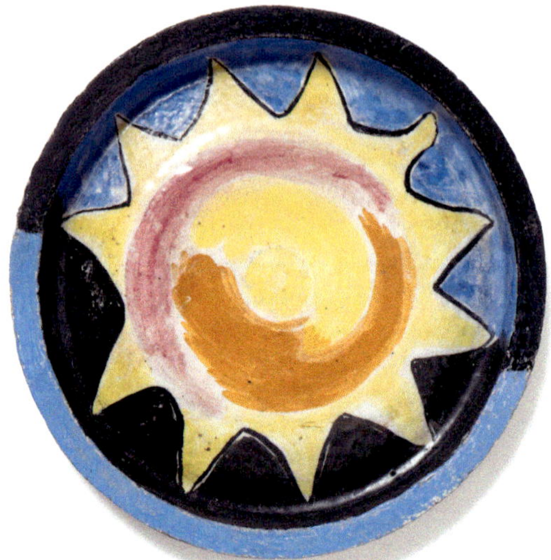

artist | artista **Amelia Peláez** (1896–1968)
ceramicist | ceramista **Juan Miguel Rodríguez de la Cruz** (1902–90)
78 *Plate Cover with Flower and Pistils* | *Tapa-plato de la flor y sus pistilos,* 1951
79 *Plate Cover of the Sun, Day and Night* | *Tapa-plato del sol, el día y la noche,* 1951
painted ceramic | cerámica pintada, 8.7″ (d.)
private collection | colección privada

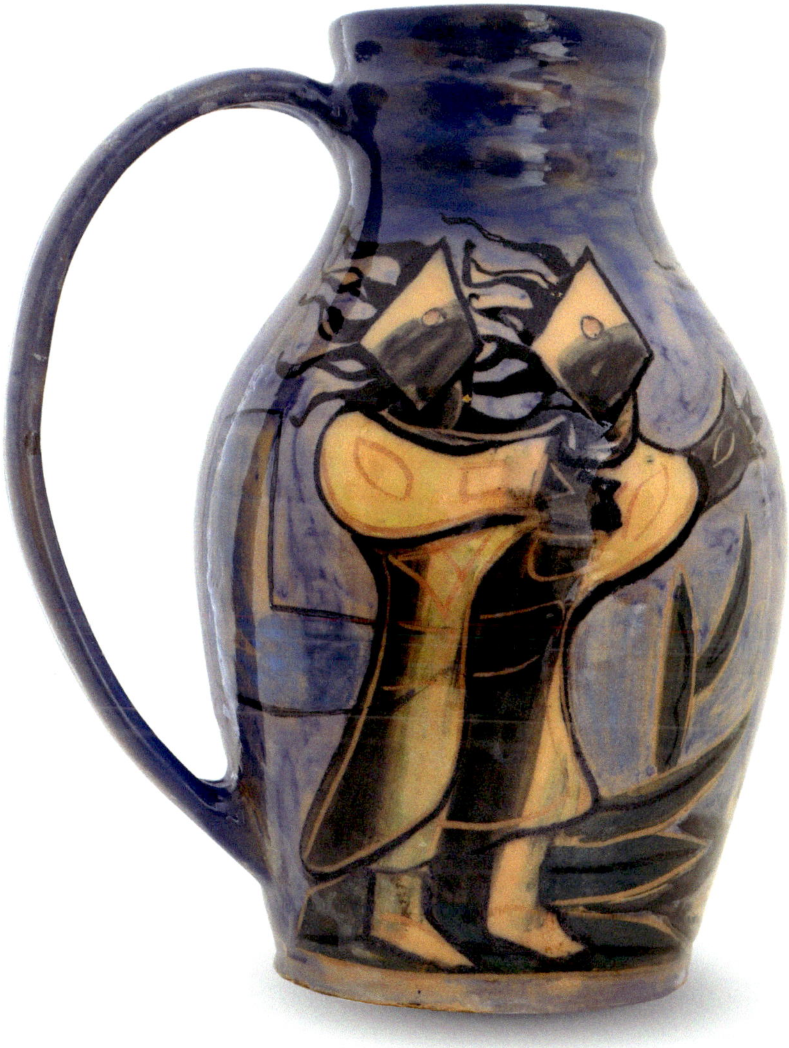

artist | artista **Amelia Peláez** (1896–1968)
ceramicist | ceramista **Juan Miguel Rodríguez de la Cruz** (1902–90)
80 *Jar with Conjoined Twins* | *Jarra de las siamesas,* 1950
painted ceramic | cerámica pintada, 9 × 7.3″ (d.)
Col. Isaac & Betty Rudman

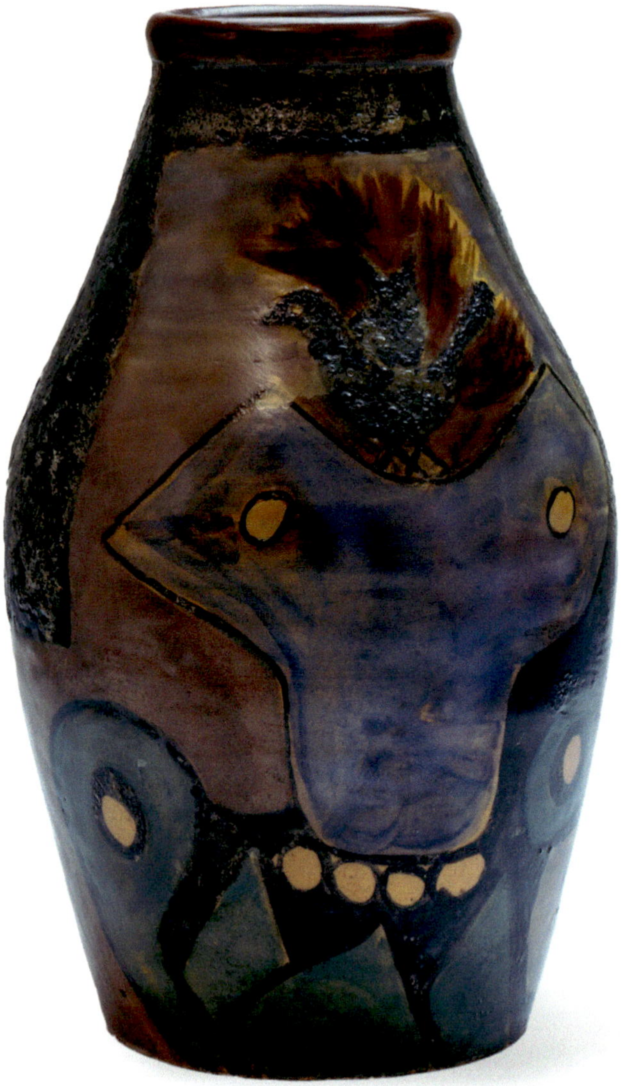

artist | artista **Amelia Peláez** (1896–1968)
ceramicist | ceramista **Juan Miguel Rodríguez de la Cruz** (1902–90)
81 *Vase with Bird and Abstract Motifs* | *Vaso con pájaro y motivos abstractos,* 1951
painted ceramic | cerámica pintada, 10.5 × 6.5″ (d.)
Col. Justo-Álvarez

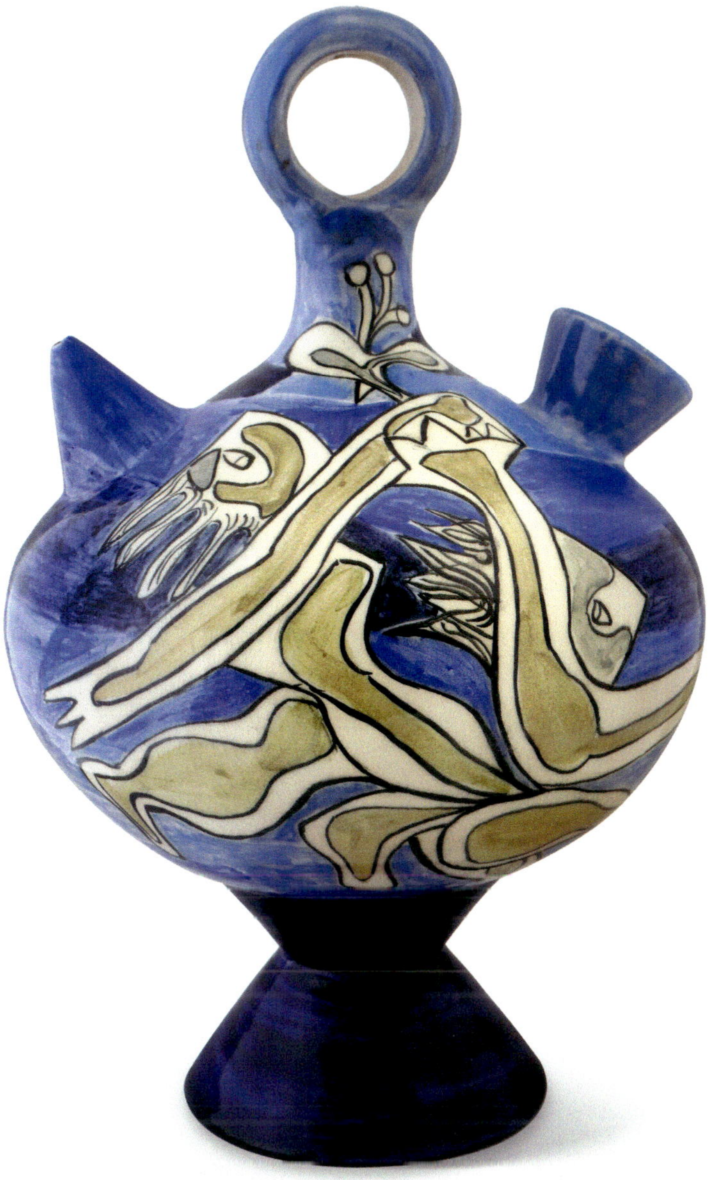

artist | artista **Amelia Peláez** (1896–1968)
ceramicist | ceramista **Juan Miguel Rodríguez de la Cruz** (1902–90)
82 *Water Jug with Abstract Figures* | *Porrón con figuras abstractos,* 1951
painted ceramic | cerámica pintada, 13.3 × 6″ (d.)
Col. Isaac & Betty Rudman

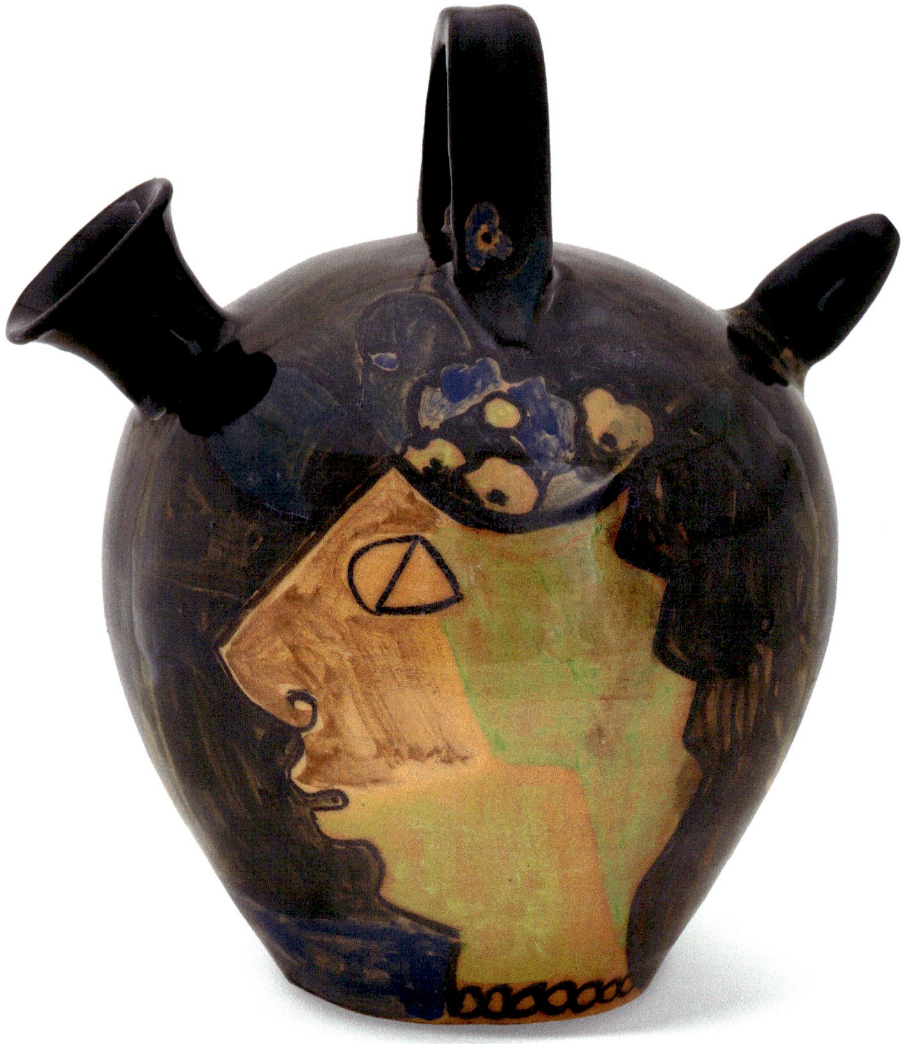

artist | artista **Amelia Peláez** (1896–1968)
ceramicist | ceramista **Juan Miguel Rodríguez de la Cruz** (1902–90)
83 *Water Jug with Self-Portrait* | *Porrón con autorretrato*, 1951
painted ceramic | cerámica pintada, 8.5 × 6.5″ (d.)
Col. Isaac & Betty Rudman

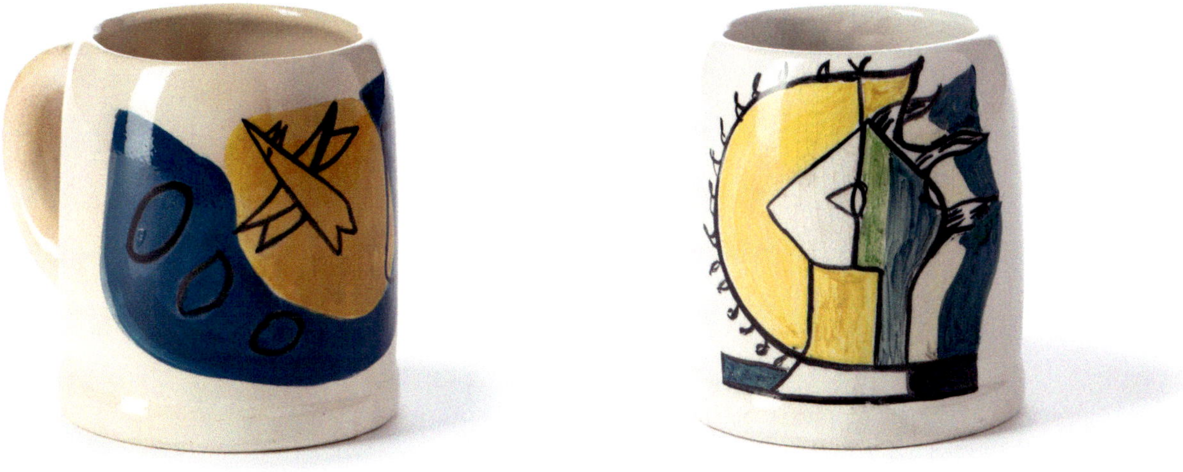

artist | artista **Amelia Peláez** (1896–1968)
ceramicist | ceramista **Juan Miguel Rodríguez de la Cruz** (1902–90)
84 *Beer Mug with Yellow Bird | Jarra de cerveza del pájaro amarillo,* 1951
85 *Beer Mug with Woman and Sun | Jarra de cerveza de mujer al sol,* 1951
painted ceramic | cerámica pintada, 4.3 × 3.9″ (d.)
private collection | colección privada

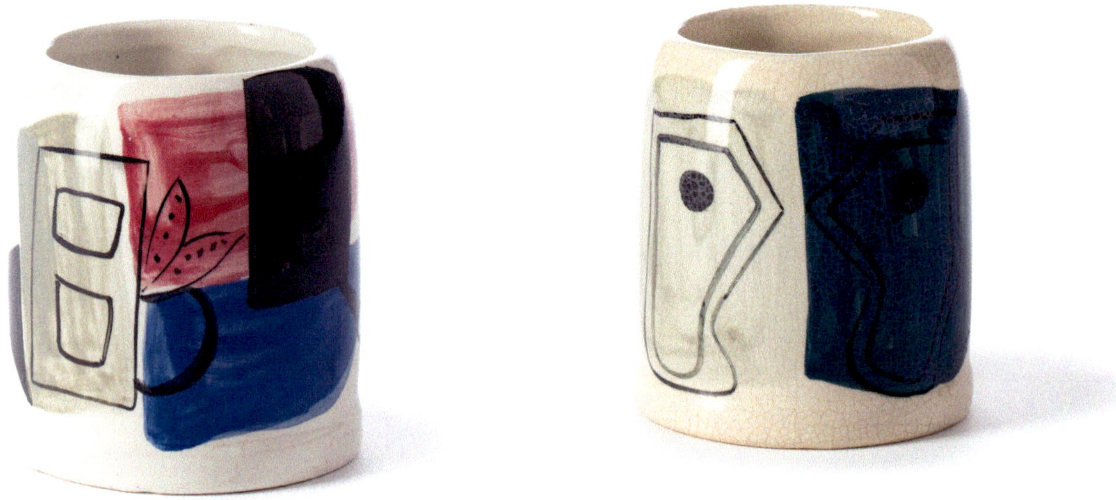

artist | artista **Amelia Peláez** (1896–1968)
ceramicist | ceramista **Juan Miguel Rodríguez de la Cruz** (1902–90)
86 *Blue and Pink Beer Mug* | *Jarra de cerveza en azul y rosa,* 1951
87 *Beer Mug with Two Women* | *Jarra de cerveza de las dos mujeres,* 1951
painted ceramic | cerámica pintada, 4.3 × 3.9″ (d.)
private collection | colección privada

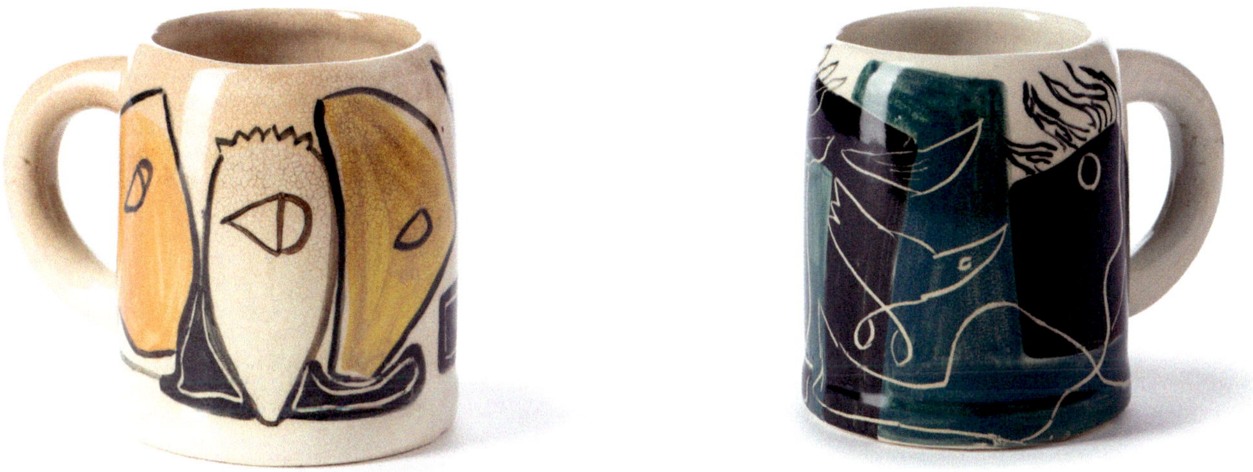

artist | artista **Amelia Peláez** (1896–1968)
ceramicist | ceramista **Juan Miguel Rodríguez de la Cruz** (1902–90)
88 *Beer Mug with Heads and Eyes Motif | Jarra de cerveza con motivo cabezas y ojos,* 1951
89 *Green and Black Beer Mug with Woman | Jarra de cerveza verde y negro con mujer,* ca. 1951
painted ceramic | cerámica pintada, 4.3 × 3.9″ (d.)
private collection | colección privada

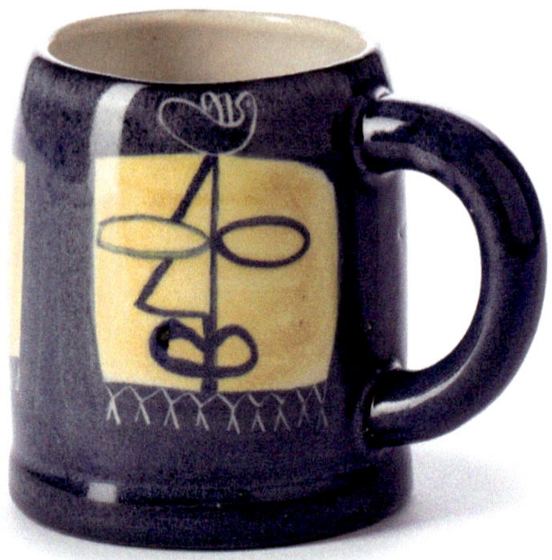

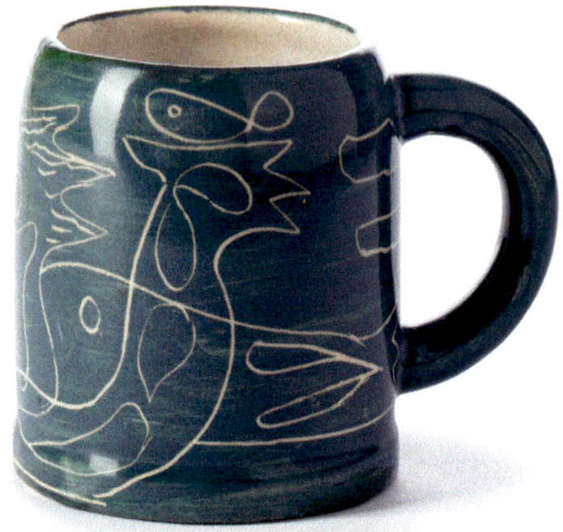

artist | artista **Amelia Peláez** (1896–1968)
ceramicist | ceramista **Juan Miguel Rodríguez de la Cruz** (1902–90)
90 *Blue and Yellow Beer Mug | Jarra de cerveza azul y amarilla,* 1952
91 *Green Beer Mug with Fish | Jarra de cerveza verde con peces,* 1952
painted ceramic | cerámica pintada, 4.3 × 3.9″ (d.)
private collection | colección privada

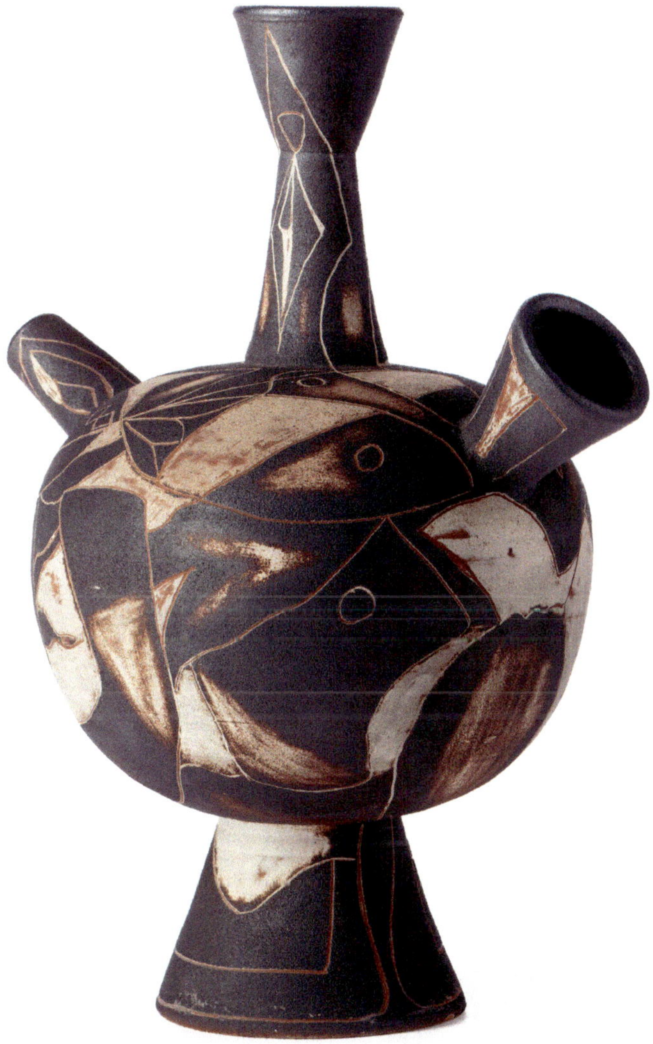

artist | artista **attrib. | atrib. Amelia Peláez** (1896–1968)
ceramicist | ceramista **Juan Miguel Rodríguez de la Cruz** (1902–90)
92 *Toasted Water Jug with Three Spouts | Porrón tostado con tres bocas,* ca. 1951
painted ceramic | cerámica pintada, 13 × 11.8″ (d.)
private collection | colección privada

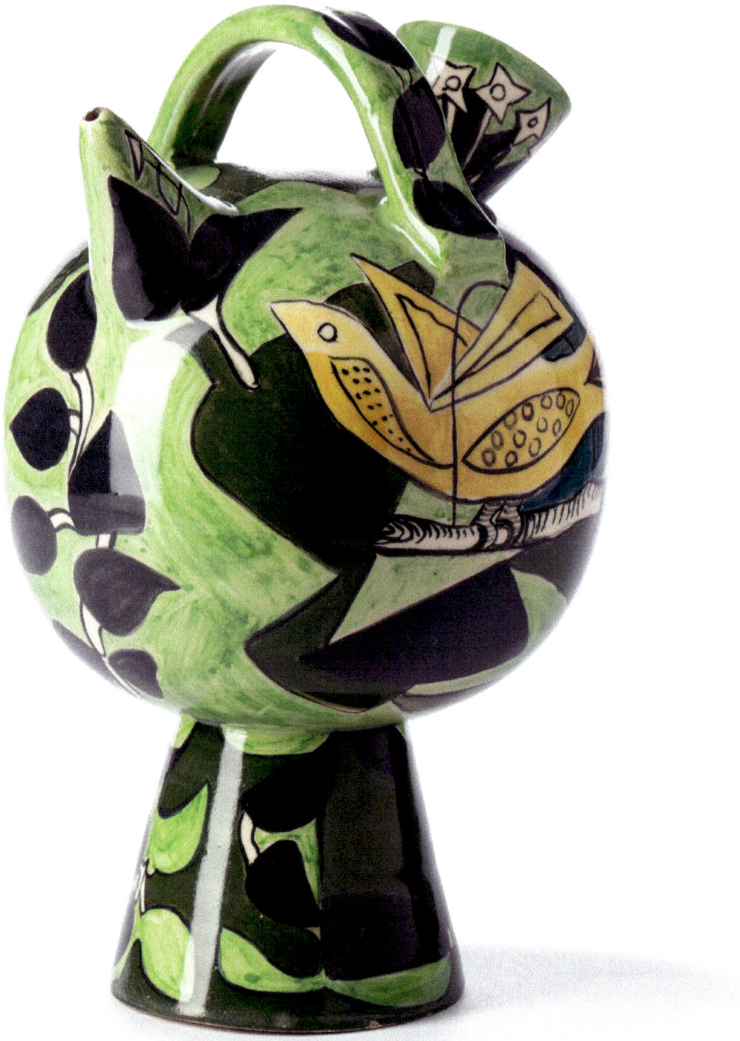

artist | artista **attrib. | atrib. Amelia Peláez** (1896–1968)
ceramicist | ceramista **Juan Miguel Rodríguez de la Cruz** (1902–90)
93 *Green Water Jug with Yellow Birds | Porrón verde con pájaros en amarillo,* ca. 1951
painted ceramic | cerámica pintada, 12.6 × 8.9″ (d.)
private collection | colección privada

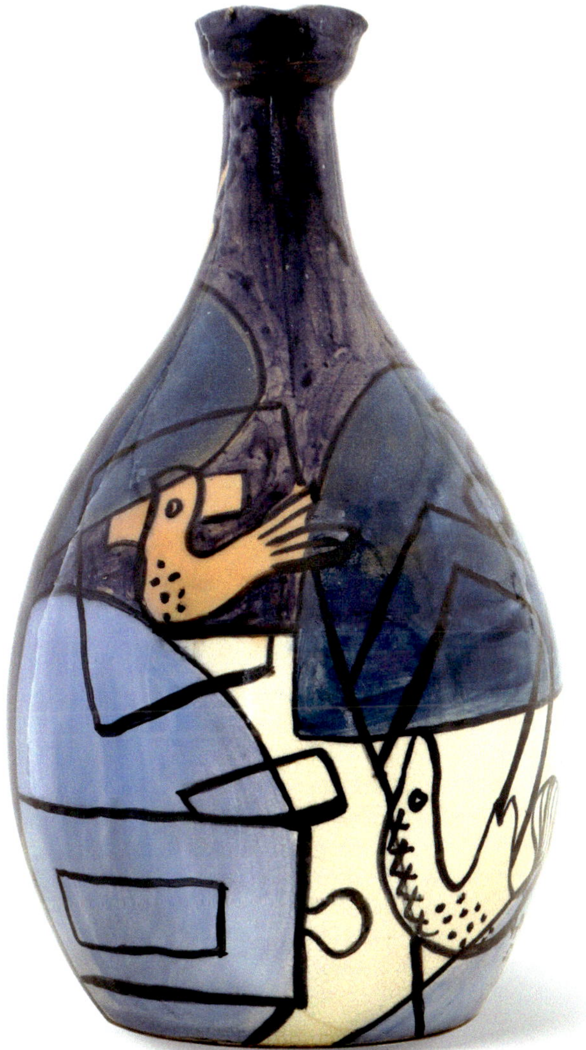

artist | artista **Amelia Peláez** (1896–1968)
ceramicist | ceramista **Juan Miguel Rodríguez de la Cruz** (1902–90)
94 *Spouted Vase with Geometric Motifs, Fish, and Bird* | *Vaso con pico, motivos geométricos, pez y pájaro*, 1952
painted ceramic | cerámica pintada, 9 × 6″ (d.)
Col. Isaac & Betty Rudman

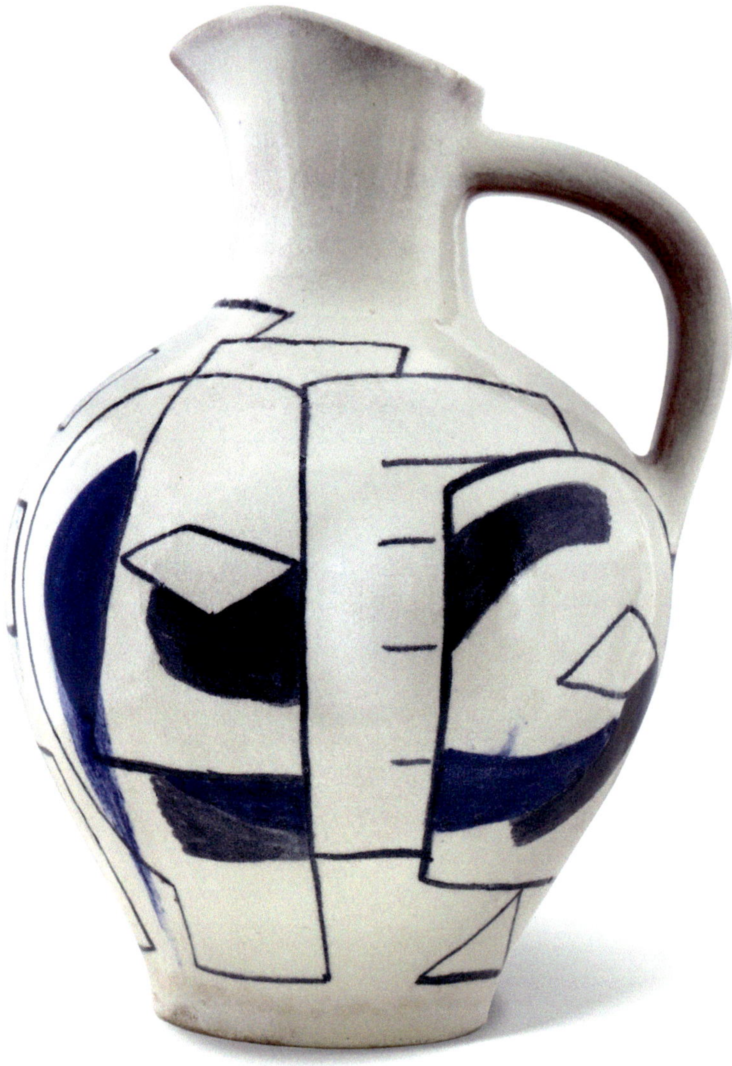

artist | artista **Amelia Peláez** (1896–1968)
ceramicist | ceramista **Juan Miguel Rodríguez de la Cruz** (1902–90)
95 *Jug with Geometric Forms* | *Jarra con formas geométricas*, 1952
painted ceramic | cerámica pintada, 9.3 × 7″ (d.)
Col. Isaac & Betty Rudman

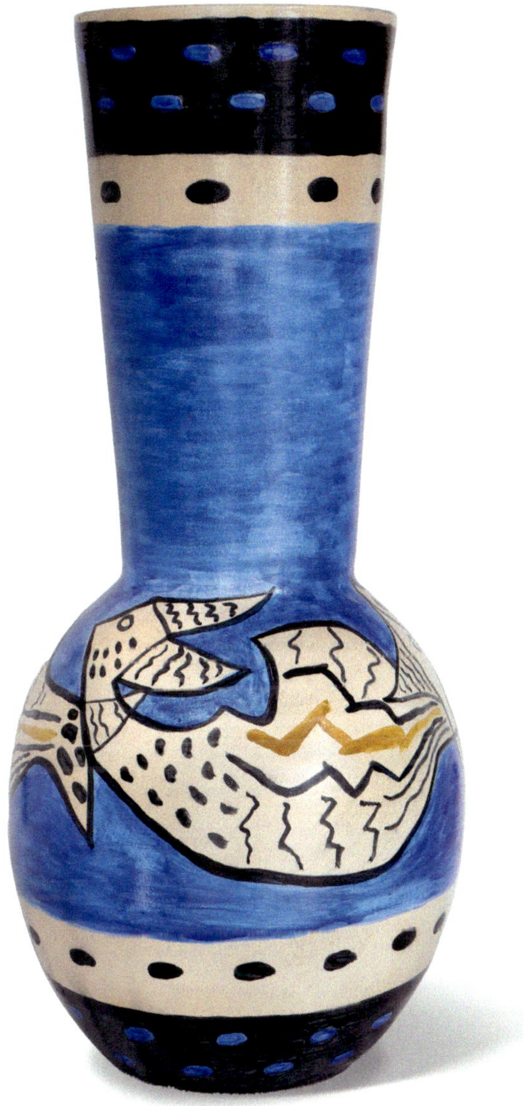

artist | artista **Amelia Peláez** (1896–1968)
ceramicist | ceramista **Juan Miguel Rodríguez de la Cruz** (1902–90)
96 *Vase with Abstract Creatures* | *Vaso con criaturas abstractas*, 1952
painted ceramic | cerámica pintada, 17.5 × 8″ (d.)
Col. Dr. Vicente Lago & Teresa Lago

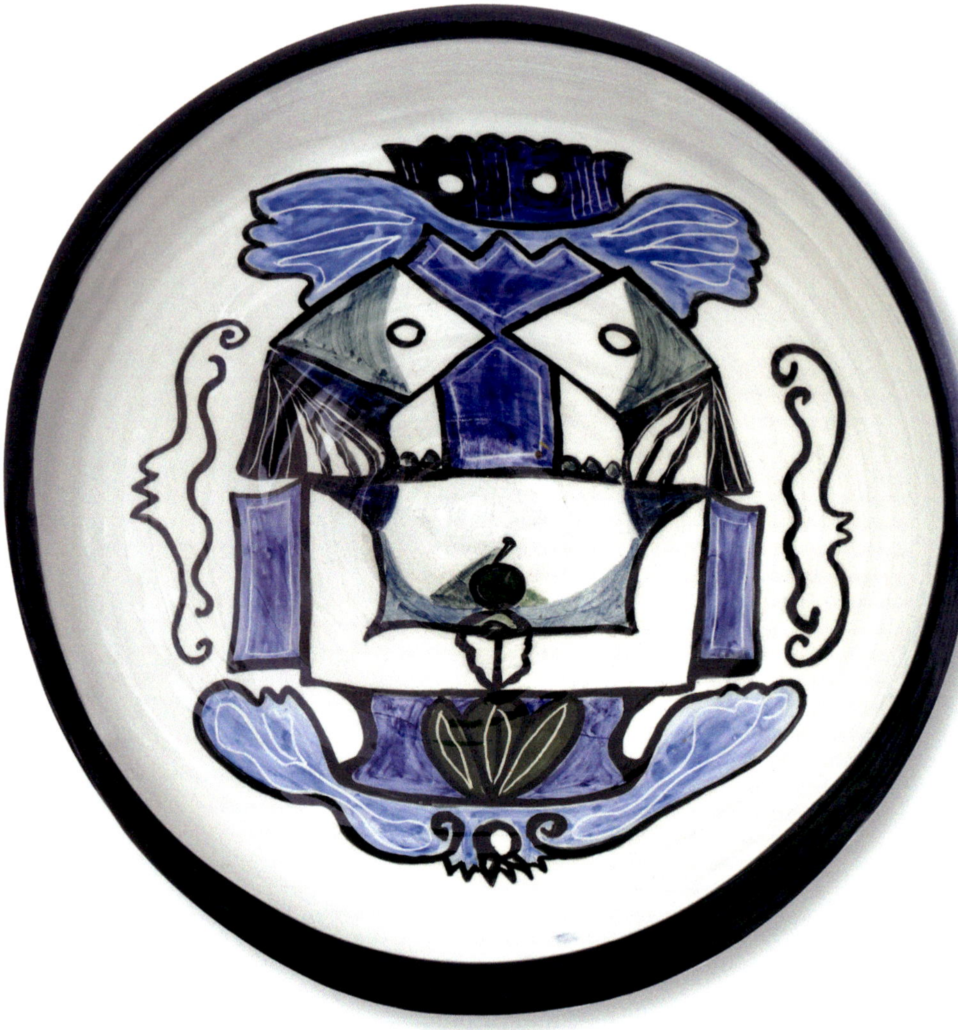

artist | artista **Amelia Peláez** (1896–1968)
ceramicist | ceramista **Juan Miguel Rodríguez de la Cruz** (1902–90)
97 *Bowl with Conjoined Twins* | *Fuente de las siamesas*, ca. 1953
painted ceramic | cerámica pintada, 3.8 × 10.5″ (d.)
private collection | colección privada

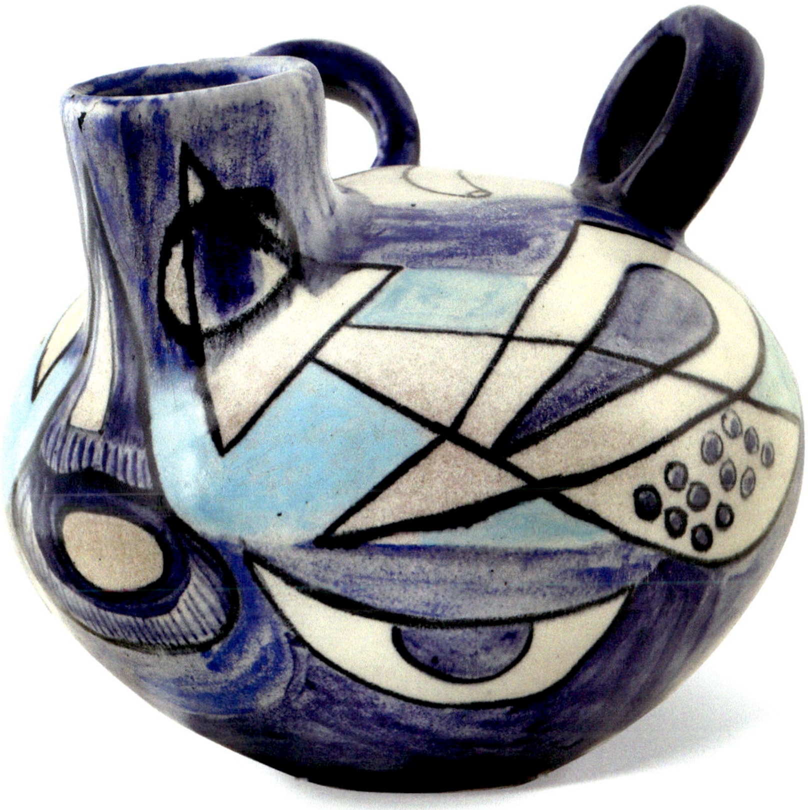

artist | artista **Amelia Peláez** (1896–1968)
ceramicist | ceramista **Juan Miguel Rodríguez de la Cruz** (1902–90)
98 *Little Hen Water Jug* | *Porrón de gallinita*, 1953
painted ceramic | cerámica pintada, 6.5 × 7.3″ (d.)
Col. Isaac & Betty Rudman

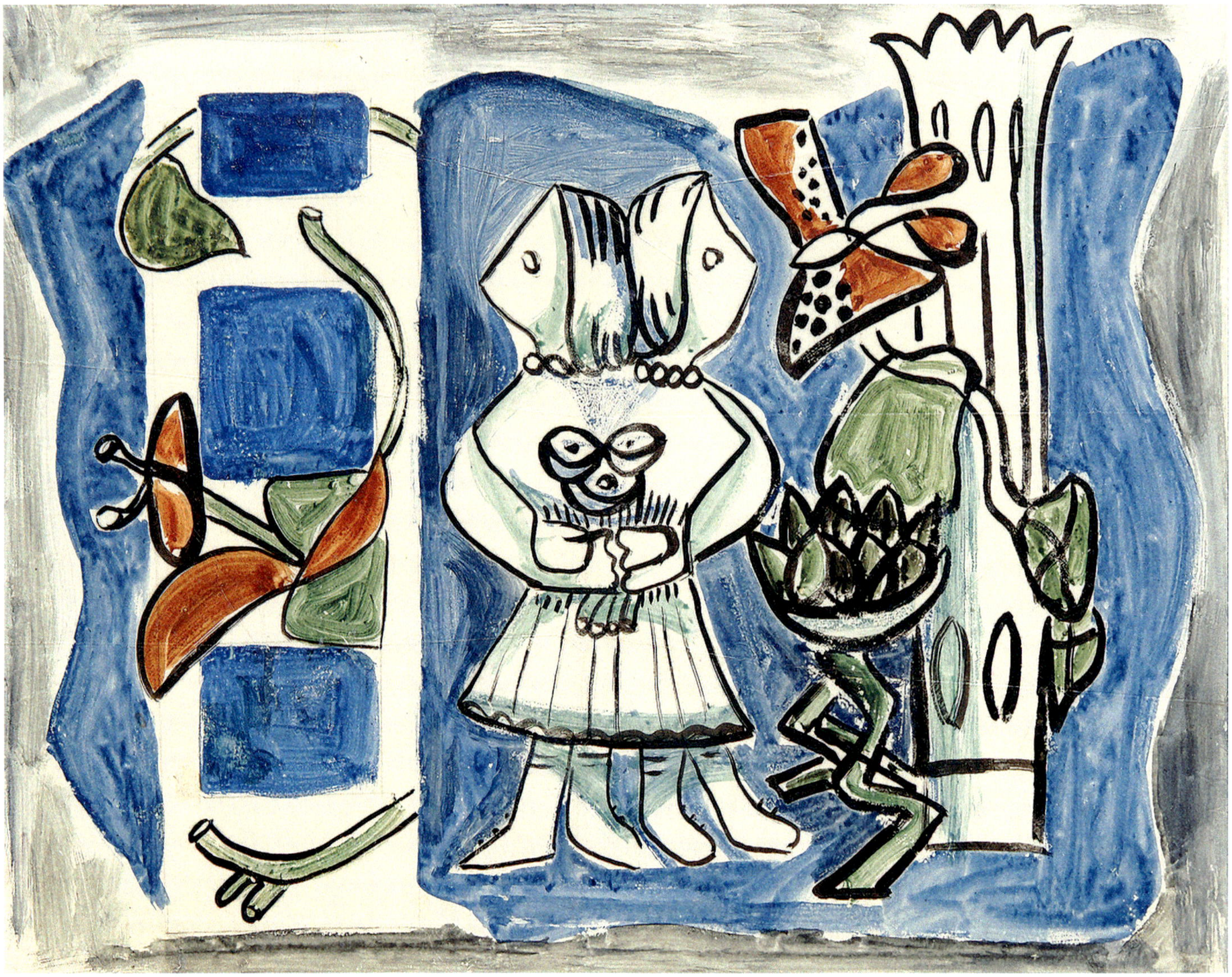

Amelia Peláez (1896–1968)
99 *Sketch for the Esso Standard Oil Mural* | *Boceto para el mural del Esso Standard Oil,* ca. 1950
tempera on paper | tempera sobre papel, 13.5 × 17.5″
Col. Ramón & Nercys Cernuda

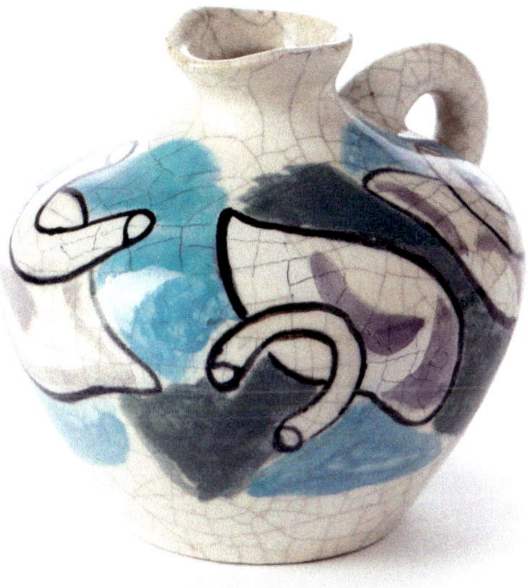

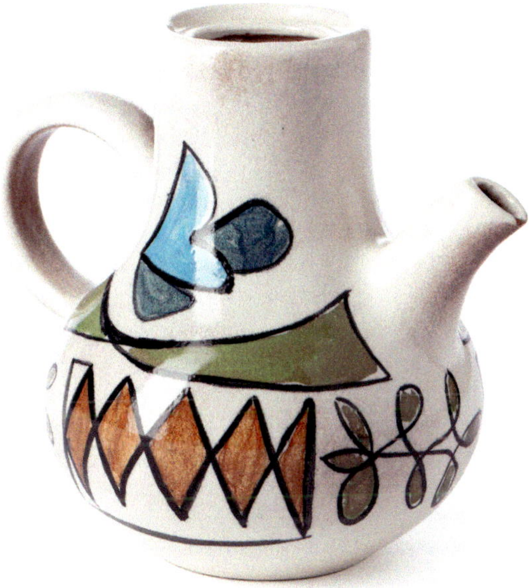

artist | artista **Amelia Peláez** (1896–1968)
ceramicist | ceramista **Juan Miguel Rodríguez de la Cruz** (1902–90)
100 *Blue and Green Honeypot* | *Mielera azul y verde*, 1952
101 *Kettle* | *Tetera*, ca. 1952
painted ceramic | cerámica pintada, **100** 3.9 × 3.9″ (d.), **101** 5.7 × 4.7″ (d.)
private collection | colección privada

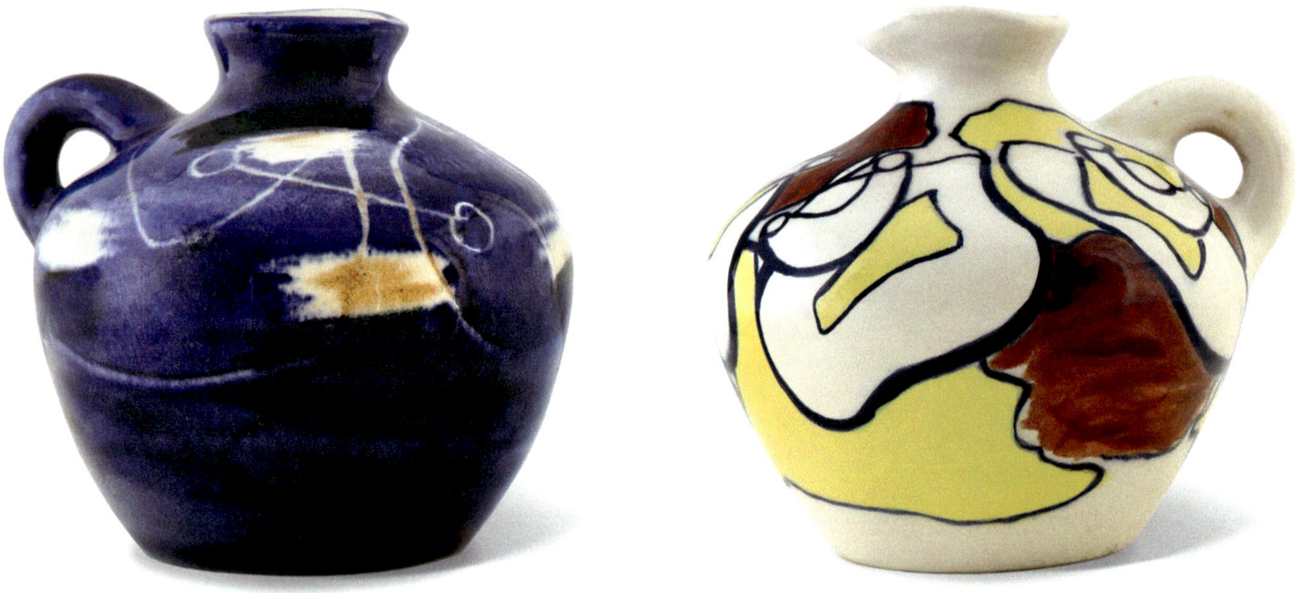

artist | artista **Amelia Peláez** (1896–1968)
ceramicist | ceramista **Juan Miguel Rodríguez de la Cruz** (1902–90)
102 *Blue Honeypot | Mielera azul*, 1952
103 *Honeypot with Yellow and Brown Shapes | Mielera con formas amarillas y marrones*, 1952
painted ceramic | cerámica pintada, 4.3 × 4″ (d.)
Col. Isaac & Betty Rudman

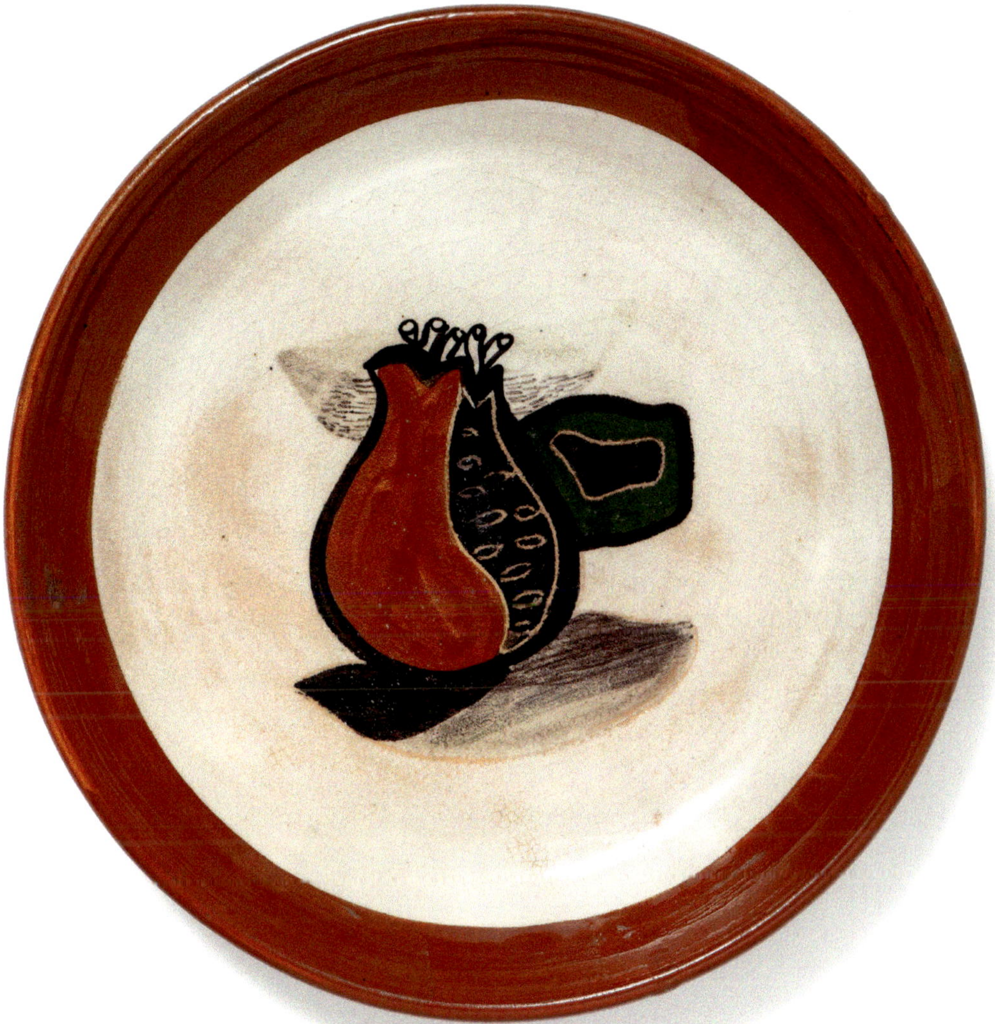

artist | artista **Amelia Peláez** (1896–1968)
ceramicist | ceramista **Juan Miguel Rodríguez de la Cruz** (1902–90)
104 *Plate with Fruit* | *Plato con fruta*, 1953
painted ceramic | cerámica pintada, 1.8 × 10.4″ (d.)
private collection | colección privada

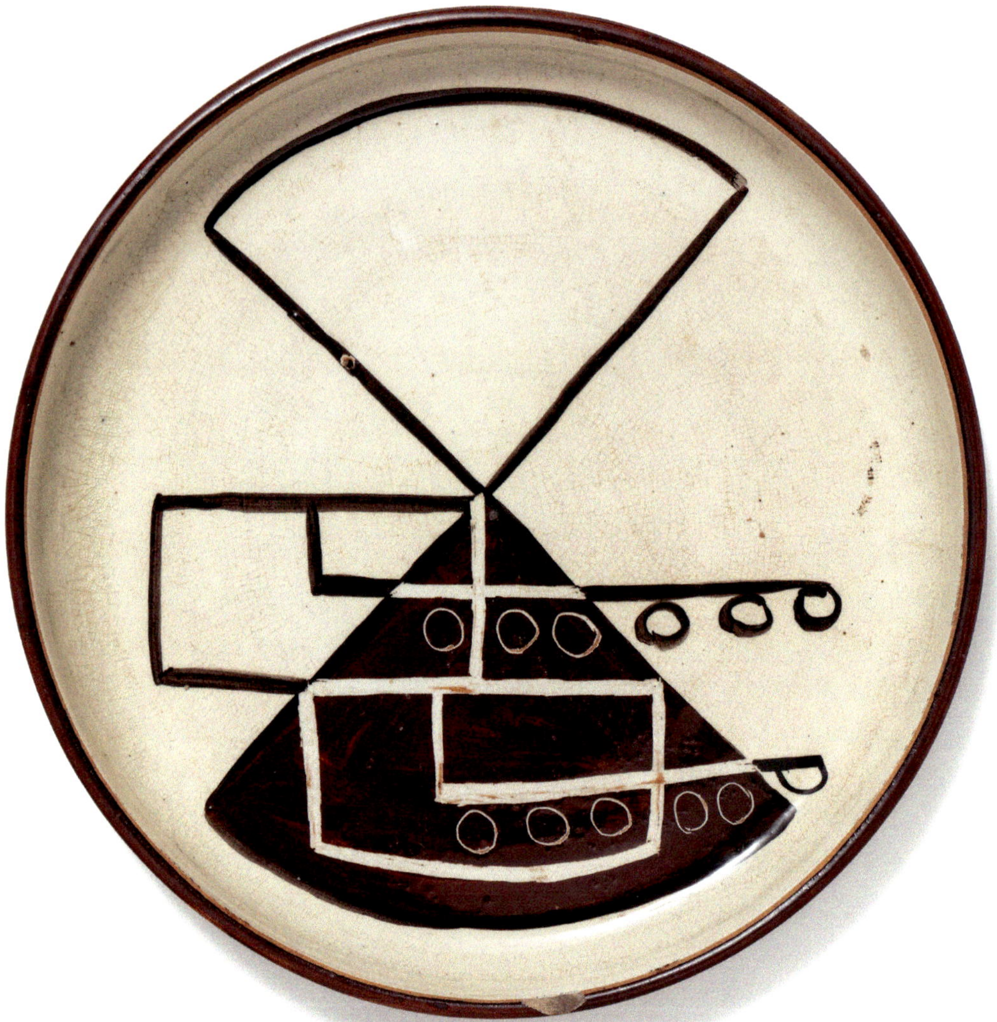

artist | artista **Amelia Peláez** (1896–1968)
ceramicist | ceramista **Juan Miguel Rodríguez de la Cruz** (1902–90)
105 *Plate with Geometric Abstraction* | *Plato con abstracción geométrica*, 1954
painted ceramic | cerámica pintada, 1.2 × 10″ (d.)
private collection | colección privada

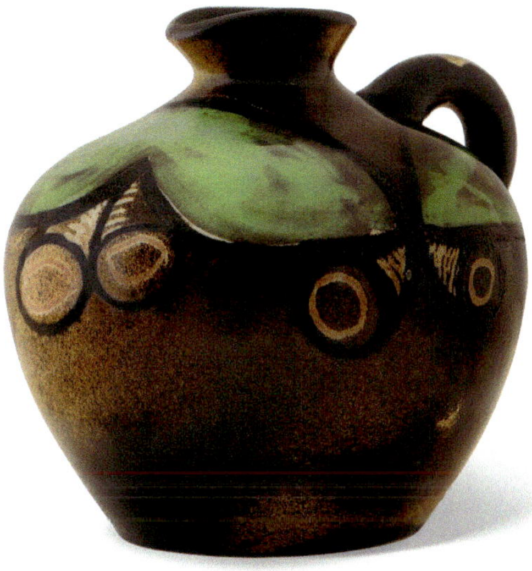

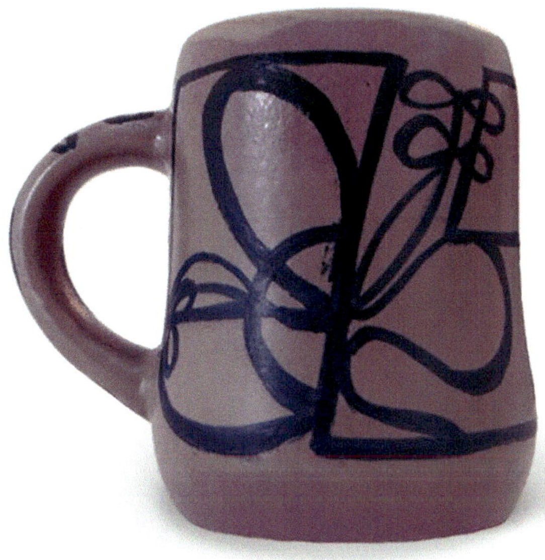

artist | artista **Amelia Peláez** (1896–1968)
ceramicist | ceramista **Juan Miguel Rodríguez de la Cruz** (1902–90)
106 *Honeypot with Vegetal Pattern | Mielera con patrón vegetal,* 1953
painted ceramic | cerámica pintada, 4.3 × 4″ (d.), Col. Isaac & Betty Rudman
107 *Mug with Abstract Floral Design | Jarra con diseño floral abstracto,* 1955
painted ceramic | cerámica pintada, 5″ (d.), Latin Art Core

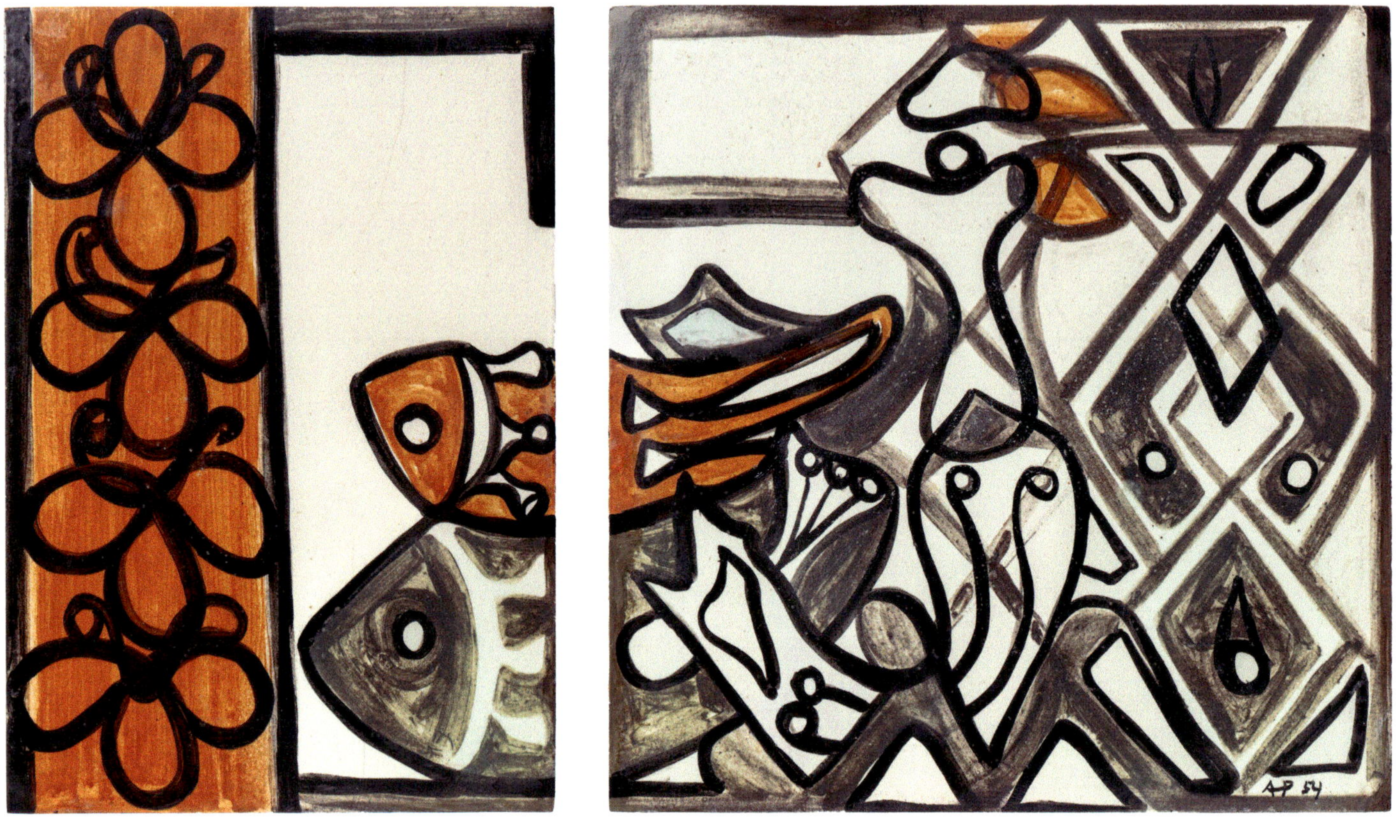

artist | artista **Amelia Peláez** (1896–1968)
ceramicist | ceramista **Juan Miguel Rodríguez de la Cruz** (1902–90)
108 *Mural with Woman and Two Fish | Mural mujer con dos peces,* 1954
painted ceramic | cerámica pintada, 26.5 × 39.4″
private collection | colección privada

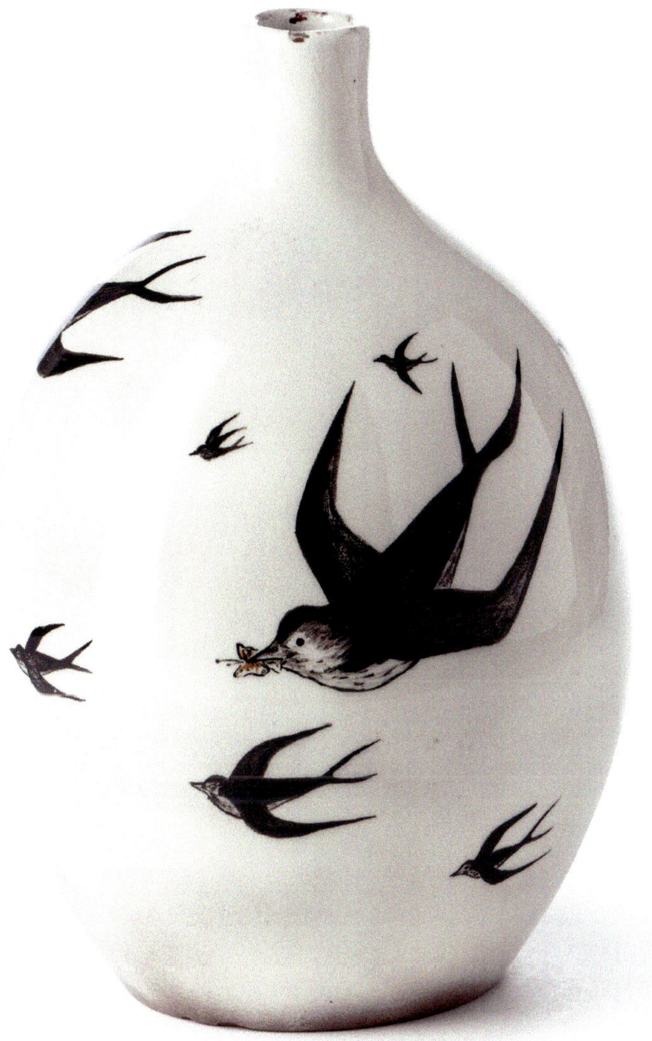

artist | artista **Ofelia Sam**
ceramicist | ceramista **Juan Miguel Rodríguez de la Cruz** (1902–90)
109 *Vase with Swallows* | *Vaso de las golondrinas*, 1956
painted ceramic | cerámica pintada, 10 × 6.9″ (d.)
private collection | colección privada

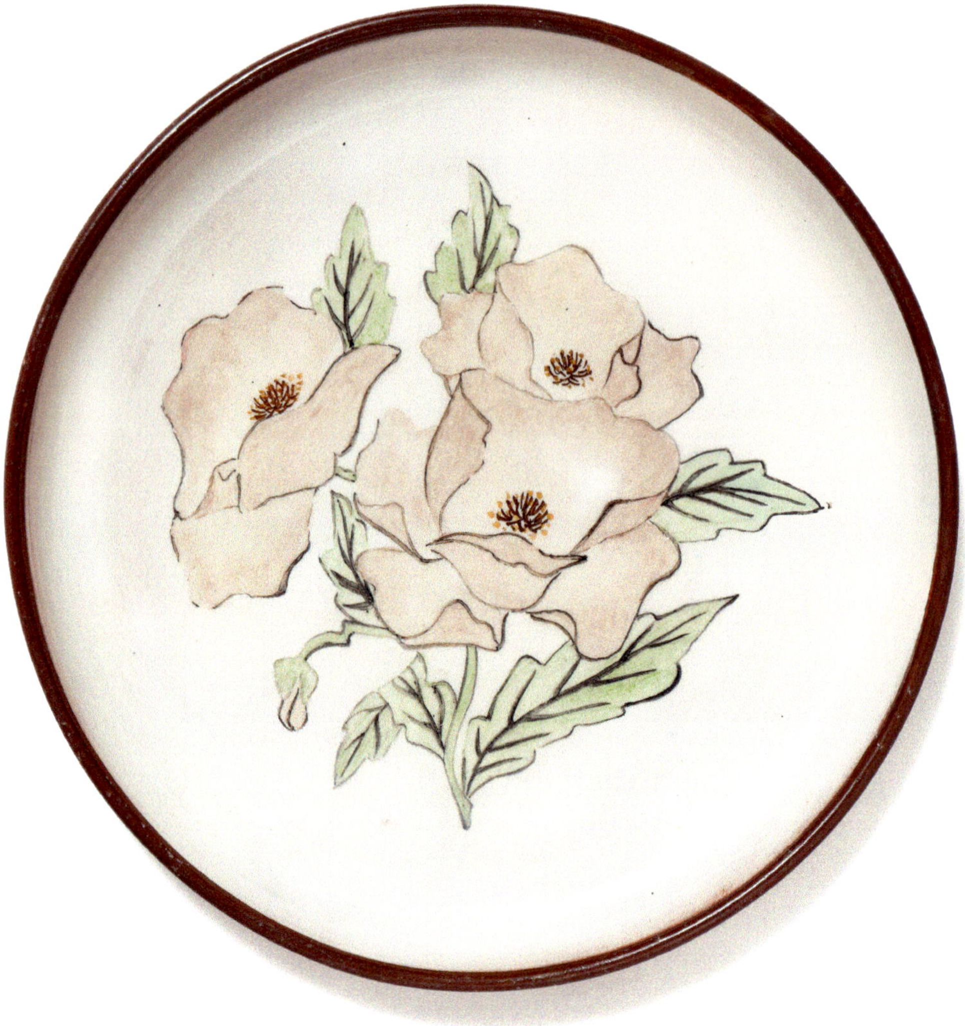

artist | artista **Ofelia Sam**
ceramicist | ceramista **Juan Miguel Rodríguez de la Cruz** (1902–90)
110 *Plate with Flowers | Plato de flores,* ca. 1956
painted ceramic | cerámica pintada, 10.6″ (d.)
private collection | colección privada

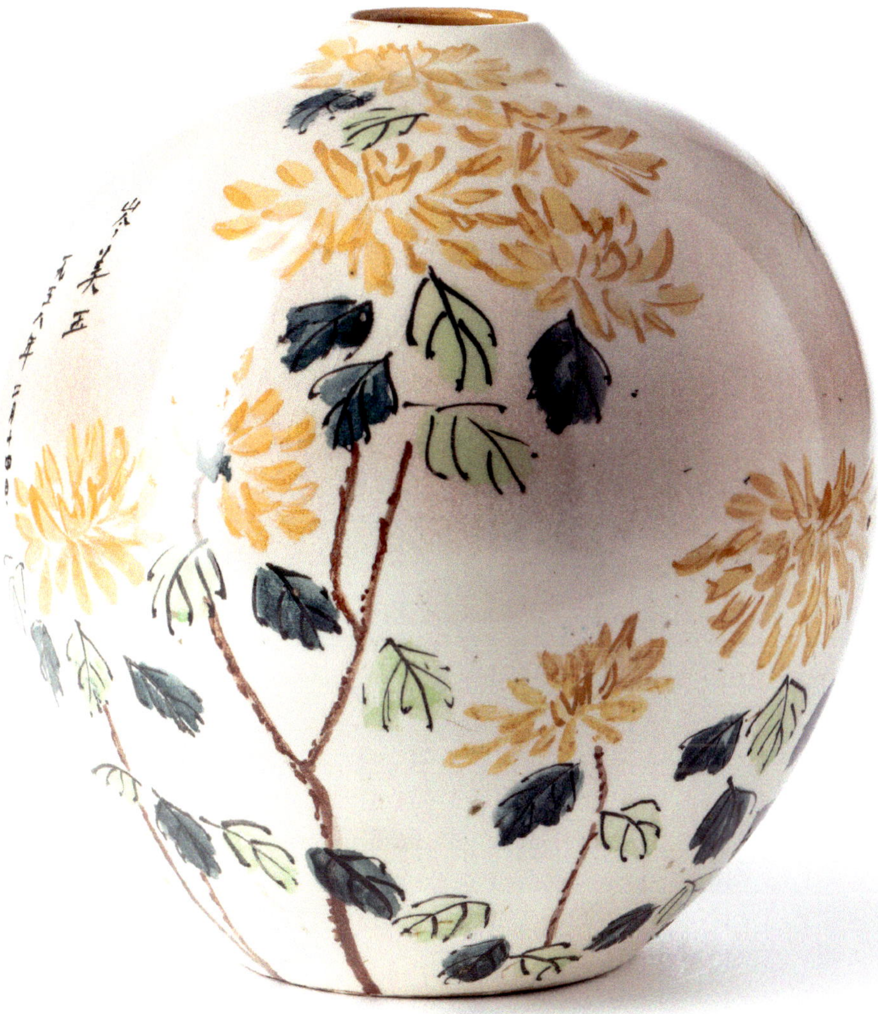

artist | artista **Ofelia Sam**

ceramicist | ceramista **Juan Miguel Rodríguez de la Cruz** (1902–90)

111 *Globular Vase with White and Yellow Flowers* | *Vaso globular con flores blancas y amarillas*, 1958

painted ceramic | cerámica pintada, 10.8 × 10.8″ (d.)

private collection | colección privada

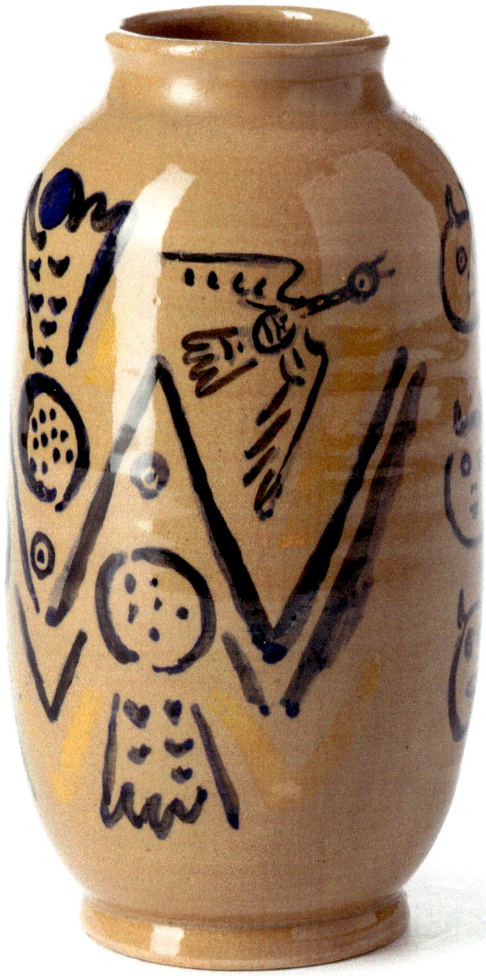

artist | artista **attrib. | atrib. Wifredo Lam** (1902–82)
ceramicist | ceramista **Juan Miguel Rodríguez de la Cruz** (1902–90)
112 *Vase with Birds, Fish, and Three Little Faces* | *Vaso con pájaros, peces y tres caritas,* 1950
painted ceramic | cerámica pintada, 7.2 × 3.7″ (d.)
private collection | colección privada

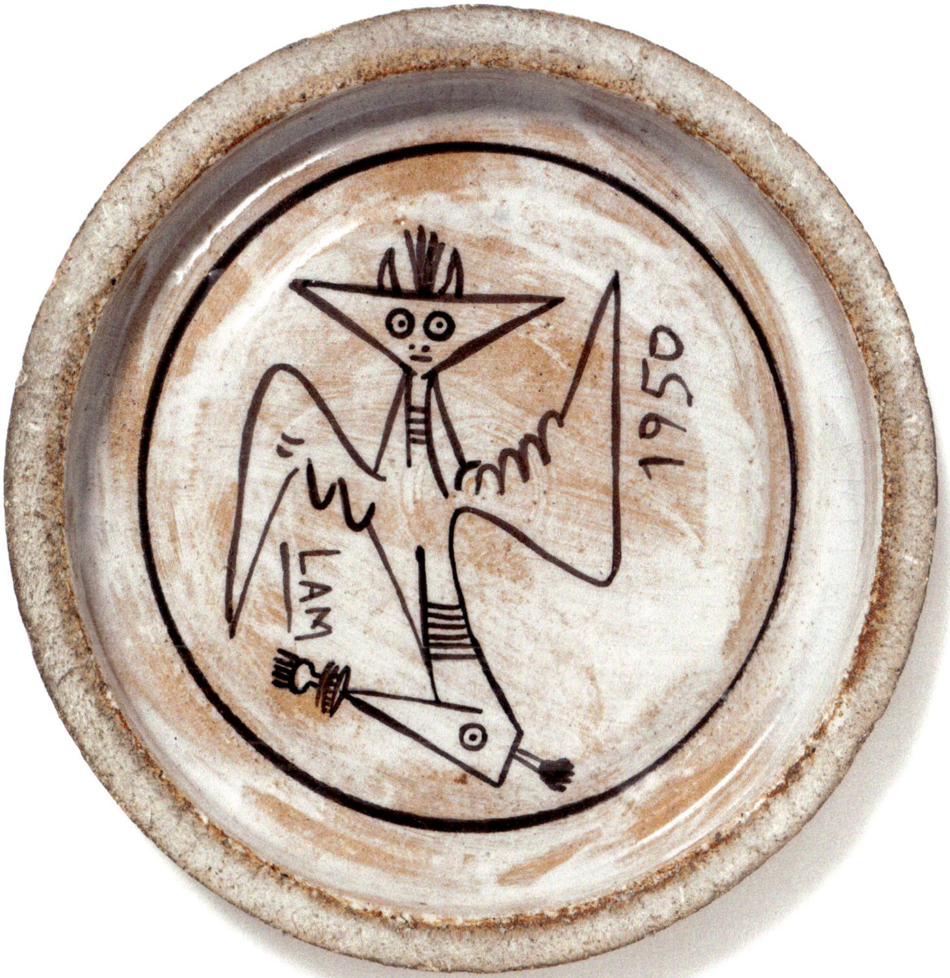

artist | artista **attrib. | atrib. Wifredo Lam** (1902–82)
ceramicist | ceramista **Juan Miguel Rodríguez de la Cruz** (1902–90)
113 *Plate Cover with Two-Headed Being | Tapa-plato con ser bicéfalo,* 1950
painted ceramic | cerámica pintada, 1.1 × 8.5″ (d.)
private collection | colección privada

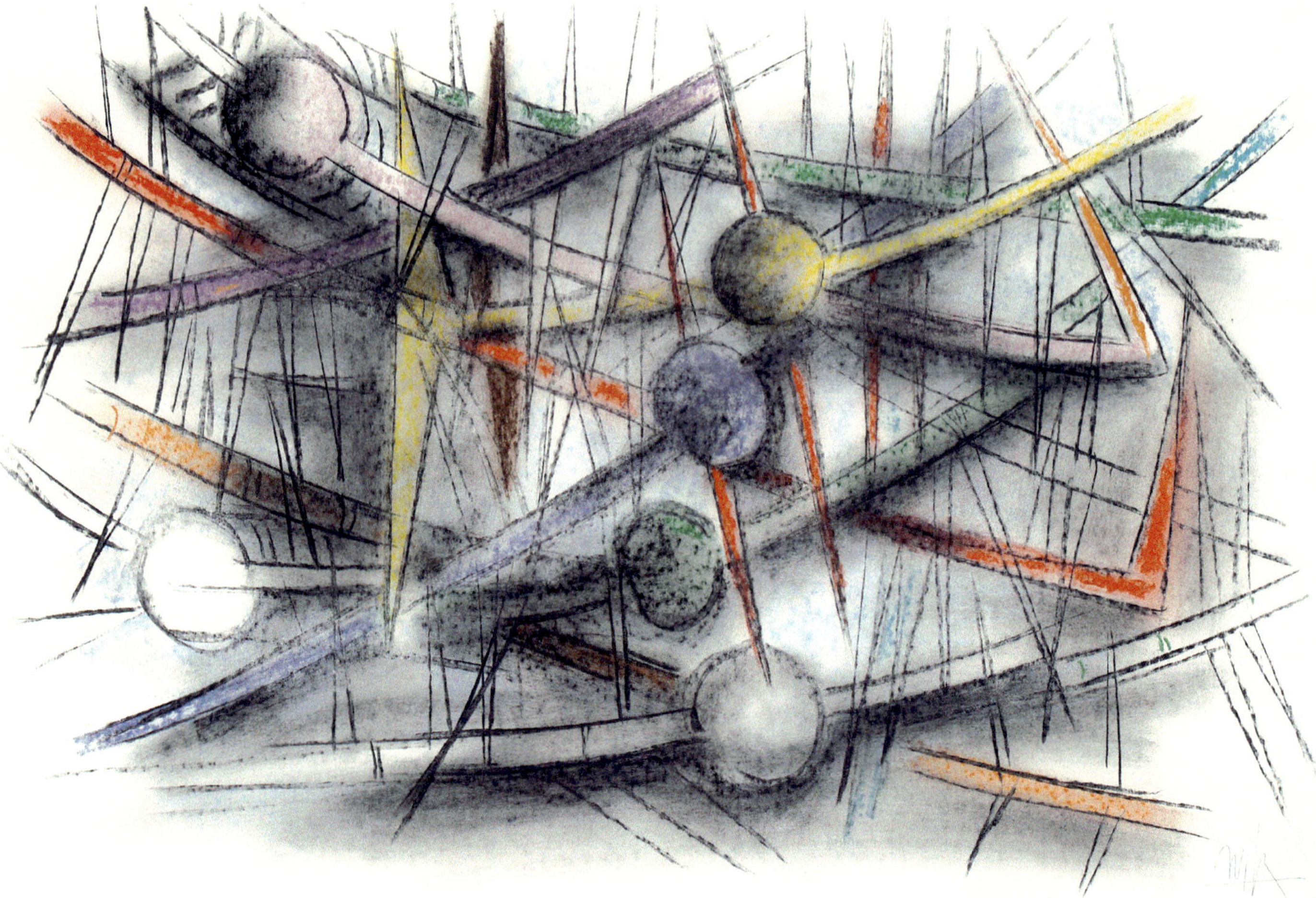

Wifredo Lam (1902–82)
114 *Branches* | *Ramas*, 1955
mixed media on paper on board | técnica mixta sobre papel sobre cartón, 22.9 × 35″
Col. Cernuda Arte

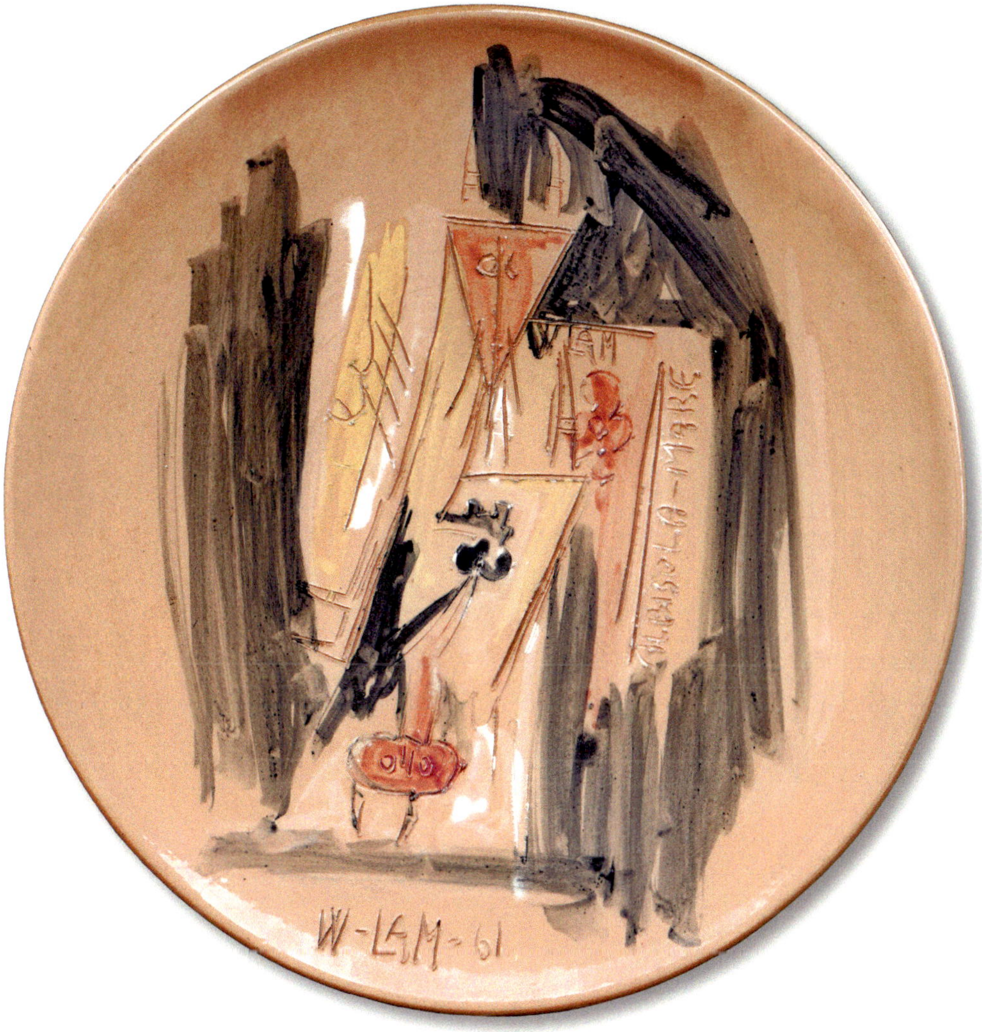

Wifredo Lam (1902–82)

115 *Plate with Figure and Elegguá | Plato con figura y Elegguá*, 1961

painted ceramic | cerámica pintada, 17.8″ (d.)

Col. Cernuda Arte

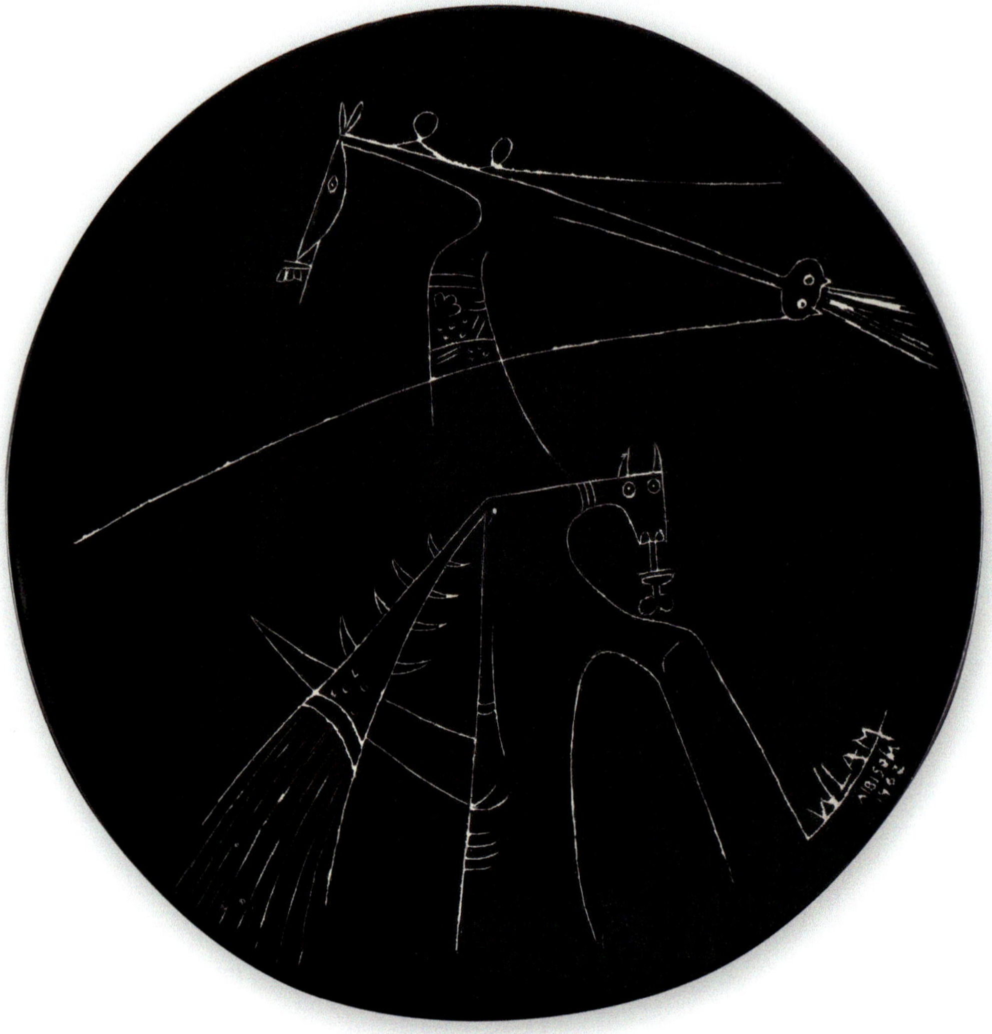

Wifredo Lam (1902–82)

116 *Plate with Hybrid Creatures and Orisha* | *Plato con criaturas híbridas y orisha,* 1962

painted ceramic | cerámica pintada, 13″ (d.)

Col. Silvia & Emilio M. Ortiz

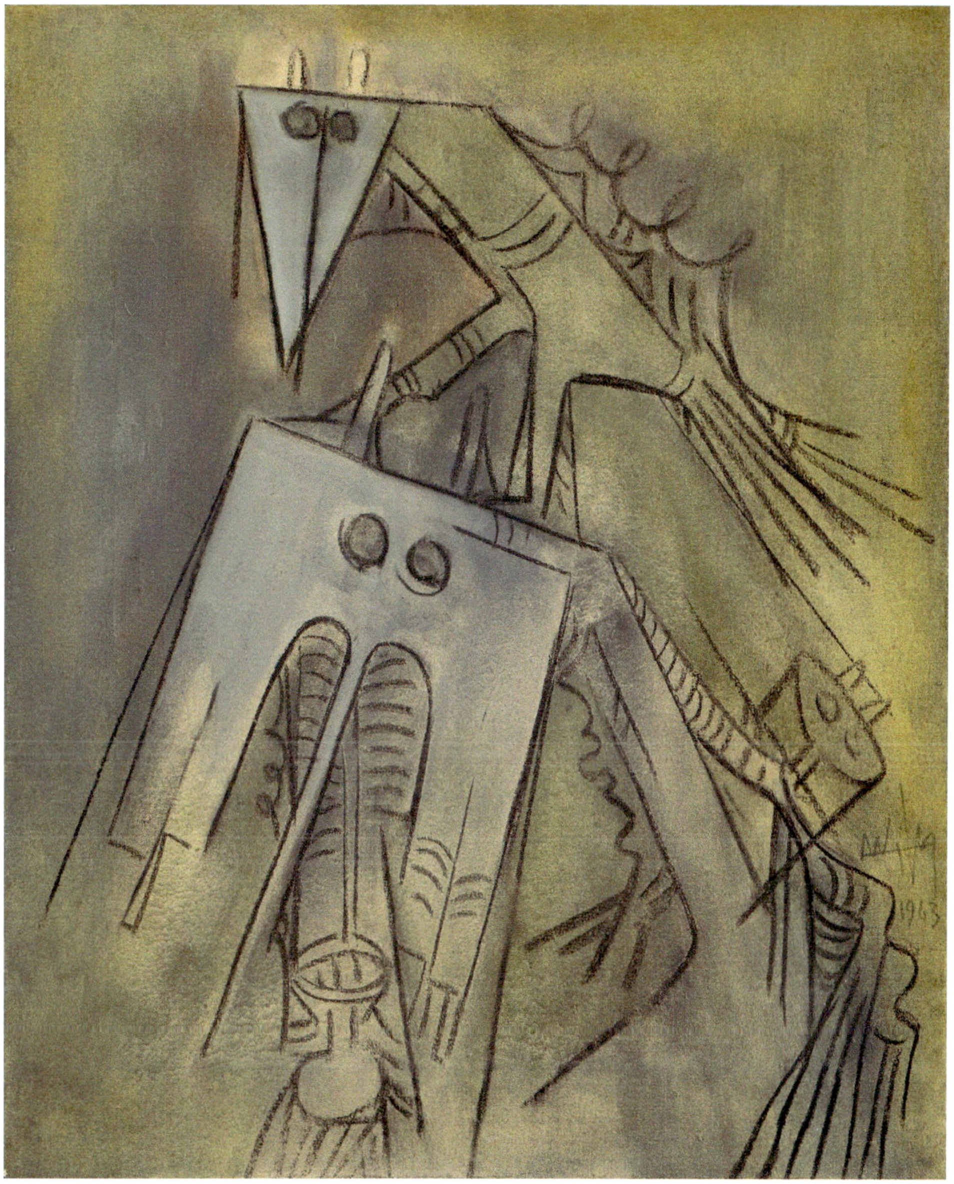

Wifredo Lam (1902–82)
117 *Untitled* | *Sin título*, 1963
oil on canvas | óleo sobre lienzo, 21.7 × 18.1″
Col. Silverman Family | Familia Silverman

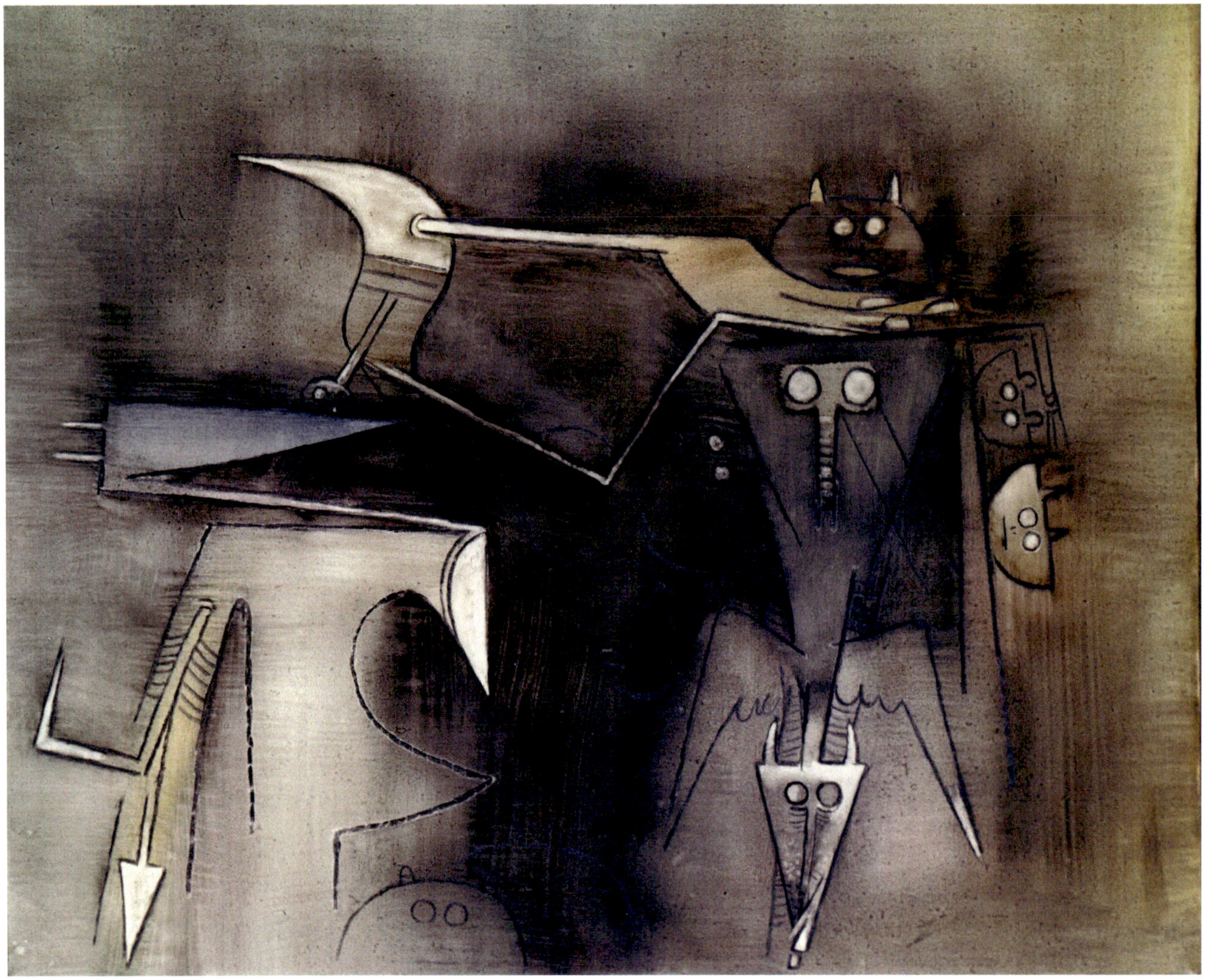

Wifredo Lam (1902–82)
118 *Composition* | *Composición,* 1970
oil on canvas | óleo sobre lienzo, 31.5 × 39.4″
private collection | colección privada

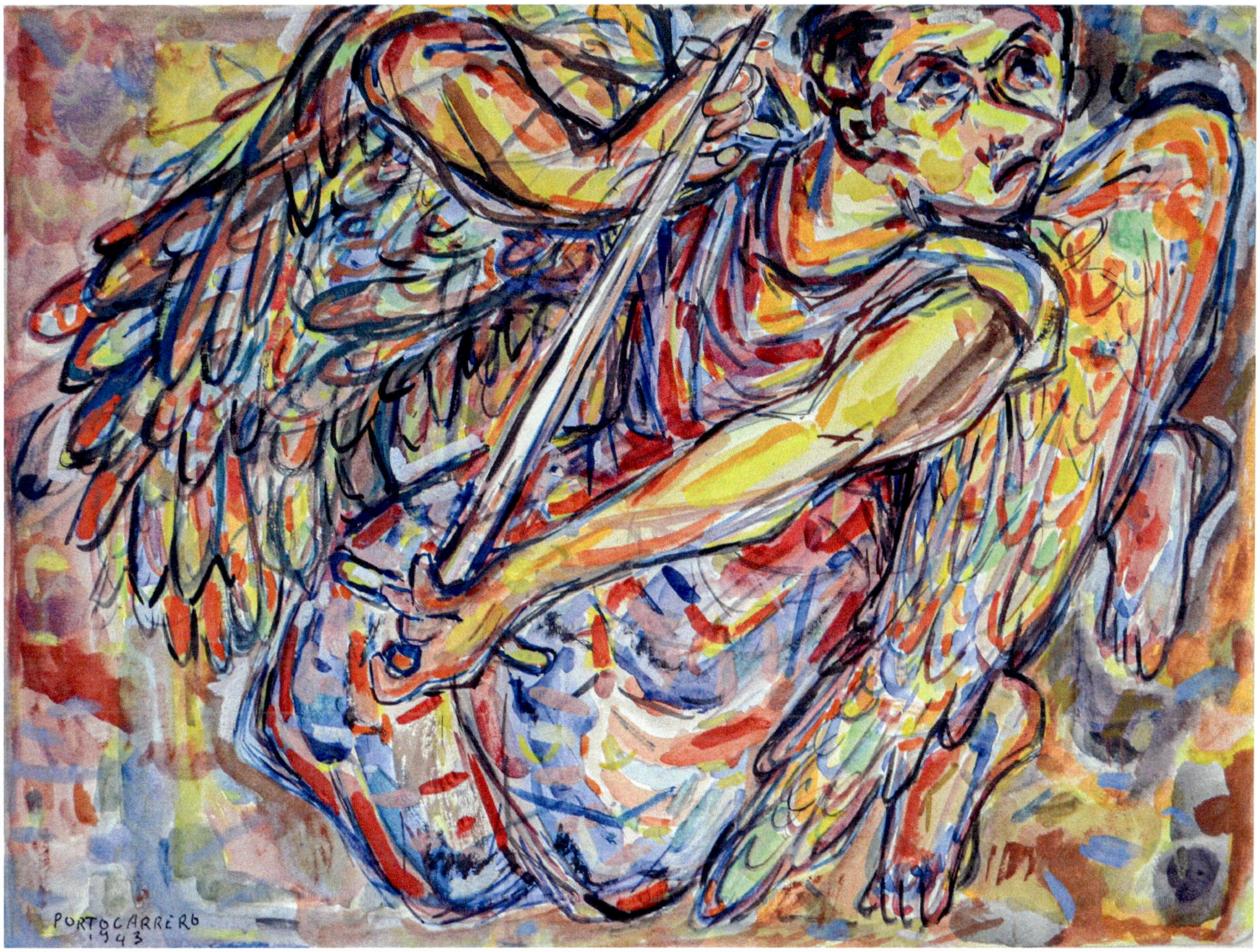

René Portocarrero (1912–85)

119 *Angel* | *Ángel*, 1943

watercolor on paper | acuarela sobre papel, 12 × 16″

Latin Art Core

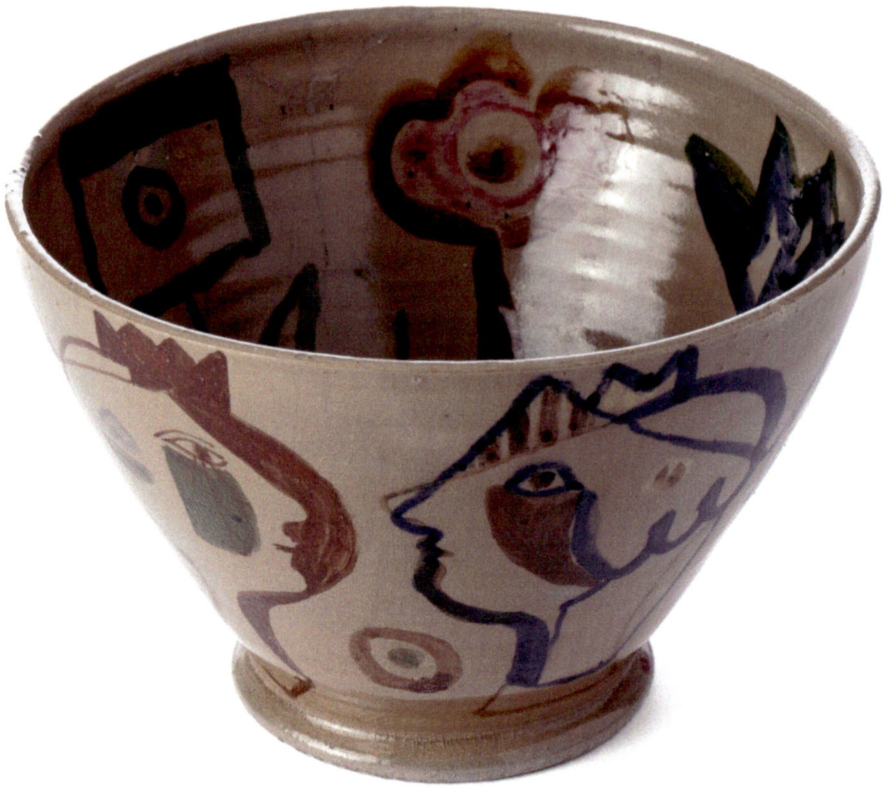

artist | artista **René Portocarrero** (1912–85)
ceramicist | ceramista **Juan Miguel Rodríguez de la Cruz** (1902–90)
120 *Bowl with Figures* | *Bol de figuras,* 1950
painted ceramic | cerámica pintada, 5.5 × 8.7″ (d.)
private collection | colección privada

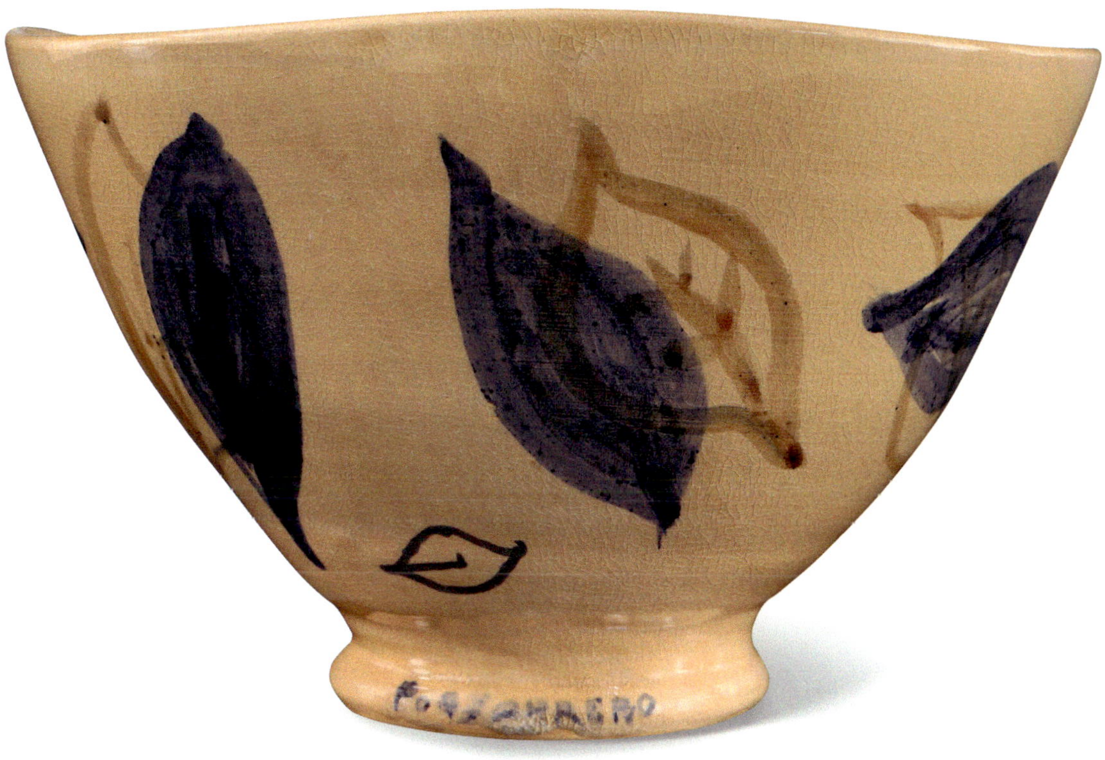

artist | artista **René Portocarrero** (1912–85)
ceramicist | ceramista **Juan Miguel Rodríguez de la Cruz** (1902–90)
121 *Bowl with Leaves* | *Bol con con hojas,* 1950
painted ceramic | cerámica pintada, 6.5 × 10.3″ (d.)
Col. Silvia & Emilio M. Ortiz

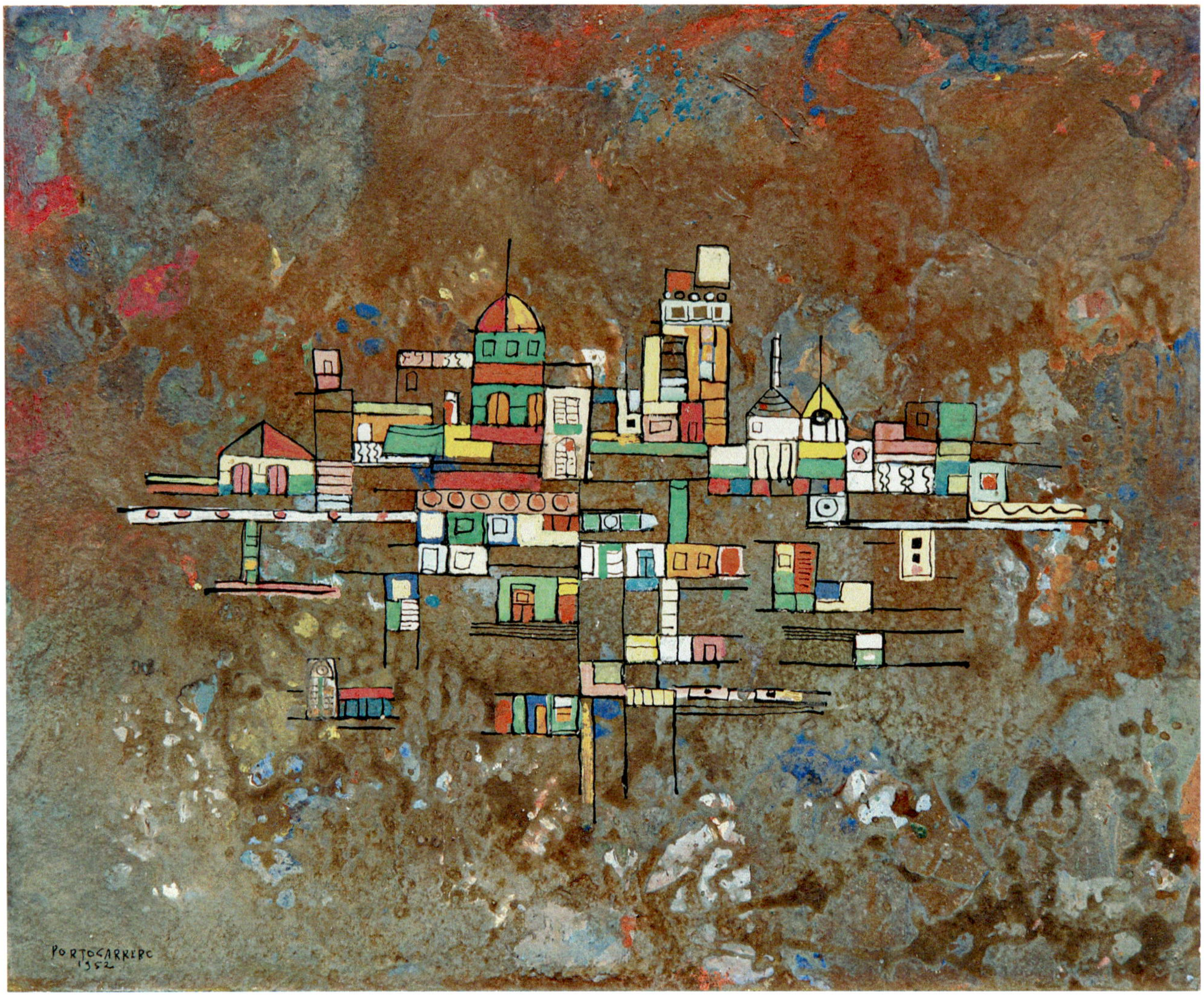

René Portocarrero (1912–85)
122 *Floating City | Ciudad flotante*, 1952
mixed media on paper on board | técnica mixta sobre papel sobre cartón, 11 × 13.8″
Col. Cernuda Arte

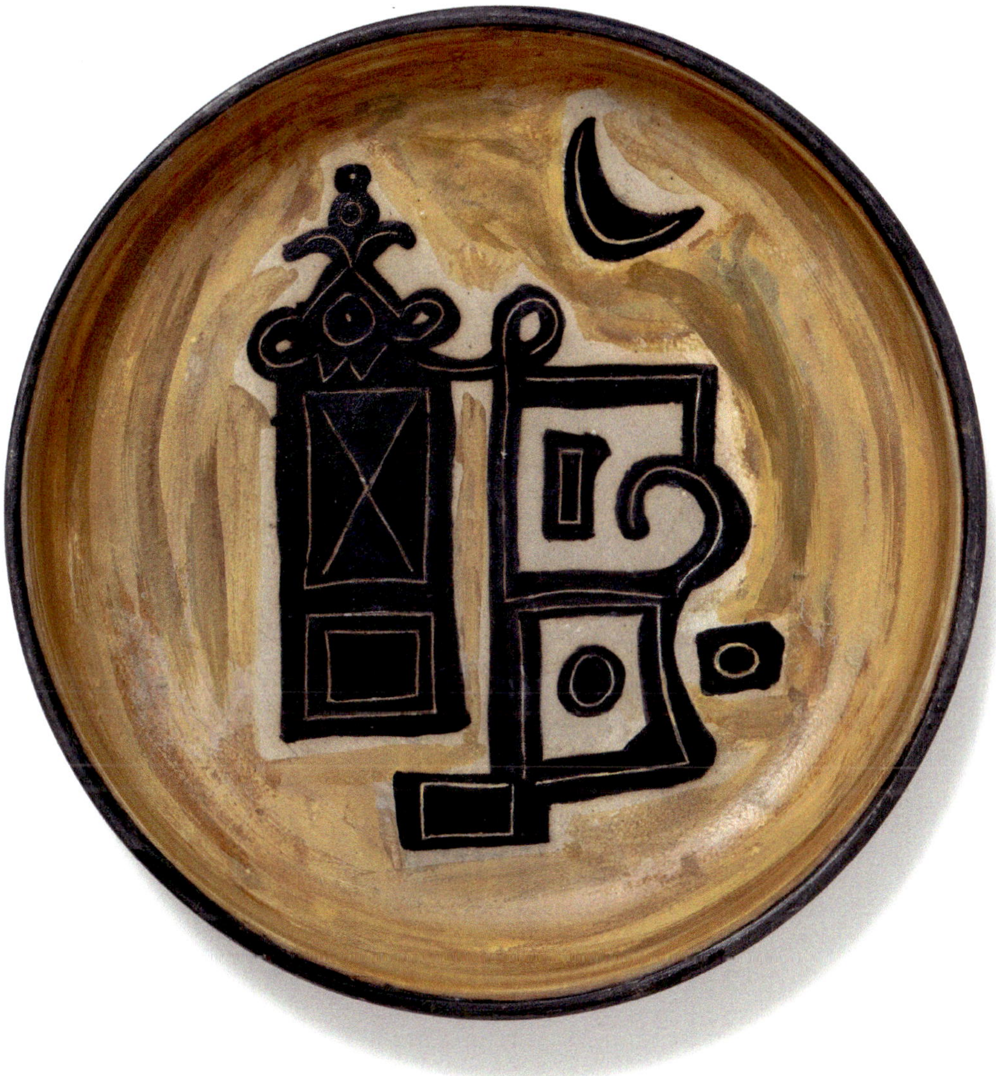

artist | artista **René Portocarrero** (1912–85)
ceramicist | ceramista **Juan Miguel Rodríguez de la Cruz** (1902–90)
123 *Medium Plate with Moon in Interior* | *Plato mediano de interior con luna,* 1954
painted ceramic | cerámica pintada, 7.9″ (d.)
private collection | colección privada

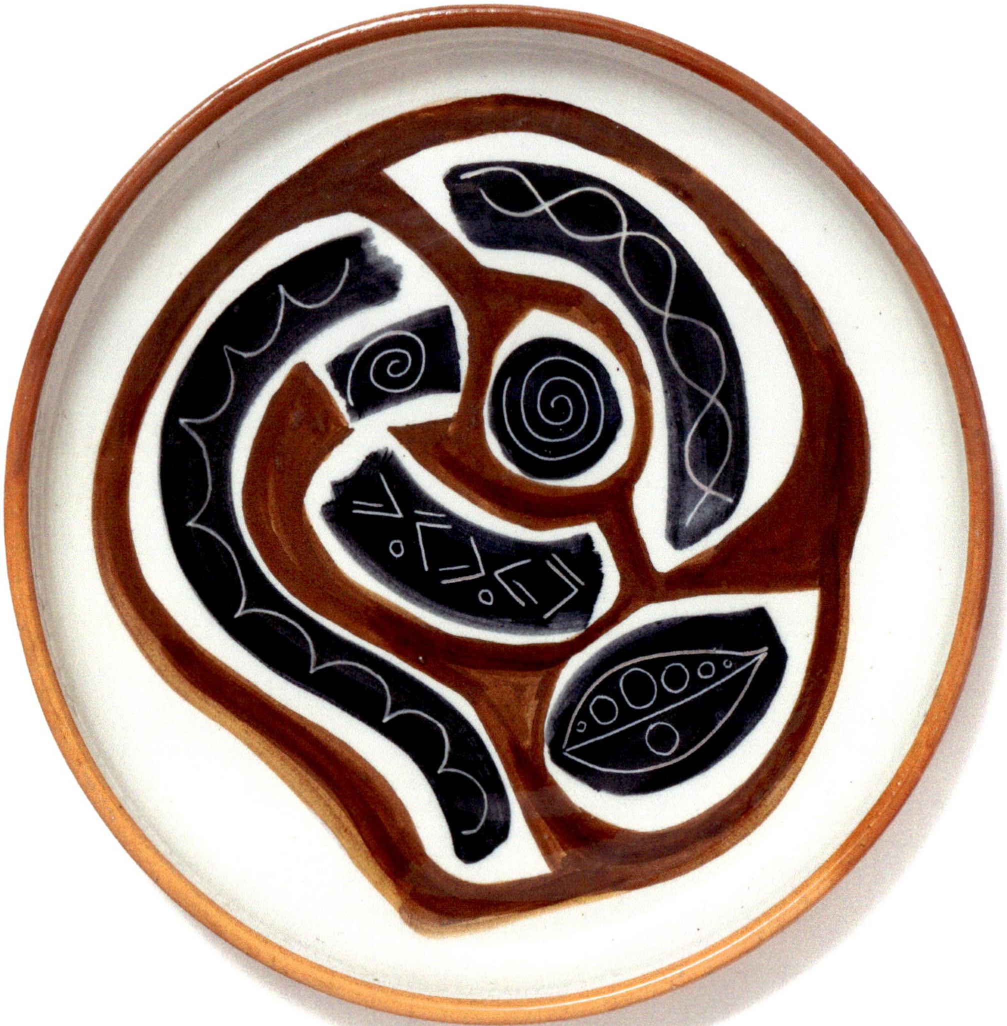

artist | artista **René Portocarrero** (1912–85)
ceramicist | ceramista **Juan Miguel Rodríguez de la Cruz** (1902–90)
124 *Plate with Abstract Motif in Brown and Black* | *Plato con motivo abstracto en marrón y negro*, 1954
painted ceramic | cerámica pintada, 10.3″ (d.)
private collection | colección privada

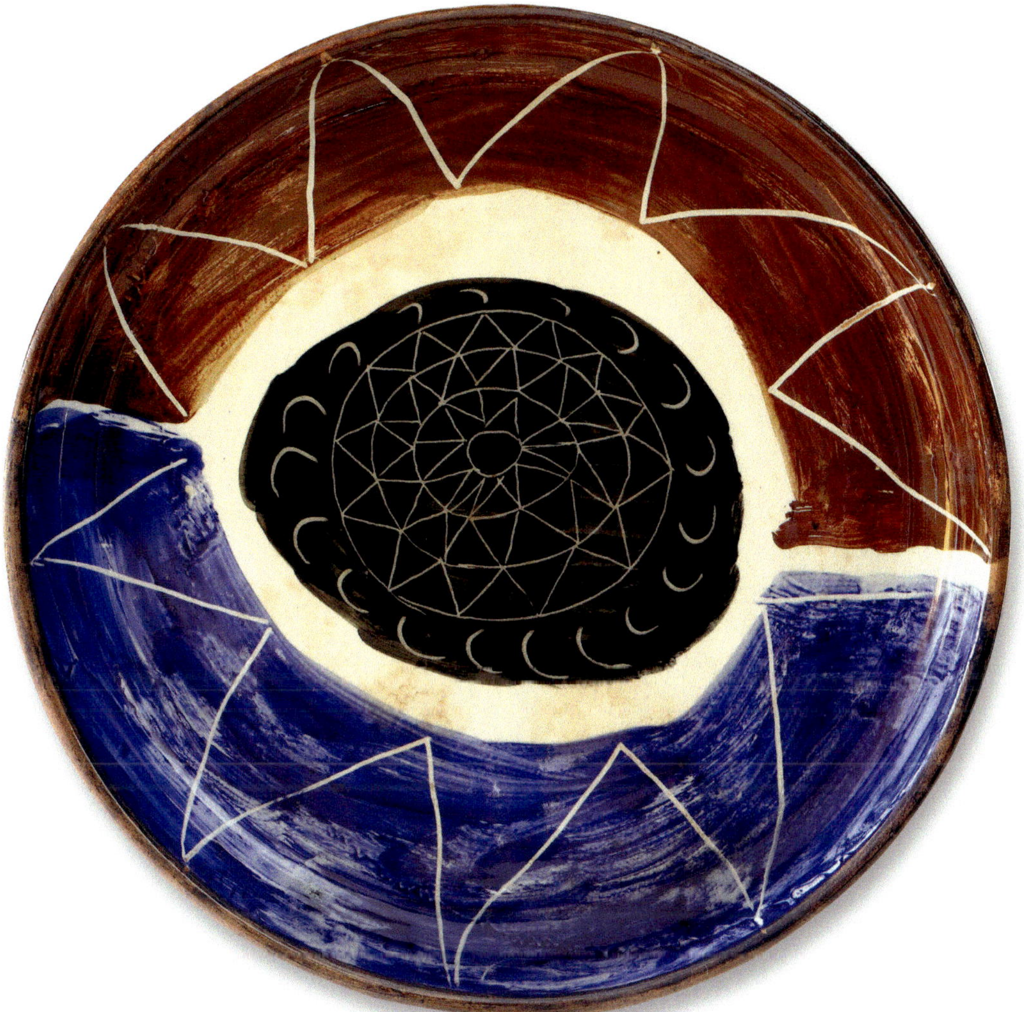

artist | artista **René Portocarrero** (1912–85)
ceramicist | ceramista **Juan Miguel Rodríguez de la Cruz** (1902–90)
125 *Plate with Sunflower Eye | Plato con ojo girasol,* 1954
painted ceramic | cerámica pintada, 10.1″ (d.)
Col. Silvia & Emilio M. Ortiz

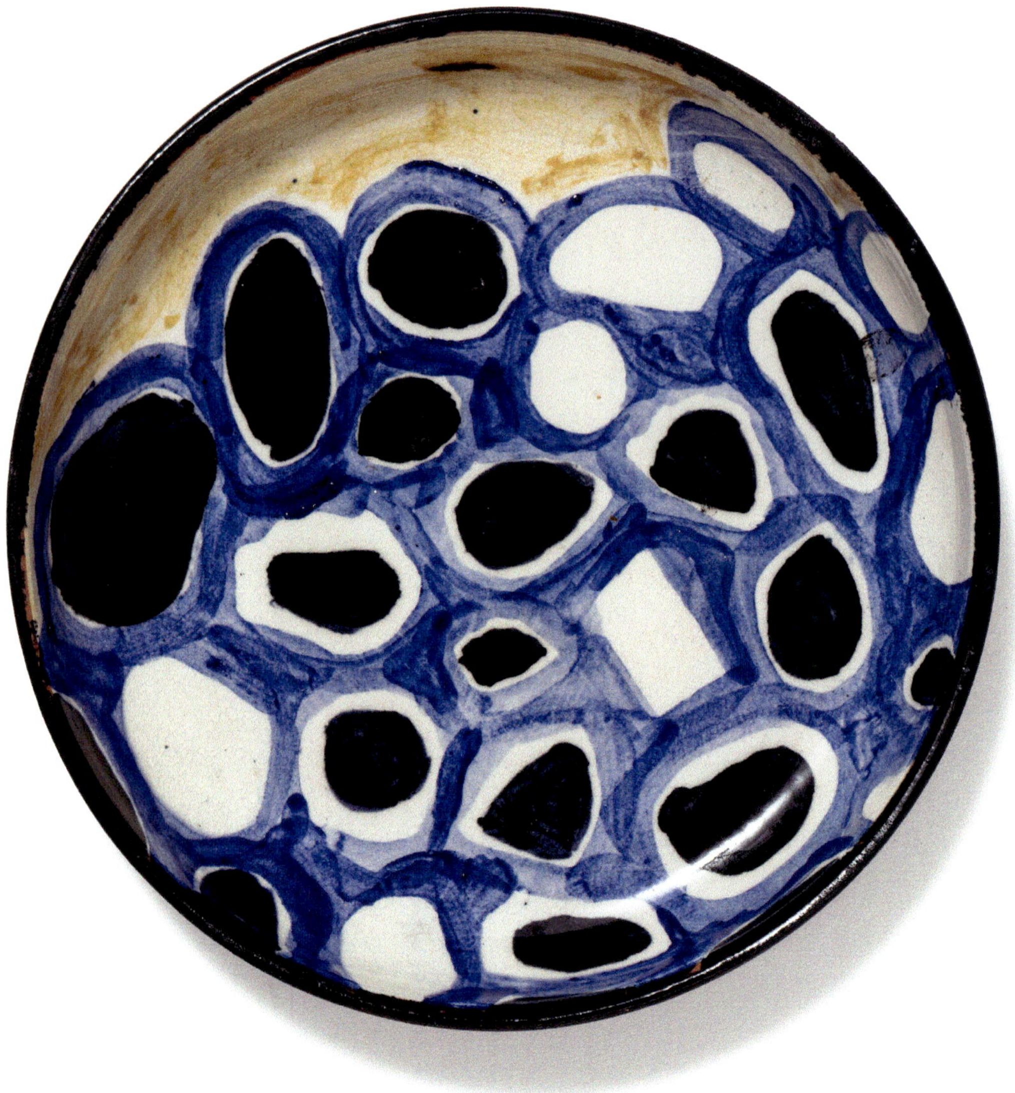

artist | artista **René Portocarrero** (1912–85)
ceramicist | ceramista **Juan Miguel Rodríguez de la Cruz** (1902–90)
126 *Medium Plate with Abstract Motif* | *Plato mediano con motivo abstracto,* 1954
painted ceramic | cerámica pintada, 7.7″ (d.)
private collection | colección privada

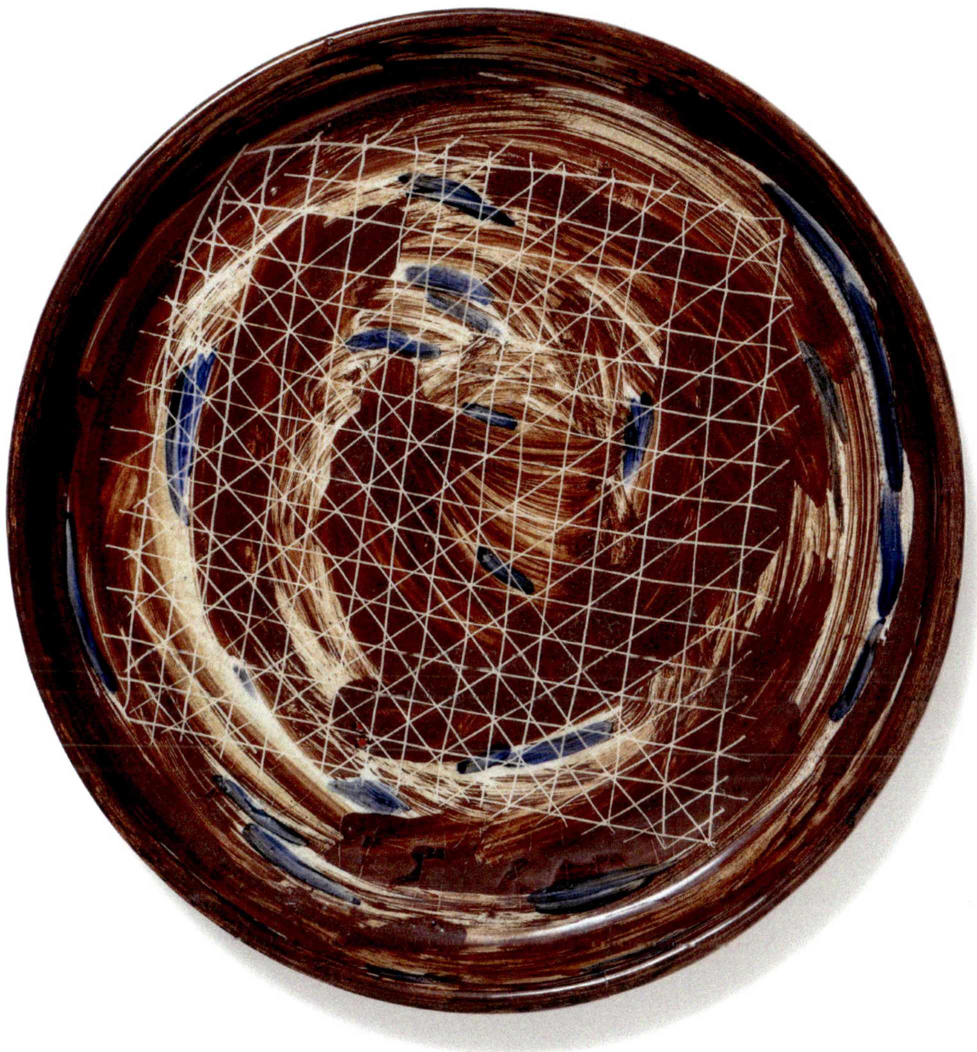

artist | artista **René Portocarrero** (1912–85)
ceramicist | ceramista **Juan Miguel Rodríguez de la Cruz** (1902–90)
127 *Plate with Reticulated Abstract Motif* | *Plato con motivo abstracto reticulado,* 1954
painted ceramic | cerámica pintada, 10″ (d.)
private collection | colección privada

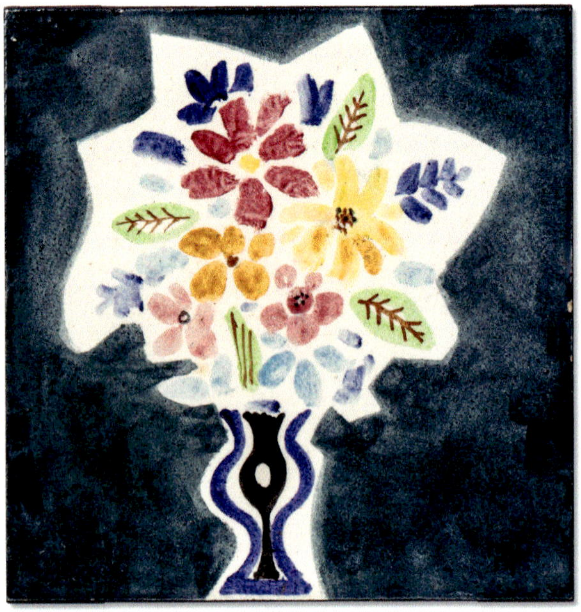

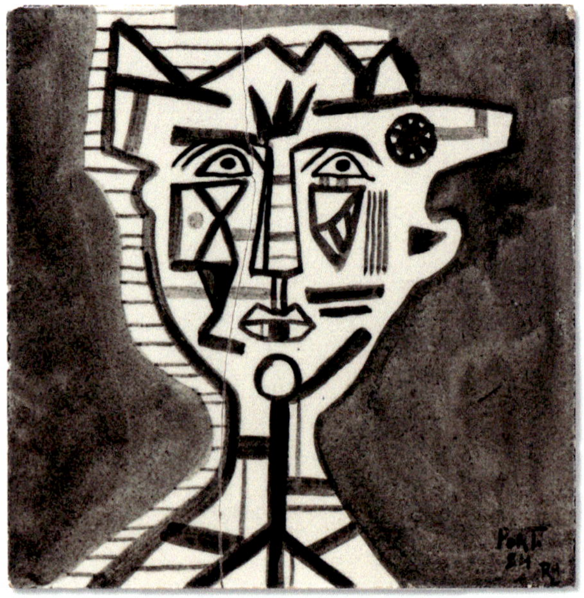

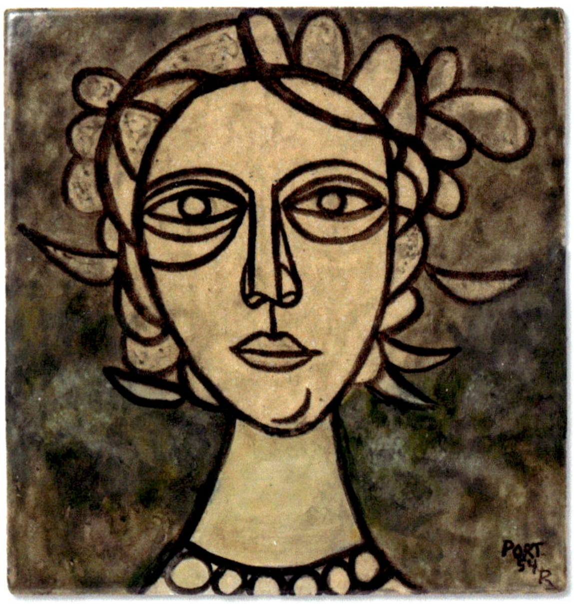

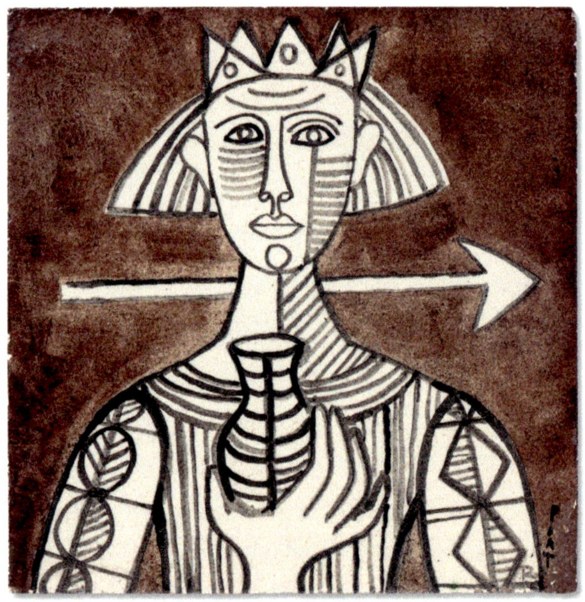

artist | artista **René Portocarrero** (1912–85)
ceramicist | ceramista **Juan Miguel Rodríguez de la Cruz** (1902–90)
128 *Tile with Vase | Losa con florero*, 1954, **129** *Tile with Man's Head | Losa con cabeza de hombre*, 1954, **130** *Tile with Woman's Head | Losa de la cabeza de mujer*, 1954, **131** *Tile with Figure with Arrow | Losa de la figura con flecha*, 1954
painted ceramic | cerámica pintada, 9.7 × 9.7″
private collection | colección privada

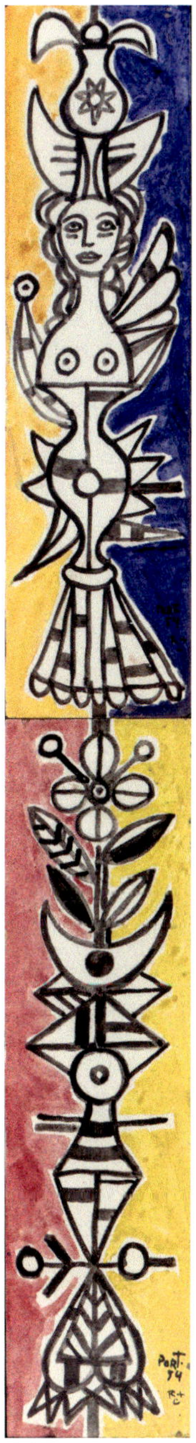

artist | artista **René Portocarrero** (1912–85)
ceramicist | ceramista **Juan Miguel Rodríguez de la Cruz** (1902–90)
132 *Strip Mural with Feminine Motif* | *Mural de listón con motivo femenino*, 1954
painted ceramic | cerámica pintada, 31 × 4.1″
private collection | colección privada

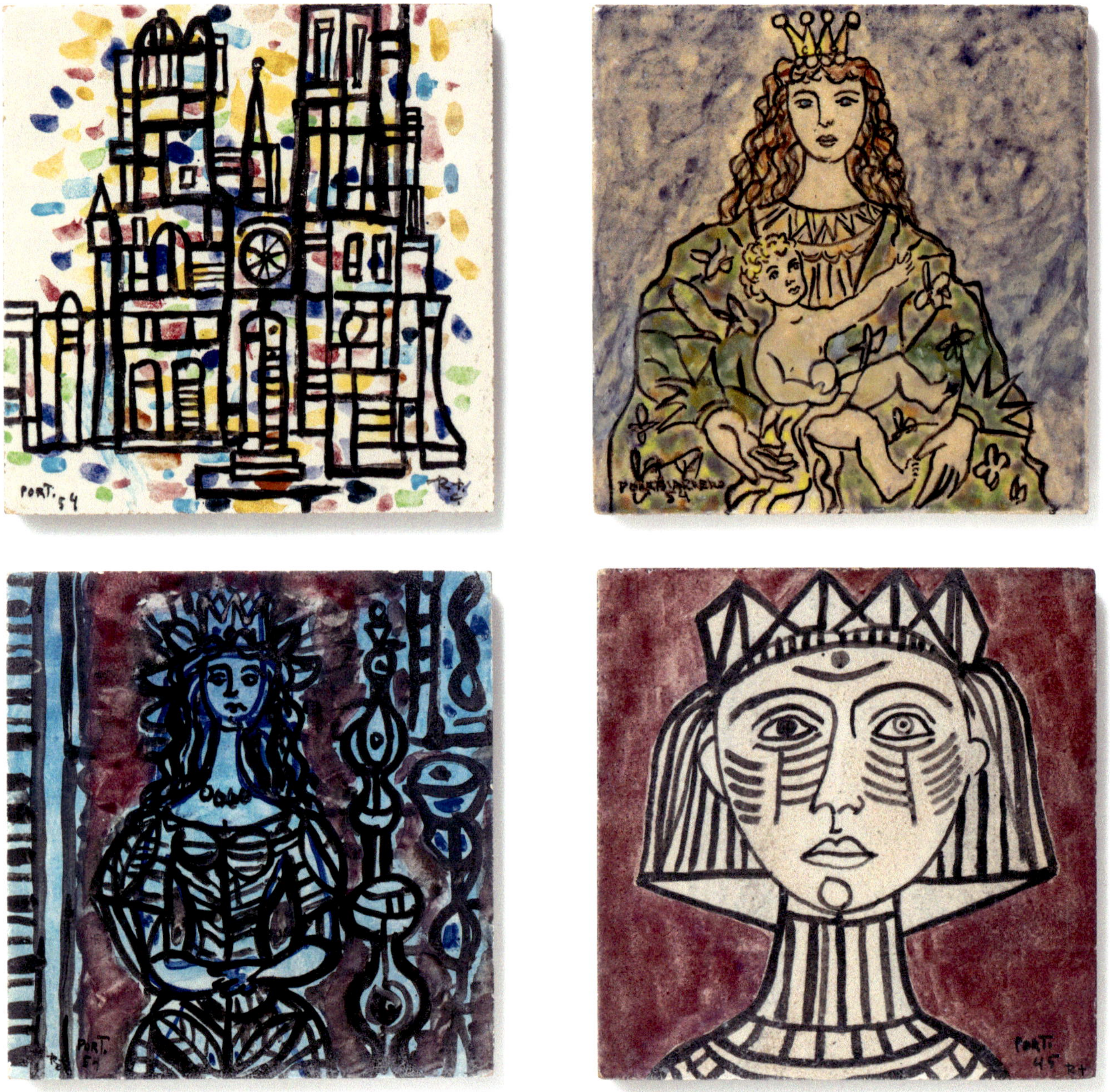

artist | artista **René Portocarrero** (1912–85)
ceramicist | ceramista **Juan Miguel Rodríguez de la Cruz** (1902–90)
133 *Tile with Cathedral* | *Losa de la catedral,* 1954, **134** *Tile with Virgin and Child* | *Losa de La Virgen con el Niño,* 1954, **135** *Tile with Woman in Interior* | *Losa de la mujer en interior,* 1954, **136** *Tile with Crowned Head* | *Losa de la cabeza coronada,* 1954
painted ceramic | cerámica pintada, 9.7 × 9.7″
private collection | colección privada

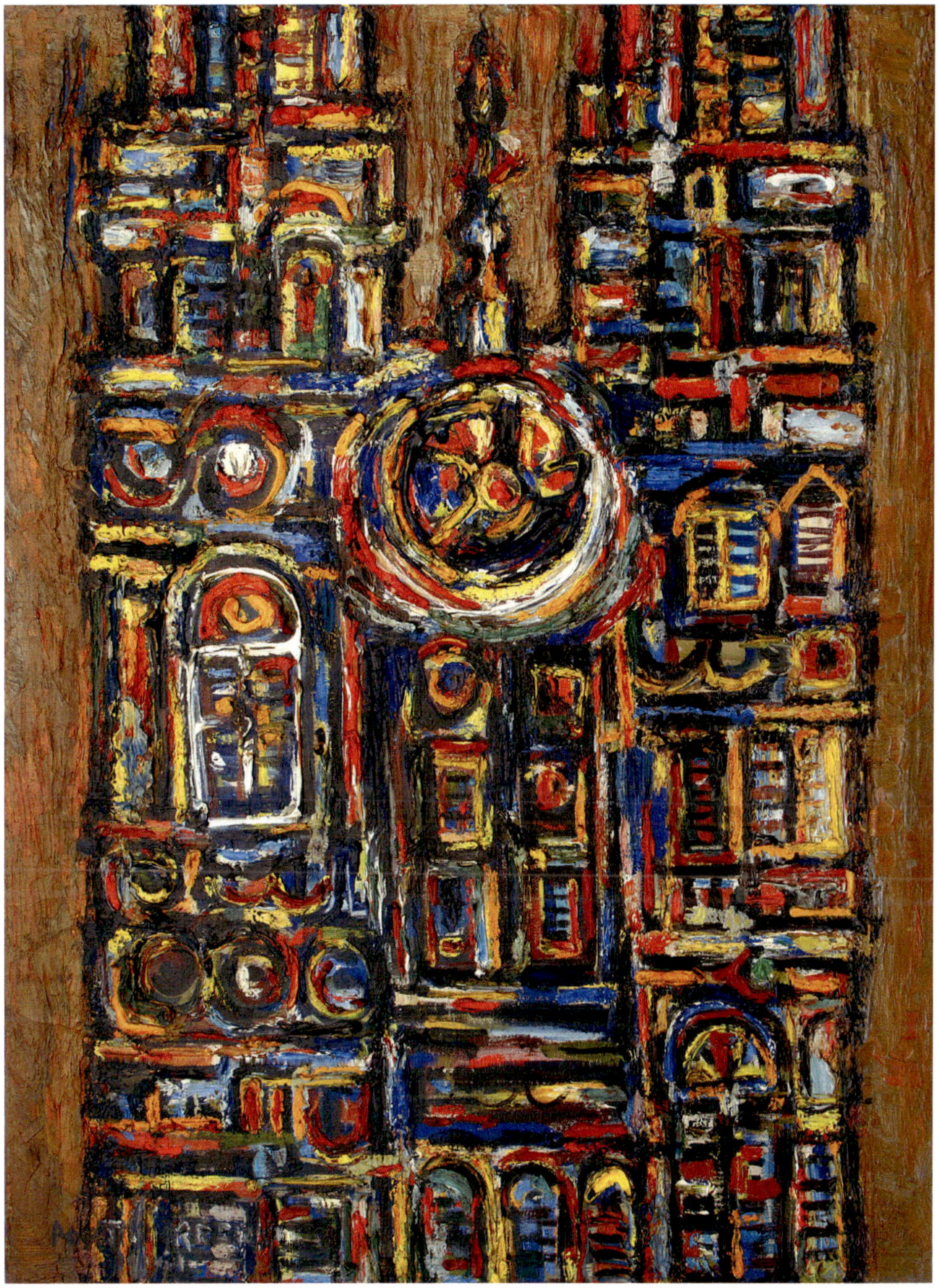

René Portocarrero (1912–85)
137 *Cathedral in Sienna* | *Catedral en siena*, 1961
oil on canvas | óleo sobre lienzo, 31.1 x 23″
Col. Cernuda Arte

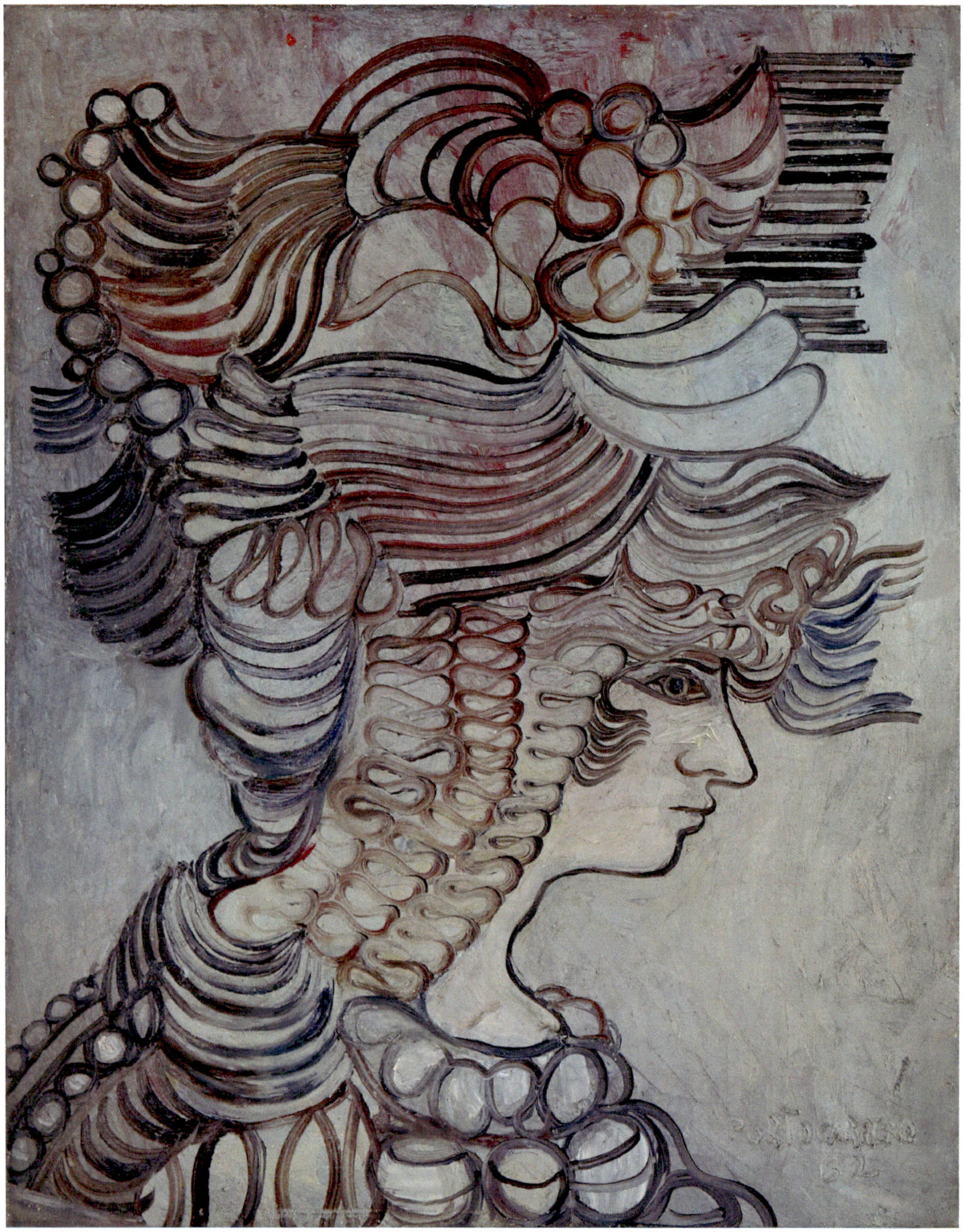

René Portocarrero (1912–85)
138 *Carnival Figure* | *Figura de carnaval,* 1962
oil on canvas | óleo sobre lienzo, 20 × 16″
Latin Art Core

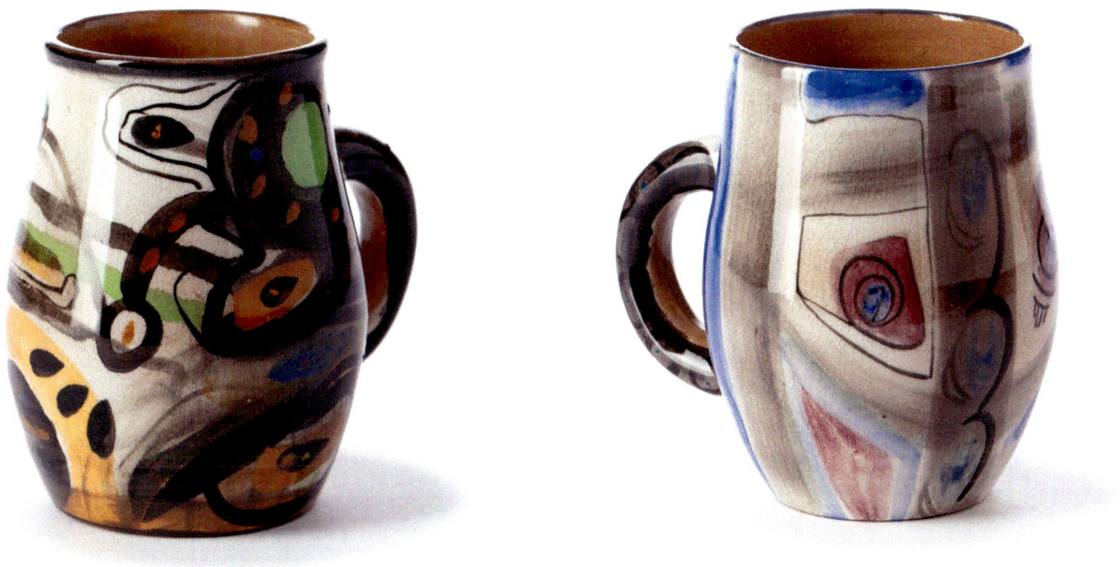

artist | artista **Maximiliano González Olazábal** (1926–2020)
ceramicist | ceramista **Juan Miguel Rodríguez de la Cruz** (1902–90)
139 *Tall Beer Mug I | Jarra de cerveza alta I,* ca. 1950
140 *Tall Beer Mug II | Jarra de cerveza alta II,* ca. 1950
painted ceramic | cerámica pintada, 4.9 × 3.9″ (d.)
private collection | colección privada

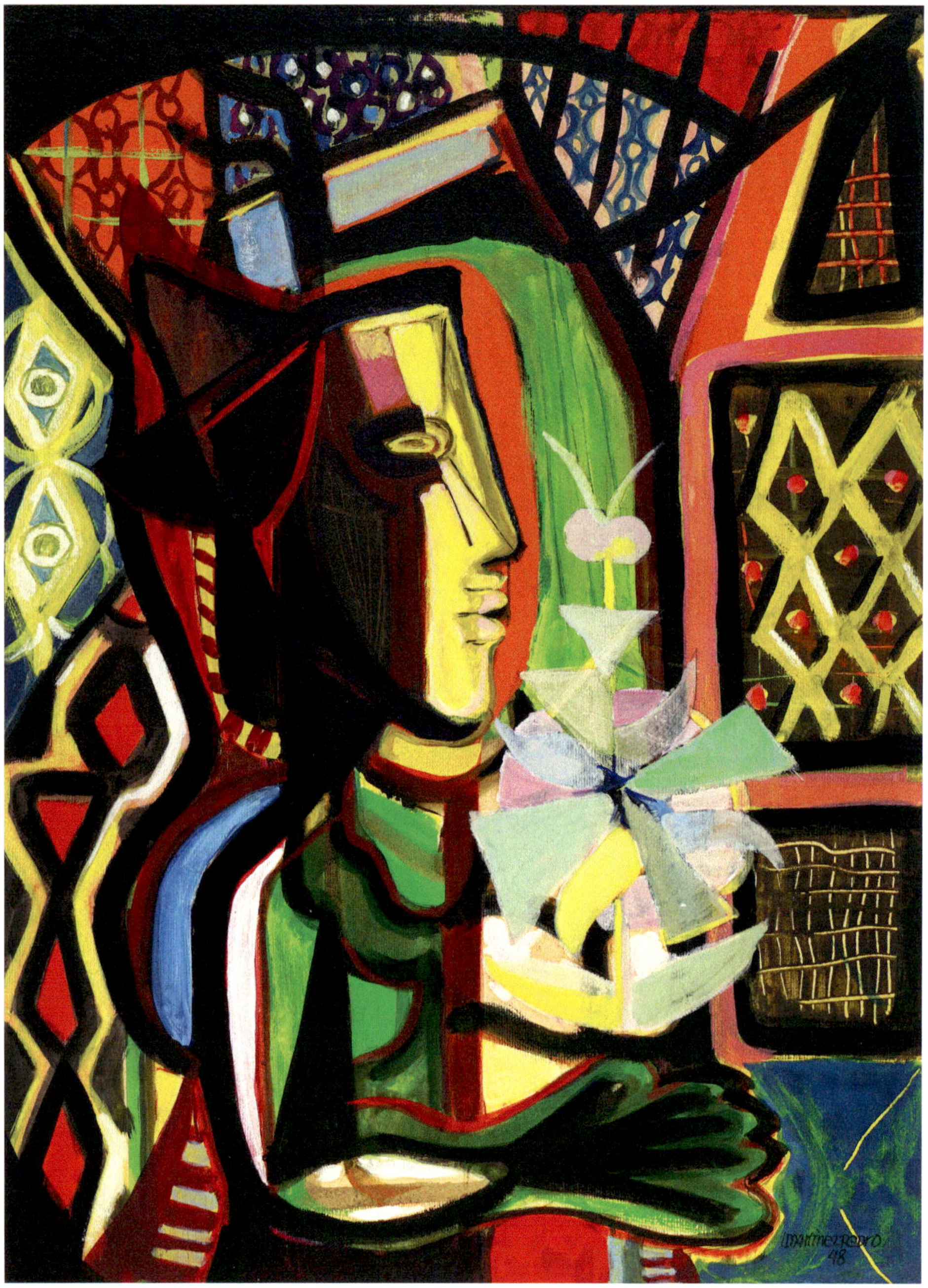

Luis Martínez Pedro (1910–2010)
141 *Figure* | *Figura*, 1948
oil on canvas | óleo sobre lienzo, 23.5 × 17.5″
Col. Cernuda Arte

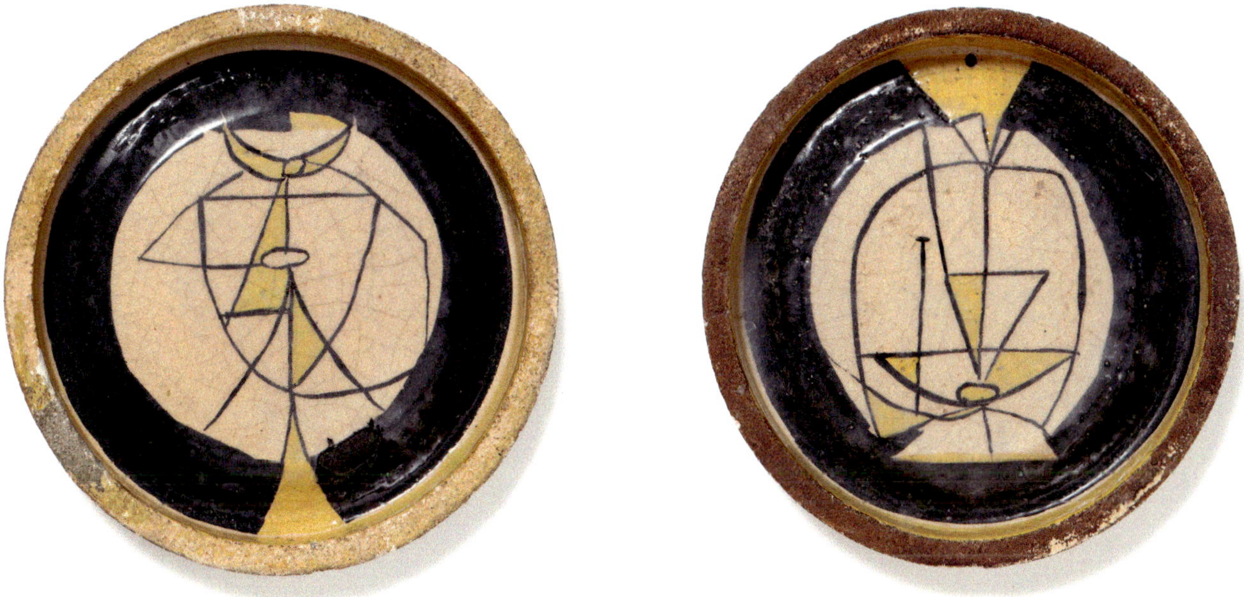

artist | artista **Luis Martínez Pedro** (1910–2010)
ceramicist | ceramista **Juan Miguel Rodríguez de la Cruz** (1902–90)
142 *Plate Cover with Abstraction I | Tapa-plato abstracción I,* 1951
143 *Plate Cover with Abstraction II | Tapa-plato abstracción II,* 1951
painted ceramic | cerámica pintada, 8.6″ (d.)
private collection | colección privada

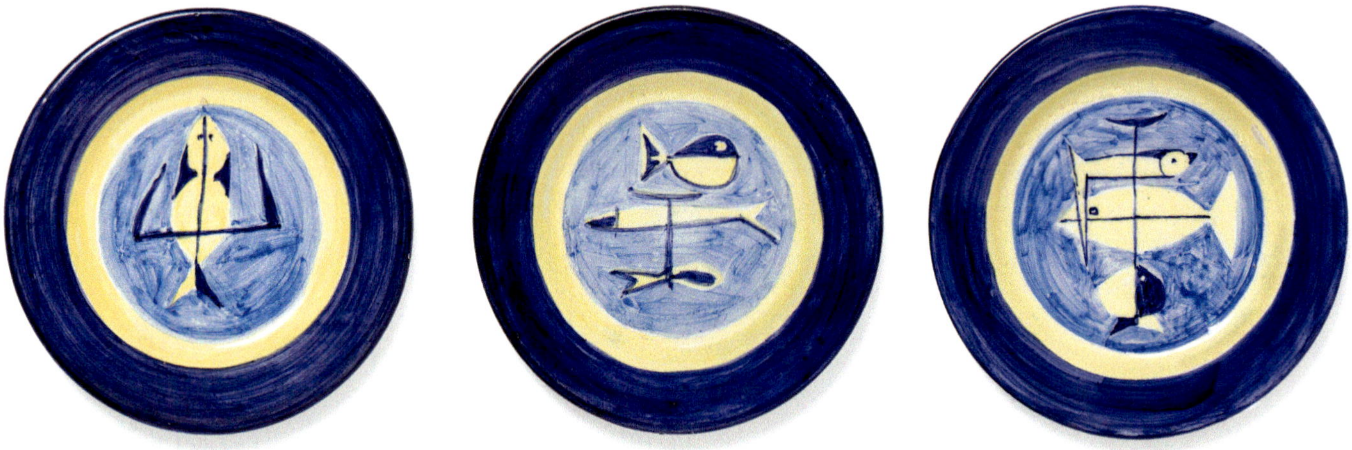

artist | artista **Luis Martínez Pedro** (1910–2010)
ceramicist | ceramista **Juan Miguel Rodríguez de la Cruz** (1902–90)
144 *Medium Blue Plate with Fish | Plato mediano en azul de pez,* 1951, **145** *Medium Blue Plate with Three Fish I | Plato mediano en azul de tres peces I,* 1951, **146** *Medium Blue Plate with Three Fish II | Plato mediano en azul de tres peces II,* 1951
painted ceramic | cerámica pintada, **144** 6.9″ (d.), **145** 6.8″ (d.), **146** 8.3″ (d.)
private collection | colección privada

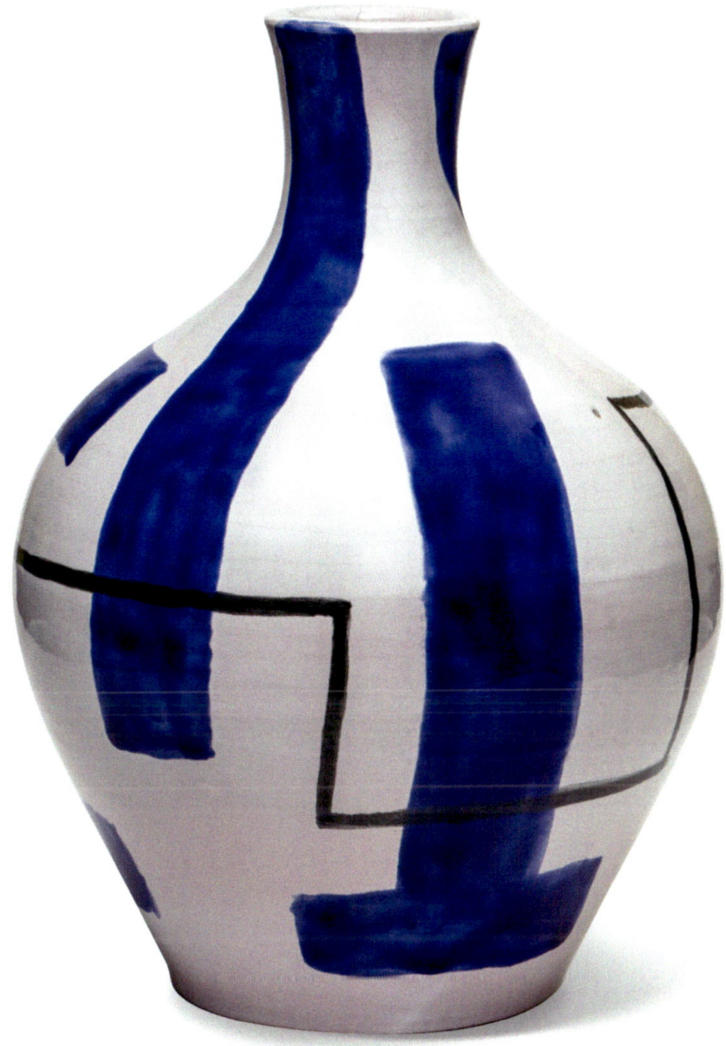

Luis Martínez Pedro (1910–2010)
147 *Water Jug with Geometric Shapes* | *Porrón con formas geométricas*, 1955
painted ceramic | cerámica pintada, 9.9 × 7.1″ (d.)
Col. Justo-Álvarez

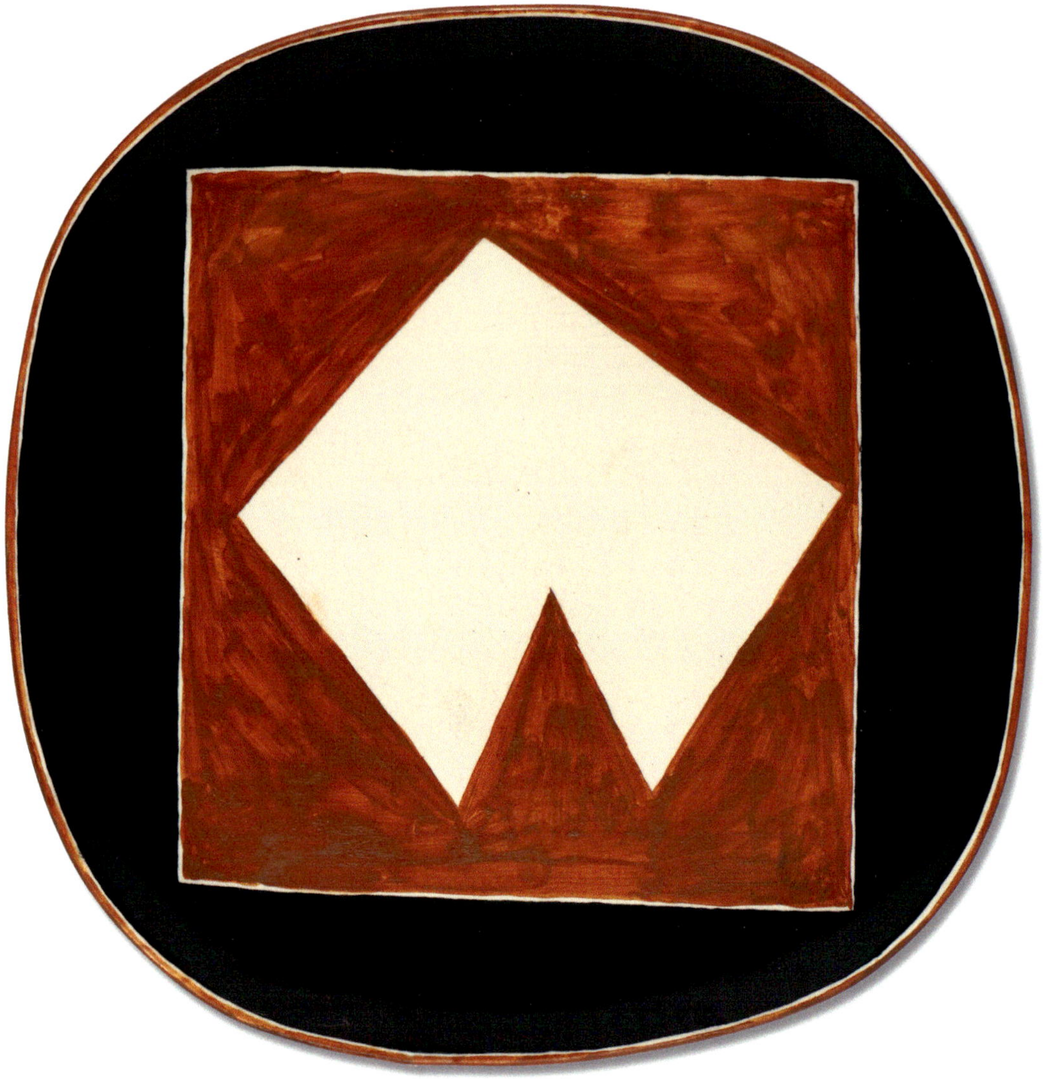

Luis Martínez Pedro (1910–2010)
148 *Plate with Geometric Figures* | *Plato con figuras geométricas*, 1956
painted ceramic | cerámica pintada, 10.3″ (d.)
private collection | colección privada

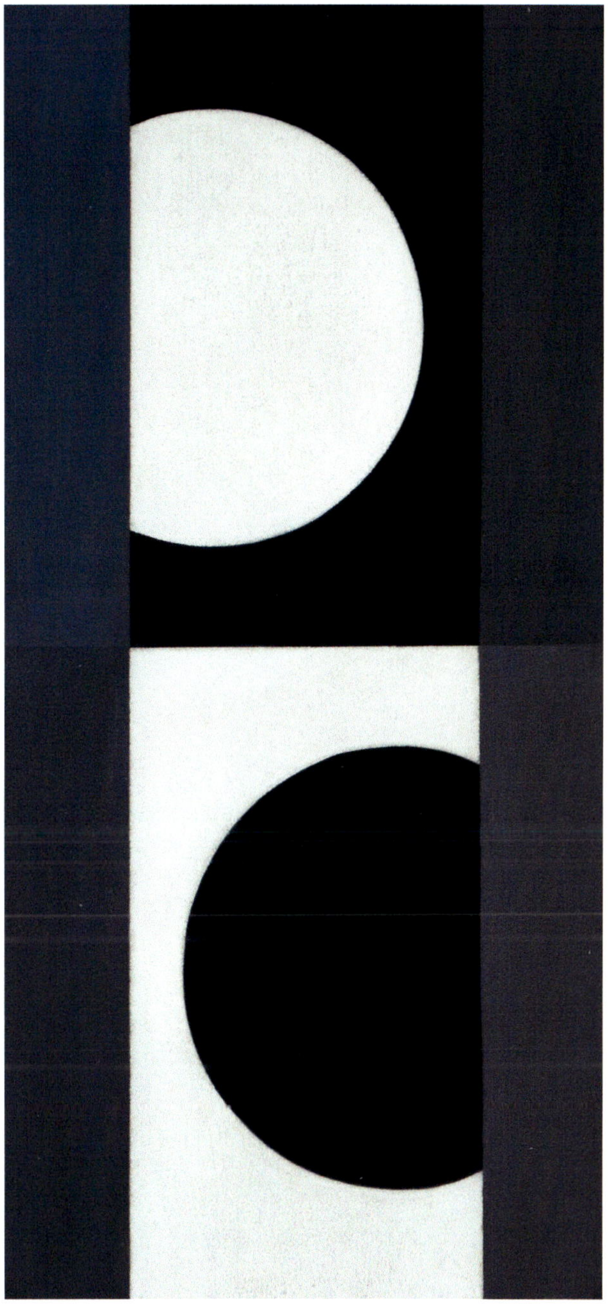

Luis Martínez Pedro (1910–2010)
149 *Untitled* | *Sin título*, ca. 1959
oil on canvas | óleo sobre lienzo, 22.3 × 11.3″
private collection | colección privada

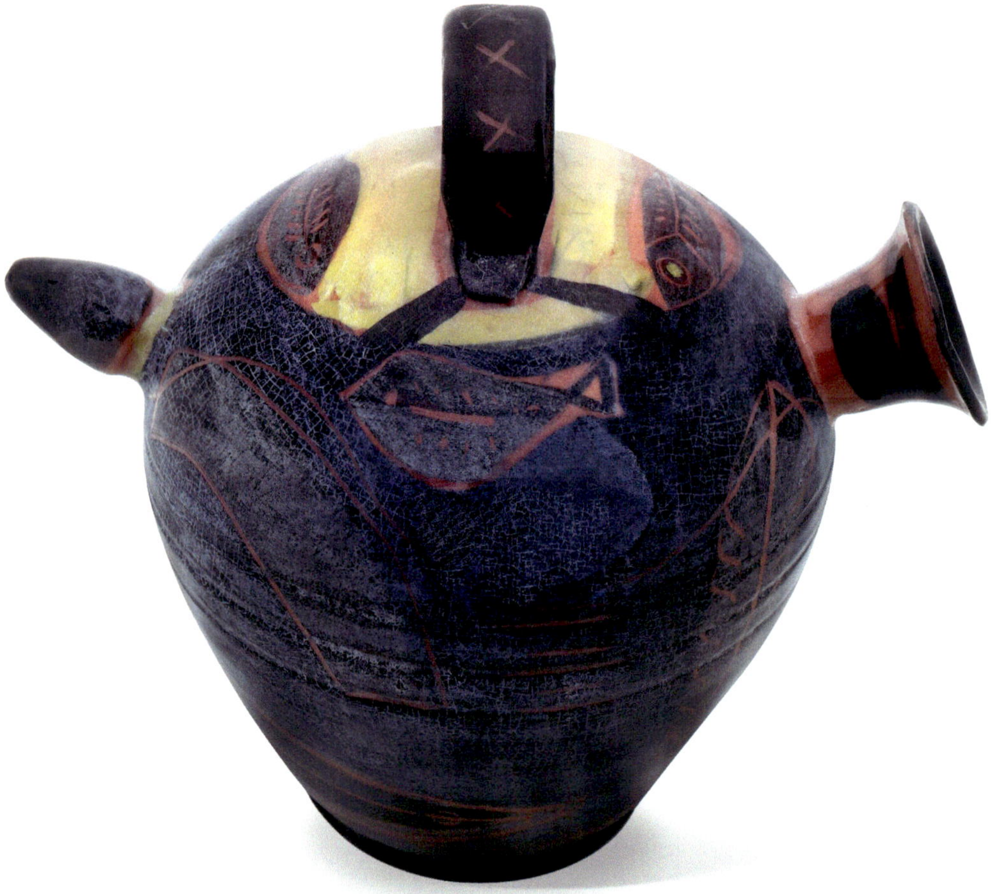

artist | artista **Mariano Rodríguez** (1912–90)
ceramicist | ceramista **Juan Miguel Rodríguez de la Cruz** (1902–90)
150 *Water Jug with Fish and Thorns* | *Porrón con peces y espinas,* 1952
painted ceramic | cerámica pintada, 8.5 × 6.5″ (d.)
private collection | colección privada

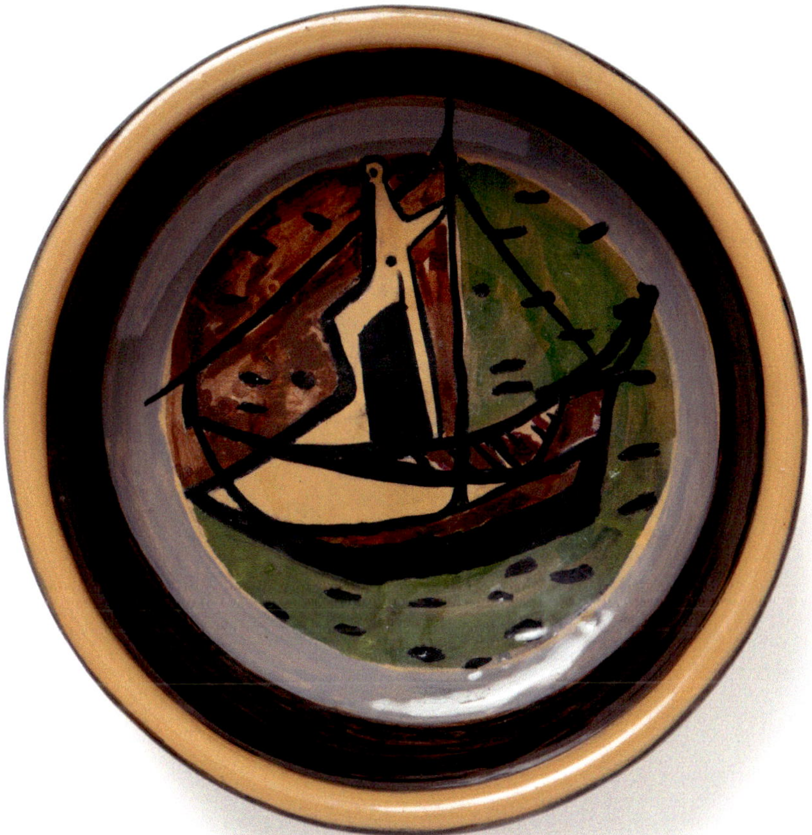

artist | artista **Mariano Rodríguez** (1912–90)
ceramicist | ceramista **Juan Miguel Rodríguez de la Cruz** (1902–90)
151 *Casserole with Fisherman* | *Cazuelita del pescador*, 1952
painted ceramic | cerámica pintada, 2 × 6″ (d.)
private collection | colección privada

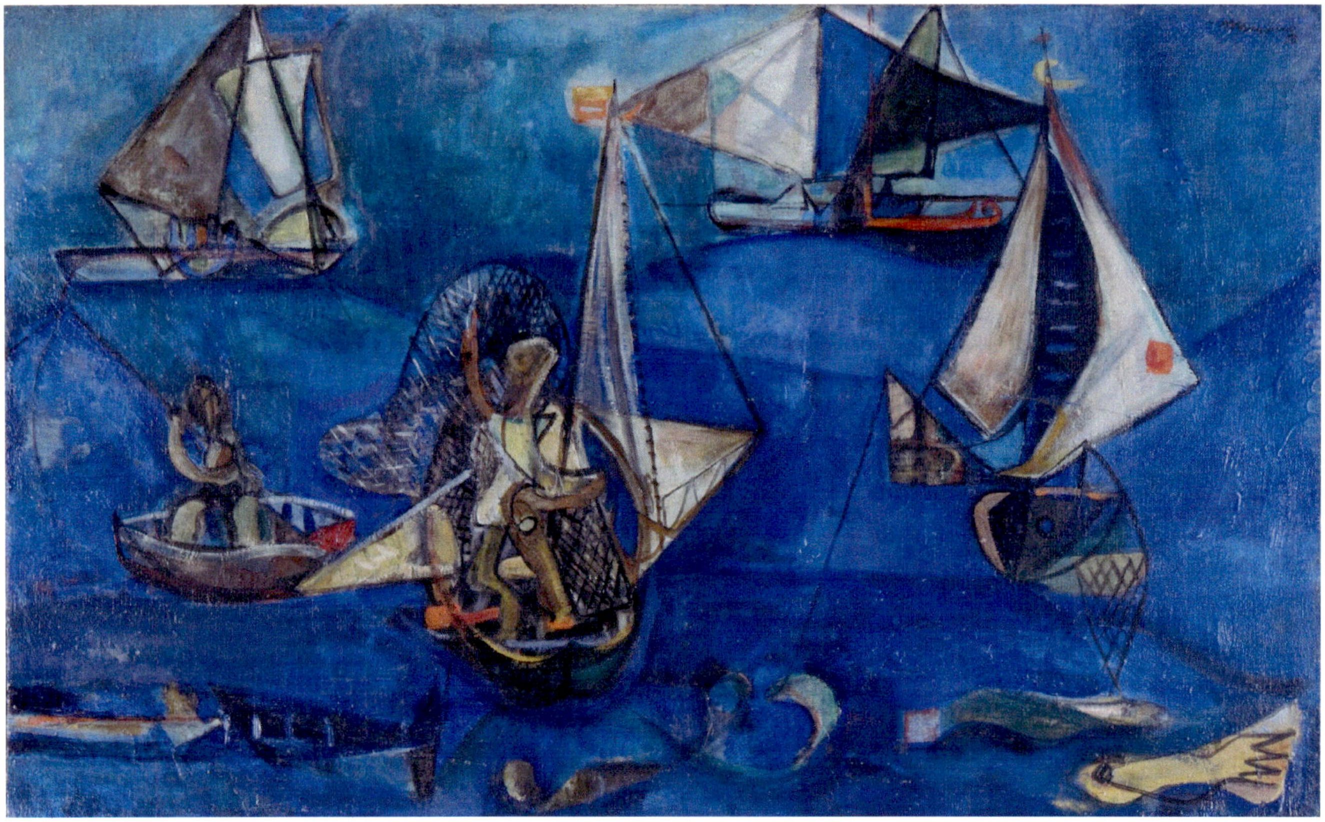

Mariano Rodríguez (1912–90)
152 *Fishermen* | *Pescadores,* 1950
oil on canvas | óleo sobre lienzo, 24.3 × 30″
Col. Silvia & Emilio M. Ortiz

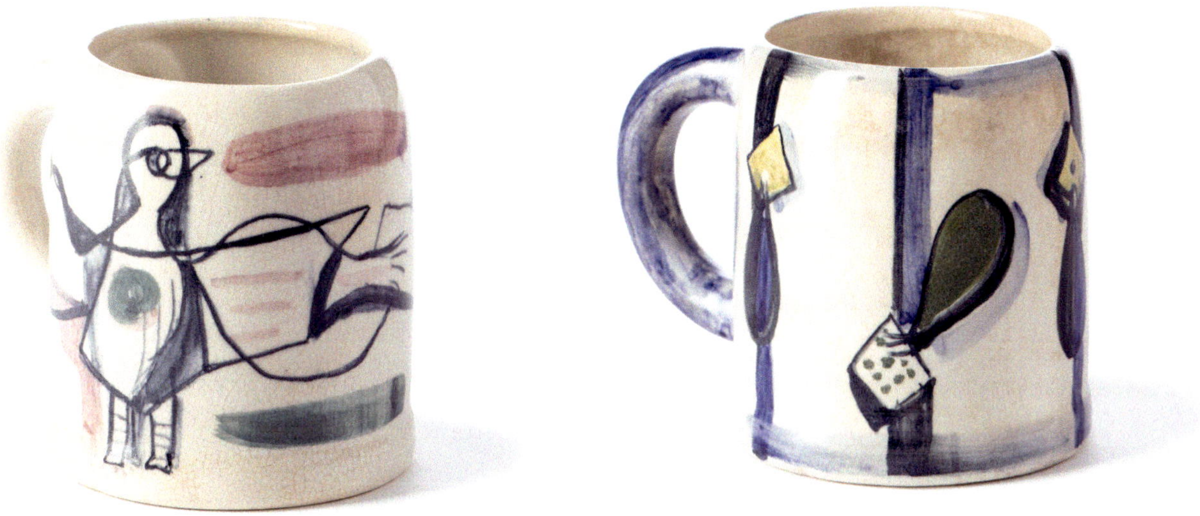

artist | artista **Mariano Rodríguez** (1912–90)
ceramicist | ceramista **Juan Miguel Rodríguez de la Cruz** (1902–90)
153 *Beer Mug with Two Roosters | Jarra de cerveza con dos gallos,* 1952
154 *Beer Mug with Abstract Motifs | Jarra de cerveza con motivos abstractos,* 1952
painted ceramic | cerámica pintada, 4.3 × 3.9″ (d.)
private collection | colección privada

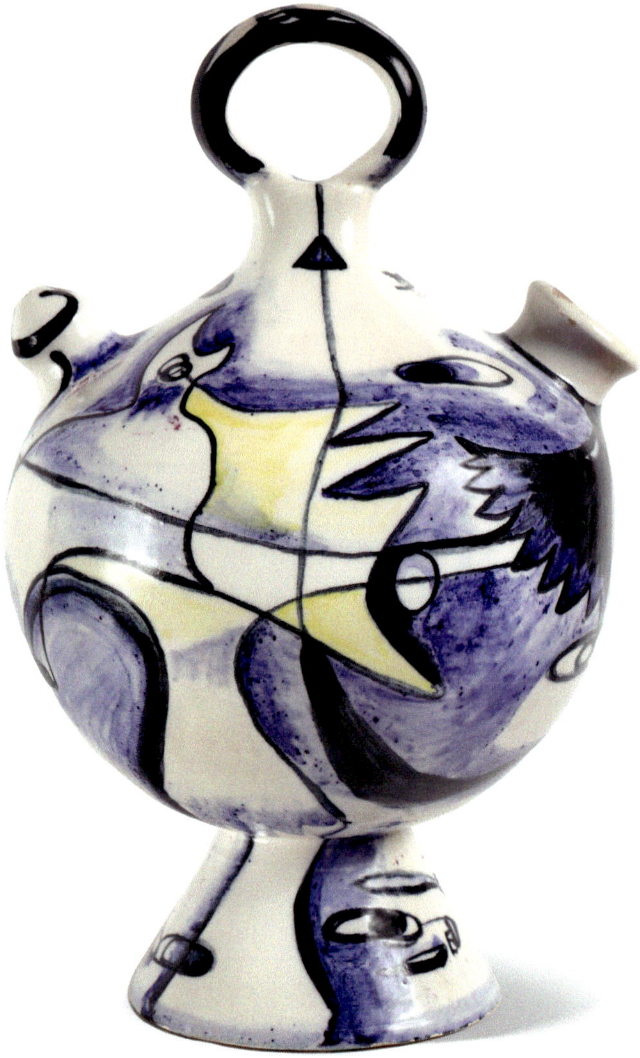

artist | artista **Mariano Rodríguez** (1912–90)
ceramicist | ceramista **Juan Miguel Rodríguez de la Cruz** (1902–90)
155 *Water Jug with Abstract Roosters* | *Porrón con gallos abstractos*, 1952
painted ceramic | cerámica pintada, 8.6 × 9″ (d.)
Latin Art Core

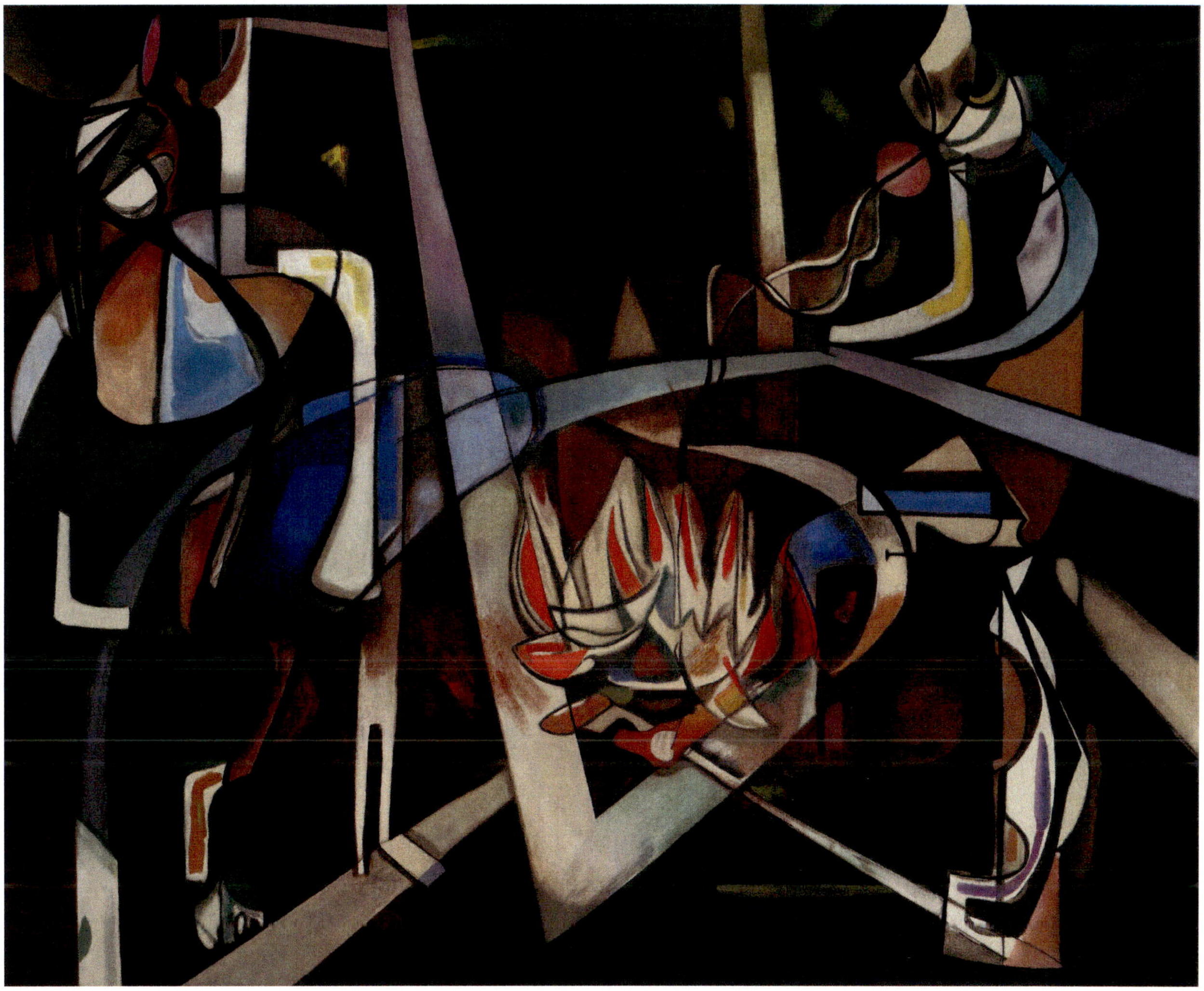

Mariano Rodríguez (1912–90)
156 *Yoruba Ceremony* | *Ceremonia yoruba*, 1952
oil on canvas | óleo sobre lienzo, 38.4 × 48″
private collection | colección privada

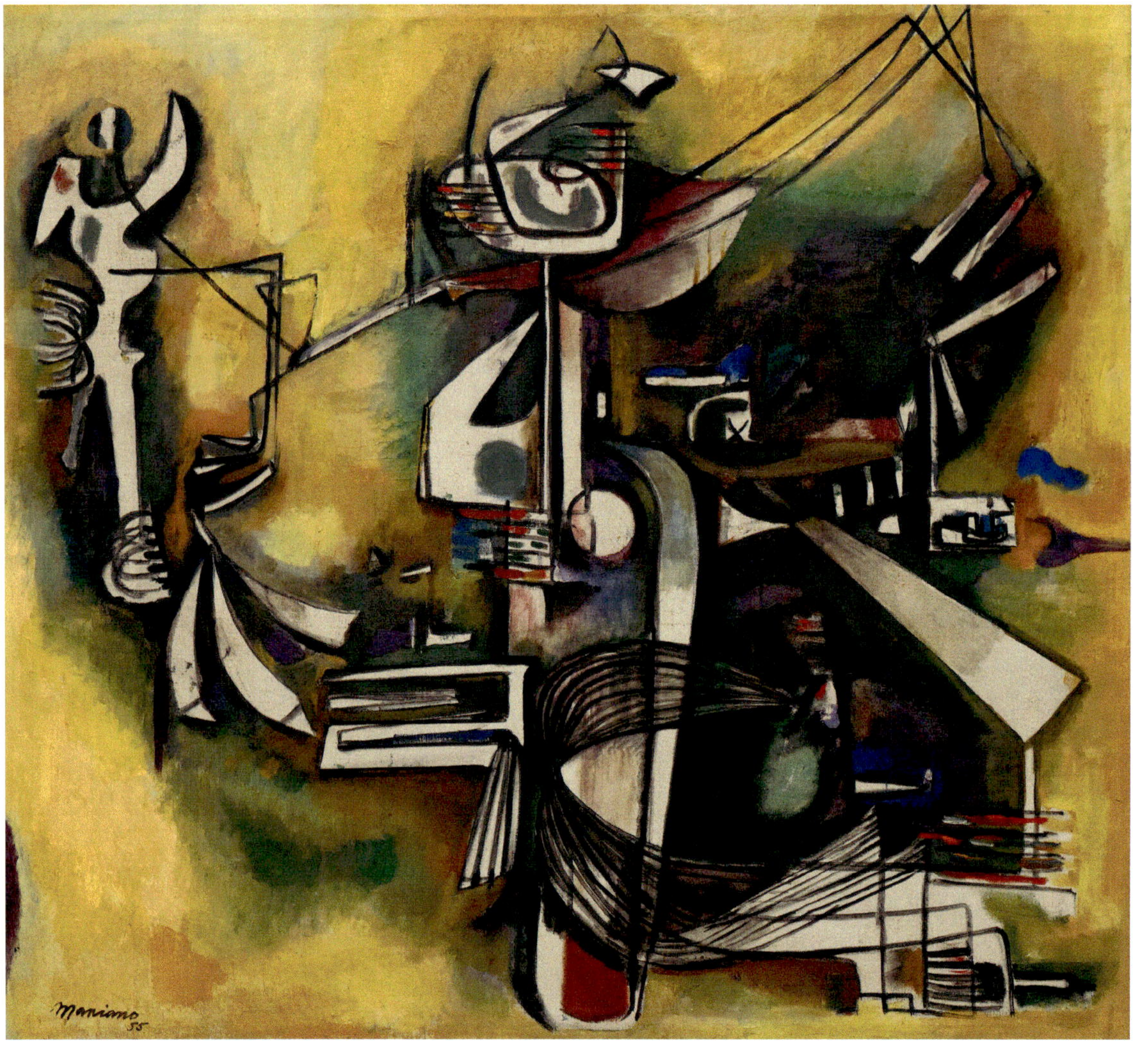

Mariano Rodríguez (1912–90)
157 *Fisherman* | *Pescador*, 1955
oil on canvas | óleo sobre lienzo, 35.1 × 40″
Col. Lourdes & Alejandro Rodríguez

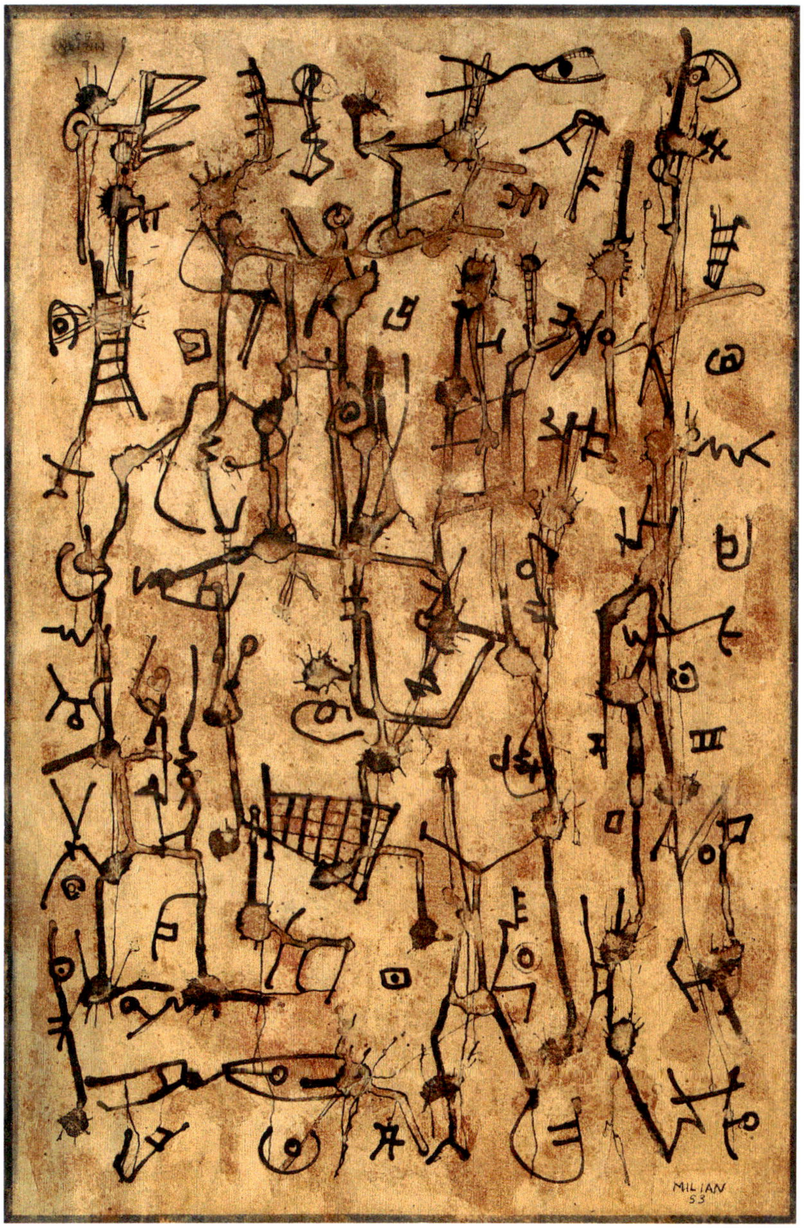

Raúl Milián (1914–84)
158 *Impetus* | *Ímpetu*, 1953
mixed media on paper on board | técnica mixta sobre papel sobre cartón, 22 × 14.8″
Col. Cernuda Arte

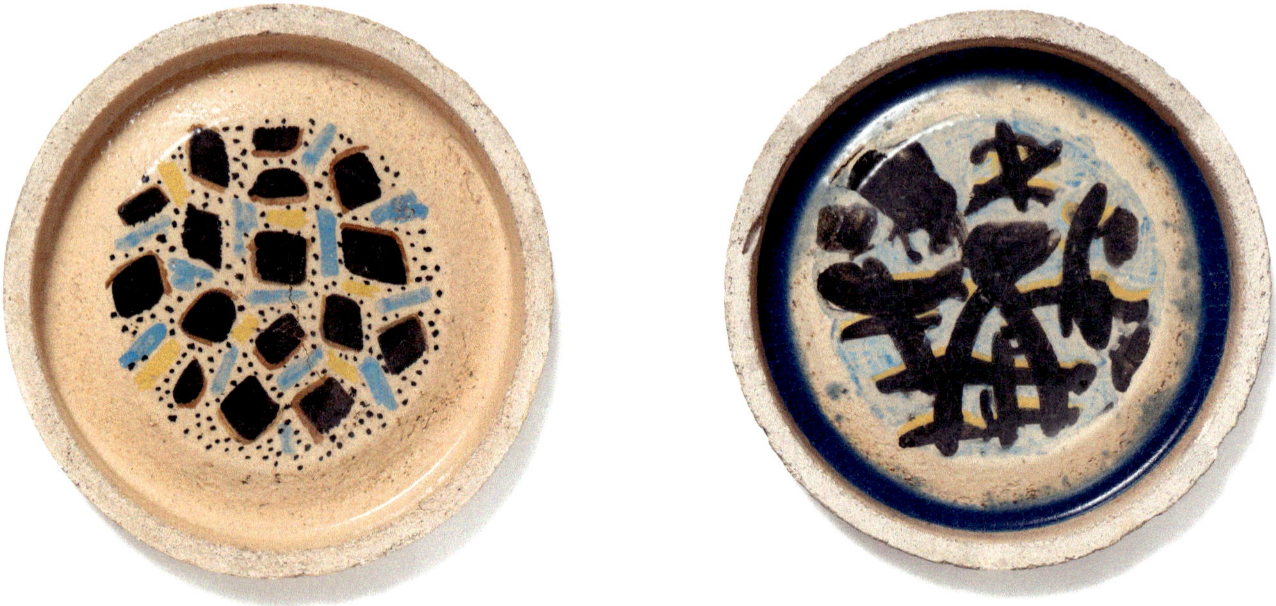

artist | artista **Raúl Milián** (1914–84)
ceramicist | ceramista **Juan Miguel Rodríguez de la Cruz** (1902–90)
159 *Plate Cover with Abstract Motifs I* | *Tapa-plato con motivos abstractos I*, 1954
160 *Plate Cover with Abstract Motifs II* | *Tapa-plato con motivos abstractos II*, 1954
painted ceramic | cerámica pintada, **159** 8.7″ (d.), **160** 8.6″ (d.)
private collection | colección privada

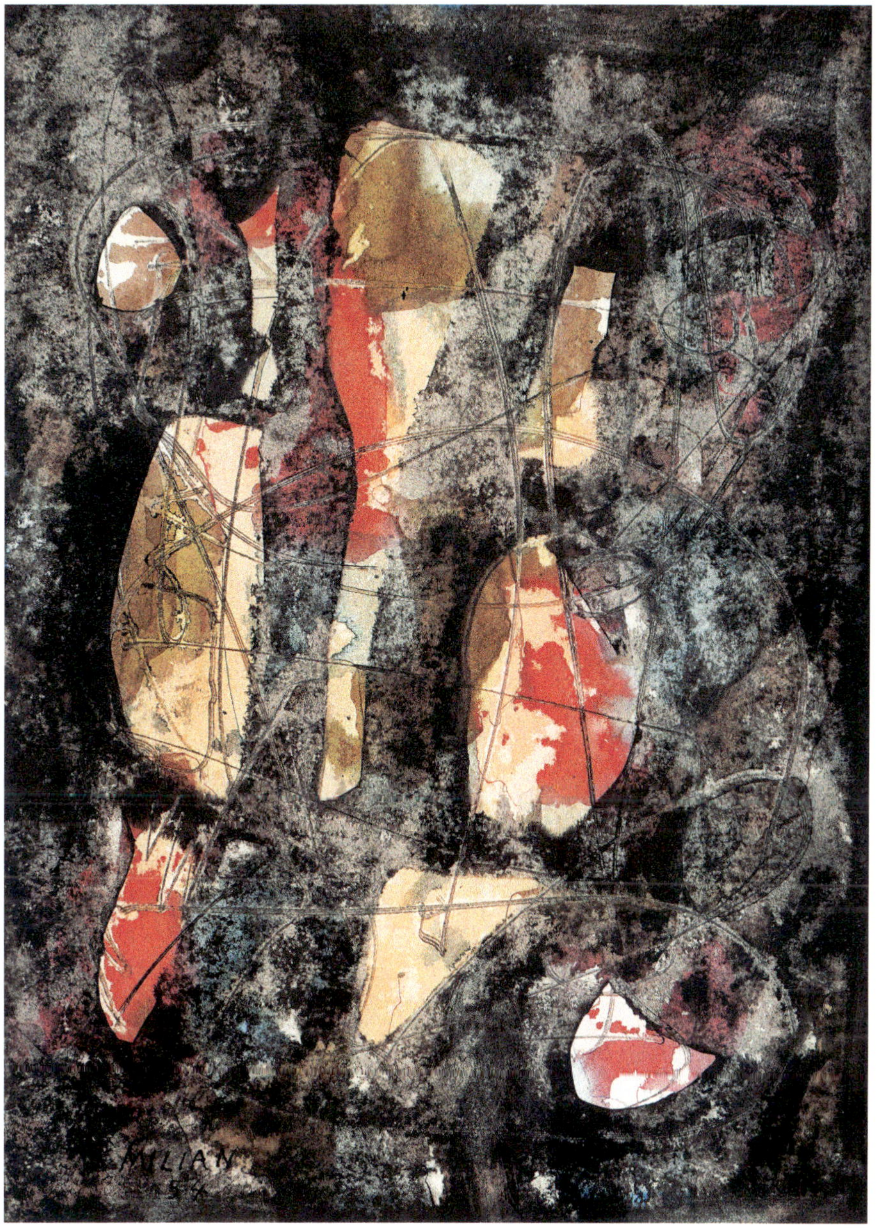

Raúl Milián (1914–84)
161 *Coexistence* | *Coexistencia,* 1954
mixed media on paper on board | técnica mixta sobre papel sobre cartón, 15 × 11″
Col. Cernuda Arte

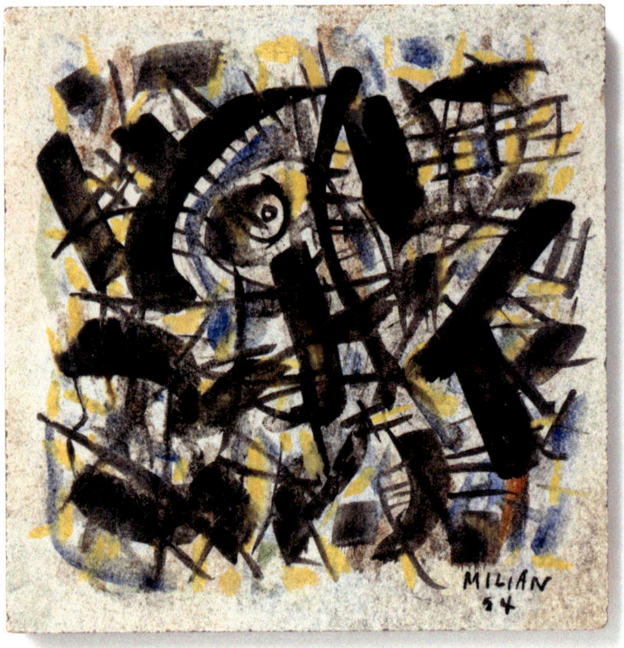

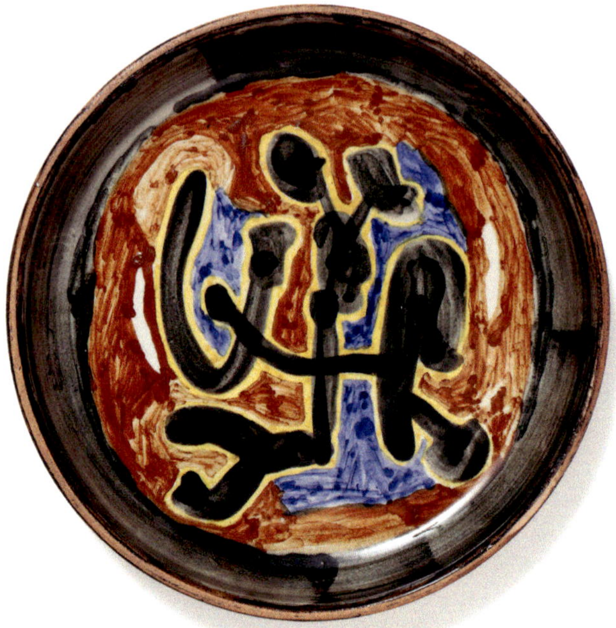

artist | artista **Raúl Milián** (1914–84)
ceramicist | ceramista **Juan Miguel Rodríguez de la Cruz** (1902–90)
162 *Tile with Abstract Motifs* | *Losa con motivos abstractos,* 1954
163 *Medium Plate with Abstract Motifs* | *Plato mediano con motivos abstractos,* 1954
painted ceramic | cerámica pintada, 162 9.7 × 9.7″, 163 7.7″ (d.)
private collection | colección privada

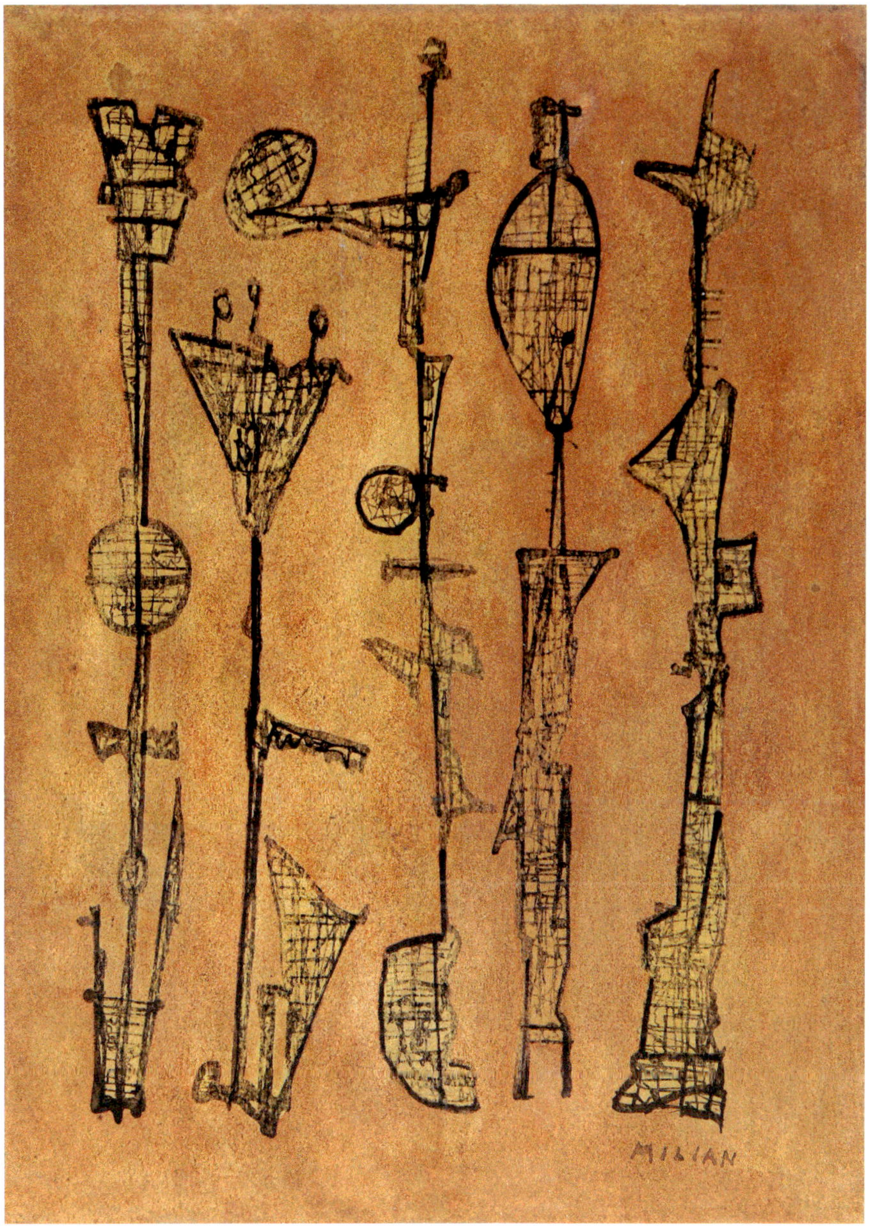

Raúl Milián (1914–84)
164 *Musicians | Músicos*, ca. 1955
mixed media on paper on board | técnica mixta sobre papel sobre cartón, 15 × 10.8″
Col. Cernuda Arte

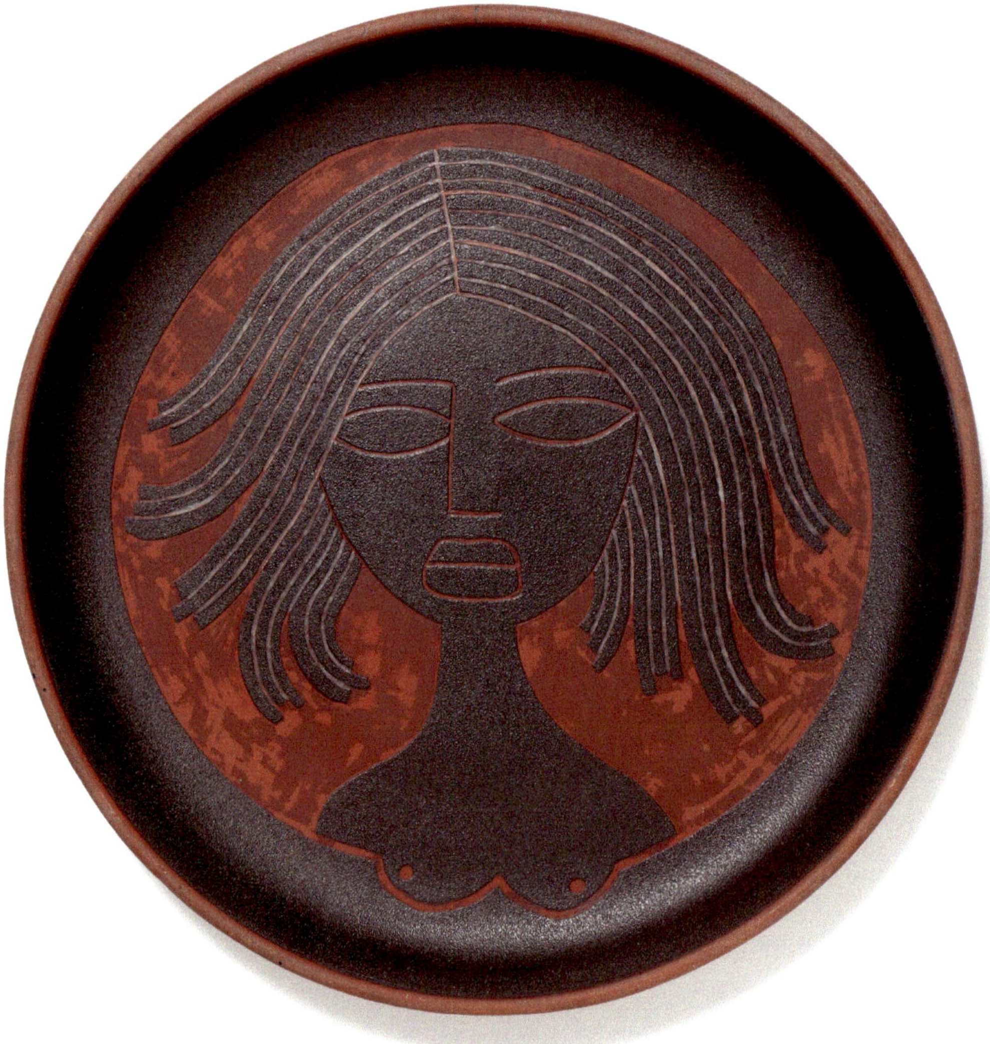

artist | artista **Julio Herrera Zapata** (1932–2001)
ceramicist | ceramista **Juan Miguel Rodríguez de la Cruz** (1902–90)
165 *Plate with Sgraffito Head on Sienna Background* | *Plato con cabeza esgrafiada sobre fondo siena,* ca. 1958
painted ceramic | cerámica pintada, 11.2″ (d.)
private collection | colección privada

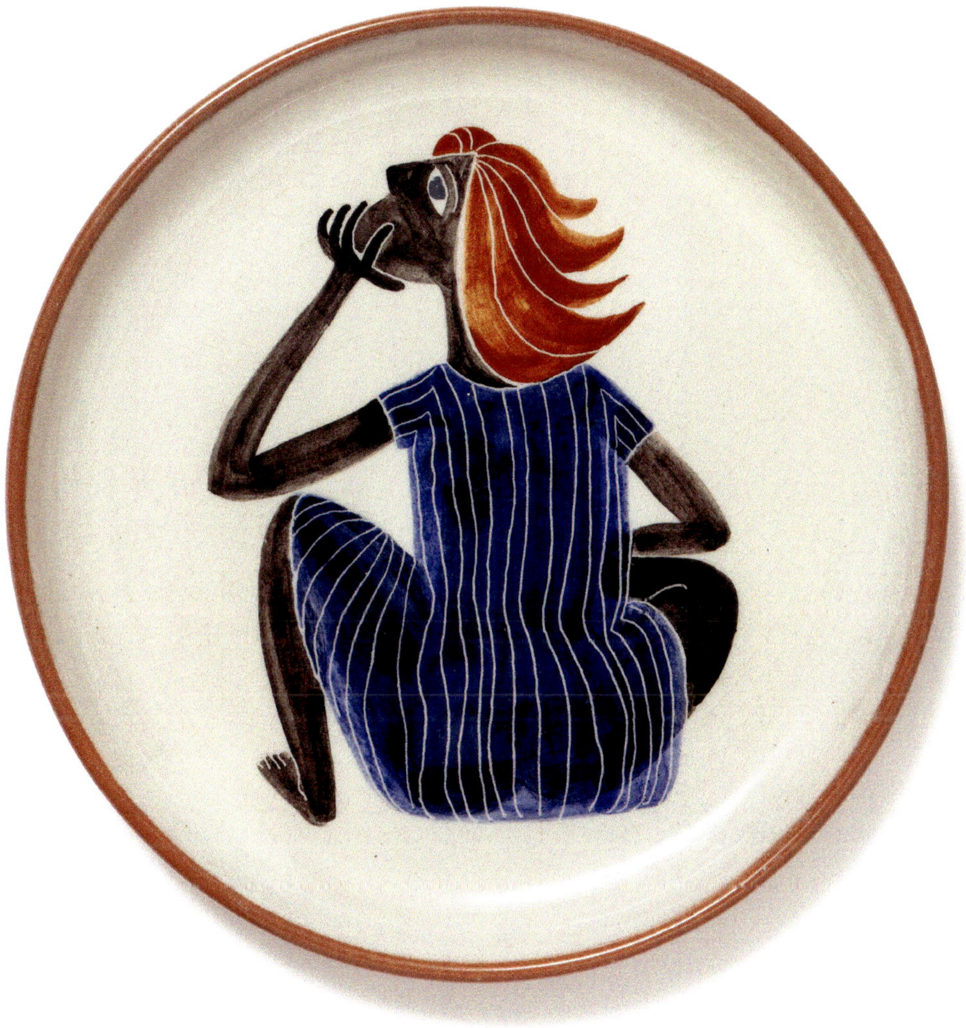

artist | artista **Julio Herrera Zapata** (1932–2001)
ceramicist | ceramista **Juan Miguel Rodríguez de la Cruz** (1902–90)
166 *Plate with Seated Woman* | *Plato con mujer sentada*, 1958
painted ceramic | cerámica pintada, 10.1″ (d.)
private collection | colección privada

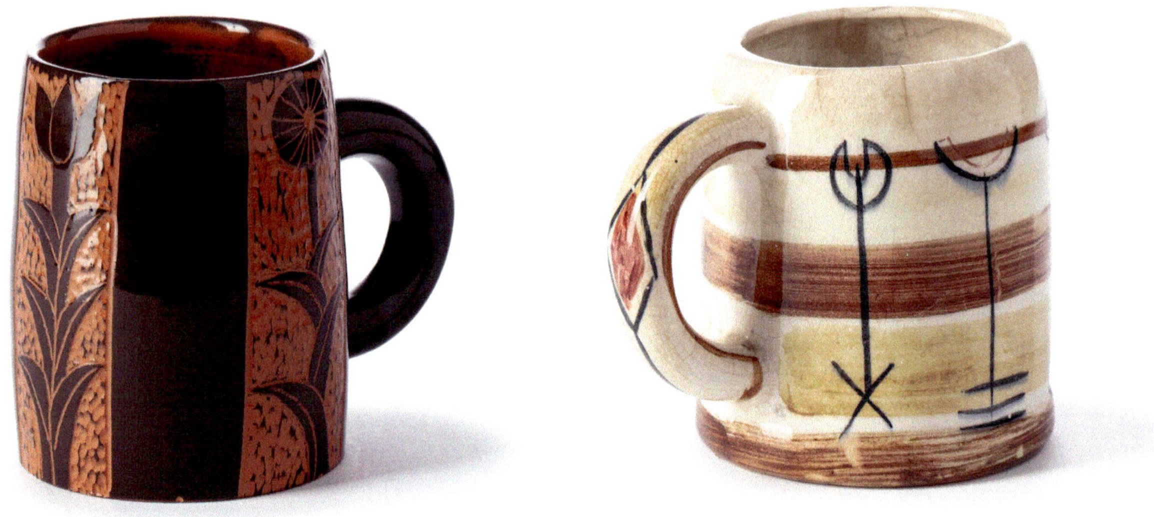

artist | artista **Julio Herrera Zapata** (1932–2001) | ceramicist | ceramista **Juan Miguel Rodríguez de la Cruz** (1902–90)
167 *Beer Mug with Flowers* | *Jarra de cerveza con flores*, ca. 1958
artist | artista **Viredo Espinosa** (1928–2002) | ceramicist | ceramista **Juan Miguel Rodríguez de la Cruz** (1902–90)
168 *Embassy Club Beer Mug* | *Jarra de cerveza Embassy Club*, 1953
painted ceramic | cerámica pintada, 4.3 × 3.5″ (d.)
private collection | colección privada

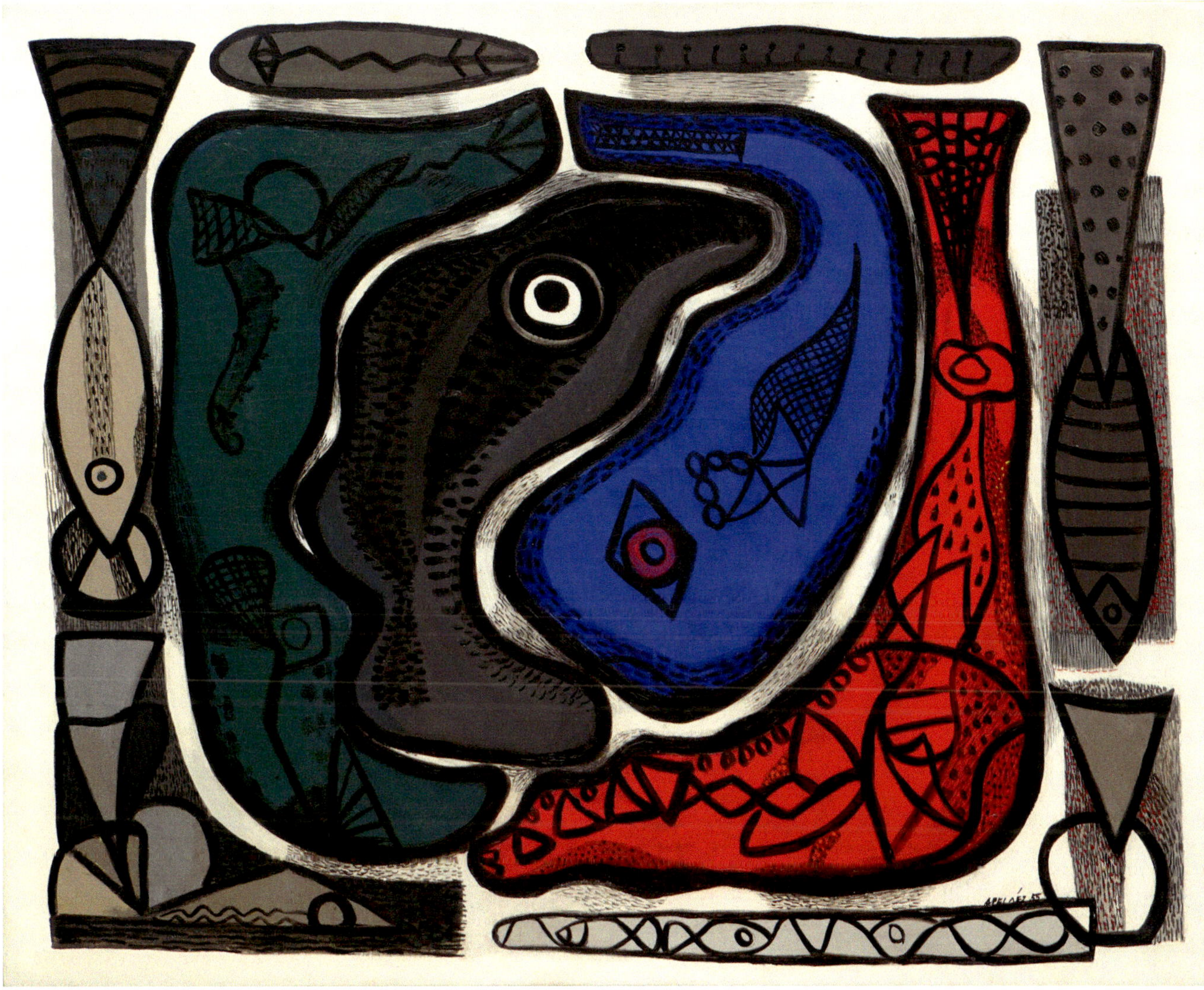

Amelia Peláez (1896–1968)
169 *Fish* | *Peces*, 1955
oil on canvas | óleo sobre lienzo, 30 × 40″
private collection | colección privada

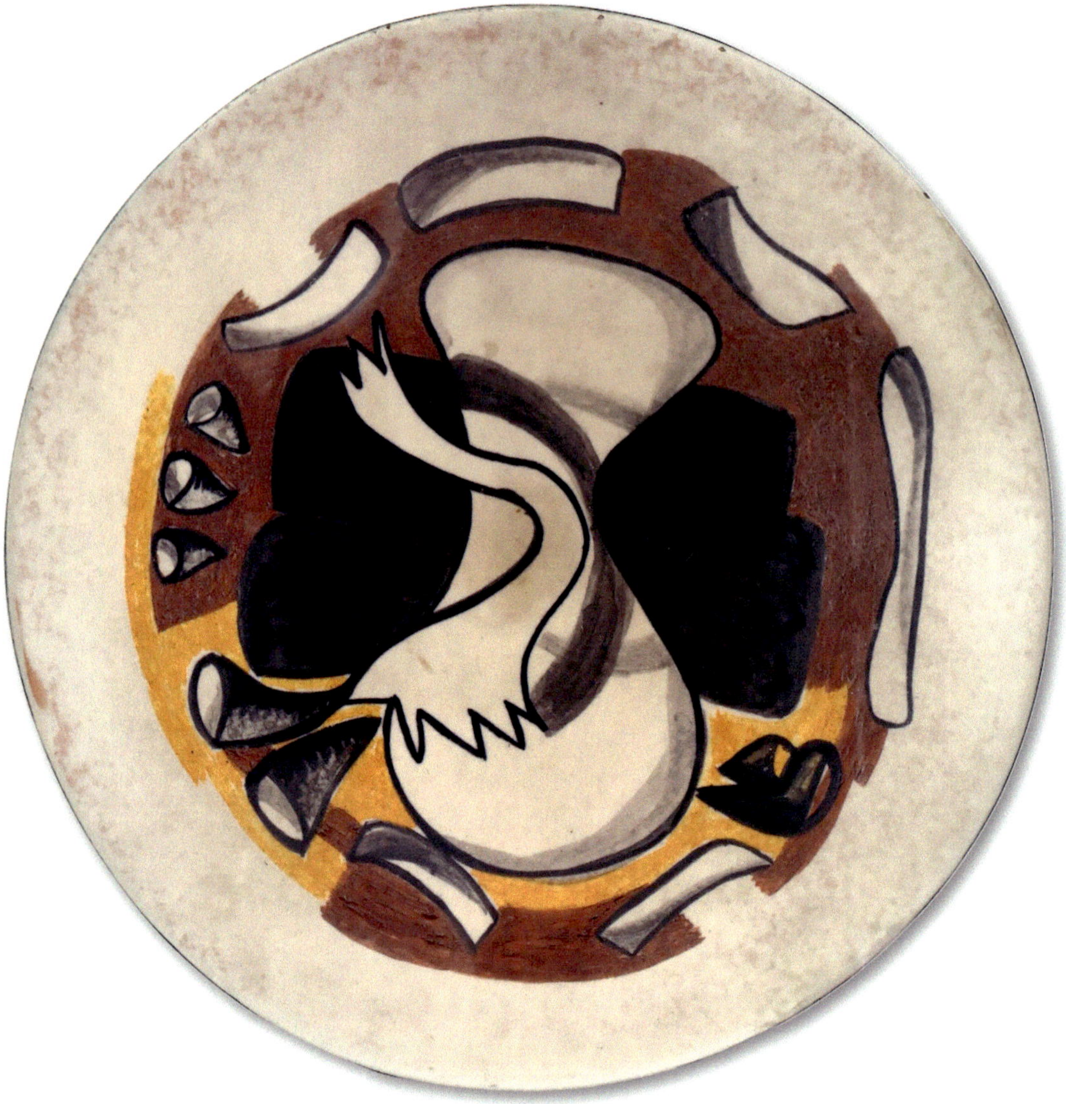

Amelia Peláez (1896–1968)
170 *Bowl with Abstract Motifs* | *Bol con motivos abstractos*, 1956
painted ceramic | cerámica pintada, 3 × 10.5″ (d.)
Col. Dr. Vicente Lago & Teresa Lago

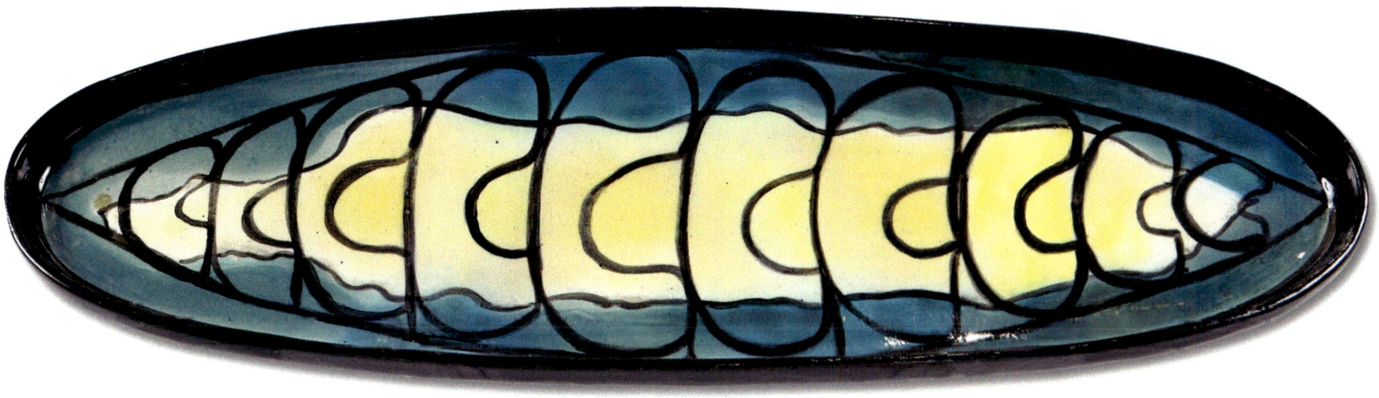

Amelia Peláez (1896–1968)
171 *Platter with Geometric Forms* | *Fuente con formas geométricas,* 1956
painted ceramic | cerámica pintada, 22 × 6″
Latin Art Core

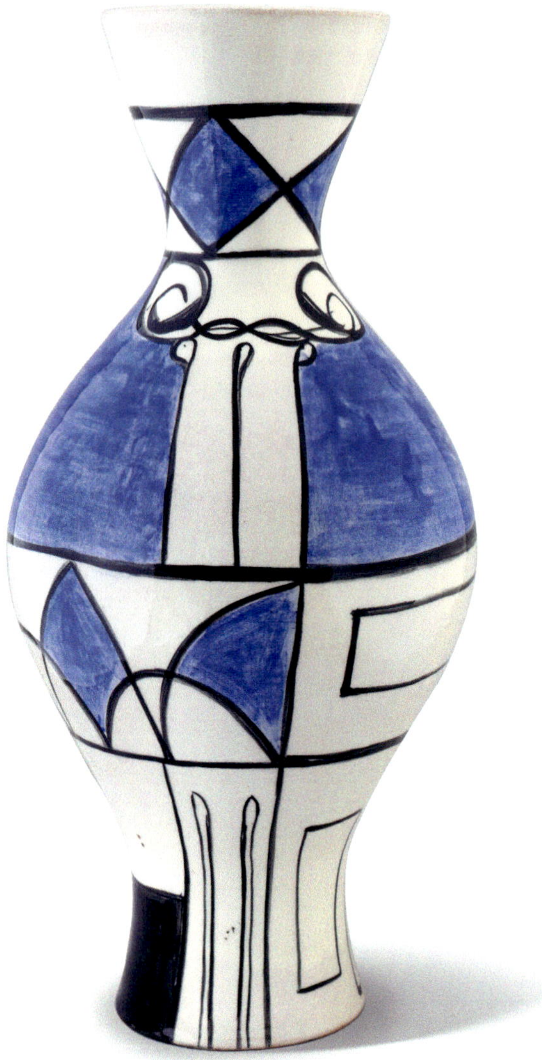

Amelia Peláez (1896–1968)
172 *Vase with Architectural Motifs* | *Vaso con motivos arquitectónicos*, 1956
painted ceramic | cerámica pintada, 8.5 × 6″ (d.)
Col. Isaac & Betty Rudman

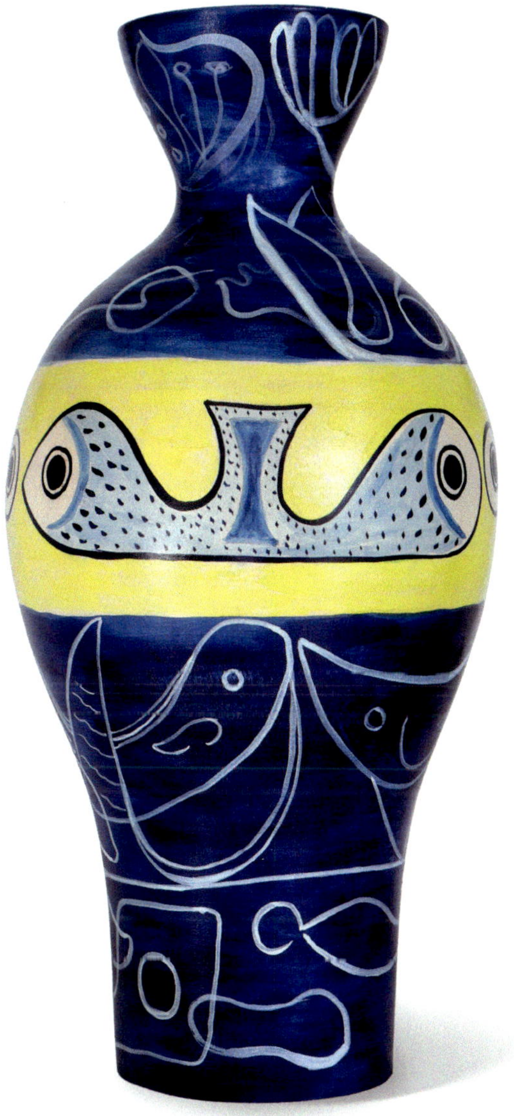

Amelia Peláez (1896–1968)
173 *Vase with Abstract Fish* | *Vaso con pez abstracto,* 1957
painted ceramic | cerámica pintada, 19 × 8″ (d.)
Col. Dr. Vicente Lago & Teresa Lago

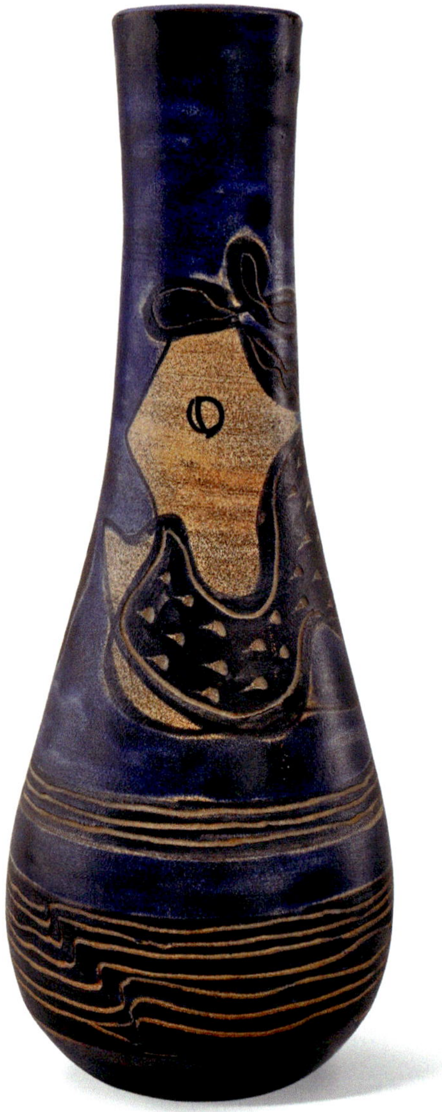

Amelia Peláez (1896–1968)

174 *Vase with Woman's Head and Aquatic Pattern* | *Vaso con cabeza de mujer y motivo acuático*, 1958

painted ceramic | cerámica pintada, 12.3 × 5.3″ (d.)

Col. Isaac & Betty Rudman

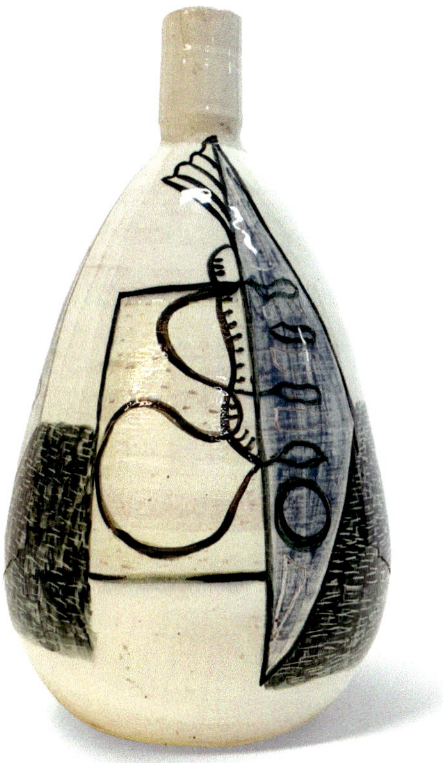

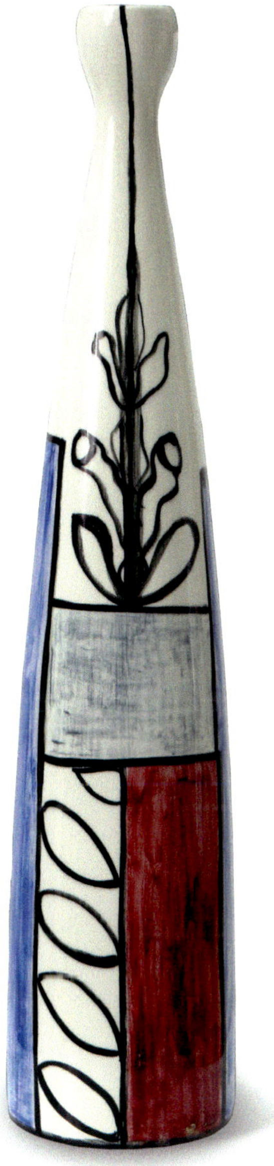

Amelia Peláez (1896–1968)

175 *Vase with Abstract Designs* | *Vaso con diseños abstractos,* 1959
painted ceramic | cerámica pintada, 11.5 × 6″ (d.)
Pan American Art Projects

176 *Vase with Leaves and Shapes* | *Búcaro con hojas y formas,* 1958
painted ceramic | cerámica pintada, 19 × 5″ (d.)
Latin Art Core

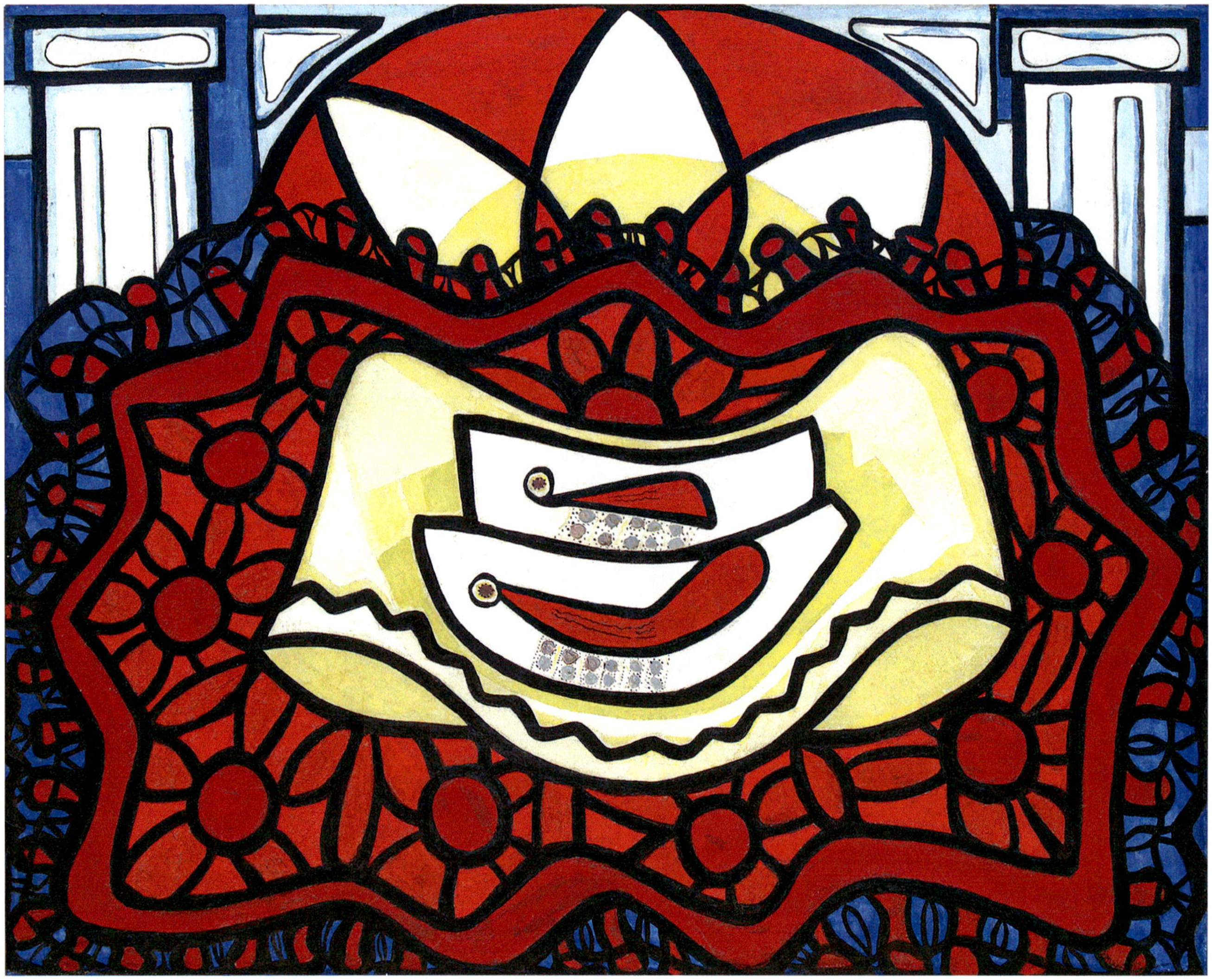

Amelia Peláez (1896–1968)
177 *Still Life with Fish | Naturaleza muerta con peces*, 1958
oil on canvas | óleo sobre lienzo, 34.3 × 44.3″
Col. Ramón & Nercys Cernuda

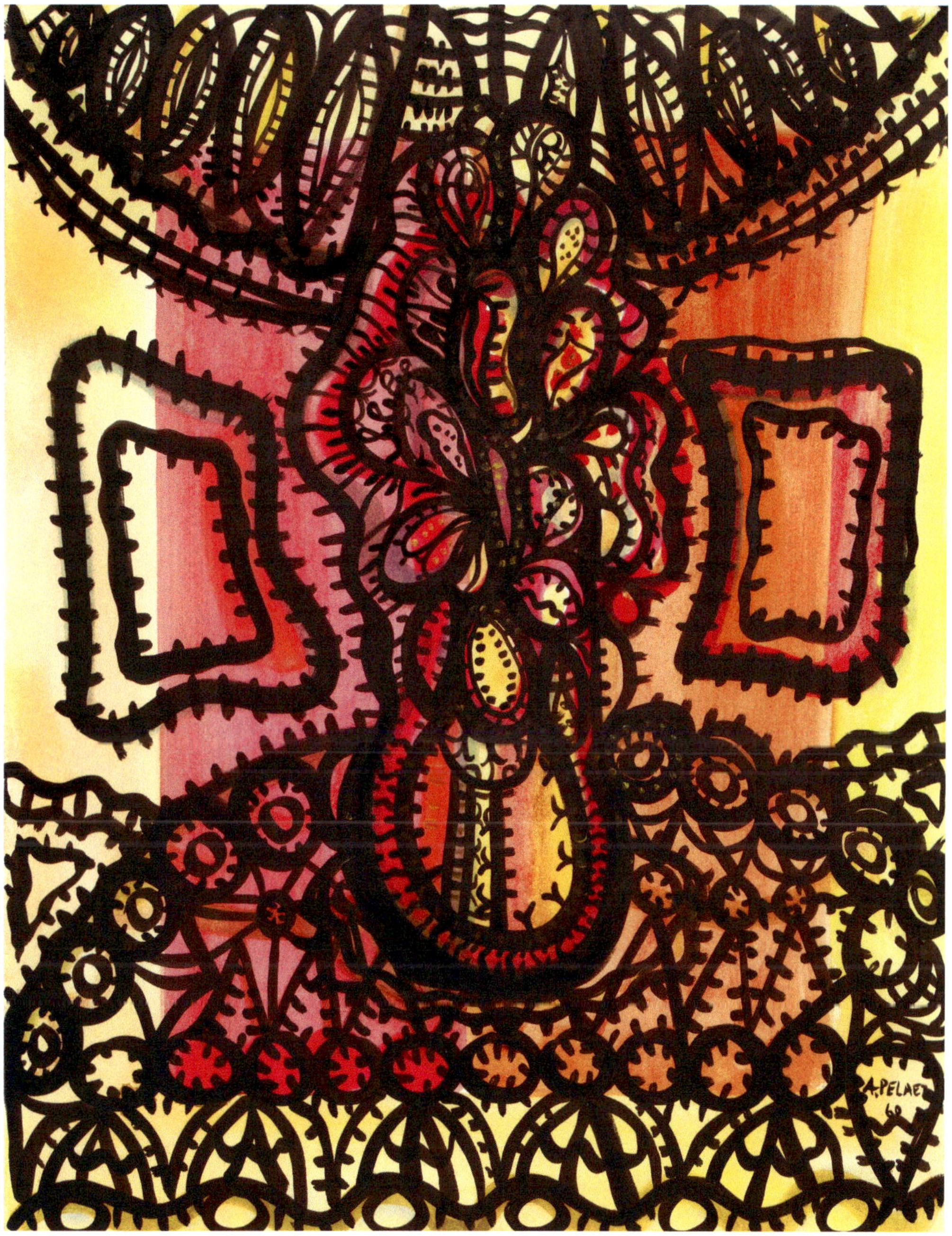

Amelia Peláez (1896–1968)
178 *Flower Vase on a Lace Tablecloth | Jarrón con flores sobre mantel de encaje,* 1960
mixed media on paper on board | técnica mixta sobre papel sobre cartón, 31 × 25″
Col. Cernuda Arte

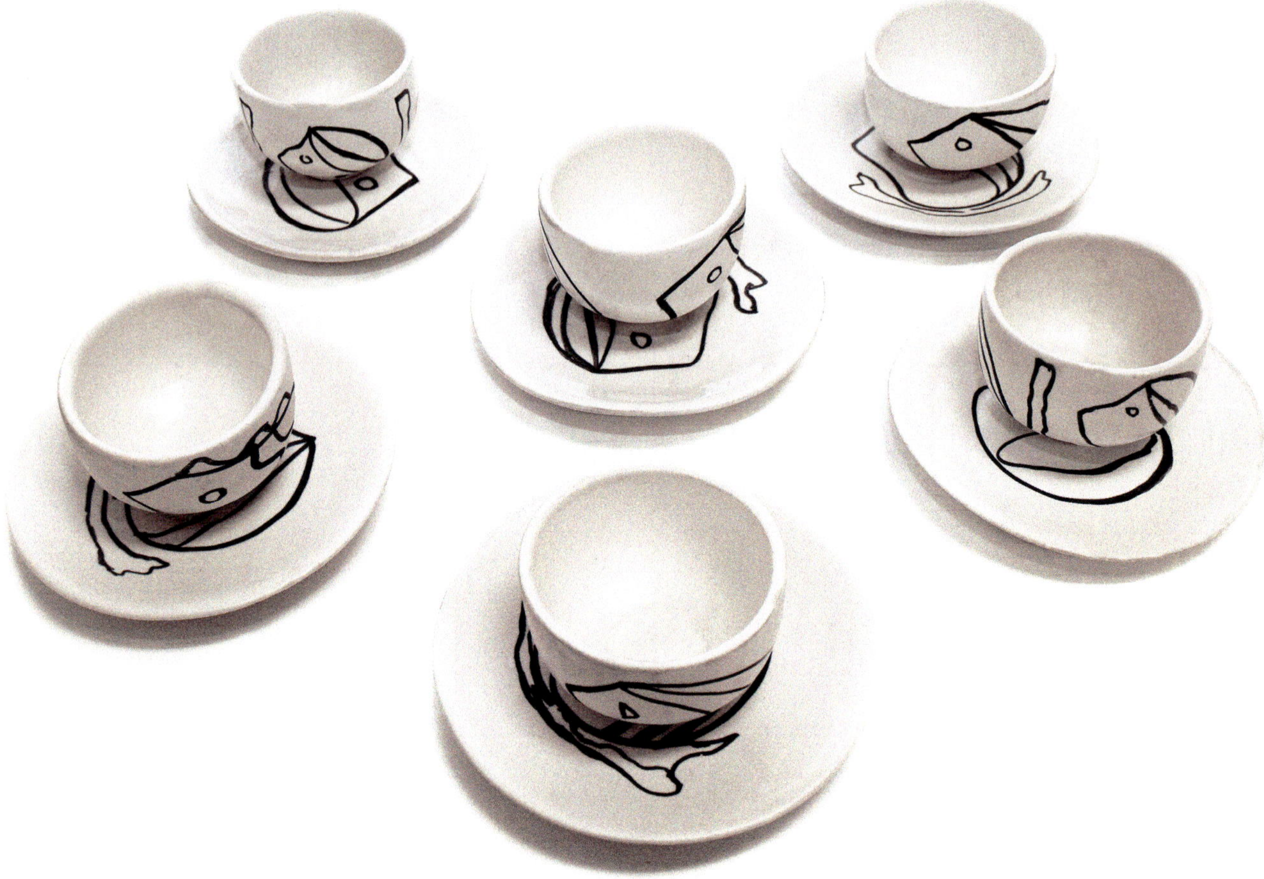

Amelia Peláez (1896–1968)

179 *Set of Six Espresso Cups and Saucers | Juego de seis tazas de café espresso con platos,* 1960–62

painted ceramic | cerámica pintada, cups | tazas: 1.9 × 2.8″ (d.), plates | platos: 4.8″ (d.)

Col. Cernuda Arte

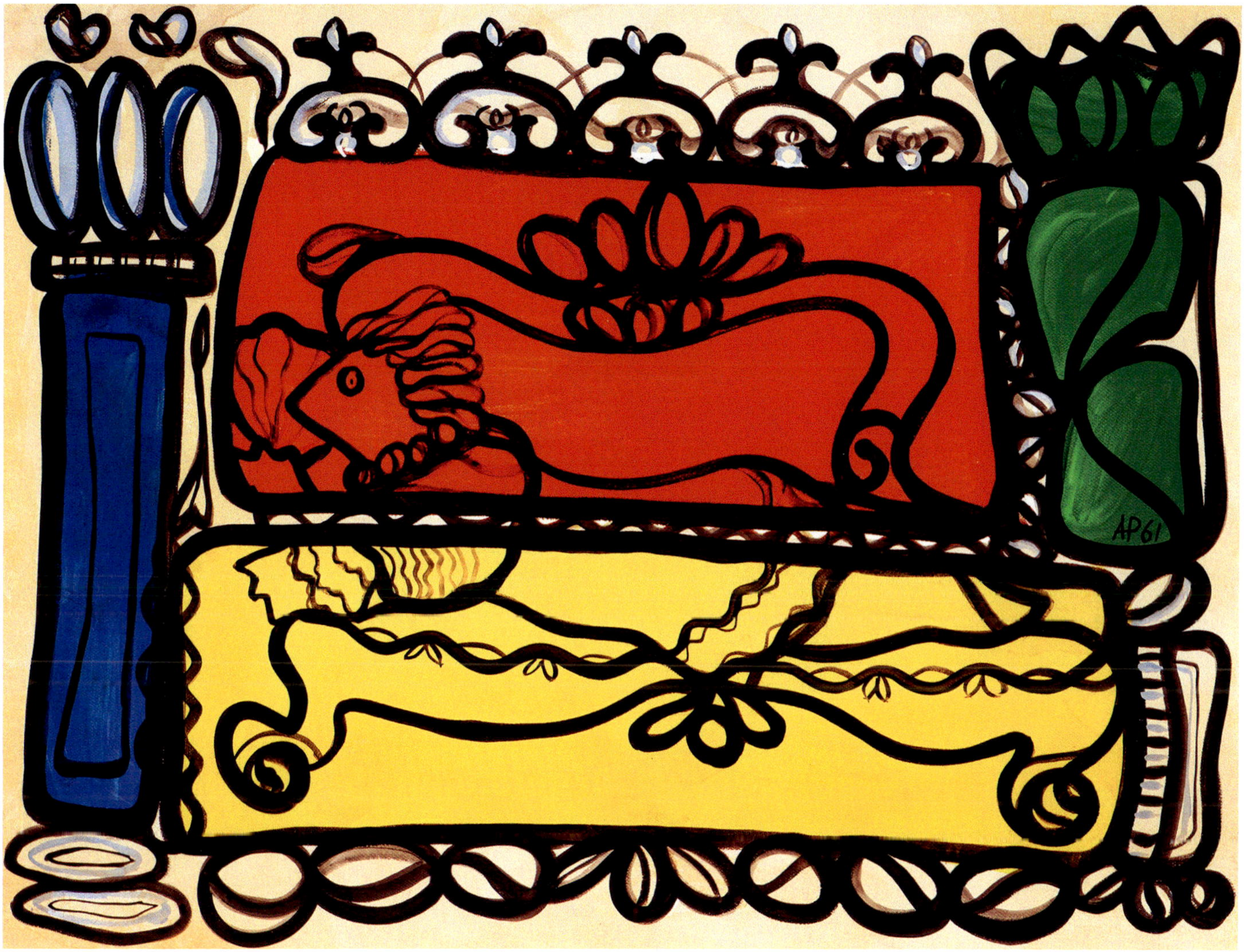

Amelia Peláez (1896–1968)
180 *Reclining Woman* | *Mujer reclinada,* 1961
mixed media on paper on board | técnica mixta sobre papel sobre cartón, 29 × 40″
Col. Cernuda Arte

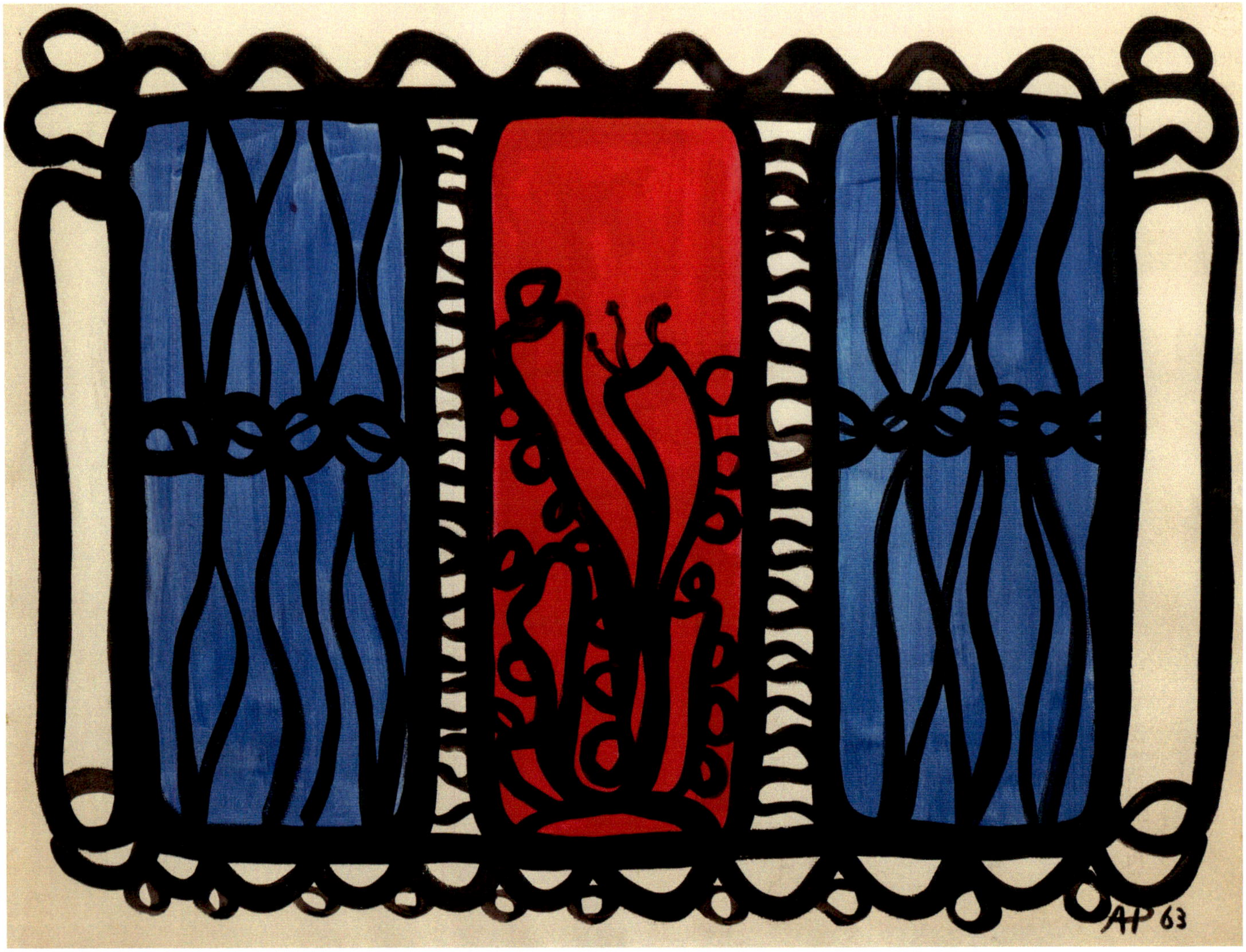

Amelia Peláez (1896–1968)
181 *Untitled* | *Sin título,* 1963
gouache on board | gouache sobre cartulina, 29 × 40″
Col. Silverman Family | Familia Silverman

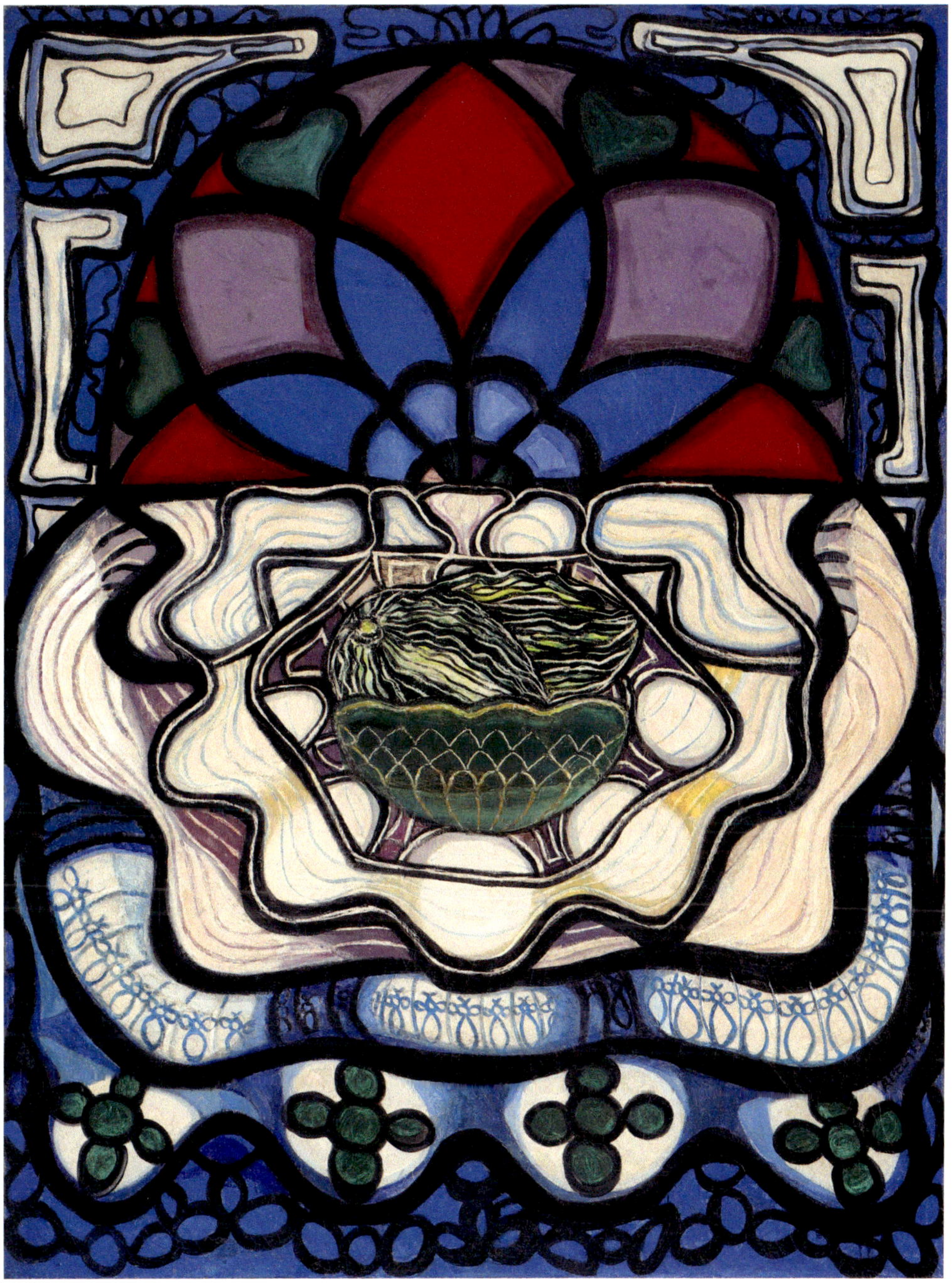

Amelia Peláez (1896–1968)
182 *Stained Glass and Fruit Bowl* | *Vitral y frutero*, 1964
oil on canvas | óleo sobre lienzo, 48 × 37″
Col. Isaac & Betty Rudman

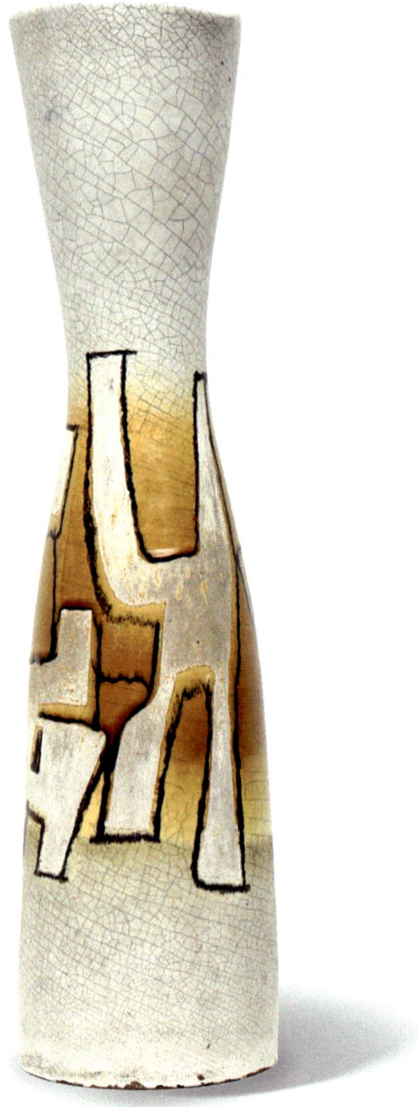

Wifredo Arcay (1925–97)
183 *Vase with Geometric Shapes* | *Vaso con con formas geométricas*, 1956
painted ceramic | cerámica pintada, 16 × 5″ (d.)
Latin Art Core

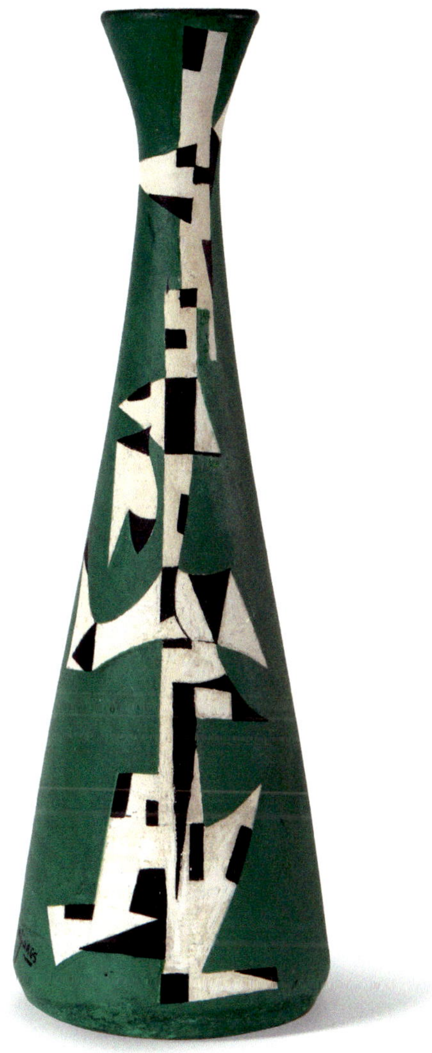

José María Mijares (1921–2004)

184 *Vase with Abstracted Harlequin Figure* | *Búcaro con figura arlequinada abstracta,* ca. 1955–60
painted ceramic | cerámica pintada, 15 × 5″ (d.)
Latin Art Core

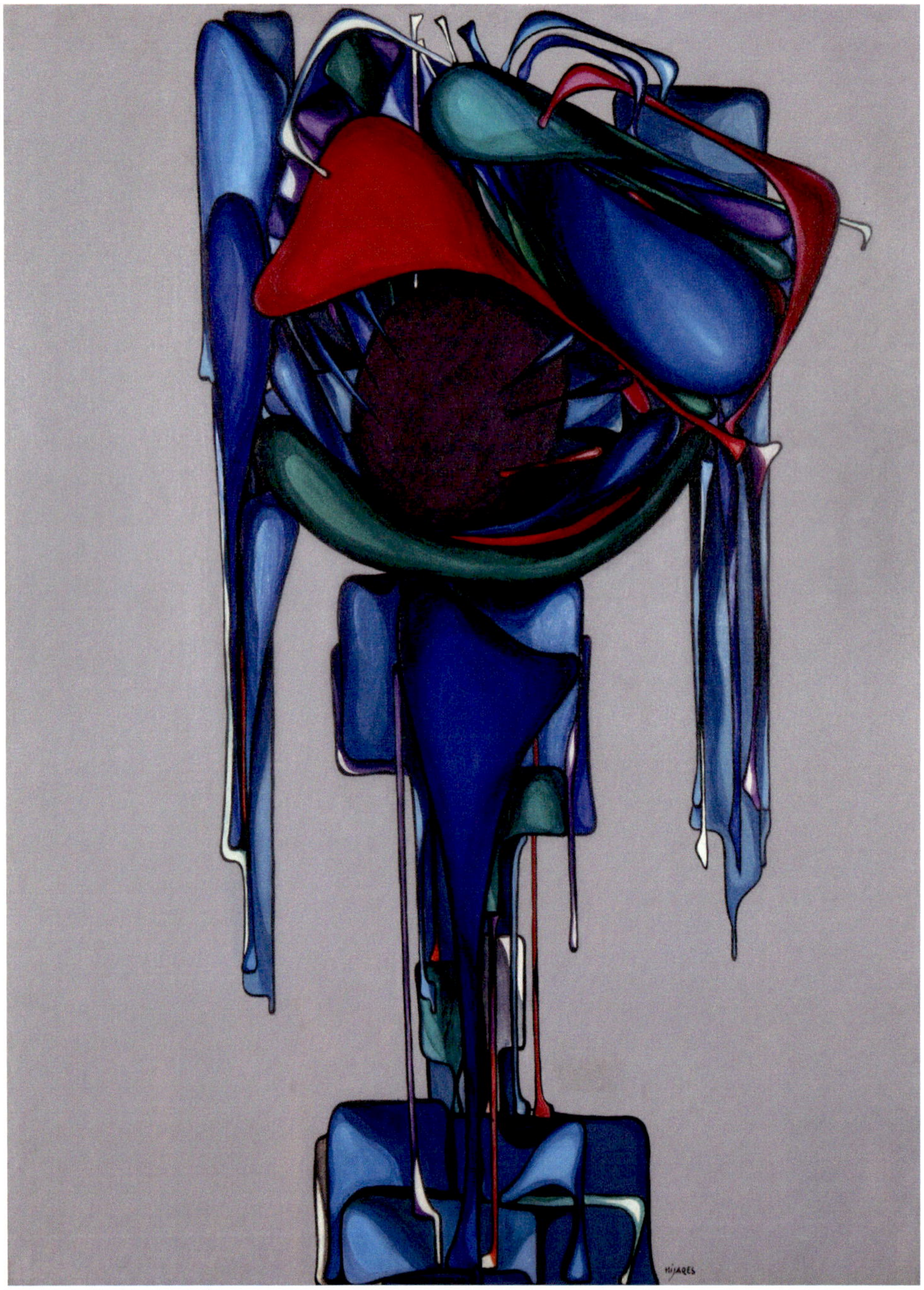

José María Mijares (1921–2004)
185 *Head* | *Cabeza*, 1970
oil on canvas | óleo sobre lienzo, 40 × 30″
Latin Art Core

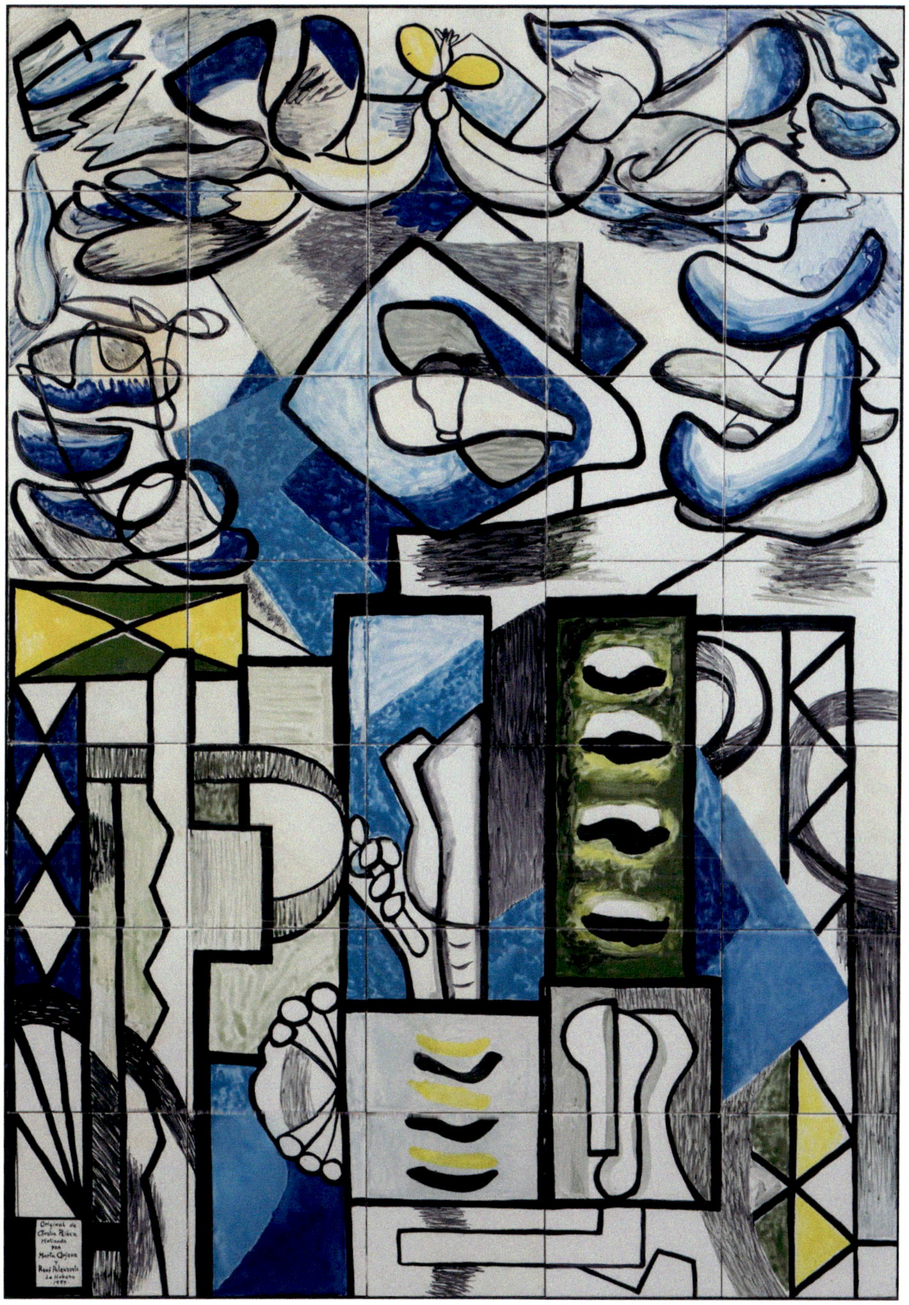

artists | artistas **Amelia Peláez** (1896–1968) & **Marta Arjona** (1923–2006)
ceramicist | ceramista **René Martínez Palenzuela** (1956–)
186 *Ceramic Tiles for Salesian Rosa Pérez Velasco House Mural* | *Azulejos de cerámica para el mural de la casa Salesiana Rosa Pérez Velasco*, 1956/1999
ceramic tiles | azulejos de cerámica, 84 × 60 × 4″
Pan American Art Projects

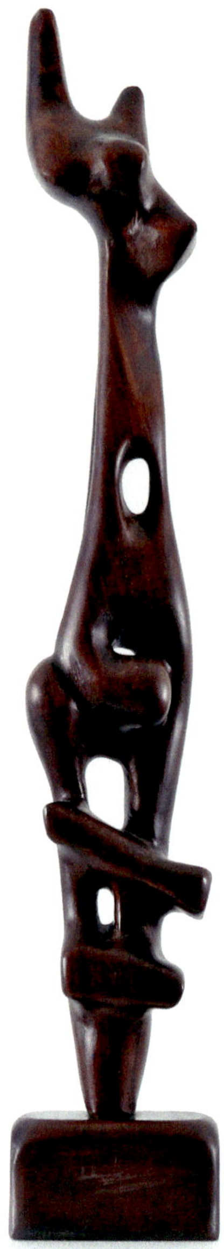

Agustín Cárdenas (1927–2001)
187 *Untitled* | *Sin título*, ca. 1950
wood | madera, 26 × 5 × 2″
Latin Art Core

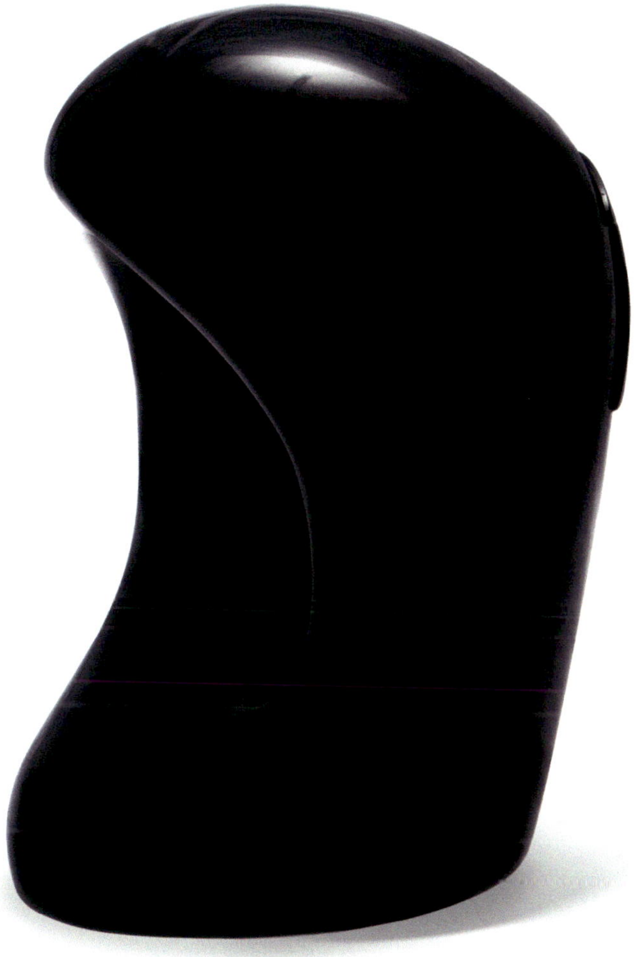

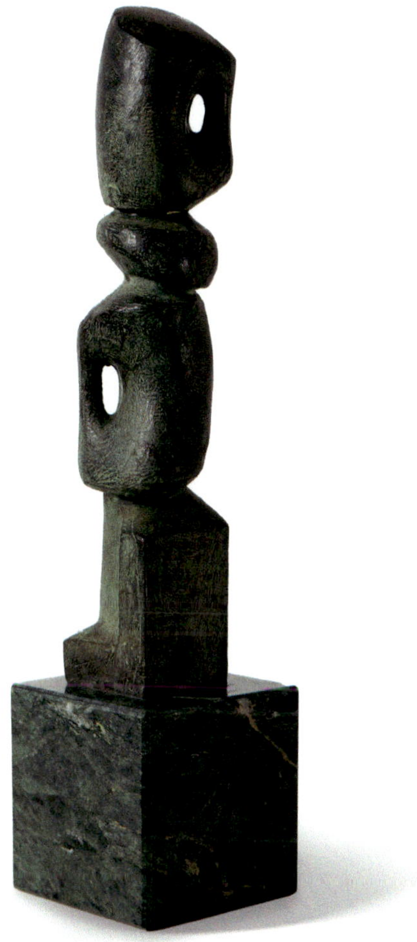

Agustín Cárdenas (1927–2001)

188 *Head* | *Cabeza* | *Tête*, 1970

marble | mármol, 13 × 10 × 9″

Col. Silverman Family | Familia Silverman

189 *Column 2* | *Columna 2* | *Colonne 2*, 1970

bronze | bronce, 12.5″ (ed. 4/6)

Latin Art Core

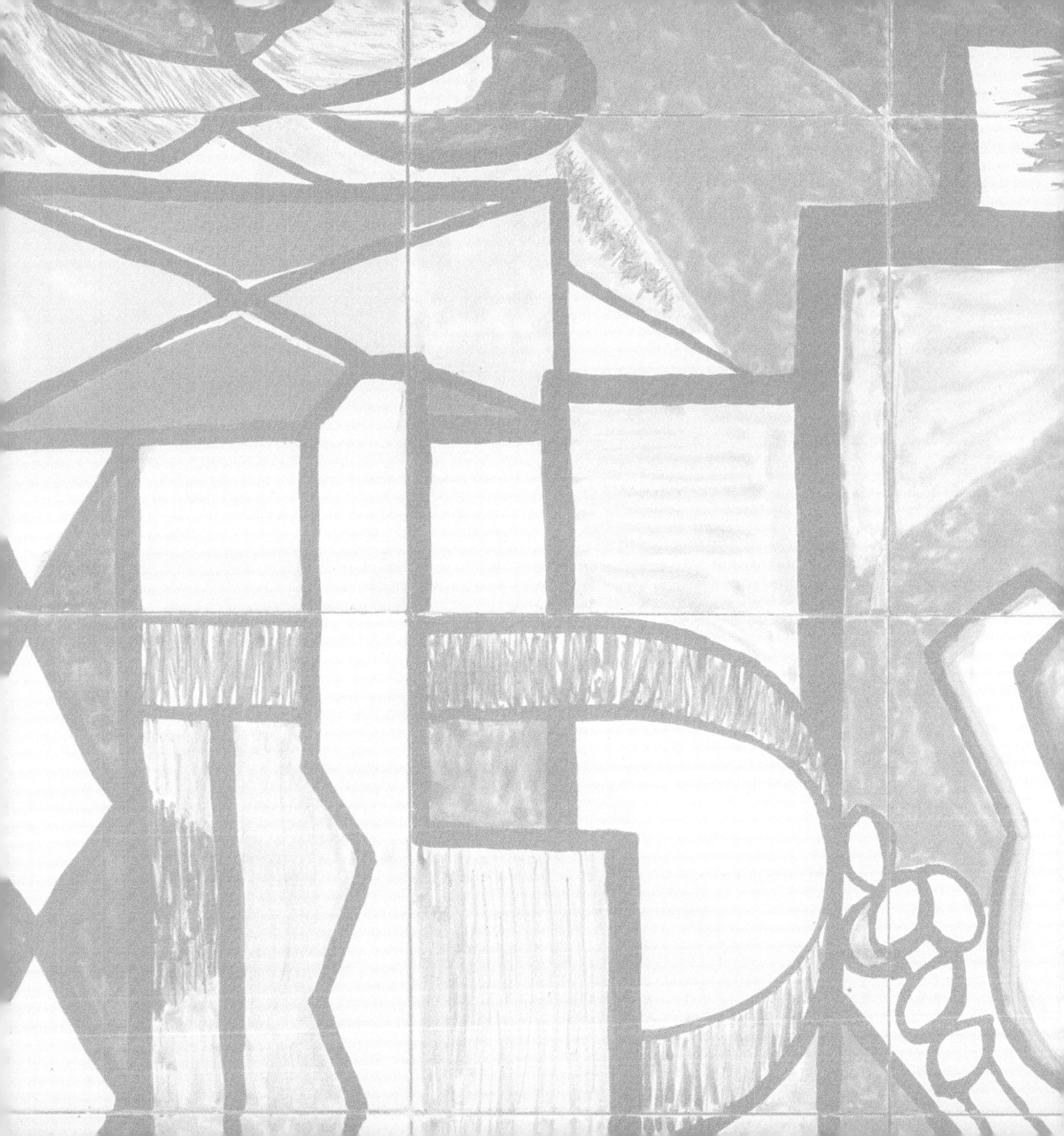

CONTRIBUTORS
COLABORADORES

ALEJANDRO ANREUS (PhD, Graduate Center, CUNY) was professor of art history and Latin American/Latinx studies at William Paterson University from 2001–23. A former curator at Montclair Art Museum and Jersey City Museum, Anreus has authored over sixty essays and seven books, including the forthcoming *Havana in the 1940s: Artists, Critics, and Exhibitions*. He is the recipient of numerous fellowships, co-editor of the Rafael Soriano catalogue raisonné project, and served on the board of the Joan Mitchell Foundation from 1997–2018. Anreus has lectured widely at US museums and in 2023 was a Leonard A. Lauder Visiting Senior Fellow at the Center for Advanced Visual Studies, National Gallery of Art, Washington, DC, where he researched dictatorships and exile in the work of Cuban American, Dominican York, and Haitian American artists.

ROBERTO COBAS AMATE is the curator of Cuban avant-garde art and of the Wifredo Lam collection at the Museo Nacional de Bellas Artes in Havana. He has published widely in the areas of art and cinema. Cobas Amate has contributed to the McMullen Museum's exhibition catalogues on Wifredo Lam, Rafael Soriano, and Mariano Rodríguez. In 2019, his book *Arte cubano: la espiral ascendente* was published, a compendium of his work as curator of collections for over forty years. It was translated into English in 2021 as *Cuban Art: The Ascending Spiral*, edited by the Fundación Mariano Rodríguez.

CAROL DAMIAN (PhD, University of Miami) is a professor of art history, formerly in the School of Art and Art History, and the former director and chief curator of the Patricia and Phillip Frost Art Museum at Florida International University (2008–14). A specialist in Latin American and Caribbean art, her most recent work has been with Latin American women and Cuban exile artists, for whom she has written many catalogues and articles. She is the author of *The Virgin of the Andes: Art and Ritual in Colonial Cuzco* (1995), lectures frequently on Latin American and Caribbean art, and has curated numerous exhibitions. Damian is the curator of the Kislak Collection at the Miami Dade College Freedom Tower and of the Chapel of La Merced at Corpus Christi Church in Miami.

ALEJANDRO ANREUS (PhD, Graduate Center, CUNY) fue profesor de historia del arte y estudios latinoamericanos/latinx en William Paterson University entre el 2001 y el 2023. Antiguo comisario del Montclair Art Museum y el Jersey City Museum, Anreus ha escrito más de sesenta ensayos y siete libros, incluyendo *Havana in the 1940s: Artists, Critics, and Exhibitions*, de próxima aparición. Ha recibido numerosas becas, es el co-editor del catálogo razonado de Rafael Soriano, y fue miembro de la junta directiva de la Joan Mitchell Foundation entre 1997 y 2018. Anreus ha dictado numerosas conferencias en museos de los Estados Unidos, y en el 2023 fue Leonard A. Lauder Visiting Senior Fellow en el Center for Advanced Visual Studies, National Gallery of Art, Washington, DC, donde investigó el tema de las dictaduras y el exilio en la obra de artistas cubanoamericanos, Dominican York y haitianoamericanos.

ROBERTO COBAS AMATE es comisario de arte cubano de la vanguardia y de la colección Wifredo Lam del Museo Nacional de Bellas Artes, en La Habana. Tiene en su haber un sinnúmero de publicaciones sobre arte y cine. Cobas Amate ha contribuido a los catálogos de las exposiciones de Wifredo Lam, Rafael Soriano y Mariano Rodríguez del McMullen Museum. En el 2019 se publicó su libro *Arte cubano: la espiral ascendente*, compendio de su trabajo como curador de colecciones durante cuarenta años, que fue traducido al inglés en el 2021 como *Cuban Art: The Ascending Spiral*, editados por la Fundación Mariano Rodríguez.

CAROL DAMIAN (PhD, University of Miami) es profesora de historia del arte, previamente en la School of Art and Art History, y fue también directora y comisaria principal del Patricia and Phillip Frost Art Museum de la Florida International University (2008–14). Especialista en arte latinoamericano y caribeño, ha trabajado recientemente con artistas latinoamericanas y exiliados cubanos, para las cuales ha escrito numerosos artículos y presentaciones en catálogos. Es autora *The Virgin of the Andes: Art and Ritual in Colonial Cuzco* (1995), ofrece frecuentemente charlas sobre arte latinoamericano y cubano, y ha sido comisaria de numerosas exposiciones. Damian es la comisaria de la Kislak Collection en el Miami Dade College Freedom Tower y de la Capilla de La Merced en la iglesia de Corpus Christi en Miami.

ERIN GOODMAN is a Spanish-English translator whose work has appeared in the *New York Times, New England Review, Los Angeles Review*, and *Poetry International Rotterdam*, among other publications. She translated the best-selling memoir by Sergio Bitar, *Prisoner of Pinochet: My Year in a Chilean Concentration Camp* (2017) and a collection by Cuban poet Juana Rosa Pita, *The Miracle Unfolds* (2021). Goodman translated *Mariano: Variations on a Theme* for the McMullen in 2020. She works at the Weatherhead Center for International Affairs at Harvard University.

CÉSAR PÉREZ is a Cuban native who has published poetry and fiction in both Spanish and English, more recently in the 42.1 issue of the *New England Review* (2021). He has translated into Spanish *Bachata: A Social History of a Dominican Popular Music*, by Deborah Pacini Hernández (1995). He translated *Mariano: Variations on a Theme* for the McMullen in 2020. Pérez teaches Spanish and medieval history at the Commonwealth School in Boston.

ELIZABETH THOMPSON GOIZUETA taught Hispanic studies at Boston College for over twenty years. She has served as a curator at its McMullen Museum of Art since 2004 and curated exhibitions there on Wifredo Lam, Esteban Lisa, Roberto Matta, Mariano Rodríguez, Rafael Soriano, as well as the Spanish abstractionists from Cuenca. Her research interests and publications focus on the relationship among art, literature, and culture in twentieth-century Latin America and Spain. Thompson Goizueta has curated over ten group and solo exhibitions, which have traveled to the Pérez Art Museum Miami; High Museum of Art, Atlanta; Long Beach Museum of Art; the Patricia and Phillip Frost Art Museum, Florida International University; the Museo de Filatelia, Oaxaca, Mexico; and Casa de América, Madrid, Spain. In addition to editing five exhibition catalogues, she has published numerous essays on Spanish and Latin American artists.

ERIN GOODMAN es traductora y editora. Sus traducciones han sido publicadas en el *New York Times, New England Review, Los Angeles Review* y *Poetry International Rotterdam*, entre otros medios. Ha traducido las memorias del exministro chileno Sergio Bitar, *Dawson Isla 10* (1987), y una colección de poesía de Juana Rosa Pita (2021). Goodman tradujo *Mariano: variaciones sobre un tema* para el McMullen en 2020. Ella trabaja en el Weatherhead Center for International Affairs de la Harvard University.

CÉSAR PÉREZ es cubano, y ha publicado poesía y ficción en español y en inglés, más recientemente en el número 42.1 de la *New England Review* (2021). Ha traducido del inglés *Bachata: historia social de un género musical dominicano*, de Deborah Pacini Hernández (2012). Tradujo *Mariano: variaciones sobre un tema* para el McMullen en 2020. Vive en Boston, donde enseña español e historia medieval en la Commonwealth School.

ELIZABETH THOMPSON GOIZUETA enseñó estudios hispánicos en Boston College por más de veinte años. Ha sido comisaria en el McMullen Museum of Art de esta universidad desde el 2004, donde ha estado a cargo de exposiciones de Wifredo Lam, Esteban Lisa, Roberto Matta, Mariano Rodríguez, Rafael Soriano y los abstraccionistas de Cuenca, España. Su investigación y publicaciones se enfocan en la relación entre arte, literatura y cultura en España y Latinoamérica durante el siglo veinte. Thompson Goizueta ha comisariado más de diez exposiciones grupales y unipersonales, que han viajado al Pérez Art Museum Miami; al High Museum of Art, en Atlanta; al Long Beach Museum of Art; al Patricia and Phillip Frost Art Museum, Florida International University; al Museo de Filatelia, Oaxaca, México; y a Casa de América, en Madrid, España. Además de editar cinco catálogos de exposiciones, ha publicado numerosos ensayos sobre artistas latinoamericanos y españoles.

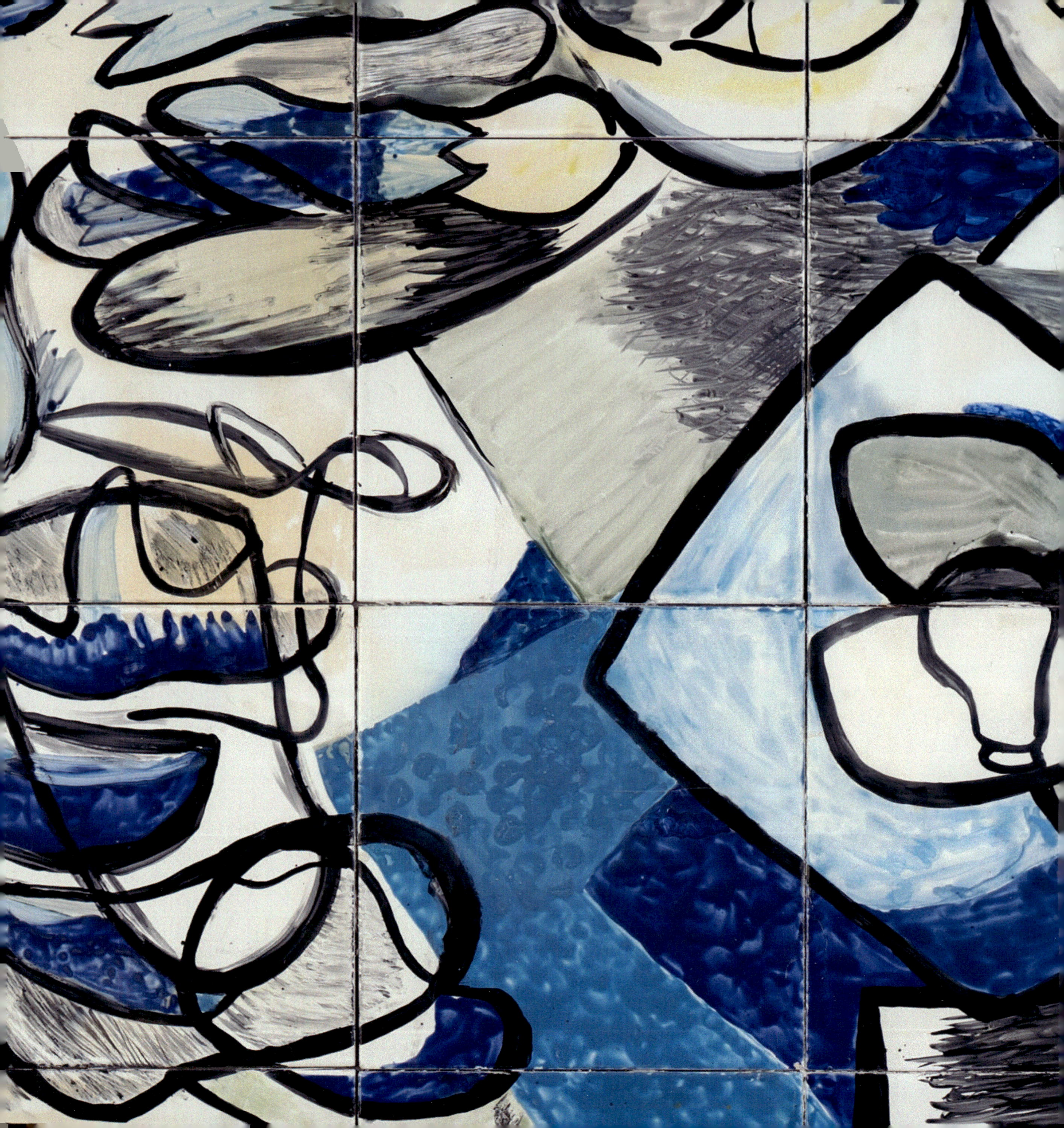